Christian Jacq ist Schriftsteller und Ägyptologe und hat in Frankreich für seine historischen Romane über ägyptische Themen zahlreiche Auszeichnungen erhalten.

Dieses Buch wurde auf chlor- und säurefreiem Papier gedruckt.

Deutsche Erstausgabe Oktober 1995
© 1995 für die deutschsprachige Ausgabe
Droemersche Verlagsanstalt Th. Knaur Nachf., München
Das Werk einschließlich aller seiner Teile ist urheberrechtlich geschützt.
Jede Verwertung außerhalb der engen Grenzen des Urheberrechts-
gesetzes ist ohne Zustimmung des Verlages unzulässig und strafbar.
Das gilt insbesondere für Vervielfältigungen, Übersetzungen,
Mikroverfilmungen und die Einspeicherung und Verarbeitung
in elektronischen Systemen.
Titel der Originalausgabe »La pyramide assassinée«
Copyright © 1993 Librairie Plon
Originalverlag: Plon, Paris
Umschlaggestaltung: Manfred Waller, Reinbek
Umschlagabbildung: Malerei aus dem Neuen Reich, Theben West
Satz: MPM, Wasserburg
Druck und Bindung: Elsnerdruck, Berlin
Printed in Germany
ISBN 3-426-63046-X

2 4 5 3 1

CHRISTIAN JACQ

Das Testament der Götter

Roman

Aus dem Französischen
von Stefan Linster

Danksagung des Übersetzers:

**Mein besonderer Dank gilt
Frank Förster für seine freundliche
und sachkundige Mithilfe.**

Sehet, was die Ahnen vorausgesagt haben, ist eingetreten: Das Verbrechen hat sich ausgebreitet, Gewalt ist in die Herzen eingezogen, das Unheil zieht durch das Land, Blut fließt, der Dieb bereichert sich, das Lächeln ist erloschen, die Geheimnisse sind allen preisgegeben, die Bäume sind entwurzelt, die Pyramide ist geschändet worden, die Welt ist so tief gesunken, daß eine kleine Zahl von Toren sich des Königtums bemächtigt hat und die Richter davongejagt wurden.

Doch entsinne dich der Achtung der MAAT, *der rechten Folge der Tage, der glücklichen Zeit, in der die Menschen Pyramiden bauten und Haine für die Götter gedeihen ließen, jener gesegneten Zeit, in der eine einfache Matte die Bedürfnisse eines jeden befriedigte und ihn glücklich machte.*

Mahnworte des Weisen Ipu-we

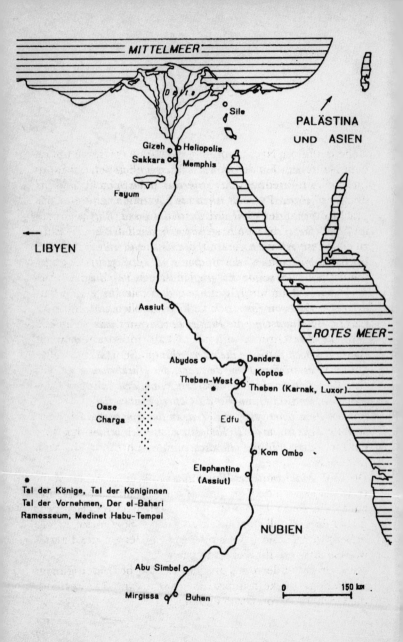

PROLOG

Eine mondlose Nacht umhüllte die Große Pyramide mit einem Mantel aus Finsternis. Verstohlen schlich sich ein Sandfuchs in den Friedhof der Vornehmen, die auch im Jenseits noch fortfuhren, PHARAO zu verehren. Wachen behüteten das prachtvolle Baudenkmal, das allein Ramses der Große einmal im Jahr betrat, um Cheops, seinem glorreichen Ahn, die Ehre zu erweisen; es wurde geraunt, die Mumie des Schöpfers der höchsten Pyramide wäre von einem Sarkophag aus Gold geschützt, welcher selbst von unglaublichen Reichtümern bedeckt wäre. Doch wer hätte es je gewagt, sich an einem derart gut bewachten Schatz zu vergreifen? Niemand, mit Ausnahme des herrschenden Regenten, konnte die steinerne Schwelle überschreiten und sich im Labyrinth des gewaltigen Bauwerks zurechtfinden. Der zu seinem Schutz abgestellte Sonderverband der Streitkräfte schoß ohne Vorwarnung mit dem Bogen; mehrere Pfeile hätten den Unvorsichtigen oder den Neugierigen augenblicklich durchbohrt.

Ramses' Reich war vom Glück gesegnet; reich und friedlich strahlte Ägypten auf die Welt. PHARAO erschien als der Bote des Lichts, die Höflinge dienten ihm mit Ehrfurcht, das Volk pries seinen Namen.

Die fünf Verschwörer traten zugleich aus einer Arbeiterhütte, in der sie sich den Tag über versteckt hatten; hundertmal waren sie ihren Plan mit der Gewißheit durchgegangen, nichts dem Zufall überlassen zu haben. Sollten sie Erfolg haben, würden sie früher oder später Herren des Landes werden und ihm ihr Siegel aufdrücken.

Mit Obergewändern aus grobem Leinen bekleidet, gingen sie, fiebrige Blicke hinüber zur großen Pyramide werfend, die Hochebene von Gizeh entlang.

Die Wache unmittelbar anzugreifen, wäre Irrsinn gewesen; wenn auch andere vor ihnen daran gedacht hatten, sich des Schatzes zu bemächtigen, bisher war es keinem gelungen.

Einen Monat zuvor war der Große Sphinx von einem durch mehrere Stürme aufgetürmten Sandbett befreit worden. Der Riese mit seinen gen Himmel erhobenen Augen wurde nicht sonderlich bewacht. Sein Name, »lebendes Abbild«, und der Schrecken, den er einflößte, genügten durchaus, das gemeine Volk fernzuhalten. Als vor urdenklichen Zeiten aus dem Kalkgestein gehauener Pharao mit Löwenkörper ließ der Sphinx die Sonne aufgehen und wußte um die Geheimnisse der Welt. Fünf Altgediente bildeten seine Ehrenwache. Zwei von ihnen, die rücklings an der äußeren Umfriedungsmauer gegenüber den Pyramiden lehnten, schliefen den Schlaf der Gerechten. Sie würden nichts sehen und nichts hören.

Der Schmalste der Verschwörer erklomm die Umfriedungsmauer; behende und lautlos erdrosselte er den Soldaten, der nahe der rechten Flanke des steinernen Raubtiers schlief, beseitigte dann dessen neben der linken Schulter in Stellung gegangenen Waffenbruder.

Die übrigen Verschwörer stießen hinzu. Den dritten Altgedienten aus dem Weg zu räumen, würde nicht so leicht sein. Der Oberaufseher befand sich vor der Stele von Thutmosis IV.[1], die zwischen den Pranken des Sphinx aufgestellt war, um daran zu erinnern, daß jener Pharao ihm sein Reich verdankte. Mit einer Lanze und einem Dolch bewaffnet, würde der Soldat sich zu wehren wissen.

Einer der Verschwörer streifte sein Obergewand ab.

Nackt trat *sie* auf den Wachsoldaten zu. Verdutzt starrte er die Erscheinung an. War diese Frau nicht einer der Geister der

---

[1] Thutmosis IV. (1412–1402) schlief nach einer Jagd in der Wüste zu Füßen des Sphinx ein. Im Traum sprach dieser zu ihm: Er möge ihn aus dem Sand befreien, und er würde König werden. Das Versprechen wurde von beiden Seiten gehalten. Die *Traumstele*, die von diesem Vorkommnis berichtet, befindet sich noch immer an Ort und Stelle.

Nacht, die um die Pyramiden umherschweiften, um die Seelen zu stehlen? Lächelnd näherte sie sich ihm. Entsetzt sprang der Altgediente auf und hob drohend seine Lanze; sein Arm zitterte. Sie blieb stehen.

»Weiche zurück, Gespenst, entferne dich!«

»Ich werde dir kein Leid antun. Laß mich dich mit Zärtlichkeit liebkosen.«

Der Blick des Oberaufsehers blieb auf den nackten Körper, diesen weißen Fleck in der Dunkelheit, geheftet. Wie gebannt trat er einen Schritt auf sie zu.

Als der Strick sich um seinen Hals legte, ließ der Krieger seine Lanze los, fiel auf die Knie, versuchte vergebens zu schreien, und sank zu Boden.

»Der Weg ist frei.«

»Ich richte die Lampen her.«

Der Stele gegenüber zogen die fünf Verschwörer ein letztes Mal ihren Lageplan zu Rate und machten dann einander Mut für die nächsten Schritte, trotz der sie peinigenden Angst. Sie rückten die Stele zur Seite und erblickten staunend das gesiegelte Tongefäß, das die Stelle des Höllenschlunds, die Pforte zu den Eingeweiden der Erde, anzeigte.

»Es war keine Mär!«

»Laßt uns nachsehen, ob es tatsächlich einen Zugang gibt.«

Unter dem Tongefäß fand sich eine mit einem Ring versehene Steinplatte. Zu viert gelang es, sie abzuheben.

Ein schmaler, sehr niedriger Gang mit starkem Gefälle bohrte sich in die Tiefe.

»Rasch, die Lampen!«

In Schalen aus Dolerit[1] gossen sie sehr fettes, leicht entflammbares Erdöl. PHARAO verbot dessen Gebrauch und den Handel damit, da der schwarze Rauch, der beim Verbrennen entstand, die mit der Ausschmückung der Tempel und Gräber betrauten Handwerker krank machte und Decken sowie Wände verschmutzte. Die Weisen behaupteten, dieses »Stein-

---

[1] Einer der härtesten Steine, den die Ägypter zu bearbeiten verstanden, ohne ihn zu zerbrechen.

öl«[1], wie es die Barbaren nannten, sei ein schädlicher und gefährlicher Stoff, eine bösartige, mit Miasmen befrachtete Ausschwitzung der Gesteine. Die Verschwörer scherten sich nicht darum.

Tief gebückt, wobei ihre Schädel oft gegen die kalksteinerne Decke stießen, drangen sie mit hastigen Schritten durch den engen Stollen dem unterirdischen Teil der Großen Pyramide entgegen. Niemand sprach ein Wort; allen ging die düstere Überlieferung durch den Kopf, der zufolge ein Geist jedem, der des Cheops' Grab zu schänden versuchte, das Genick bräche. Woher sollte man wissen, ob dieser Herrscher sie nicht von ihrem Ziel abbrächte? Falsche Pläne waren in Umlauf gewesen, um etwaige Diebe in die Irre zu führen; war der, den sie in Händen hatten, der richtige?

Sie stießen auf eine Steinwand, die sie mit dem Meißel angingen; glücklicherweise ließen sich die nicht sonderlich dicken Quader leicht drehen. Die Verschwörer glitten ins Innere einer weiten Kammer mit gestampftem Lehmboden von drei Meter fünfzig in der Höhe, vierzehn in der Länge und acht in der Breite. In der Mitte ein Brunnen.

»Die Niedrige Kammer ... Wir sind in der Großen Pyramide!«

Es war ihnen gelungen.

Der seit so vielen Menschenaltern vergessene Gang[2] führte tatsächlich vom Sphinx zu Cheops' gigantischem Bauwerk, dessen erste Kammer ungefähr dreißig Meter unterhalb der Grundfläche lag. Hier, in dieser Gebärmutter, der Beschwörung des Schoßes der Mutter Erde, waren die ersten Auferstehungsriten vollzogen worden.

Nun jedoch mußten sie einen Brunnenschacht überwinden, der durch das Innere des steinernen Kolosses hinaufstieg

---

[1] Wenngleich sie das *Petroleum* kannten, förderten die Ägypter dessen Verwendung nicht.

[2] Die von alten Quellen behauptete Existenz dieses Gangs bleibt hypothetisch; bis heute ist keine diesbezügliche Grabungskampagne organisiert worden.

und auf den Gang traf, der hinter den drei granitenen Verschlußblöcken begann.

Der Leichteste von ihnen klomm hinauf, indem er sich an die Unebenheiten des Gesteins klammerte und sich mit den Füßen daran abstemmte; oben angekommen, ließ er den um seinen Leib gewickelten Strick hinunter. Aus jähem Luftmangel wäre einer der Verschwörer fast ohnmächtig geworden; seine Gefährten schleiften ihn bis zur Großen Galerie, wo er wieder zu Atem kam.

Die Erhabenheit der Stätte betörte sie. Welcher Baumeister war aberwitzig genug gewesen, ein solches, aus sieben Steinlagen bestehendes Gefüge zu errichten? Siebenundvierzig Meter lang und acht Meter fünfzig breit, trotzte diese große Halle, dieses wegen seiner Ausmaße und seiner Lage im Herzen einer Pyramide einzigartige Werk, den Jahrhunderten. Kein Baukünstler würde – wie Ramses' Baumeister bekundeten – jemals wieder eine derartige Großtat verwirklichen.

Eingeschüchtert dachte einer der Verschwörer ans Aufgeben; der Anführer der Unternehmung stieß ihm heftig in den Rücken und nötigte ihn weiterzugehen. So kurz vor dem Ziel aufzugeben wäre töricht gewesen; zumal sie sich zu der Genauigkeit ihres gezeichneten Plans nur beglückwünschen konnten. Ein Zweifel blieb jedoch bestehen: Waren die steinernen Fallgatter zwischen dem oberen Ende der Großen Galerie und dem eigentlichen Zugang zur Kammer des Königs heruntergelassen worden? Wenn dem so war, würde es ihnen nicht gelingen, dieses Hindernis zu umgehen, und sie müßten unverrichteterdinge umkehren.

»Der Durchgang ist frei.«

Bedrohlich leer schienen die Hohlräume, die dazu bestimmt waren, die ungeheuren Blöcke aufzunehmen. Die fünf Verschwörer bückten sich, um in die Kammer des Königs einzudringen, deren Decke von neun Granitmonolithen gebildet wurde, die mehr als vierhundert Tonnen schwer waren. Der annähernd sechs Meter hohe Saal barg das Herz des Reiches, den Sarkophag des Pharaos, welcher auf einem Silberboden ruhte, der die Reinheit der Stätte bewahrte.

Sie zögerten.

Bis zu diesem Moment waren sie wie Forscher auf der Suche nach einem unbekannten Land gewesen. Gewiß, sie hatten drei Verbrechen begangen, für die sie sich vor dem Gericht der anderen Welt würden rechtfertigen müssen, doch hatten sie nicht für das Wohl des Landes und des Volkes gehandelt, indem sie die Vertreibung eines Gewaltherrschers vorbereiteten? Wenn sie jedoch den Sarkophag öffneten, wenn sie ihn seiner Schätze beraubten, würden sie die Ewigkeit, und nicht etwa die eines mumifizierten Menschen, sondern die eines in seinem Leib aus Licht gegenwärtigen Gottes schänden. Sie würden ihr letztes Band mit einer jahrtausendealten Zivilisation zertrennen, um eine neue Welt erstehen zu lassen, die Ramses niemals zulassen würde.

Auch wenn sie gegen das Verlangen ankämpfen mußten, sich davonzumachen, empfanden sie doch ein Gefühl des Wohlbehagens. Durch zwei in die Nord- und die Südwand der Pyramide gehauene Schächte drang Luft herein, von den Steinplatten stieg eine unsichtbare Strahlung auf, die ihnen eine ungekannte Kraft einflößte.

Auf diese Art und Weise also verjüngte sich PHARAO, indem er die aus dem Stein und der Form des Bauwerks hervorgehende Ausstrahlung in sich aufsog!

»Die Zeit drängt.«

»Laßt uns gehen.«

»Das kommt nicht in Frage.«

Zwei traten näher, dann der dritte, schließlich die beiden letzten. Gemeinsam hoben sie den Deckel des Sarkophags an und stellten ihn auf den Bodenplatten ab.

Eine lichtstrahlende Mumie ... eine mit Gold, Silber und Lapislazuli bedeckte Mumie, die so erhaben war, daß die Plünderer ihren Blick nicht ertragen konnten. Mit jähzorniger Bewegung riß der Anführer der Verschwörer die Goldmaske herunter; seine Helfershelfer bemächtigten sich des Halsschmucks und des Skarabäus aus demselben Metall, welcher auf die Stelle des Herzens gelegt war, der Amulette aus Lapislazuli und des Dächsels aus himmlischem Eisen, jenes

Schreinerbeitels, der zur Öffnung von Mund und Augen in der anderen Welt diente. Diese Wunderwerke schienen ihnen beinahe nichtig beim Anblick des goldenen Krummstabs, welcher das ewige Gesetz versinnbildlichte, dessen alleiniger Bürge PHARAO war, vor allem aber angesichts eines kleinen Futterals in Form eines Schwalbenschwanzes.

Im Innern: das Testament der Götter.

Durch diesen Text empfing PHARAO das Reich zum Erbe und sollte es glücklich und gedeihend bewahren. Wenn er sein Sed-Fest, sein Verjüngungsfest, begehen würde, wäre er genötigt, diesen als Beweis der Rechtmäßigkeit seiner Herrschaft dem Hof und dem Volke vorzuzeigen. Wäre er außerstande, dieses Schriftstück zu erbringen, würde er früher oder später zur Abdankung gezwungen sein.

Unglück, Not und Plagen würden bald über das Land hereinbrechen. Indem sie das Allerheiligste der Pyramide entweihten, störten die Verschwörer den wichtigsten Kraftquell des Reiches und beeinträchtigten das Ausströmen des *Ka*, der körperlosen Kraft, die jede Form von Leben beseelte.

Die Diebe bemächtigten sich noch einer Kiste mit Barren himmlischen Eisens – ein so seltenes und kostbares Metall wie Gold. Es würde ihnen dazu dienen, ihre Pläne zu vollenden.

Nach und nach würde das Unrecht sich in den Gauen[1] ausbreiten, Murren sich gegen PHARAO erheben und eine zerstörerische Flutwelle auslösen.

Nun blieb ihnen nur noch, aus der Großen Pyramide wieder hinauszugelangen, ihre Beute zu verbergen und ihr Netz zu spinnen.

Bevor sie auseinandergingen, leisteten sie einen Eid: Wer auch immer sich ihnen in den Weg stellte, würde beseitigt werden. Die Eroberung der Macht forderte diesen Preis.

---

[1] Größte Verwaltungseinheiten des Landes; der geneigte Leser möge bedenken, daß der Begriff auch im dt. Mittelalter, also vor der semantischen Belastung durch die Nazis, bereits verwendet wurde (s. Breisgau, Rheingau ...). *(Anm. d. Ü.)*

1. KAPITEL

Nach einer langen, der Kunst des Heilens gewidmeten Laufbahn genoß Branir einen friedlichen Ruhestand in seinem Hause in Memphis.

Kräftig gebaut und mit stattlicher Brust, trug der alte Arzt eine erhabene silbrige Haarpracht zur Schau, die sein Ehrfurcht gebietendes Gesicht krönte, aus dem Güte und Aufopferung sprachen. Seine natürliche Würde hatte die Großen wie die Gemeinen bezwungen, und man entsann sich keiner Begebenheit, bei der irgend jemand es ihm gegenüber an Achtung hätte fehlen lassen.

Als Sohn eines Perückenmachers hatte Branir den Schoß der Familie verlassen, um Bildhauer, Maler und Zeichner zu werden; einer von PHARAOS Baumeistern hatte ihn in den Tempel von Karnak berufen. Im Verlauf eines Festmahls der Zunft dann hatte sich einer der Steinmetze unwohl gefühlt; ohne längeres Nachdenken und einem inneren Antrieb folgend, hatte Branir ihn durch Handauflegen hypnotisiert und so dem sicheren Tod entrissen. Die für die Gesundheitsfürsorge Zuständigen des Tempels hatten eine so kostbare Gabe nicht brachliegen lassen, und Branir die Möglichkeit gegeben, sich im Umgang mit Lehrmeistern auszubilden, bevor er schließlich selbst Heiler wurde. Für die Ersuchen des Hofes unempfänglich und Ehrungen gegenüber gleichgültig, hatte er allein für die Heilkunst gelebt.

Indes, wenn er die große Stadt im Norden verlassen hatte, um sich in eine kleine Ortschaft des thebanischen Bezirks zu begeben, so war dies nicht seines Berufes wegen geschehen. Er hatte eine andere, eine derart heikle Aufgabe zu erfüllen, daß sie zum Scheitern verurteilt zu sein schien; doch er würde nicht aufgeben, bevor er nicht alles versucht hätte.

Bewegt fand er sein inmitten eines Palmenhains verstecktes Dorf wieder. Branir ließ die Sänfte neben einer Gruppe dicht ineinander stehender Tamarisken anhalten, deren Äste bis zum Boden reichten. Die Luft und die Sonne waren mild; er bemerkte die Bauern, die der Weise einer Flöte lauschten.

Mit der Hacke zerkleinerten ein Alter und zwei Junge die Erdschollen auf dem Hochfeld, das sie gerade bewässert hatten; Branir dachte an die Jahreszeit, in welcher der von der Nilschwelle zurückgelassene Schlamm die Saat aufnahm, die Schweine- und Schafherden dann eintraten. Die Natur bot Ägypten unschätzbare Reichtümer, welche die Menschen mit ihrer Arbeit bewahrten; Tag für Tag verstrich in den Gefilden dieses von den Göttern geliebten Landes eine glückselige Ewigkeit.

Branir setzte seinen Weg fort. Am Eingang des Dorfes begegnete er einem Ochsengespann; eines der Tiere war schwarz, das andere weiß mit braunen Flecken. Unter das hölzerne Joch gezwungen, das auf dem Stirnbein an den Hörnern auflag, schritten sie gemächlich vorwärts.

Vor einem der Lehmhäuser molk ein kauernder Mann eine Kuh, deren Hinterbeinen er Fesseln angelegt hatte. Sein Gehilfe, ein junger Knabe, goß die Milch in einen irdenen Krug.

Branir entsann sich gerührt der Kuhherde, die er einst gehütet hatte; sie hatten »guter Rat«, »Taube«, »Wasser der Sonne« oder »glückliche Überschwemmung« geheißen. Ein Segen für den, der sie besaß, verkörperte die Kuh Schönheit und Sanftheit. In den Augen eines Ägypters gab es kein begehrenswerteres Tier; mit seinen großen Ohren vernahm es die Musik der Sterne, die, wie es selbst, unter den Schutz der Göttin Hathor gestellt waren. »Welch ein herrlicher Tag«, sang oftmals der Kuhhirte, »der Himmel ist mir gewogen und meine Pflicht süß wie der Honig«.[1] Gewiß, der Aufseher der Felder hatte ihn des öfteren zur Ordnung

---

[1] Dieser Gesang und die Kuhnamen sind auf den Basreliefs der Gräber des Alten Reichs eingeschrieben.

gerufen und ihn aufgefordert, sich zu sputen und das Vieh anzutreiben, statt herumzutrödeln. Und wie gewöhnlich hatten die Kühe ihren Weg gewählt, ohne ihren Gang zu beschleunigen. Der alte Heilkundige hatte beinahe all diese schlichten Begebenheiten vergessen, dieses Dasein ohne Überraschungen und den heiteren Frieden des Alltags, wo der Mensch nur ein Anblick unter vielen war; die Gesten wiederholten sich Jahrhundert um Jahrhundert, die Nilschwelle und die Ebbe bildeten das stete Ebenmaß von Menschengeschlechtern ...

Plötzlich brach eine mächtige Stimme die Ruhe der Ortschaft. Der öffentliche Ankläger rief die Bevölkerung zu Gericht, während der Büttel[1], der die Sicherheit gewährleisten und der Ordnung Achtung verschaffen sollte, eine Frau packte, die entschieden ihre Unschuld beteuerte.

Das Hohe Gericht hatte sich im Schatten einer Sykomore eingerichtet; den Vorsitz führte ein Richter von einundzwanzig Jahren, der das Vertrauen der Ältesten besaß. Für gewöhnlich ernannten die Oberen allerdings einen Mann reifen Alters, der mit gründlicher Erfahrung ausgestattet und für seine Entscheidungen bezüglich seiner Güter – sofern er reich war – und seiner Person – wenn er nichts besaß – vollends mündig war; daher auch herrschte an Anwärtern für dieses Amt, und sei es das eines niederen Landrichters, kein Überfluß. Jeder bei einem Vergehen ertappte Gerichtsbeamte wurde strenger bestraft als ein Mörder; eine gesetzestreue Ausübung der Rechtspflege verlangte dies.

Paser hatte keine Wahl gehabt; auf Grund seiner entschiedenen Wesensart und seines ausgeprägten Sinns für Redlichkeit war er einstimmig vom Ältestenrat erwählt worden. Wenngleich er noch sehr jung war, legte der Richter sicheren Sachverstand an den Tag, indem er jeden Fall mit äußerster Sorgfalt bearbeitete.

Recht groß und eher schmal, mit seinem dunkelblonden

---

[1] Ägypt. Ausdruck: »Vorsteher der Streitangelegenheiten«.
   (Anm. d. Ü.)

Haar, der breiten hohen Stirn, seinen grünen, ins Kastanienbraune stechenden Augen und seinem wachen Blick beeindruckte Paser durch seine Ernsthaftigkeit; weder Zorn noch Tränen noch Verführung konnten ihn in die Irre führen. Er hörte zu, erforschte, suchte und faßte seinen Gedanken erst zum Ende langer und geduldiger Ermittlungen in Worte. Im Dorf verwunderte man sich manchmal angesichts solcher Strenge, doch man beglückwünschte sich zu seiner Liebe zur Wahrheit und seinem Geschick, Streitfälle beizulegen. Viele fürchteten ihn, wußten sie doch, daß er Halbheiten ausschloß und sich zur Nachsicht wenig geneigt zeigte; doch keine seiner Entscheidungen war bisher in Frage gestellt worden.

Zu Pasers Rechten und Linken saßen die Geschworenen, acht an der Zahl: der Bürgermeister, seine Gemahlin, zwei Landwirte, zwei Handwerker, eine betagte Witwe und der Vorsteher der Bewässerungen. Alle hatten die Fünfzig überschritten.

Der Richter eröffnete die Versammlung, indem er Maat anrief, die Göttin, die die Weltordnung[1] verkörperte, nach der das Rechtswesen der Menschen sich zu richten versuchen mußte; dann brachte er die Anklageschrift gegen die junge Frau zur Verlesung, welche der Büttel dem hohen Gericht gegenüber mit entschiedener Hand festhielt. Eine ihrer Freundinnen bezichtigte sie, einen Spaten gestohlen zu haben, der ihrem Gatten gehört habe. Paser bat die Klägerin, ihre Anschuldigung mit lauter Stimme zu bestätigen, und forderte die Beklagte auf, ihre Verteidigung vorzutragen. Die erste äußerte sich mit Mäßigung, die zweite stritt heftig ab. Gemäß dem seit dem Anbeginn in Kraft befindlichen Gesetz stellte sich kein Fürsprecher zwischen den Richter und die von einer Verhandlung unmittelbar Betroffenen. Paser befahl der Beklagten, sich zu beruhigen. Die Klägerin

---

[1] Das heißt: Wahrheit, Gerechtigkeit, Recht und Ordnung. Maat wird als sitzende Frau mit einer Straußenfeder auf dem Haupt versinnbildlicht; sie verkörpert die himmlische Harmonie.

bat ums Wort, um sich über die Nachlässigkeit der Gerichtsbehörden zu verwundern; hatte sie den Sachverhalt nicht bereits einen Monat zuvor dem Schreiber, der Paser beisaß, geschildert, ohne indes die Einberufung des Gerichts zu erwirken? Sie war gezwungen gewesen, ein zweites Gesuch einzureichen. Die Diebin hätte somit genügend Zeit gehabt, das Beweisstück verschwinden zu lassen.

»Gibt es einen Zeugen für diesen Vorwurf?«

»Mich selbst«, antwortete die Klägerin.

»Wo ist der Spaten versteckt worden?«

»Bei der Beschuldigten.«

Mit einem Ungestüm, das den Richter beeindruckte, stritt letztere erneut alles ab. Ihre Aufrichtigkeit schien offenkundig.

»Nehmen wir auf der Stelle eine Durchsuchung vor«, verlangte Paser.

Ein Richter mußte sich zum Ermittler wandeln, die Behauptungen und die Hinweise an den Tatorten in eigener Person nachprüfen.

»Ihr habt nicht das Recht, mein Haus zu betreten«, schrie die Beklagte auf.

»Gesteht Ihr?«

»Nein! Ich bin unschuldig!«

»Vor diesem Gericht zu lügen, ist ein schlimmes Vergehen.«

»Sie ist es, die gelogen hat!«

»In diesem Fall wird ihre Strafe streng ausfallen. Bekräftigt Ihr Eure Anschuldigungen?« fragte Paser, wobei er der Klägerin fest in die Augen schaute.

Sie bejahte.

Vom Büttel geführt, begab sich das Gericht vor Ort. Der Richter nahm höchstselbst die Hausdurchsuchung vor. Er entdeckte den Spaten im Keller, in Lappen eingewickelt und hinter irdenen Ölkrügen verborgen. Die Schuldige brach zusammen. Dem Gesetz gemäß verurteilten sie die Geschworenen, der Geschädigten das zweifache ihres Diebesguts, also zwei neue Spaten, zu entrichten. Darüber hinaus war die Lüge unter Eid mit lebenslanger Zwangsarbeit zu ahnden, der Höchststrafe bei einer Strafsache. Die Frau würde gezwungen sein, viele Jahre ohne eigenen Gewinn auf den Feldern des örtlichen Tempels zu arbeiten.

Bevor er die Geschworenen entließ, die es eilig hatten, wieder ihren Tätigkeiten nachzugehen, fällte Paser einen unerwarteten Spruch: Fünf Stockschläge für den beisitzenden Schreiber, der schuldig war, eine Gerichtssache verschleppt zu haben. Da den Weisen zufolge das Ohr des Menschen auf dessen Rücken saß, würde er der Stimme des Stocks lauschen und sich in Zukunft weniger nachlässig zeigen.

»Würde der Richter mir Gehör schenken?«

Stutzig wandte Paser sich um. Diese Stimme ... War es möglich?

»Ihr!«

Branir und Paser umarmten sich herzlich.

»Ihr, hier im Dorf!«

»Eine Rückkehr zu den Ursprüngen.«

»Treten wir unter die Sykomore.«

Die beiden Männer ließen sich auf zwei tiefen Sitzen unter der großen Sykomore nieder, wo die angesehenen Einwohner üblicherweise den Schatten genossen. An einem der Hauptäste war ein Schlauch voll kühlen Wassers aufgehängt.

»Entsinnst du dich, Paser? Genau hier habe ich dir nach dem Tode deiner Eltern deinen geheimen Namen offenbart. Paser, ›der Seher, der in der Ferne erkennt‹ ... Als der Ältestenrat ihn dir zuteilte, hat er sich nicht geirrt. Was kann man von einem Richter mehr verlangen?«

»Ich bin damals gerade beschnitten worden, das Dorf hat mir meinen ersten Würdenschurz geschenkt, ich habe mein Spielzeug weggeworfen, gebratene Ente gegessen und roten Wein getrunken. Welch ein schönes Fest!«

»Der Heranwachsende ist rasch zum Manne geworden.«

»Zu rasch?«

»Jedem sein Maß. Du, du bist Jugendlichkeit und Reife im selben Herzen.«

»Ihr wart es, der mich erzogen hat.«

»Du weißt, daß das nicht stimmt; du hast dich allein geschmiedet.«

»Ihr habt mich lesen und schreiben gelehrt, Ihr habt mir ermöglicht, das Gesetz zu entdecken und mich ihm zu widmen. Ohne Euch wäre ich ein Bauer geworden und hätte mein Land mit Liebe beackert.«

»Du bist von anderem Wesen; die Größe und das Glück eines Landes fußen auf den Fähigkeiten seiner Richter.«

»Gerecht zu sein ... das ist ein tagtäglicher Kampf. Wer könnte sich brüsten, stets als Sieger daraus hervorzugehen?«

»Du hast den Wunsch dazu; das ist die Hauptsache.«

»Das Dorf ist ein Hort des Friedens; diese traurige Angelegenheit ist außergewöhnlich.«

»Bist du nicht zum Aufseher des Kornspeichers benannt worden?«

»Der Bürgermeister möchte, daß mir die Stellung des Verwalters von PHARAOS Feld zuerkannt werde, um die Streitigkeiten während der Ernten zu vermeiden. Die Aufgabe reizt mich nicht; ich hoffe, er wird damit scheitern.«

»Dessen bin ich gewiß.«

»Weshalb?«

»Weil du für eine andere Zukunft auserkoren bist.«

»Ihr macht mich neugierig.«

»Man hat mir einen Auftrag anvertraut, Paser.«

»Der Palast?«

»Der Gerichtshof von Memphis.«

»Sollte ich einen Fehler begangen haben?«

»Im Gegenteil. Seit zwei Jahren verfassen die Aufsichtsbeamten der Landrichter nichts als schmeichelhafte Berichte über dein Verhalten. Du bist gerade in den Gau von Gizeh zum Nachfolger eines verstorbenen Gerichtsbeamten berufen worden.«

»Gizeh ist so weit weg von hier!«

»Einige Tagesreisen zu Schiff. Du wirst in Memphis deinen Wohnsitz beziehen.«

Gizeh, die unter allen erlauchte Stätte; Gizeh, wo sich Cheops' Große Pyramide erhob, der rätselhafte Kraftquell, von dem der innere Friede des Landes abhing, jenes ungeheure Bauwerk, das allein der herrschende Pharao betreten durfte.

»Ich bin glücklich in meinem Dorf; ich bin hier geboren, ich bin hier aufgewachsen, ich arbeite hier. Es zu verlassen, wäre eine große Prüfung.«

»Ich habe deine Ernennung unterstützt, da ich glaube, daß Ägypten dich braucht. Du bist nicht der Mann, der seine Eigenliebe über alles stellt.«

»Ein unwiderruflicher Beschluß?«

»Du kannst ablehnen.«

»Ich muß darüber nachdenken.«

»Des Menschen Körper ist weiträumiger als ein Kornspeicher; er ist mit unzähligen Antworten angefüllt. Wähle die gute; möge die schlechte darin verschlossen bleiben.«

Paser ging auf die Böschung zu; sein Leben stand in diesem Augenblick auf dem Spiel. Er hatte nicht die mindeste Lust, seine Gewohnheiten, die friedlichen Augenblicke des Glücks in seinem Dorf und der thebanischen Landschaft aufzugeben, um sich in einer großen Stadt zu verlieren. Doch wie konnte er Branir, dem Mann, den er vor allen anderen verehrte, eine Weigerung entgegensetzen? Er hatte sich geschworen, seinem Ruf zu folgen, unter welchen Umständen auch immer.

Am Ufer des Flusses schritt erhaben ein großer weißer Ibis einher, dessen Kopf, Schwanz und Flügelspitzen schwarz gefärbt waren. Der prächtige Vogel hielt inne, tauchte seinen langen Schnabel in den Morast und drehte seinen Blick dem Richter zu.

»Das Tier des Thot hat dich ausgewählt«, verkündete der im Schilf ausgestreckte Schäfer Pepi mit seiner rauhen Stimme. »Du hast keine Wahl.«

Der siebzigjährige Pepi war ein alter Murrkopf, der sich nicht binden mochte. Mit den Tieren allein zu sein, schien ihm der Gipfel der Glückseligkeit. Er weigerte sich beharrlich, jedwedes Befehlen zu gehorchen, wußte seinen Knotenstock gewandt zu handhaben und sich in den Papyruswäldern zu verbergen, wann immer die Steuerbeamten wie ein Schwarm Sperlinge über das Dorf herfielen. Paser hatte es aufgegeben, ihn vor das Gericht zu laden. Der Greis duldete nicht, daß man eine Kuh oder einen Hund mißhandelte, und übernahm es selbst, den Quäler zu züchtigen; in dieser Eigenschaft betrachtete der Richter ihn als einen Gehilfen der Ordnungskräfte.

»Betrachte den Ibis genau«, beharrte Pepi. »Die Weite seines Schritts beträgt eine Elle, das Sinnbild der Gerechtigkeit. Möge dein Gang so geradlinig und genau sein wie der von Thots Vogel. Du wirst fortgehen, nicht wahr?«

»Woher weißt du das?«

»Der Ibis wandert weit am Himmel. Er hat dich auserkoren.«

Der Greis erhob sich. Seine Haut war von Wind und Sonne gegerbt; er war nur mit einem Binsenschurz bekleidet.

»Branir ist der einzige rechtschaffene Mann, den ich kenne; er trachtet weder danach, dich zu täuschen, noch dir zu schaden. Wenn du in der Stadt lebst, nimm dich vor den Beamten, den Höflingen und den Schmeichlern in acht: Sie tragen den Tod in ihren Worten.«

»Ich habe keine Lust, das Dorf zu verlassen.«

»Und ich ... glaubst du, ich hätte Lust, nach der umherstreifenden Ziege zu suchen?«

Pepi verschwand zwischen den Schilfrohren.

Der weiß-schwarze Vogel flog davon. Seine großen Flügel schlugen einen allein ihm bekannten Takt; er wandte sich Richtung Norden.

Branir las die Antwort in Pasers Augen.

»Sei zu Beginn des nächsten Monats in Memphis; du wirst bei mir wohnen, bis du dein Amt antrittst.«

»Ihr brecht schon auf?«

»Ich übe zwar nicht mehr aus, doch einige Kranke benötigen noch immer meine Dienste. Auch ich wäre gerne geblieben.«

Die Sänfte entschwand im Staub des Weges.

Der Bürgermeister rief Paser an.

»Wir müssen eine heikle Angelegenheit prüfen; drei Familien behaupten, denselben Palmbaum zu besitzen.«

»Ich weiß Bescheid; der Rechtsstreit dauert schon seit drei Geschlechtern an. Übertragt ihn meinem Nachfolger; falls es ihm nicht gelingen sollte, ihn beizulegen, werde ich mich bei meiner Rückkehr damit befassen.«

»Du gehst fort?«

»Die Verwaltung beruft mich nach Memphis.«

»Und der Palmbaum?«

»Laßt ihn wachsen.«

2. KAPITEL

Paser prüfte die Festigkeit seines Reisebeutels aus gebleichtem Leder, der mit zwei Holzstäben versehen war, die sich in den Boden bohrten, um ihn aufrecht zu halten. Mit seiner Habe gefüllt, würde er ihn mit Hilfe eines breiten Gurts, der über die Brust führte, auf dem Rücken tragen.

Was hineintun außer einer rechteckigen Bahn Stoff für einen neuen Schurz, einem Überwurf und der unerläßlichen Matte mit geflochtenem Schuß? Aus sorgfältig miteinander verknüpften Papyrusstreifen gefertigt, diente die Matte als Bett, Tisch, Behang, als Schirm vor einer Tür oder einem Fenster und als Verpackung für kostbare Gegenstände; ihre letzte Verwendung war die eines Leichentuchs, das den Toten einhüllte. Paser hatte ein sehr widerstandsfähiges Stück erworben, der schönste Gegenstand seines Hausrats. Was den Schlauch betraf, der aus zwei gegerbten und zusammengenähten Ziegenhäuten gefertigt war, so würde er das Wasser über Stunden frisch halten.

Kaum war der Reisebeutel geöffnet, lief ein sandfarbener Mischling herbei, um ihn zu beschnuppern. Brav war ein dreijähriger Bastard aus Wind- und Wildhund; der hochbeinige Rüde mit kurzer Schnauze, hängenden Ohren, die sich beim kleinsten Geräusch aufstellten, und geringeltem Schwanz war seinem Herrn treu ergeben. Er liebte langes Umherstreifen, jagte wenig und zog gekochte Speisen vor.

»Wir gehen, Brav.«

Ängstlich betrachtete der Hund den Beutel.

»Fußmarsch und Schiff Richtung Memphis.«

Der Hund setzte sich auf sein Hinterteil, als sei er auf schlechte Nachricht gefaßt.

»Pepi hat dir ein Halsband gemacht; er hat das Leder sorgfäl-

25

tig gedehnt und mit Fett gegerbt. Es wird sehr bequem sein, das kannst du mir glauben.«

Brav schien kaum überzeugt. Dennoch nahm er das rosenfarbene, grüne und weiße, nach außen mit Nägeln versehene Halsband an. Sollte ein Artgenosse oder ein Raubtier versuchen, ihn an der Kehle zu packen, wäre der Hund auf wirksame Weise geschützt; darüber hinaus hatte Paser eigenhändig folgende hieroglyphische Inschrift darauf eingeprägt: »Brav, Gefährte des Paser«.

Der Richter stellte ihm eine Schüssel mit frischem Gemüse hin, der Hund verschlang gierig alles, ohne seinen Herrn aus den Augenwinkeln zu lassen. Er spürte, daß dies weder der Zeitpunkt für Spiel noch für Zerstreuung war.

Die Dorfbewohner, mit dem Bürgermeister an der Spitze, kamen dem Richter Lebewohl sagen; manche weinten. Man wünschte ihm viel Glück, man überreichte ihm zwei Amulette, wovon eines ein Schiff, das andere kräftige Beine darstellte; sie würden den Reisenden beschützen, der jeden Morgen an GOTT würde denken müssen, um die Wirksamkeit der Talismane zu erhalten.

So blieb Paser nur noch, seine Ledersandalen zu nehmen, doch nicht etwa, um sie überzustreifen, sondern um sie in der Hand zu tragen; wie seine Landsleute würde er barfuß wandern und die kostbare Fußbekleidung nur gebrauchen, um in eine Behausung zu treten, nachdem er sich den Staub des Weges abgewaschen hätte. Er versicherte sich der Festigkeit des Riemens, der zwischen dem großen und dem zweiten Zeh durchführte, sowie des guten Zustands der Sohle; zufrieden verließ er das Dorf, ohne sich nochmals umzudrehen.

Als er die schmale Straße einschlug, die sich über die Anhöhen schlängelte, welche den Nil überragten, berührten unversehens feuchte Nüstern seine rechte Hand.

»Wind des Nordens! Du bist entwischt ... Ich muß dich auf dein Feld zurückbringen.«

Der Esel wollte davon nichts wissen; er begann ein Zwiegespräch, indem er ihm den rechten Fuß entgegenhielt, den

26

Paser ergriff.[1] Der Richter hatte ihn dem Jähzorn eines Bauern entrissen, der ihn mit Stockhieben prügelte, weil er den Strick, der ihn an seinen Pflock band, durchgebissen hatte. Das Tier ließ einen gewissen Hang zur Unabhängigkeit und eine besondere Fähigkeit erkennen, die schwersten Lasten zu tragen.

Wind des Nordens schien entschlossen, bis zu seinem vierzigsten Jahr mit zu beiden Seiten seines Rückgrats aufliegenden Säcken zu fünfzig Kilo durchs Leben zu gehen, und war sich offensichtlich bewußt, soviel wert zu sein wie eine gute Kuh oder ein schöner Sarg. Paser hatte ihm ein Feld geschenkt, auf dem er allein grasen durfte; dankbar düngte er dieses bis zur Überschwemmung. Mit einem scharfen Ortssinn ausgestattet, fand Wind des Nordens sich vollendet im verschlungenen Geflecht der Pfade auf dem Lande zurecht und trottete häufig allein von einem Punkt zum anderen, um Waren auszuliefern. Genügsam und sanftmütig, wie er war, mochte er nur bei seinem Herrn in Frieden schlafen.

Wind des Nordens wurde so geheißen, da er von Geburt an die Ohren gespitzt hatte, sobald die milde, während der heißen Jahreszeit so sehr geschätzte Brise aus dem Norden wehte.

»Ich gehe weit fort«, wiederholte Paser, »Memphis wird dir nicht gefallen.«

Der Hund rieb sich am rechten Vorderfuß des Esels. Wind des Nordens verstand Bravs Zeichen und drehte sich freudig zur Seite, um den Reisebeutel entgegenzunehmen. Paser packte den Vierbeiner sanft beim linken Ohr.

»Wer ist der Störrischere von uns?«

Paser gab das Ringen auf; selbst ein anderer Esel hätte den Kampf abgebrochen. Wind des Nordens, von nun an für das Gepäck verantwortlich, setzte sich an die Spitze des Zuges und schlug, ohne sich zu irren, den geradesten Weg zur Anlegestelle ein.

---

[1] Die Szene ist einem Basrelief nachempfunden. Als Tier des Gottes Seth, des Herrn über Sturmgewitter und die kosmische Kraft, war der Esel der bevorzugte Helfer des Menschen im Alten Ägypten.

Unter der Herrschaft Ramses' des Großen zogen die Reisenden ohne Furcht über die Pfade und Wege des Landes; sie wanderten unbeschwert umher, ließen sich sorglos im Schatten der Palmen nieder, um zu plaudern, füllten ihre Schläuche mit dem Wasser der Brunnen, verbrachten friedliche Nächte am Rain der Felder oder am Ufer des Nils, standen mit der Sonne auf und legten sich mit ihr schlafen. Sie begegneten PHARAOS Boten und den Beamten der Briefbeförderung; bei Bedarf wandten sie sich an die Ordnungshüter auf Erkundungsgängen. Weit lag die Zeit zurück, in der man allenthalben Entsetzensschreie vernahm, in der Räuber die Armen oder Reichen ausplünderten, die es wagten, sich auf Reisen zu begeben. Ramses verschaffte der öffentlichen Ordnung Achtung, ohne die keinerlei Glück möglich war.[1]

Mit sicherem Schritt nahm Wind des Nordens den schroffen Abhang in Angriff, der im Fluß endete, als wüßte er im voraus, daß sein Herr beabsichtigte, das nach Memphis abfahrbereite Schiff zu nehmen. Die drei gingen an Bord; Paser bezahlte den Preis der Fahrt mit einem Stück Stoff. Während die Tiere schliefen, betrachtete er das an ihm vorbeiziehende Ägypten, das die Dichter mit einem gewaltigen Schiff verglichen, dessen Seitenwände von Gebirgszügen gebildet wurden. Hügel und Felswände, die bis auf dreitausend Meter anstiegen, schienen die Pflanzungen zu schützen. Hochebenen, von kleinen, mehr oder minder tiefen Tälern zerschnitten, schoben sich bisweilen zwischen das schwarze, fruchtbare, freigebige Land und die rote Wüste, in der gefährliche Mächte umherstreiften.

Paser überkam jäh das Verlangen, wieder ins Dorf zurückzukehren und es nie mehr zu verlassen. Diese Reise ins Unbekannte bereitete ihm Mißbehagen und raubte ihm alles

---

[1] Man reiste viel im Alten Ägypten und benutzte dabei vor allem die natürliche »Schnellstraße«, den Nil, aber auch die Feldwege und Wüstenpisten. PHARAO mußte die Sicherheit der Reisenden gewährleisten.

Vertrauen in seine Möglichkeiten; der niedere Landrichter
büßte eine Seelenruhe ein, die keine Beförderung ihm je
schenken könnte. Allein Branir hatte seine Einwilligung
erwirken können; doch entführte er ihn nicht in eine Zukunft, die zu beherrschen er vielleicht außerstande war?

*

Paser war wie betäubt.
Memphis, die größte Stadt Ägyptens, die »Waage der Beiden
Länder« und Hauptstadt der Verwaltung, war von Menes
dem Reichseiniger[1] gegründet worden. Während Theben,
die Südliche, sich dem Altüberlieferten und dem Amunkult
widmete, öffnete Memphis, die Nördliche, an der Verbin-
dungslinie von Ober- und Unterägypten gelegen, sich Asien
und den Völkern des Mittelmeers.
Der Richter, der Esel und der Hund gingen im Hafen Peru-
nefer an Land, dessen Name »gute Reise« bedeutete. Hunderte Handelsschiffe von unterschiedlicher Größe lagen an
den vor emsiger Geschäftigkeit wimmelnden Hafendäm-
men; die Waren wurden zu ungeheuren Speichern geschafft,
die mit größter Sorgfalt bewacht und verwaltet wurden. Um
den Preis einer Arbeit, die der Erbauer des Alten Reiches
würdig war, hatte man einen Seitenkanal zum Nil ausgehoben, der an der Hochebene entlangführte, auf der die
Pyramiden errichtet worden waren. Auf diese Weise konnten
die Wasserfahrzeuge gefahrlos dahinsegeln, und der Verkehr von Lebensmitteln und anderen Dingen war bei jeder
Jahreszeit gesichert; Paser bemerkte, daß die Wände des
Kanals mit einer Maurerarbeit von beispielhafter Güte ausge-
kleidet waren.
Die drei Weggefährten wandten sich zum nördlichen Viertel,
wo Branirs Wohnstatt lag, durchquerten die Stadtmitte, be-

---

[1] Menes war der erste Pharao, der die Beiden Länder, Ober- und
Unterägypten, einte. Sein Name bedeutet entweder soviel wie unser »NN« (»noch zu benennen«) oder »der Stete«.

wunderten den berühmten Tempel des Ptah, des Gottes der Handwerker, und gingen am gesperrten Gebiet der Streitkräfte vorüber. Hier wurden die Waffen hergestellt und die Kriegsschiffe gebaut. Hier auch, zwischen den mit Streitwagen, Schwertern, Lanzen und Schilden angefüllten Waffenkammern, ertüchtigten sich die Einsatzverbände des ägyptischen Heeres, die in weiträumigen Kasernen untergebracht waren.

Im Norden wie im Süden, in Nachbarschaft der Gebäude des Schatzhauses, die Gold, Silber, Kupfer, Stoffe, Salben, Öle, Honig und andere Kostbarkeiten schützten, reihten sich von Gerste, Dinkel und den unterschiedlichsten Saaten strotzende Kornspeicher aneinander.

Dieses allzu ausgedehnte Memphis machte den jungen Mann vom Lande schwindeln. Wie sich im Geflecht der Straßen und Gäßchen zurechtfinden, in der Überfülle an Vierteln, die »Leben der Beiden Länder«, »der Garten«, »die Sykomore«, »die Mauer des Krokodils«, »die Feste«, »die beiden Hügel« oder »die Schule der Heilkunde« hießen? Während es Brav ziemlich unheimlich zumute zu sein schien und er seinem Herrn nicht von der Seite wich, folgte der Esel seinem Weg. Er geleitete seine beiden Gefährten durch das Viertel der Handwerker, wo diese in kleinen, zur Straße hin offenen Werkstätten Stein, Holz, Metall und Leder bearbeiteten. Niemals zuvor hatte Paser so viele Töpferwaren, irdene Gefäße, Tafelgeschirre und Gerätschaften für jeglichen Hausstand gesehen. Er begegnete zahlreichen Fremden, Hethitern, Griechen, Kanaanitern und aus den verschiedensten kleinen Reichen kommenden Asiaten; diese unbekümmerten schwatzhaften Leute schmückten ihre Hälse mit Lotosketten, verkündeten, daß Memphis eine Schale Früchte sei, und begingen ihre Kulte in den Tempeln des Gottes Baal und der Göttin Astarte, deren Anwesenheit PHARAO duldete.

Paser wandte sich an eine Weberin und fragte sie, ob er in die rechte Richtung gehe; er konnte feststellen, daß der Esel ihn nicht in die Irre geführt hatte. Der Richter bemerkte, daß die prunkvollen Herrenhäuser der Vornehmen mit ihren Gärten und Wasserflächen mitten unter den kleinen Behausungen der einfachen Leute standen. Hohe Säulenhallen, die von Türhütern bewacht wurden, öffneten sich auf blumenumstandene Alleen, an deren Ende sich zwei- oder dreigeschossige Wohnsitze versteckten.

Dann endlich Branirs Wohnstatt! Sie war so hübsch, so reizend mit ihren weißen Mauern, ihrem mit einem Gebinde von rotem Mohn verzierten Türsturz, ihren von Kornblumen mit grünen Kelchen und von gelben Persea-Blüten[1] geschmückten Fenstern, daß der junge Richter sie eine Weile mit großem Gefallen bewunderte.

Eine Tür ging auf das Gäßchen, in dem zwei Palmen wuchsen, die die Terrasse des Häuschens beschatteten. Gewiß, das Dorf war recht fern, doch dem alten Arzt war es gelungen, etwas vom Duft der ländlichen Heimat in der Stadt zu bewahren.

Branir stand auf der Schwelle.

»Ist deine Reise gut verlaufen?«

»Der Esel und der Hund sind durstig.«

»Ich kümmere mich um sie; hier hast du ein Becken, damit du dir die Füße waschen kannst, und Brot, auf das ich Salz gestreut habe, um dich willkommen zu heißen.«

Über einige Stufen stieg Paser in den ersten Raum hinunter; er sammelte sich vor einer kleinen Nische, welche die Statuetten der Ahnen barg. Dann entdeckte er den Empfangsraum, dessen Decke von zwei farbigen Säulen getragen wurde; an den Wänden der Aufbewahrung dienende Schränke und Truhen. Auf dem Boden lagen Matten. Eine kleine Werkstatt, ein Baderaum, eine Küche, zwei Kammern und ein Keller vervollständigten das wohlige Heim.

Branir lud seinen Gast ein, die Treppe hinauf zur Terrasse zu erklimmen, wo er kühle Getränke und dazu mit Honig gefüllte Datteln sowie Backwaren aufgetischt hatte.

---

[1] Großer Baum, dessen Frucht wegen ihrer Süße geschätzt wird und einem Herzen gleicht, und dessen Blatt die Form einer Zunge hat.

»Ich fühle mich verloren«, gestand Paser.

»Das Gegenteil hätte mich überrascht. Ein gutes Abendmahl, eine Nacht Ruhe, und du wirst der feierlichen Einsetzung trotzen können.«

»Schon morgen?«

»Die Fälle stapeln sich.«

»Ich hätte mich gerne erst einmal in Memphis eingewöhnt.«

»Die Ermittlungen werden dich dazu nötigen. Hier ein Geschenk, da du ja noch nicht im Amt bist.«

Branir überreichte Paser das Buch der Unterrichtung der Schreiber. Es ermöglichte ihnen, bei jeder Gelegenheit die angemessene Haltung dank der Achtung der Hierarchie einzunehmen. An der Spitze standen die Götter, die Göttinnen, die im Jenseits verklärten Geister, PHARAO und die Königin; dann die Königsmutter, der Wesir, der Rat der Weisen, die hohen Gerichtsbeamten, die Heerführer und die Schreiber des Hauses der Bücher. Es folgten eine Vielzahl von Ämtern, die, über PHARAOS Beauftragte in der Fremde, vom Leiter des Schatzhauses bis zum Vorsteher der Kanäle reichten.

»Ein Mann mit ungestümem Herzen kann nur ein Unruhestifter sein, und ein Schwätzer ebenso; wenn du stark sein möchtest, werde zum Schmied deiner Worte, forme sie aus, denn die Sprache ist die mächtigste Waffe für den, der sie zu handhaben versteht.«

»Ich vermisse das Dorf.«

»Du wirst es dein ganzes Leben lang vermissen.«

»Weshalb habt Ihr mich hierher berufen?«

»Es ist dein eigenes Verhalten, das dein Geschick bestimmt.«

*

Paser schlief wenig und schlecht, seinen Hund zu seinen Füßen und den Esel an seinem Kopf gebettet. Die Ereignisse nahmen einen allzu raschen Verlauf und ließen ihm keine Zeit, sein Gleichgewicht wiederzuerlangen; von einem Strudel erfaßt, verfügte er nicht mehr über seine gewohnten

Bezugspunkte und mußte sich widerstrebend in ein Abenteuer mit ungewissen Wendungen einlassen.

Bereits bei Sonnenaufgang wachte er auf, nahm dann ein Schwallbad, reinigte seinen Mund mit Natron[1] und verzehrte in Gesellschaft von Branir sein Morgenmahl, der ihn darauf den Händen eines der besten Bader der Stadt überantwortete. Der Bader, der seinem Kunden gegenüber und wie dieser auf einem dreibeinigen Hocker saß, benetzte Pasers Haut und rieb sie mit sämigem Schaum ein. Aus einem Lederfutteral zog er ein aus einer Kupferklinge mit Holzgriff bestehendes Rasiermesser hervor, das er in vollendeter Geschicklichkeit handhabte.

Wohlriechend und mit einem neuen Schurz sowie einem weiten durchsichtigen Oberhemd bekleidet, schien Paser nun bereit, der Prüfung mutig entgegenzutreten.

»Ich habe den Eindruck, verkleidet zu sein«, vertraute er Branir an.

»Die Erscheinung ist unbedeutend, aber vernachlässige sie nicht; wisse, das Ruder zu führen, damit der Fluß der Tage dich nicht vom Recht entferne, denn das Gleichgewicht eines Landes hängt von dessen Anwendung ab. Sei deiner selbst würdig, mein Sohn.«

---

[1] Natron ist ein natürliches Gemisch aus Natriumkarbonat und -hydrogenkarbonat.

3. KAPITEL

Paser folgte Branir, der ihn in das Viertel des Ptah im Süden der alten Feste mit weißen Mauern geleitete. Über das Schicksal des Esels und des Hundes machte er sich keine Sorgen; um sein eigenes war dem junge Mann schon eher bange.

Unweit des Palastes waren mehrere Verwaltungsgebäude errichtet worden, deren Zugänge von Soldaten bewacht wurden. Der ehrwürdige Arzt wandte sich an einen ranghöheren; nachdem dieser sein Ersuchen angehört hatte, entfernte er sich für einige Augenblicke und kam in Beisein eines hohen Gerichtsbeamten, eines Beauftragten des Wesirs, zurück.

»Hocherfreut, Euch wiederzusehen, Branir; dies also ist Euer Schützling.«

»Paser ist sehr bewegt.«

»Eine keineswegs tadelnswerte Regung in Anbetracht seines Alters. Ist er gleichwohl bereit, seine neuen Ämter auszufüllen?«

Durch den leisen Spott der hohen Persönlichkeit verletzt, wandte Paser forsch ein: »Solltet Ihr daran zweifeln?«

Der Beauftragte runzelte die Augenbrauen.

»Ich entführe ihn Euch, Branir; wir müssen zur Einsetzung schreiten.«

Der warmherzige Blick des alten Arztes flößte seinem Schüler den Mut ein, der ihm noch fehlte; welches auch immer die Schwierigkeiten sein mochten, er wollte Branir Ehre machen.

Paser wurde in einen kleinen rechteckigen Raum mit weißen nackten Wänden geführt; der Bevollmächtigte forderte ihn auf, sich im Schreibersitz auf einer Matte dem Ehrengericht gegenüber niederzulassen, das sich aus ihm selbst, dem Gaufürsten von Memphis, dem Vertreter des Hauses der Arbeit und einem der Gottesdiener des Ptah zusammensetzte, welcher einen hohen Rang in der geistlichen Obrigkeit einnahm. Alle vier hatten schwere Perücken auf den Häuptern und waren mit weiten Schurzen gewandet. Die Gesichter drückten keinerlei Regung aus.

»Ihr befindet Euch am Ort der ›Ermittlung des Unterschiedes‹[1]«, verkündete der Beauftragte des Wesirs und Vorsteher der Gerichtsverwaltung. »Hier werdet Ihr zu einem sich von anderen unterscheidenden Manne werden, der gehalten sein wird, über seinesgleichen zu richten. Wie Eure Amtsgenossen im Gau Gizeh werdet Ihr Ermittlungen führen, den unter Eurer Amtsgewalt stehenden örtlichen Gerichten vorsitzen und Euch Euren Vorgesetzten anheimstellen, wenn die Angelegenheiten Eure Befugnisse übersteigen. Verpflichtet Ihr Euch dazu?«

»Ich verpflichte mich dazu.«

»Seid Ihr Euch bewußt, daß dieses Ehrenwort nicht zurückgenommen werden kann?«

»Dessen bin ich mir bewußt.«

»So möge dieses Gericht nun gemäß den Geboten der Maat verfahren und über den zukünftigen Richter richten.«

Der Gaufürst hob mit dunkler und gemessener Stimme an:

»Welche Art von Geschworenen werdet Ihr einberufen, um Euer Gericht zusammenzustellen?«

»Schreiber, Handwerker, Ordnungshüter, Männer von Erfahrung, ehrwürdige Frauen, Witwen.«

»In welcher Weise werdet Ihr in deren Beratungen eingreifen?«

»In keinster Weise. Ein jeder wird sich unbeeinflußt aussprechen können, und ich werde jede Ansicht achten, um mein Urteil zu bilden.«

»Unter allen Umständen?«

---

[1] Der »Ort der beiden Wahrheiten« im *Totenbuch*, an dem der Gerechte vom Ungerechten geschieden wird.

»Mit Ausnahme eines einzigen: Wenn einer der Geschworenen bestochen worden wäre. Dann würde ich die laufende
Verhandlung unterbrechen, um ihn unverzüglich unter Anklage zu stellen.«

»Wie müßt Ihr im Falle eines Verbrechens vorgehen?« fragte
der Vertreter des Hauses der Arbeit.

»Eine Voruntersuchung führen, einen Vorgang anlegen und
diesen dem Amt des Wesirs weiterleiten.«

Der Gottesdiener des Ptah legte seine rechte Hand quer
über seine Brust, die geschlossene Faust gegen die Schulter
gepreßt.

»Keine Handlung wird beim Gericht des Jenseits vergessen
werden; dein Herz wird auf eine der Waagschalen gelegt und
gegen die Maat gewogen werden. Wie wurde das Gesetz
weitergegeben, dem du Achtung verschaffen mußt?«

»Es gibt zweiundvierzig Gaue und zweiundvierzig Gesetzes-
Schriftrollen; sein Geist jedoch wurde nicht aufgeschrieben
und darf auch nicht aufgeschrieben werden. Die Wahrheit
kann nur auf mündlichem Wege, aus dem Mund des Meisters zum Ohr des Lernenden, weitergegeben werden.«

Der Diener des Ptah lächelte; doch der Bevollmächtigte des
Wesirs war noch nicht zufrieden.

»Wie legt Ihr die Maat aus?«

»Sie ist Brot und Bier.«

»Was bedeutet diese Antwort?«

»Gerechtigkeit für alle, für Hohe und Niedere.«

»Weshalb wird die Maat durch eine Straußenfeder versinnbildlicht?«

»Weil Maat Fährmann zwischen unserer Welt und der der
Götter ist; die Feder ist das Steuer, das Ruder des Vogels wie
das des Wesens. Die Maat, der Hauch des Lebens, muß in der
Nase des Menschen verbleiben und das Übel der Herzen
und der Körper vertreiben.[1] Falls die Gerechtigkeit ver-
schwände, würde das Korn nicht mehr gedeihen, die Auf-

---

[1] Die Aufnahme der Maat in den Körper und das Herz wird durch
An-die-Nase-Halten erzielt. *(Anm. d. Ü.)*

ständischen würden die Macht übernehmen, und die Gottesfeste würden nicht mehr begangen werden.«

Der Gaufürst erhob sich und legte vor Paser einen Kalkquader nieder.

»Legt Eure Hand auf diesen weißen Stein.«

Der junge Mann gehorchte. Er war vollkommen ruhig.

»Möge er Zeuge Eures Eides sein; er wird sich auf ewig der Worte entsinnen, die Ihr ausgesprochen habt, und wird Euer Ankläger sein, falls Ihr Verrat an der Maat begeht.«

Der Gaufürst und der Vertreter des Hauses der Arbeit stellten sich zu beiden Seiten des Richters auf.

»Erhebt Euch«, forderte der Bevollmächtigte des Wesirs.

»Hier Euren Siegelring«, sagte er, indem er ihm ein kleine rechteckige Platte mit einem daran verlöteten Reif überreichte, den Paser über seinen rechten Mittelfinger streifte. Auf der glatten Fläche der goldenen Platte war »Richter Paser« eingeschnitten.

»Die Schriftstücke, denen Ihr Euer Petschaft aufdrückt, werden amtliche Geltung haben und Eure Verantwortlichkeit berühren; bedient Euch dieses Rings nicht leichtfertig.«

*

Der Amtssitz des Richters befand sich in der südlichen Vorstadt von Memphis, in halber Entfernung zwischen dem Nil und dem westlichen Kanal und südlich vom Tempel der Hathor. Der junge Mann vom Lande, der eine beeindruckende Wohnstatt erwartet hatte, wurde bitter enttäuscht. Die Verwaltung hatte ihm lediglich ein niedriges Haus mit zwei Geschossen zugestanden.

Auf der Schwelle saß ein schlummernder Wächter. Paser klopfte ihm auf die Schulter; der Mann fuhr hoch.

»Ich würde gerne eintreten.«

»Das Amtsstube ist geschlossen.«

»Ich bin der Richter.«

»Das würde mich wundern ... Der ist tot.«

»Ich bin Paser, sein Nachfolger.«

»Aha, Ihr seid das ... der Gerichtsschreiber Iarrot hat mir diesen Namen genannt, das ist wahr. Habt Ihr einen Beweis für Eure Behauptung?«

Paser zeigte ihm den Petschaftsring.

»Ich hatte den Auftrag, diese Stätte bis zu Eurem Eintreffen zu bewachen; mein Auftrag ist also beendet.«

»Wann werde ich meinen Gerichtsschreiber sehen?«

»Das weiß ich nicht. Er muß eine heikle Angelegenheit lösen.«

»Welche?«

»Das Feuerholz. Im Winter wird es hier recht kalt; letztes Jahr hat das Schatzhaus es abgelehnt, Holz in diese Amtsstube zu liefern, weil das Gesuch nicht in dreifacher Ausführung eingereicht worden war. Iarrot hat sich zum Amt der Schriftenverwahrung begeben, um die Lage ins reine zu bringen. Ich wünsche Euch gutes Gelingen, Richter Paser; Ihr werdet nicht Gefahr laufen, Euch hier in Memphis zu langweilen.«

Der Wachmann schnürte seine Sachen und ging davon.

Paser stieß die Tür seines neuen Reichs auf. Das Amtszimmer war ein recht großer Raum, mit Schränken und Truhen vollgestellt, in denen gebündelte oder gesiegelte Papyrusrollen verwahrt waren. Auf dem Boden lag eine nicht ganz geheure Schicht Staub. Angesichts dieser unerwarteten Not zögerte Paser keinen Augenblick. Der Würde seines Amtes zum Trotz ergriff er einen Besen, der aus langen steifen, zopfartig gedrehten Faserbüscheln bestand, welche zwei Sechsfach-Verschnürungen zusammenhielten; der starre Stiel ermöglichte eine geschmeidige und gleichmäßige Handhabung.

Als die Säuberung beendet war, nahm er den Bestand der Schriftenkammer in Augenschein: Unterlagen des Amts für Liegenschaften und des Schatzhauses, verschiedene Berichte, Klagen, Buchhaltungsaufzeichnungen und Belege über Lohnzahlungen in Getreide, Körben oder Stoffen, Aufstellungen von Bediensteten ... Seine Befugnisse reichten in die unterschiedlichsten Gebiete.

Im größten der Schränke fand sich die unerläßliche Ausrüstung des Schreibers: Paletten mit Aushöhlungen auf der

38

Oberseite, um die rote und die schwarze Tinte darin aufzunehmen; feste Tuschesteine, Becher, Beutel mit zermahlenen Pigmenten, Beutel mit Pinseln, Schabmessern, Gummi; steinerne Mörser, Leinenschnürchen; ein Schildkrötenpanzer, um Mischungen vorzunehmen; eine irdene Pavianfigur, die Thot, den Herrn der Hieroglyphen, beschwor; Kalksteinstücke, die für Entwürfe benutzt wurden; Tafeln aus Ton, Kalk und Holz. Alles war von besonderer Güte.

In einem Kästchen aus Akazienholz ruhte einer der kostbarsten Gegenstände: eine Wasseruhr. Das kleine kegelstumpfförmige Gefäß war im Innern nach zwei unterschiedlichen Maßeinheiten durch zwölf Kerben eingeteilt; das Wasser lief durch ein Loch im Boden der Uhr aus und maß auf diese Weise die Stunden. Ohne Zweifel mußte der Gerichtsschreiber es wohl als notwendig erachten, über die bei seiner Arbeit verbrachte Zeit genauestens zu wachen.

Eine Pflicht drängte sich vor allem anderen auf. Paser nahm einen feinst zugeschnittenen Binsenpinsel, tauchte die Spitze in einen mit Wasser gefüllten Becher und ließ einen Tropfen auf die Palette fallen, derer er sich bedienen wollte. Er murmelte das Gebet, das jeder Schreiber vor seinem Werk aufsagte: »Wasser des Tintensteins für deinen Ka^1, Imhotep«; auf die Art wurde der Schöpfer der ersten Pyramide verehrt, der Baumeister, Heilkundige, Sterndeuter und Vorbild all jener, welche mit Hieroglyphen umgingen.

Hierauf stieg der Richter ins Obergeschoß.

Die Dienstwohnung war seit langem nicht mehr benutzt worden; Pasers Vorgänger, der es vorgezogen hatte, ein kleines Haus am Rande der Stadt zu bewohnen, hatte versäumt, die drei Räume zu unterhalten, die nun Wanzen, Fliegen, Mäuse und Spinnen beherbergten.

Der junge Mann ließ sich nicht entmutigen; er fühlte sich Manns genug, den Kampf aufzunehmen. Auf dem Lande mußten die Behausungen häufig entseucht und von solch unerwünschten Gästen befreit werden.

---

[1] Die dem Menschen innewohnende Lebenskraft. *(Anm. d. Ü.)*

Nachdem er sich die nötigen Mittel aus einem kleinen Laden des Viertels besorgt hatte, machte Paser sich ans Werk. Er besprenkelte die Wände und den Boden mit Wasser, in dem er Natron gelöst hatte, bestäubte sie dann mit einem Gemisch aus zerstoßener Kohle und der Pflanze *bebet*[1], deren kräftiger Geruch Geschmeiß und Ungeziefer fernhielt. Endlich vermengte er Weihrauch, Myrrhe, Cinnamomum[2] sowie Honig und nahm eine Ausräucherung vor, die das Gemäuer läuterte, indem es ihm einen angenehmen Duft verlieh. Um diese kostspieligen Stoffe zu erwerben, hatte er sich verschulden müssen und den größten Teil seines nächsten Gehalts ausgegeben.

Erschöpft entrollte er seine Matte und breitete sie auf dem Boden aus. Etwas störte ihn jedoch und hinderte ihn am Einschlafen: der Petschaftsring. Doch er nahm ihn nicht ab. Der Hirte Pepi hatte sich nicht geirrt: Er hatte keine Wahl mehr.

---

[1] *Inula graveolens,* eine Unterart des Alant.
[2] Strauchartige Gewürzpflanzen, Lorbeergewächse; aus manchen Arten wird Zimt gewonnen (Zimtbaum); hier ein Gewürz.

4. KAPITEL

Die Sonne stand bereits hoch am Himmel, als der Gerichtsschreiber Iarrot mit schwerem Tritt in das Amtszimmer kam. Massig, pausbäckig, mit rotem, von Kupferrose gezeichnetem Gesicht, tat er keinen Schritt, ohne seinem Gang den Takt eines mit seinem Namen gezeichneten Stocks aufzuerlegen, welcher ihn zu einer bedeutenden und geachteten Persönlichkeit machte. Iarrot, gut und gern um die Vierzig, war beglückter Vater eines Mädchens, Ursache all seiner Sorgen. Alle Tage nämlich stritt er sich mit seiner Gattin wegen der Erziehung des Kindes, das er unter keinerlei Vorwand hemmen und einschränken wollte. Das Haus erscholl ständig von ihrem zunehmend heftiger werdenden Gezänk.

Zu seiner großen Überraschung rührte gerade ein Arbeiter Gips unter zerstoßenen Kalk, um diesen weißer zu machen, prüfte dann die Beschaffenheit des Erzeugnisses, indem er es in einen Kalksteinkegel goß, und verstopfte schließlich ein Loch in der Vorderwand des richterlichen Wohnhauses.

»Ich habe keine Arbeiten angeordnet«, sagte Iarrot erzürnt.

»Ich schon. Und besser noch, ich führe sie unverzüglich aus.«

»Mit welchem Recht?«

»Ich bin der Richter Paser.«

»Aber ... Ihr seid sehr jung!«

»Solltet Ihr mein Gerichtsdiener sein?«

»In der Tat.«

»Der Tag ist schon recht weit vorgeschritten.«

»Gewiß, gewiß ... doch ich wurde von häuslichen Verdrießlichkeiten aufgehalten.«

»Welche dringenden Fälle stehen an?« fragte Paser, während er mit dem Verputzen fortfuhr.

41

»Die Klage einem Baumeisters. Er verfügte über Ziegelsteine, doch es fehlte ihm an Eseln, um sie zu befördern. Er beschuldigt den Verleiher, sein Bauwerk absichtlich zu behindern.«

»Das ist in Ordnung gebracht.«

»Auf welche Weise?«

»Ich habe den Verleiher heute morgen aufgesucht. Er wird den Geschäftsmann entschädigen und die Ziegelsteine schon morgen befördern; eine Verhandlung wurde abgewendet.«

»Seid Ihr auch Verputzer?«

»Ein kaum begabter Laie. Die uns vom Schatzhaus zugeteilten Mittel sind ziemlich dürftig; daher werden wir uns in den meisten Fällen selbst helfen müssen. Weiter?«

»Ihr werdet zu einer Viehzählung erwartet.«

»Genügt der eigens dafür geschulte Schreiber nicht?«

»Der Gebieter des Anwesens, der Zahnheilkundler Qadasch, ist davon überzeugt, daß einer seiner Bediensteten ihn bestiehlt. Er hat um eine Untersuchung gebeten; Euer Vorgänger hat diese so lange als möglich hinausgeschoben. Offen gesagt, ich habe ihn verstanden. Falls Ihr es wünscht, werde ich Beweggründe finden, um sie noch weiter zu verzögern.«

»Das wird nicht notwendig sein. Übrigens ... wißt Ihr einen Besen zu handhaben?«

Da der Gerichtsdiener stumm blieb, reichte der Richter ihm den kostbaren Gegenstand.

*

Wind des Nordens war nicht unzufrieden darüber, erneut die Landluft zu kosten; als Träger der richterlichen Ausrüstung schritt er kräftig aus, während Brav in der Gegend umherstreunte und freudig ein paar Vögel aufscheuchte. Wie gewohnt hatte Wind des Nordens sogleich die Ohren gespitzt, als der Richter ihm andeutete, daß sie sich zum Gut des Zahnheilkundlers Qadasch begeben würden, das zwei Stunden Fußmarsch südlich der Hochebene von Gizeh lag;

der Esel hatte ohne Zögern die rechte Richtung eingeschlagen.

Paser wurde überaus herzlich vom Gutsverwalter begrüßt. Dieser war nur zu glücklich, einen befugten Richter empfangen zu können, welcher geneigt war, ein Geheimnis aufzuklären, das das Leben der Viehhirten vergiftete. Diener wuschen ihm die Füße, boten ihm einen neuen Schurz an und machten sich dazu noch anheischig, ihm den, den er trug, zu säubern; zwei junge Burschen fütterten den Esel und den Hund. Qadasch wurde über die Ankunft des Amtmannes benachrichtigt, und man errichtete in aller Eile einen erhöhten Bretterboden mit einem rot-schwarzen, von Lotossäulchen getragenen Himmel darüber; vor Sonne geschützt würden sich hierunter Qadasch, Paser und der für die Herden zuständige Schreiber niederlassen.

Als dann der Gebieter des Anwesens erschien, mit einem langen Stab in der rechten Hand und von Trägern mit seinen Sandalen, seinem Sonnenschirm und seinem Prunkstuhl gefolgt, begannen Musikantinnen Sistrum[1] und Flöte zu spielen, und junge Bäuerinnen reichten ihm Lotosblüten dar.

Qadasch war ein Mann um die Sechzig mit üppiger weißer Haarpracht; ein großer Mann mit einer auffallenden, von violetten Äderchen übersäten Nase, niedriger Stirn und vortretenden Wangenknochen, der sich häufig die tränenden Augen wischte. Paser wunderte sich über die rote Verfärbung seiner Hände; ganz ohne Zweifel litt der Zahnheilkundler an einem schlechten Blutkreislauf.

Qadasch maß ihn mit argwöhnischem Blick.

»Also Ihr seid der neue Richter?«

»Zu Euren Diensten. Es ist erfreulich festzustellen, daß die Bauern fröhlich sind, wenn der Gebieter des Anwesens ein edles Herz besitzt und den Stab fest in Händen hält.«

»Ihr werdet es weit bringen im Leben, junger Mann, wenn Ihr die Hohen achtet.«

Der Zahnheilkundige, dessen Sprache ungelenk wirkte, war

---

[1] Altägyptische Rassel. *(Anm. d. Ü.)*

fein gewandet. Geschlitzter Prunkschurz, Wams aus Raubtierleder, eine Halskette von sieben Reihen blauer, weißer und roter Perlen sowie Armreife an den Handgelenken verliehen ihm ein stattliches Aussehen.

»Setzen wir uns«, schlug er vor.

Er selbst nahm auf seinem Lehnstuhl aus bemaltem Holz Platz; Paser ließ sich auf einem kubischen Sitz nieder. Vor ihm wie vor dem Schreiber der Herden stand ein kleiner niedriger Tisch, der für das Schreibzeug vorgesehen war.

»Eurer Erklärung zufolge«, erinnerte der Richter, »besitzt Ihr einhunderteinundzwanzig Stück Rindvieh, siebzig Schafe, sechshundert Ziegen und ebensoviele Schweine.«

»So ist es. Bei der letzten Zählung, vor zwei Monaten, fehlte ein Ochse! Nun ist aber mein Vieh von großem Wert; das magerste Stück könnte leicht gegen ein Leinengewand und zehn Sack Gerste getauscht werden. Ich will, daß Ihr den Dieb festsetzt.«

»Habt Ihr Eure eigene Untersuchung durchgeführt?«

»Das ist nicht meines Amtes.«

Der Richter drehte sich zu dem auf einer Matte sitzenden Schreiber der Herden.

»Was habt Ihr in Euren Verzeichnissen vermerkt?«

»Die Anzahl der Tiere, die man mir vorgezeigt hat.«

»Wen habt Ihr befragt?«

»Niemanden. Meine Arbeit besteht im Schreiben, nicht im Befragen.«

Paser würde nichts weiter aus ihm herausbringen; gereizt zog er aus seinem Korb ein mit einer feinen Gipsschicht überzogenes Täfelchen aus Sykomore, einen zugeschnittenen Binsenpinsel von fünfundzwanzig Zentimetern Länge sowie einen Wasserbecher hervor, in dem er die schwarze Tinte anrührte. Als er bereit war, gab er dem Gutsverwalter einen Wink, die Vorführung zu beginnen.

Mit einem leichten Klaps auf den Hals des ungeheuren Ochsen an der Spitze trieb dieser den Zug an. Das Tier setzte sich behäbig in Bewegung, von seinen schweren und friedlichen Artgenossen gefolgt.

»Herrlich, nicht wahr?«

»Ihr mögt dem Züchter meine Anerkennung ausdrücken«, empfahl Paser.

»Der Dieb muß ein Hethiter oder ein Nubier sein«, meinte Qadasch. »Es gibt viel zu viele Fremde in Memphis.«

»Ist Euer Name nicht libyschen Ursprungs?«

Der Zahnheilkundler verbarg seine Verärgerung schlecht.

»Ich lebe seit langer Zeit in Ägypten, und ich gehöre zur besten Gesellschaft; ist der Reichtum meines Anwesens nicht der augenscheinlichste Beweis? Ich habe die hochrühmlichsten Höflinge behandelt, das solltet Ihr wissen. Bleibt an Eurem Platz!«

Mit Früchten, Lauchbunden, Körben voll Lattich und Gefäßen mit Duftstoffen beladene Träger begleiteten die Tiere. Ganz offenkundig handelte es sich hier nicht um eine einfache Überprüfung der Viehzählung; Qadasch wollte den neuen Richter blenden und ihm das Ausmaß seines Vermögens vorzeigen.

Brav hatte sich geräuschlos unter den Sitz seines Herrn geschlichen und betrachtete das nacheinander vorbeiziehende Vieh.

»Aus welchem Landstrich stammt Ihr?« fragte der Zahnheilkundler.

»Ich bin es, der hier die Ermittlung leitet.«

Zwei angespannte Ochsen trotteten an den erhöht Sitzenden vorüber; plötzlich legte sich der ältere auf den Boden und sträubte sich weiterzugehen. »Hör auf, dich totzustellen«, sagte der Kuhtreiber; der Gescholtene sah ihn mit furchtsamem Blick an, bewegte sich jedoch nicht.

»Schlag ihn«, befahl Qadasch.

»Einen Augenblick«, forderte Paser, indem er von dem Bretterboden herabstieg.

Der Richter streichelte die Weichen des Ochsen, besänftigte ihn und versuchte mit Hilfe des Kuhhirten, ihn wieder auf die Beine zu bringen. Beruhigt stand das Tier wieder auf. Paser ging an seinen Platz zurück.

»Ihr seid recht empfindsam«, meinte Qadasch spöttisch.

»Ich verabscheue Gewalt.«

»Ist sie nicht bisweilen nötig? Ägypten hat sich gegen Eindringlinge schlagen müssen, Männer sind für unsere Freiheit gestorben. Solltet Ihr sie etwa deswegen verdammen?«

Paser richtete sein Augenmerk wieder auf den Zug der Tiere; der Schreiber der Herden zählte. Zum Abschluß der Zählung fehlte im Vergleich zu den Angaben des Eigentümers ein Ochse.

»Untragbar!« brüllte Qadasch, dessen Gesicht sich purpurn verfärbte. »Man bestiehlt mich – auf meinem eigenen Grund und Boden –, und niemand will den Schuldigen verraten!«

»Eure Tiere dürften doch gekennzeichnet sein.«

»Selbstverständlich!«

»Laßt die Männer kommen, die die Brandmarkungen vorgenommen haben.«

Sie waren fünfzehn an der Zahl; der Richter sonderte sie so voneinander ab, daß sie sich nicht besprechen konnten, und verhörte sie einen nach dem anderen.

»Ich habe Euren Dieb«, verkündete er Qadasch endlich.

»Sein Name?«

»Kani.«

»Ich verlange die augenblickliche Einberufung eines Gerichts.«

Paser willigte ein. Er wählte einen Kuhtreiber, einen Ziegenhirten, den Schreiber der Herden und einen der Wächter des Gutes zu Geschworenen.

Kani, der keineswegs zu fliehen beabsichtigt hatte, stellte sich aus freien Stücken vor dem Gericht ein und hielt dem zornigen Blick Qadaschs stand, der sich etwas abseits hielt. Der Beschuldigte war ein stämmiger, vierschrötiger Mann mit brauner, von tiefen Falten zerfurchter Haut.

»Gesteht Ihr Eure Schuld ein?« fragte der Richter.

»Nein.«

Qadasch schlug mit seinem Stab auf den Boden.

»Dieser Räuber ist unverschämt! Er soll auf der Stelle gezüchtigt werden!«

»Schweigt«, befahl der Richter. »Wenn Ihr die Sitzung stört, unterbreche ich die Verhandlung sofort.«

Erregt wandte der Zahnheilkundige sich ab.

»Habt Ihr einen Ochsen auf den Namen Qadasch gekennzeichnet?« fragte Paser.

»Ja«, antwortete Kani.

»Dieses Tier ist verschwunden.«

»Er ist mir entlaufen. Ihr werdet ihn auf dem Nachbarfeld finden.«

»Wie erklärt sich diese Nachlässigkeit?«

»Ich bin kein Kuhhirte, ich bin Gärtner. Meine tatsächliche Arbeit besteht darin, kleine Stücke Land zu bewässern; den ganzen Tag über schleppe ich ein Tragejoch auf den Schultern und schütte den Inhalt schwerer Krüge auf den Äckern aus. Am Abend gönne ich mir keine Ruhe; dann muß ich die empfindlichsten Pflanzen gießen, die Bewässerungsrinnen unterhalten, die Erddämme verstärken. Falls Ihr einen Beweis wünscht, untersucht meinen Nacken; er trägt die Spuren zweier Geschwüre. Das ist die Krankheit des Gärtners, nicht die eines Kuhtreibers.«

»Weshalb habt Ihr den Beruf gewechselt?«

»Weil Herrn Qadaschs Verwalter sich meiner bemächtigt hat, als ich Gemüse auslieferte. Ich bin gezwungen gewesen, mich um die Ochsen zu kümmern und meinen Garten im Stich zu lassen.«

Paser lud die Zeugen vor; die Richtigkeit von Kanis Äußerungen wurde bestätigt. Das Gericht sprach ihn frei; als Entschädigung befahl der Richter, daß der entflohene Ochse sein Eigentum und ihm zum Ausgleich für die entgangenen Arbeitstage eine beachtliche Menge Nahrung von Qadasch geschenkt werde.

Der Gärtner verneigte sich vor dem Richter; in seinen Augen las Paser tiefe Dankbarkeit.

»Die Entführung eines Bauern ist ein schlimmes Vergehen«, erinnerte er den Gebieter des Anwesens.

Dem Zahnheilkundler stieg das Blut zu Kopf.

»Ich bin nicht dafür verantwortlich! Ich wußte darüber nicht

Bescheid; mein Verwalter möge bestraft werden, wie er es verdient.«

»Ihr kennt den Umfang der Züchtigung: fünfzig Stockschläge und Verlust des Standes, um wieder zum einfachen Bauern zu werden.«

»Gesetz ist Gesetz.«

Vor das Gericht gebracht, stritt der Verwalter nichts ab; er wurde verurteilt und der Spruch unverzüglich vollstreckt.

Als Richter Paser das Gut verließ, erschien Qadasch nicht, um ihn zu verabschieden.

5. KAPITEL

Brav schlief zu Füßen seines Herrn und träumte von einem Festschmaus, während Wind des Nordens, mit frischem Futter belohnt, vor der Tür der Amtsstube als Wächter diente, in der Paser seit der Morgendämmerung die laufenden Vorgänge bearbeitet hatte. Die Menge schwieriger Fälle entmutigte ihn nicht; im Gegenteil, er hatte beschlossen, den Rückstand aufzuholen und nichts beiseite zu lassen.

Gerichtsschreiber Iarrot kam mit aufgelöster Miene in der Mitte des Morgens.

»Ihr scheint niedergeschlagen«, bemerkte Paser.

»Ein Streit. Meine Frau ist unerträglich; ich hatte sie geheiratet, damit sie mir köstliche Gerichte zubereitet, und sie weigert sich zu kochen! Das Dasein wird mir unmöglich.«

»Sinnt Ihr über Scheidung nach?«

»Nein, wegen meiner Tochter; ich möchte, daß sie Tänzerin wird. Meine Frau hat andere Vorhaben mit ihr, die ich nicht dulde. Weder sie noch ich sind bereit nachzugeben.«

»Eine unentwirrbare Lage, so fürchte ich.«

»Ich auch. Eure Untersuchung bei Qadasch ist gut verlaufen?«

»Ich lege gerade letzte Hand an meinen Bericht: Der Ochse wurde aufgefunden, der Gärtner freigesprochen und der Verwalter bestraft. Meiner Meinung nach ist die Verantwortlichkeit des Zahnheilkundlers dabei berührt, doch ich kann es nicht beweisen.«

»Wagt Euch an den nicht heran; er hat Verbindungen.«

»Wohlhabende Kundschaft?«

»Er hat die hochrühmlichsten Münder behandelt; die bösen Zungen behaupten, daß er seine Geschicklichkeit verloren hätte und es besser wäre, ihn zu meiden, wenn man gesunde Zähne behalten möchte.«

Brav knurrte plötzlich; mit einem Streicheln besänftigte ihn sein Herr. Sein Verhalten deutete auf eine gemäßigte Feindseligkeit hin. Auf den ersten Blick schien er den Gerichtsdiener nicht sonderlich zu mögen.

Paser setzte sein Petschaft unter den Papyrus, auf dem er seine Schlußbemerkungen über den Fall des gestohlenen Ochsen festgehalten hatte. Iarrot bewunderte die feine und gleichmäßige Schrift; der Richter zog die Hieroglyphen ohne das geringste Zögern, zeichnete seine Gedanken mit Entschlossenheit auf.

»Ihr habt doch trotz alledem Qadasch nicht mit hineingezogen?«

»Aber gewiß doch.«

»Das ist gefährlich.«

»Was befürchtet Ihr?«

»Ich ... ich weiß nicht.«

»Werdet deutlicher, Iarrot.«

»Die Gerechtigkeit ist derart vielschichtig ...«

»Der Meinung bin ich nicht: auf der einen Seite die Wahrheit, auf der anderen die Lüge. Wenn man letzterer nachgibt, und wäre es auch nur um die Breite eines Fingernagels, wird die Gerechtigkeit nicht länger herrschen.«

»Ihr redet so, weil Ihr jung seid; wenn Ihr Erfahrung gesammelt habt, werden Eure Ansichten weniger entschieden sein.«

»Ich hoffe nicht. Im Dorf haben viele mir Euren Einwand entgegengehalten; er erschien mir nie stichhaltig.«

»Ihr möchtet das Gewicht der Hierarchie außer acht lassen.«

»Sollte Qadasch über dem Gesetz stehen?«

Iarrot stieß einen Seufzer aus.

»Ihr scheint klug und mutig, Richter Paser; täuscht nicht vor, Ihr verstündet nicht, was ich meine.«

»Wenn die Führung ungerecht ist, eilt das Land auf seinen Untergang zu.«

»Sie wird Euch zermalmen wie die anderen; begnügt Euch damit, die Fragen und Fälle zu lösen, die Euch unterliegen, und vertraut die heiklen Angelegenheiten Euren Oberen an.

Euer Vorgänger war ein verständiger Mann, der die Fallen zu meiden wußte. Man hat Euch eine hübsche Beförderung gewährt; verscherzt sie nicht.«

»Wenn ich hierher berufen wurde, dann geschah dies wegen meiner Vorgehensweisen; weshalb sollte ich davon abrükken?«

»Greift nach Eurem Glück, ohne die festgefügte Ordnung zu stören.«

»Ich kenne keine andere Ordnung als die der Maat.«

Aufs höchste verdrossen, schlug der Gerichtsschreiber sich vor die Brust.

»Ihr rennt einem Abgrund entgegen! Ich habe Euch vorgewarnt.«

»Morgen werdet Ihr meinen Rechenschaftsbericht zum Haus des Gaufürsten bringen.«

»Wie es Euch beliebt.«

»Eine Sache befremdet mich; ich zweifele nicht an Eurem Eifer, aber solltet Ihr allein meine gesamte Amtsdienerschaft darstellen?«

Iarrot wirkte betreten.

»Auf gewisse Weise ja.«

»Was bedeutet dieser Vorbehalt?«

»Es gibt wohl noch einen gewissen Kem . . .«

»Sein Amt?«

»Ordnungshüter. Ihm obliegt es, die Verhaftungen vorzunehmen, die Ihr anordnet.«

»Eine wesentliche Aufgabe, möchte ich meinen!«

»Euer Vorgänger hat niemanden festsetzen lassen; wenn er einen Missetäter verdächtigte, hielt er sich an einen besser gewappneten Gerichtshof. Da Kem sich in der Amtsstube langweilt, geht er auf Erkundung.«

»Werde ich das Vorrecht haben, ihn zu Gesicht zu bekommen?«

»Er schaut von Zeit zu Zeit herein. Behandelt ihn nicht von oben herab: Er hat ein abscheuliches Wesen. Ich jedenfalls habe Angst vor ihm. Baut nicht auf mich, um ihm irgend etwas Unfreundliches vorzuhalten.«

Die Ordnung in meinem eigenen Amtsbereich wiederherzustellen, wird nicht leicht sein, dachte Paser, während er feststellte, daß es bald an Schreibausrüstung fehlen würde.

»Wo besorgt Ihr Euch Papyrus?«

»Bei Bel-ter-an, dem besten Hersteller von Memphis. Seine Preise sind hoch, doch sein Erzeugnis ist ausgezeichnet und unverwüstlich. Ich rate ihn Euch an.«

»Befreit mich doch von einem Verdacht, Iarrot – ist diese Empfehlung völlig uneigennützig?«

»Wie könnt Ihr es wagen!«

»Ich unterlag wohl einem Irrtum.«

Paser nahm Einblick in die kürzlich eingegangenen Klagen; keine von ihnen bot ein Merkmal von Schwere oder Dringlichkeit. Dann ging er zu den Bedienstetenaufstellungen über, die er prüfen, und zu den Ernennungen, die er gutheißen sollte; eine schlichte Verwaltungsarbeit, die lediglich das Aufdrücken seines Petschafts verlangte.

Iarrot hatte sein linkes Bein unter sich angewinkelt und sich daraufgesetzt, das andere mit dem Knie vor sich aufgestellt; eine Palette unterm Arm und ein Schreibrohr[1] hinter das rechte Ohr geklemmt, reinigte er Pinsel, während er Paser aus den Augenwinkeln beobachtete.

»Arbeitet Ihr schon lange?«

»Seit Sonnenaufgang.«

»Das ist wahrlich früh.«

»Die Gewohnheit eines Dörflers.«

»Eine ... tägliche Gewohnheit?«

»Mein Meister hat mich gelehrt, daß ein einziger Tag des Müßiggangs zum Verhängnis werde. Allein das Herz könne lernen, sofern das Ohr offen und der Verstand fügsam sei; was gibt es Wirksameres als gute Gewohnheiten, um es dahin zu bringen? Andernfalls schickt sich der Affe, der in uns schlummert, zu tanzen an, und die Kapelle ist ihres Gottes beraubt.«

Der Tonfall des Gerichtsdieners wurde düster.

---

[1] Calamus. Zugespitztes Schilfrohr, das als Schreibgerät diente.

»Das ist kein angenehmes Dasein.«

»Wir sind Diener der Gerechtigkeit.«

»Da fällt mir ein, meine Arbeitszeiten ...«

»Acht Stunden am Tag, sechs Werktage auf zwei Ruhetage, zwei bis drei Monate freie Zeit wegen der verschiedenen Feste[1] ... Sind wir uns einig?«

Der Gerichtsdiener stimmte zu. Ohne daß der Richter darauf beharrte, begriff er, daß er hinsichtlich seiner Pünktlichkeit gewisse Anstrengung würde aufbieten müssen.

Eine dünne Unterlage erregte Pasers Neugierde. Der mit der Bewachung des Sphinx von Gizeh betraute Oberaufseher war kürzlich zu den Hafenbecken versetzt worden. Ein jäher Umschwung der Laufbahn: Der Mann mußte eine schlimme Verfehlung begangen haben. Nun war jedoch diese, im Widerspruch zum üblichen Brauch, nicht vermerkt. Gleichwohl hatte der Oberste Richter des Gaus sein Petschaft aufgedrückt; es fehlte bloß noch das von Paser, da der Soldat in seinem Bezirk wohnte. Eine einfache Formsache, die er, ohne nachzudenken, hätte vollziehen sollen.

»Ist die Stelle des Oberaufsehers des Sphinx nicht heftig begehrt?«

»An Bewerbern mangelt es nicht«, pflichtete der Schreiber bei, »aber der derzeitige Amtsinhaber entmutigt sie alle.«

»Weshalb?«

»Er ist ein Krieger mit Erfahrung und bemerkenswerten Dienstnachweisen, und obendrein noch ein wackerer Mann. Er wacht über den Sphinx mit eifersüchtiger Sorgfalt, obwohl dieser alte Löwe aus Stein doch beeindruckend genug ist, um sich allein zu verteidigen. Wem würde es in den Sinn kommen, ihn anzugreifen?«

»Ein Ehrenamt, so scheint es.«

»Ganz und gar. Der Oberaufseher hat weitere Altgediente angeworben, um ihnen einen kleinen Ruhesold zu sichern; zu fünft haben sie die Nachtwache.«

»Wußtet Ihr über seine Versetzung Bescheid?«

[1] Der gewöhnliche Arbeitsrhythmus des ägyptischen Arbeiters.

»Versetzung ... Ihr scherzt?«

»Hier ist das amtliche Schriftstück.«

»Äußerst erstaunlich. Welchen Verstoß hat er begangen?«

»Ich teile Euren Gedankengang; das ist nicht angegeben.«

»Sorgt Euch nicht darum; das betrifft zweifelsohne eine Entscheidung der Streitkräfte, deren innerer Sinn uns entgeht.«

Wind des Nordens stieß einen eigenartigen Schrei aus: Der Esel meldete eine Gefahr. Paser erhob sich und ging hinaus. Er fand sich von Angesicht zu Angesicht einem riesigen Babuin gegenüber, den sein Herr an der Leine hielt. Mit seinem angriffslustigen Blick, seinem massigen Kopf und der mit dichtem Fellkleid bedeckten Brust hatte dieser hundsköpfige Affe den wahrlich verdienten Ruf unbändiger Wildheit. Nicht selten geschah es, daß ein Raubtier seinen Hieben und Bissen erlag, und man hatte Löwen bei der Annäherung einer Horde blindwütiger Paviane die Flucht ergreifen gesehen.

Sein Herr, ein Nubier mit vorspringenden Muskeln, beeindruckte ebensosehr wie das Tier.

»Ich hoffe, Ihr haltet ihn gut fest.«

»Dieser Pavian[1] untersteht Euren Befehlen, Richter Paser, wie ich selbst.«

»Ihr seid Kem.«

Der Nubier nickte.

»Im Viertel spricht man bereits über Euch; angeblich wuselt Ihr viel herum für einen Richter.«

»Euer Ton mißfällt mir.«

»Ihr werdet Euch daran gewöhnen müssen.«

»Sicher nicht. Entweder Ihr zollt mir die einem Vorgesetzten schuldige Achtung, oder Ihr tretet zurück.«

Die beiden Männern sahen sich eine ganze Weile herausfordernd an; des Richters Hund und der Pavian des Ordnungshüters taten es ihnen gleich.

---

[1] Auf einem im Kairoer Museum aufbewahrten Basrelief aus dem Grab des Tep-em-anch kann man einen beeindruckenden Pavian bei der Verhaftung eines Diebes sehen.

»Euer Vorgänger ließ mir völlige Bewegungsfreiheit.«

»Das ist nun nicht mehr der Fall.«

»Ihr tut unrecht daran; wenn ich mit meinem Pavian durch die Straßen schlendere, schrecke ich die Diebe ab.«

»Wir werden es überdenken. Wo und als was habt Ihr gedient?«

»Ich will Euch lieber sofort vorwarnen: Meine Vergangenheit ist dunkel. Ich gehörte einem Bogenschützenverband an, dem die Bewachung einer der Südfesten oblag. Ich hatte mich aus Liebe zu Ägypten verpflichtet, wie viele junge Leute meines Stammes. Mehrere Jahre lang bin ich so glücklich gewesen; eines Tages habe ich jedoch unbeabsichtigt einen Goldschmuggel unter Offizieren ans Licht gebracht. Die Führung hat mich nicht angehört; während einer Rauferei habe ich dann einen der Diebe, nämlich meinen unmittelbaren Vorgesetzten, getötet. Bei der Verhandlung hat man mich mit Naseabschneiden gestraft. Jene, die ich heute besitze, ist aus bemaltem Holz. Ich fürchte keine Schläge mehr. Die Richter haben indes meine Redlichkeit und Gesetzestreue anerkannt; und deshalb haben sie mir eine Stelle bei den Ordnungskräften gegeben. Wenn Ihr es nachprüfen wollt, meine Unterlagen befinden sich in der Schriftenverwahrung des Heers.«

»Nun, dann laßt uns gehen.«

Kem war auf diese Regung nicht gefaßt gewesen. Während der Esel und der Gerichtsschreiber das Amtszimmer bewachten, wandten sich der Richter und der Ordnungshüter – von Pavian und Hund begleitet, die sich weiterhin beobachteten – zum Verwaltungssitz der Streitkräfte.

»Seit wann wohnt Ihr in Memphis?«

»Seit einem Jahr«, antwortete Kem. »Ich vermisse den Süden.«

»Kennt Ihr den Verantwortlichen für die Sicherheit des Sphinx von Gizeh?«

»Ich bin ihm zwei- oder dreimal über den Weg gelaufen.«

»Scheint er Euch vertrauenswürdig?«

»Er ist ein berühmter Altgedienter; sein guter Ruf ist bis zu meiner Feste gelangt. Man vertraut ein derart ehrenvolles Amt nicht irgend jemandem an.«

»War dieses irgendwie gefährlich?«

»Keineswegs! Wer würde sich an den Sphinx heranwagen? Es handelt sich um eine Ehrenwache, deren Mitglieder vor allem die Versandung des Bauwerks im Auge behalten sollen.«

Die Vorübergehenden traten vor ihnen zur Seite; ein jeder wußte um die Schnelligkeit des Pavians, der imstande war, seine Reißzähne in das Bein eines Räubers zu schlagen oder diesem gar den Hals zu brechen, bevor sein Herr noch einschreiten konnte. Wenn Kem und sein Affe ihre Erkundungsgänge machten, verflüchtigten sich böse Absichten.

»Kennt Ihr den Aufenthaltsort dieses Altgedienten?«

»Er bewohnt ein Diensthaus nahe der Hauptkaserne.«

»Mein Einfall war schlecht; kehren wir in die Amtsstube zurück.«

»Möchtet Ihr meine Unterlagen nicht mehr überprüfen?«

»Es waren die seinen, die ich nachsehen wollte; doch die werden mir keine weiteren Erkenntnisse bringen. Ich erwarte Euch morgen früh bei Sonnenaufgang. Wie ist der Name Eures Pavians?«

»Töter.«

6. KAPITEL

Bei Sonnenuntergang verschloß der Richter sein Amtszimmer und führte seinen Hund am Nilufer aus. Sollte er sich in diesen winzigen Vorgang verbeißen, den er doch ablegen konnte, indem er sein Siegel daruntersetzte? Sich einem unbedeutenden Verwaltungsakt in den Weg zu stellen, hatte kaum einen Sinn. Aber war er tatsächlich unbedeutend? Ein Mensch vom Lande, in ständiger Berührung mit der Natur und den Tieren, entwickelte ein feines Gespür; Paser empfand ein so eigenartiges, beinahe besorgniserregendes Gefühl, daß er eine, wenn auch nur kurze, Untersuchung durchführen wollte, um für diese Versetzung ohne Gewissensbisse einstehen zu können.

Brav war verspielt, doch er mochte Wasser nicht. Er trottete in gehörigem Abstand vom Fluß entfernt, auf dem Lastschiffe, schlanke Segler und kleine Nachen vorüberglitten. Die einen waren auf Lust-, die anderen auf Lieferfahrt, andere wiederum auf großer Reise. Der Nil nährte Ägypten nicht allein, er schenkte dem Land auch noch einen bequemen und schnellen Verkehrsweg, bei dem sich Winde und Strömungen auf wundersame Weise ergänzten. Große Schiffe, mit erfahrenen Mannschaften, verließen Memphis in Richtung Meer; manche würden lange Entdeckungsfahrten zu fernen Ländern unternehmen. Paser beneidete sie nicht darum; ihr Los erschien ihm grausam, da es sie weit von einem Land entfernte, von welchem er jede Flur, jeden Hügel, jede Wüstenstaße, jedes Dorf liebte. Alle Ägypter fürchteten sich davor, in der Fremde zu sterben; das Gesetz wollte, daß man den Leib des Unglücklichen in die Heimat überführte, damit er seine Ewigkeit nahe bei seinen Ahnen, unter dem Schutz der Götter, verleben möge.

Brav stieß eine Art Quieken aus; ein kleiner grüner Affe, so flink wie der Nordwind, hatte ihm soeben mit Flußwasser das Hinterteil bespritzt. Tief gekränkt und verärgert fletschte der Hund die Zähne und schüttelte sich; erschrocken sprang der Spaßmacher in die Arme seiner Herrin, einer jungen Frau von ungefähr zwanzig Jahren.

»Er ist nicht bösartig«, behauptete Paser, »aber er verabscheut es, naß gemacht zu werden.«

»Meine Äffin hat ihren Namen wahrlich verdient: Schelmin muß andauernd Streiche spielen, vor allem Hunden. Ich versuche ohne Erfolg, sie zur Vernunft zu bringen.«

Die Stimme war so lieblich, daß sie Brav beruhigte und er gleich begann, das Bein der Besitzerin des Äffchens zu beschnuppern und abzulecken.

»Brav!«

»Laßt ihn; ich glaube, er hat mich angenommen, und das freut mich sehr.«

»Wird Schelmin meine Freundschaft zulassen?«

»Um das herauszufinden, müßt Ihr näher kommen.«

Paser war wie erstarrt: Er wagte keinen Schritt vor. Im Dorf hatten einige Mädchen ihm schöne Augen gemacht, ohne daß er sich darum gekümmert hatte; mit seinen Studien und dem Erlernen seines Berufs leidenschaftlich beschäftigt, hatte er Liebeleien und Gefühle vernachlässigt. Die Handhabung des Gesetzes hatte ihn frühzeitig reifen lassen, doch dieser Frau gegenüber fühlte er sich hilflos.

Sie war schön.

Schön wie die Morgenröte des Frühlings, wie ein erblühender Lotos, wie eine glitzernde Welle mitten auf dem Nil. Ein wenig größer als er, das Haar ins Blonde spielend, das Gesicht makellos, mit zarten Zügen; sie hatte einen offenen, geraden Blick und Augen von sommerlichem Blau. An ihrem schlanken Hals hing eine Kette aus Lapislazuli; an ihren Hand- und Fußgelenken Bänder aus Karneol. Ihr leinenes Kleid ließ ihre festen und hoch angesetzten Brüste, zur Vollkommenheit geformte Hüften ohne starke Rundungen und lange schlanke Beine erahnen. Ihre Füße und ihre Hände entzückten das Auge durch ihre Zartheit und Anmut.

»Habt Ihr Angst?« fragte sie verunsichert.

»Nein ... selbstverständlich nicht.«

Auf sie zuzugehen hätte geheißen, sie von nahem zu betrachten, ihren Duft einzuatmen, sie beinahe zu berühren ... Er hatte nicht den Mut dazu.

Da sie begriff, daß er sich nicht rühren würde, tat sie drei Schritte in seine Richtung und hielt ihm die kleine grüne Äffin hin. Mit zitternder Hand streichelte er ihr die Stirn. Und Schelmin kratzte ihn mit flinkem Finger an der Nase.

»Das ist ihre Art, einen Freund zu erkennen.«

Brav muckte nicht auf; zwischen dem Hund und der Äffin war Waffenstillstand geschlossen.

»Ich habe sie auf einem Markt gekauft, auf dem man Waren aus Nubien feilbot; sie schien so unglücklich, so verloren, daß ich nicht widerstehen konnte.«

An ihrem linken Handgelenk entdeckte er einen merkwürdigen Gegenstand.

»Befremdet Euch meine tragbare Uhr[1]? Sie ist mir unerläßlich, um meinen Beruf auszuüben. Mein Name ist Neferet; ich bin Ärztin.«

Neferet, »die Schöne, die Vollkommene, die Vollendete« ... Welch anderen Namen hätte sie tragen können? Ihre goldene Haut schien unwirklich; jedes Wort, das sie aussprach, war wie einer der verzaubernden Gesänge, die man bei Sonnenuntergang auf dem Land vernahm.

»Dürfte ich Euch nach Eurem Namen fragen?«

Es war unentschuldbar. Er hatte sich nicht einmal vorgestellt und also eine sträfliche Unhöflichkeit begangen.

»Paser ... Ich bin einer der Richter des Gaus.«

»Seid Ihr hier geboren?«

---

[1] Ägypten hatte die erste Form der »Armbanduhr« erfunden, eine tragbare Wasseruhr, die den Fachleuten (Astronomen, Medizinern) vorbehalten war, welche genaue Zeitbestimmung benötigten.

»Nein, in der Gegend von Theben. Ich bin gerade erst nach Memphis gekommen.«

»Auch ich bin dort geboren!«

Sie lächelte verzückt.

»Hat Euer Hund seinen Auslauf beendet?«

»Nein, nein! Er bekommt nie genug.«

»Gehen wir ein wenig, wollt Ihr? Ich muß Luft schnappen; die Woche, die gerade verstrichen ist, war ermüdend.«

»Übt Ihr Euren Beruf bereits aus?«

»Noch nicht; ich beende mein fünftes Lehrjahr. Ich habe zunächst die Arzneikunde und die Zubereitung der Heilmittel erlernt, dann habe ich im Tempel von Dendera als Tierheilkundlerin gedient. Man hat mich gelehrt, die Reinheit des Blutes der Opfertiere zu untersuchen und alle Arten von Tieren, von der Katze bis zum Stier, zu pflegen. Fehler wurden hart bestraft – mit dem Stock, wie bei den Knaben!«

Paser litt bei der Vorstellung, daß diesem bezaubernden Körper Marter zugefügt wurden.

»Die Strenge unserer alten Meister ist die beste aller Ausbildungen«, befand sie. »Wenn das Ohr des Rückens offen ist, vergißt es die Unterrichtung nie mehr. Anschließend bin ich in der Schule der Heilkunde von Sais aufgenommen worden, wo ich den Titel einer ›Zuständigen der Leidenden‹ erhielt, nachdem ich verschiedene Fachgebiete studiert und mich darin geübt habe: Heilkunde der Augen, des Bauches, des Anus, des Kopfes, der verborgenen Organe, der in den Säften gelösten Flüssigkeiten und der Chirurgie.«

»Was verlangt man noch von Euch?«

»Ich könnte bereits Fachheilerin sein, doch das ist der niedrigste Rang; ich werde mich damit begnügen, falls ich nicht imstande bin, Ärztin der allgemeinen Heilkunde zu werden. Der Fachheiler sieht bloß einen Ausdruck der Krankheit, ein begrenztes Bild der Wahrheit. Ein Schmerz an einer bestimmten Stelle bedeutet nicht, daß man den Ursprung des Übels kennt. Ein Fachheiler vermag nur einen Teilbefund zu erstellen. Arzt der allgemeinen Heilkunde zu werden, ist das wahre Ziel jedes Heilers; doch die zu bestehende Prüfung ist derart schwierig, daß die meisten davon Abstand nehmen.«

»Wie könnte ich Euch helfen?«

»Ich werde meinen Meistern allein trotzen müssen.«

»Möge es Euch gelingen!«

Sie durchschritten ein Beet Kornblumen, in dem Brav sogleich herumtollte, und ließen sich im Schatten einer Purpurweide nieder.

»Ich habe viel geredet«, beklagte sie, »das entspricht nicht meinen Gewohnheiten. Solltet Ihr Bekenntnisse anlocken?«

»Sie gehören zu meinem Beruf. Diebstähle, rückständige Zahlungen, Kaufverträge, Familienstreitigkeiten, Ehebrüche, Gewalttaten, ungerechte Abgaben, Verleumdungen und tausend andere Verstöße, das ist der Alltag, der mich erwartet. Mir fällt es zu, Ermittlungen zu leiten, Aussagen nachzuprüfen, Tatsachen und Hergänge zu erschließen und Urteile zu fällen.«

»Das ist mühselig.«

»Euer Beruf ist es nicht minder. Euch liegt das Heilen am Herzen, mir, daß Recht gesprochen werde; mit unseren Anstrengungen zu haushalten wäre Verrat.«

»Ich verabscheue es, die Umstände auszunutzen, aber …«

»Sprecht, ich bitte Euch.«

»Einer meiner Lieferanten von Heilkräutern ist verschwunden. Er ist ein barscher, doch rechtschaffener und sachkundiger Mann; gemeinsam mit einigen Berufsgenossen haben wir kürzlich Anzeige eingereicht. Vielleicht könntet Ihr die Nachforschungen beschleunigen?«

»Ich werde mich dafür verwenden; wie ist sein Name?«

»Kani.«

»Kani!«

»Kennt Ihr ihn etwa?«

»Er ist vom Verwalter des Anwesens eines gewissen Qadasch mit Gewalt ausgehoben worden. Heute ist er wieder ein freier und unbescholtener Mann.«

»Dank Euch?«

»Ich habe ermittelt und Gericht gehalten.«

Sie küßte ihn auf beide Wangen.

Paser, der von seinem Wesen her kein Träumer war, glaubte sich in eines jener den Gerechten vorbehaltenen Gefilde der Glückseligkeit versetzt.

»Qadasch ... der allseits bekannte Zahnheilkundler.«

»Er selbst.«

»Er war ein guter Praktiker, so sagt man, doch er hätte seit langem in den Ruhestand treten sollen.«

Die grüne Äffin gähnte und sank auf Neferets Schulter zusammen.

»Ich muß aufbrechen; es hat mich sehr gefreut, mit Euch zu plaudern. Ohne Zweifel werden wir Gelegenheit haben, uns wiederzusehen; ich danke Euch von ganzem Herzen, Kani gerettet zu haben.«

Sie ging nicht, sie tanzte; ihr Schritt war leicht, ihre Erscheinung strahlend.

Paser verharrte lange unter der Purpurweide, um sich die kleinste ihrer Gesten, den zartesten ihrer Blicke, die Farbe ihrer Stimme ins Gedächtnis einzuprägen.

Brav legte seine rechte Pfote auf den Schoß seines Herrn.

»Du hast es begriffen ... Ich bin hoffnungslos verliebt.«

7. KAPITEL

Kem und sein Pavian waren zur Stelle.

»Seid Ihr bereit, mich zum Oberaufseher des Sphinx zu führen?« fragte Paser.

»Zu Befehl.«

»Dieser Ton gefällt mir besser als der andere; verdeckter Spott ist weniger beißend als Streitsucht.«

Der Nubier wurde von des Richters Bemerkung empfindlich getroffen.

»Ich habe nicht die Absicht, mich vor Euch zu beugen.«

»Seid ein guter Ordnungshüter, und wir werden miteinander auskommen.«

Der Pavian und sein Herr starrten Paser an; in beiden Augenpaaren stand verhaltene Wut.

»Gehen wir.«

Zu dieser frühen Stunde belebten sich gerade die Gäßchen; die Hausherrinnen tauschten eifrig Neuigkeiten aus, Wasserträger verteilten das kostbare Naß, Handwerker öffneten ihre kleinen Läden. Dank des Pavians wich die Menge zur Seite.

Der Oberaufseher bewohnte eine Behausung, die der Branirs ähnlich, doch weniger reizvoll war. Auf der Schwelle spielte ein kleines Mädchen mit einer Holzpuppe; als es den großen Affen erblickte, bekam es Angst und lief schreiend ins Haus. Sogleich trat seine Mutter heftig erzürnt heraus.

»Weshalb erschreckt Ihr dieses Kind? Haltet Euer Ungeheuer fern.«

»Seid Ihr die Gattin des Oberaufsehers des Sphinx?«

»Mit welchem Recht fragt Ihr mich danach?«

»Ich bin Richter Paser.«

Die Ernsthaftigkeit des jungen Gerichtsbeamten und das Gebaren des Pavians veranlaßten die sorgende Glucke, sich zu besänftigen.

»Er wohnt nicht mehr hier; mein Gatte ist ebenfalls ein Altgedienter. Das Heer hat ihm diese Unterkunft zugeteilt.«

»Wißt Ihr, wohin er gezogen ist?«

»Seine Frau schien verdrossen; sie hat mir von einem Haus in der südlichen Vorstadt erzählt, als ich ihr damals bei ihrem Umzug kurz begegnet bin.«

»Nichts Genaueres?«

»Weshalb sollte ich lügen?«

Der Pavian riß an seiner Leine; das wohlbeleibte Weib wich zurück, stieß sich an der Wand.

»Wahrhaftig nichts?«

»Nein, ich schwöre Euch, nein!«

*

Da er genötigt war, seine Tochter zur Schule des Tanzes zu bringen, hatte der Gerichtsdiener Iarrot die Erlaubnis erhalten, die Amtsstube in der Mitte der zweiten Tageshälfte zu verlassen, wobei er jedoch hatte versprechen müssen, daß er die Rechenschaftsberichte der vom Richter bearbeiteten Fälle beim Verwaltungssitz des Gaus niederlegen würde. In wenigen Tagen hatte Paser mehr strittige Angelegenheiten bereinigt als sein Vorgänger in sechs Monaten.

Als die Sonne sich neigte, zündete Paser mehrere Lampen an; er versuchte, sich schnellstmöglich eines Dutzends Streitfälle mit dem Schatzamt zu entledigen, die er alle zugunsten der Steuerpflichtigen entschieden hatte. Alle, bis auf einen, der einen Warenbeförderer namens Denes betraf. Der Oberste Richter des Gaus hatte, von eigener Hand, eine Anmerkung unter den Vorgang gesetzt: »Folgenlos zu schließen«.

Von Esel und Hund begleitet, wollte Paser seinem Meister einen Besuch abstatten; ihn zu Rate zu ziehen, hatte er seit seiner Einsetzung nicht die Zeit gefunden. Auf dem Weg sann er über das sonderbare Geschick des Oberaufsehers nach, der zu seiner ruhmvollen Stellung auch noch seine Dienstunterkunft verloren hatte. Was verbarg sich hinter dieser Folge von Verdrießlichkeiten? Der Richter hatte Kem gebeten, die Spur des Altgedienten aufzufinden. Solange er ihn nicht befragt hatte, wollte Paser der Versetzung nicht zustimmen.

Zum wiederholten Male kratzte Brav sich sein rechtes Auge mit der linken Pfote; als er es untersuchte, stellte Paser eine Reizung fest. Der alte Arzt würde es zu behandeln wissen.

Das Haus war hell erleuchtet; Branir las gerne bei Nacht, wenn die Geräusche der Stadt verstummt waren. Paser drückte die Eingangstür auf, stieg, von seinem Hund gefolgt, in die Vorkammer hinab und hielt verdutzt inne. Branir war nicht allein. Er unterhielt sich mit einer Frau, deren Stimme der Richter sogleich erkannte. Sie, hier!

»Tritt ein, Paser!«

In fieberhafter Eile kam der Richter der Aufforderung nach – und hatte nur noch Augen für Neferet, die im Schreibersitz vor dem alten Heiler saß und zwischen Daumen und Zeigefinger einen Leinenfaden hielt, an dem ein kleines rautenförmig geschnittenes Stück Granit[1] baumelte.

»Neferet, meine beste Schülerin; Richter Paser. Da ich euch nun einander vorgestellt habe, wirst du sicher etwas frisches Bier annehmen?«

»Eure beste Schülerin . . .«

»Wir sind uns bereits begegnet«, sagte sie belustigt.

Paser dankte seinem Glück; sie wiederzusehen berührte ihn zutiefst.

»Bevor sie ihre Kunst wird ausüben können, wird Neferet sich bald der allerletzten Prüfung unterziehen«, erinnerte Branir, »und deshalb wiederholen wir die Übungen des Auspendelns, die ihr auferlegt werden, um ihr zu helfen, ihren Befund zu stellen. Ich bin überzeugt, daß sie eine

---

[1] Ein Pendel. Ebenso weiß man von Wünschelruten und daß gewisse Pharaonen, wie Sethos I., wahrscheinlich große Radiästhesisten waren und die Fähigkeit besaßen, in der Wüste Wasser zu finden.

ausgezeichnete Ärztin wird, da sie zuzuhören versteht. Wer zuzuhören versteht, wird richtig handeln. Zuhören ist besser als alles, es gibt keinen größeren Schatz. Allein das Herz gewährt uns diese Gabe.«

»Ist nicht die Kenntnis des Herzens das Geheimwissen des Heilers?« fragte Neferet.

»Es ist das, was dir offenbart werden wird, wenn du als seiner würdig befunden bist.«

»Ich würde mich gerne ausruhen.«

»Das mußt du auch.«

Brav kratzte sich am Auge; Neferet bemerkte sein Treiben.

»Ich glaube, er ist krank«, sagte Paser.

Der Hund ließ sich untersuchen.

»Es ist nichts Ernstes«, schloß sie, »ein einfaches Augenwasser wird ihn heilen.«

Branir ging es ihr augenblicklich holen; Augenerkrankungen waren ein häufiges Leiden, und es mangelte nicht an Heilmitteln. Die Arznei tat rasch ihre Wirkung; während die junge Frau Brav noch streichelte, schwoll sein Auge ab. Zum erstenmal war Paser auf seinen Hund eifersüchtig. Er suchte nach einer Möglichkeit, sie zurückzuhalten, und mußte sich damit begnügen, ihr bei ihrem Aufbruch seinen Gruß zu entbieten. Branir tischte ihm ein ausgezeichnetes, am Vortag hergestelltes Bier auf.

»Du erscheinst mir müde; an Arbeit dürfte es dir nicht fehlen.«

»Ich bin mit einem gewissen Qadasch aneinandergeraten.«

»Dem Zahnheilkundler mit den roten Händen ... Ein umtriebiger Mann und rachsüchtiger, als es den Anschein hat.«

»Ich halte ihn der Entführung von Bauern für schuldig.«

»Stichhaltige Beweise?«

»Nur eine Vermutung.«

»Sei unerbittlich gewissenhaft in deinem Tun; Ungenauigkeit werden dir deine Oberen nicht verzeihen.«

»Erteilt Ihr Neferet häufig Unterricht?«

»Ich gebe ihr meine Erfahrung weiter, denn ich habe Vertrauen in sie.«

»Sie ist in Theben geboren, nicht wahr?«

»Sie ist die einzige Tochter eines Riegelherstellers und einer Weberin; kennengelernt habe ich sie, als ich die Familie gepflegt habe. Sie hat mir tausend Fragen gestellt, und ich habe ihre erwachende Neigung ermutigt.«

»Eine Frau als Heilkundige ... Werden ihr nicht Hindernisse begegnen?«

»Feinde auch; doch ihr Mut ist nicht geringer als ihre Sanftheit. Der Oberste Arzt des Hofes hofft, wie sie weiß, auf ihr Scheitern.«

»Ein Widersacher von Gewicht!«

»Sie ist sich dessen bewußt; eine ihrer wesentlichen Eigenschaften ist ihre Zähigkeit.«

»Ist sie ... verheiratet?«

»Nein.«

»Verlobt?«

»Meines Wissens nach nein.«

*

Paser verbrachte eine schlaflose Nacht. Unaufhörlich dachte er an sie, hörte ihre Stimme, atmete ihren Duft, schmiedete tausend und eine List, um sie wiederzusehen, ohne indes eine befriedigende Lösung zu finden. Und unablässig kehrte dieselbe Furcht wieder: War er ihr gleichgültig? Er hatte bei ihr keinerlei Regung, lediglich zurückhaltende Anteilnahme für seine Stellung wahrgenommen. Selbst die Rechtspflege nahm einen bitteren Beigeschmack an; wie ohne sie weiterleben, wie ihre Abwesenheit hinnehmen? Niemals hätte Paser geglaubt, daß die Liebe ein solcher Strom wäre, der imstande war, alle Dämme einzureißen und das gesamte Sein zu überfluten.

Brav bemerkte die Verstörtheit seines Herrn; sein Blick bekundete ihm eine Zuneigung, die, das spürte das Tier wohl, dennoch nicht genügte. Paser hielt sich selbst vor, seinen Hund unglücklich zu machen; er hätte es vorgezogen, sich mit dieser Freundschaft, die keinerlei Schatten barg, zufriedenzugeben, doch er war außerstande, den Augen Neferets, ihrem lauteren Gesicht, dem Strudel, in welchen sie ihn hineinzog, zu widerstehen.

Was sollte er tun? Schwieg er, verdammte er sich dazu zu leiden; wenn er ihr seine Leidenschaft offenbarte, drohte ihm Ablehnung und Verzweiflung. Er mußte sie überzeugen, sie betören, doch über welche Waffen verfügte er; er, ein kleiner Vorstadtrichter ohne Vermögen?

Der Sonnenaufgang linderte seine Qualen nicht, veranlaßte ihn jedoch, sich zur Zerstreuung in seine Aufgaben als Gerichtsbeamter zu stürzen. Er fütterte Brav und Wind des Nordens und vertraute ihnen die Amtsstube in der Überzeugung an, daß der Gerichtsschreiber sich verspäten würde. Mit einem Papyruskorb versehen, der Täfelchen, Pinselfutteral und vorbereitete Tinte enthielt, schlug er die Richtung zu den Hafenanlagen ein.

Mehrere Schiffe lagen an der Landungsstelle, welche die Seeleute unter der Leitung eines Schauermanns selbst löschten. Nachdem sie ein Brett am Bug festgekeilt hatten, legten sie sich Stangen auf die Schultern, an die sie mittels Stricken Säcke, Körbe und Ballen hingen, um dann den schiefen Steg hinabzusteigen. Die Kräftigsten unter ihnen trugen schwere Bündel auf ihren Rücken.

Paser wandte sich an den Bootsmann.

»Wo kann ich Denes finden?«

»Den Herrn? Der ist überall!«

»Sollten die Hafenanlagen ihm etwa gehören?«

»Die nicht, aber etliche Schiffe! Denes ist der bedeutendste Warenbeförderer von Memphis und einer der reichsten Männer der Stadt.«

»Werde ich das Glück haben, ihm zu begegnen?«

»Er bemüht sich nur bei der Ankunft eines großen Lastschiffs ... Geht zum Hauptbecken. Eines seiner Boote hat soeben angelegt.«

Mit seiner Länge von ungefähr hundert Ellen konnte das gewaltige Hochseeschiff mehr als sechshundertfünfzig Tonnen Fracht befördern. Der flache Rumpf bestand aus unzäh-

ligen in Vollendung gesägten und ziegelartig zusammenge-
fügten Planken; die Bretter der Einfassung der Außenkante
waren sehr dick und mit Lederriemen verbunden. Ein beachtliches Segel war an einem dreifüßigen, umlegbaren und
fest verspannten Mast gehißt worden. Der Schiffsführer ließ
gerade die am Bug vertäute Schilfreuse abnehmen und den
runden Anker werfen.

Als Paser an Bord gehen wollte, versperrte ein Seemann ihm
den Weg.

»Ihr gehört nicht zur Mannschaft.«

»Richter Paser.«

Der Seemann wich zur Seite; der Richter betrat den Laufsteg
und kletterte bis zur Hütte des Schiffsführers, eines fünfzig-
jährigen Griesgrams.

»Ich würde gerne Denes sehen.«

»Den Herrn, zu dieser Stunde? Das ist doch nicht Euer
Ernst!«

»Ich verfüge über eine Klage in gehöriger Form.«

»In welchem Zusammenhang?«

»Denes nimmt eine Gebühr für die Löschung von Schiffen
ein, die ihm nicht gehören, was unrechtmäßig und unbillig
ist.«

»Ach, diese alte Geschichte! Das ist ein von der Obrigkeit
eingeräumtes Vorrecht des Herrn; jedes Jahr wird aus Gewohnheit eine Anzeige eingereicht. Das ist ohne Belang; Ihr
könnt sie in den Fluß werfen.«

»Wo wohnt er?«

»Im größten Herrenhaus hinter den Hafenbecken, am Eingang zum Palastviertel.«

Ohne seinen Esel verspürte Paser eine gewisse Mühe, sich
zurechtzufinden; und ohne den Pavian des Ordnungshüters
mußte er Aufläufen von Klatschbasen trotzen, die um die
fliegenden Händler in hitzigem Wortgefecht zusammenstan-
den.

Das ungeheure Herrenhaus von Denes war mit hohen Mauern umgeben und der beeindruckende Eingang von einem
mit einem Stock bewaffneten Türhüter bewacht. Paser stellte

sich vor und verlangte, vorgelassen zu werden. Der Türhüter rief nach einem Verwalter, der das Ersuchen vortrug und den Richter nach ungefähr zehn Minuten abholte.

Er hatte kaum Muße, die Schönheit des Gartens, den Reiz des Lustteichs und die Pracht der Blumenbeete zu genießen, denn er wurde unmittelbar zu Denes geleitet, der sein Morgenmahl in einem weiträumigen Saal mit vier Säulen und von Jagddarstellungen ausgeschmückten Wänden einnahm.

Der Warenbeförderer war ein stämmiger Mann um die Fünfzig von schwerem Körperbau, dessen kantiges, eher plumpes Gesicht ein feiner weißer Bartkranz zierte. In einem tiefen Prunkstuhl mit Löwenklauen sitzend, ließ er sich von einem eilfertigen Diener mit kostbarem Öl salben, während ein zweiter ihm die Hände und Nägel pflegte. Ein dritter machte sein Haar zurecht, während ein vierter ihm die Füße mit Duftsalbe einrieb und ein fünfter ihm die Speisefolge verkündete.

»Richter Paser! Welch glücklicher Zufall führt Euch hierher?«

»Ein Klage.«

»Habt Ihr bereits gespeist? Ich noch nicht.«

Denes schickte die Leibdiener fort; sogleich traten zwei Köche herein, die Brot, Bier, eine gebratene Ente und Honigkuchen auftrugen.

»Bedient Euch.«

»Ich danke Euch.«

»Ein Mann, der sich am Morgen nicht gut nährt, kann kein gutes Tagewerk vollbringen.«

»Gegen Euch ist eine ernste Beschuldigung erhoben worden.«

»Das würde mich wundern!«

Denes' Stimme mangelte es an Würde; sie schwang sich bisweilen in spitze Tonlagen hinauf und verriet eine Zerfahrenheit, die zu dem erhabenen Selbstgefühl der Person in deutlichem Gegensatz stand.

»Ihr nehmt eine unbillige Abgabe auf die Löschungen ein, und Ihr werdet verdächtigt, eine unrechtmäßige Steuer bei

den Anwohnern der beiden dem Reich gehörenden Anlege-
stellen zu erheben, die Ihr häufig benutzt.«

»Alte Gewohnheiten! Bekümmert Euch nicht darum. Euer
Vorgänger maß dem Ganzen nicht mehr Bedeutung bei als
der Oberste Richter des Gaus. Vergeßt es, und nehmt Euch
eine Entenbrust.«

»Ich fürchte, das ist unmöglich.«

Denes hörte auf zu kauen.

»Ich habe keine Zeit, mich damit zu befassen. Sucht meine
Gemahlin auf; sie wird Euch beweisen, daß Ihr Euch um
nichts und wieder nichts abmüht.«

Der Warenbeförderer klatschte in die Hände; ein Verwalter
erschien.

»Führt den Richter zum Arbeitszimmer der Dame Nenophar.«

Und Denes wandte seine Aufmerksamkeit wieder dem Morgenmahl zu.

*

Dame Nenophar war eine berühmte Geschäftsfrau. Von
skulpturaler Erscheinung, wohlbeleibt, überschäumend,
nach dem neuesten Geschmack gekleidet und mit einer
ebenso schweren wie beeindruckenden Zopfperücke auf
dem Haupt, trug sie ein Türkispektoral, eine Amethysthals-
kette, überaus kostspielige Silberarmbänder und ein Netz
grüner Perlen auf ihrem langen Gewand.

Als Eigentümerin weiter und ertragreicher Ländereien,
mehrerer Häuser und von bald zwanzig Höfen leitete sie
einen Stab von Handelsvertretern, die etliche Erzeugnisse in
Ägypten und Syrien verkauften. Sie, die Aufseherin der
Königlichen Speicherhäuser, die Prüferin des Schatzhauses
und für die Stoffe im Palast zuständige Kammerfrau, war
einst der Betörungskunst des weit weniger vermögenden
Denes erlegen. Da er in ihren Augen ein erbärmlicher
Verwalter war, hatte sie ihn an die Spitze der Warenbeförderung berufen. So daß ihr Gemahl viel reisen, ein umfangrei-

71

ches Geflecht von Beziehungen unterhalten und sich oftmals seinem liebsten Vergnügen, dem endlosen Gespräch bei einem guten Wein, hingeben konnte.

Verächtlich musterte sie den jungen Richter, der sich kühn in ihr Reich vorwagte. Sie hatte munkeln hören, daß dieser Bauer den Richterstuhl jenes jüngst verstorbenen Amtmannes innehatte, mit welchem sie ehedem auf bestem Fuße stand. Zweifelsohne kam er ihr einen Höflichkeitsbesuch abstatten: eine ausgezeichnete Gelegenheit, ihn unter die Fuchtel zu nehmen.

Ohne schön zu sein, war er recht stattlich: das Gesicht fein geschnitten und ernst, der Blick tief. Sie bemerkte verdrossen, daß er sich nicht wie ein Niederer vor einem Großen verbeugte.

»Seid Ihr gerade erst nach Memphis gerufen worden?«

»Das trifft zu.«

»Meine Glückwünsche; dieses Amt verheißt eine glänzende Laufbahn. Weshalb wünscht Ihr mich zu sprechen?«

»Es handelt sich um eine unrechtmäßigerweise eingenommene Gebühr, die ...«

»Ich weiß Bescheid, und das Schatzhaus ebenfalls.«

»Ihr anerkennt demnach die Stichhaltigkeit der Klage?«

»Sie wird jedes Jahr erhoben und sogleich verworfen; ich besitze ein anerkanntes Recht.«

»Es steht mit dem Gesetz nicht in Einklang, und weniger noch mit der Gerechtigkeit.«

»Ihr müßtet besser über den Umfang meiner Ämter unterrichtet sein; in meiner Eigenschaft als Prüferin des Schatzhauses verwerfe ich selbst diese Art von Klagen. Die geschäftlichen Belange des Landes dürfen nicht unter einer veralteten Vorschrift leiden.«

»Ihr überschreitet Eure Befugnisse.«

»Große Worte ohne allen Sinn! Ihr kennt das Leben nicht, junger Mann.«

»Wollt Ihr Euch gefälligst jeglicher Vertraulichkeiten enthalten; muß ich Euch daran erinnern, daß ich Euch von Amts wegen befrage?«

Nenophar nahm die Ermahnung nicht auf die leichte Schulter. Einem Richter, so bescheiden er auch sein mochte, mangelte es nicht an Macht.

»Seid Ihr in Memphis gut untergebracht?«

Paser antwortete nicht.

»Eure Behausung ist nicht sonderlich behaglich, hat man mir gesagt; da Ihr und ich, unter dem Zwang der Verhältnisse, Freunde werden, könnte ich Euch, für einen geringfügigen Preis, ein behagliches Herrenhaus verpachten.«

»Ich werde mich mit der Unterkunft begnügen, die man mir zugeteilt hat.«

Das Lächeln erstarrte auf Nenophars Lippen.

»Diese Klage ist lächerlich, glaubt mir.«

»Ihr habt den Sachverhalt anerkannt.«

»Aber Ihr werdet doch Eurer Obrigkeit nicht widersprechen!«

»Wenn sie sich irrt, werde ich keinen Augenblick zögern.«

»Nehmt Euch in acht, Richter Paser; Ihr seid nicht allmächtig.«

»Dessen bin ich mir bewußt.«

»Seid Ihr fest entschlossen, diese Klage zu prüfen?«

»Ich werde Euch in meine Amtsstube einbestellen.«

»Zieht Euch zurück!«

Paser gehorchte.

Wutentbrannt drang Nenophar umgehend in die Gemächer ihres Gemahls ein. Denes probierte gerade einen neuen Schurz mit breiten Schößen an.

»Ist der kleine Richter gezähmt?«

»Im Gegenteil, Dummkopf! Er ist ein wahrhaftiges Raubtier.«

»Du siehst recht schwarz; bieten wir ihm ein paar Geschenke an.«

»Sinnlos. Kümmere dich um ihn, statt dich aufzuplustern. Wir müssen ihn schnellstens an die Kette legen.«

8. KAPITEL

Hier ist es«, verkündete Kem.

»Seid Ihr sicher?« fragte Paser verdutzt.

»Ganz ohne Zweifel; dieses Haus ist tatsächlich das des Oberaufsehers des Sphinx.«

»Woher habt Ihr diese Gewißheit?«

Der Nubier zeigte ein grimmiges Lächeln.

»Dank meines Pavians haben sich die Zungen gelöst. Wenn er die Reißzähne zeigt, reden selbst die Stummen.«

»Derartige Vorgehensweisen ...«

»Sie sind wirkungsvoll. Ihr wolltet ein Ergebnis, nun habt Ihr es.«

Die beiden Männer sahen sich den armseligsten Vorort der großen Stadt genauer an. Man aß sich hier zwar satt, wie in ganz Ägypten, doch etliche der alten Gemäuer waren verkommen, und die Reinlichkeit ließ zu wünschen übrig. Hier wohnten Syrer in der Hoffnung auf eine Arbeit, Bauern, die, um ihr Glück zu machen, in die Stadt gekommen und rasch ernüchtert worden waren, Witwen ohne großes Auskommen. Das Viertel ziemte sich dem Oberaufseher des berühmtesten Sphinx von Ägypten gewiß nicht.

»Ich werde ihn befragen gehen.«

»Der Ort ist nicht sicher; Ihr solltet Euch nicht alleine hineinwagen.«

»Wie Ihr wollt.«

Verwundert stellte Paser fest, daß Türen und Fenster sich bei ihrem Durchkommen schlossen. Die dem Herzen der Ägypter so teure Gastlichkeit schien in diesem abgeschotteten Winkel nicht am Platze. Aufgeregt lief der Pavian mit unsicheren Schritten voran. Der Nubier erkundete unaufhörlich die Dächer.

»Was fürchtet Ihr?«

»Einen Bogenschützen.«

»Weshalb sollte man uns nach dem Leben trachten?«

»Ihr seid es, der Nachforschungen betreibt; wenn sie hier münden, muß die Sache faul sein. An Eurer Stelle würde ich davon ablassen.«

Die Tür aus Palmholz wirkte massiv; Paser klopfte.

Im Innern regte sich jemand, antwortete aber nicht.

»Öffnet, ich bin Richter Paser.«

Stille trat ein. Ohne Erlaubnis den Zugang zu einer Wohnstatt zu erzwingen, war ein Vergehen; der Richter rang mit seinem Gewissen.

»Glaubt Ihr, Euer Pavian . . .«

»Töter ist *vereidigt;* seine Nahrung wird von der Obrigkeit gestellt, und wir müssen über sein Einschreiten Rechenschaft ablegen.«

»Die Wirklichkeit entspricht den Vorstellungen selten.«

»Zum Glück«, meinte der Nubier.

Die Tür widerstand dem großen Affen nicht lange, seine Kraft verblüffte Paser; es war gut, daß Töter auf der Seite des Gesetzes stand.

Die beiden kleinen Kammern waren durch die Matten, die die Fenster verhängten, in Dunkelheit getaucht. Gestampfter Lehmboden, eine Wäschetruhe, eine andere für Geschirr, eine Matte zum Sitzen, Gerätschaften zur Körperpflege: ein bescheidenes, doch sauberes Heim.

In einem Winkel des zweiten Raumes kauerte eine kleine weißhaarige, mit einem langen Obergewand bekleidete Frau am Boden.

»Schlagt mich nicht«, flehte sie, »ich habe nichts gesagt, ich schwöre es Euch.«

»Seid unbesorgt; ich möchte Euch helfen.«

Sie ergriff die dargebotene Hand des Richters und erhob sich; plötzlich erfüllte Grauen ihre Augen.

»Der Affe! Er wird mich zerfleischen!«

»Nein«, beruhigte sie Paser, »er gehört zu den Ordnungskräften. Seid Ihr die Gattin des Oberaufsehers des Sphinx?«

»Ja . . .«

Die dünne Stimme war kaum hörbar. Paser bat die Frau, sich auf die Matte niederzusetzen, und nahm ihr gegenüber Platz.

»Wo ist Euer Gatte?«

»Er . . . er ist auf Reisen.«

»Weshalb habt Ihr Eure Dienstunterkunft verlassen?«

»Weil er von seinem Amt zurückgetreten ist.«

»Ich befasse mich mit der Bestätigung der Versetzung«, erklärte Paser. »Die amtlichen Schriftstücke erwähnen seinen Rücktritt nicht.«

»Ich kann mich vielleicht irren . . .«

»Was ist geschehen?« fragte der Richter behutsam. »Wißt, daß ich nicht Euer Feind bin; wenn ich Euch nützlich sein kann, werde ich handeln.«

»Wer schickt Euch?«

»Niemand. Ich ermittle aus eigenem Antrieb, um eine Entscheidung billigen zu können, die ich noch nicht verstehe.«

Die Augen der alten Frau wurden naß von Tränen.

»Seid Ihr . . . aufrichtig?«

»Bei Pharaos Leben.«

»Mein Mann ist verstorben.«

»Seid Ihr Euch dessen gewiß?«

»Soldaten haben mir versichert, er wäre den Riten gemäß bestattet worden. Sie haben mir befohlen, umzuziehen und mich hier einzurichten. Ich würde ein kleines Ruhegehalt bis zum Ende meiner Tage beziehen, sofern ich schweige.«

»Was hat man Euch über die Umstände seines Hinscheidens enthüllt?«

»Ein Unfall, so sagten sie.«

»Ich werde die Wahrheit erfahren.«

»Was sollte das nützen?«

»Laßt mich Euch in Sicherheit bringen.«

»Ich bleibe hier und warte auf den Tod. Geht, ich beschwöre Euch.«

*

Neb-Amun, Oberster Arzt am Hofe Ägyptens, konnte stolz auf sich sein. Obwohl bereits jenseits der Sechzig, war er nach wie vor ein überaus stattlicher Mann; die Schar seiner weiblichen Eroberungen würde weiterhin zunehmen. Mit Titeln und ehrenvollen Auszeichnungen überhäuft, verbrachte er weit mehr Zeit bei Empfängen und Festmahlen als in seinem Sprechzimmer, wo junge strebsame Ärzte für ihn arbeiteten. Des Leidens anderer Leute überdrüssig, hatte Neb-Amun ein vergnügliches und einträgliches Fachgebiet gewählt: die Chirurgie zum Zwecke der Schönheit. Die feinen Damen wünschten, so manchen Makel zu tilgen, um hinreißend zu bleiben und ihre Nebenbuhlerinnen vor Neid erblassen zu lassen; allein Neb-Amun konnte ihnen eine neue Jugend geben und ihre Reize bewahren.

Der Oberste Arzt dachte an die herrliche steinerne Pforte, die durch PHARAOS besondere Gunst den Eingang seines Grabes zieren würde; der Herrscher hatte höchstselbst die Türpfeiler dunkelblau bemalt, zum großen Verdruß der Höflinge, die von einem solchen Vorzug träumten. Umschmeichelt, reich und berühmt, behandelte Neb-Amun selbst fremde Fürsten, die sehr hohe Entgelte zu entrichten bereit waren; bevor er ihrem Ansuchen zustimmte, führte er ausgiebige Nachforschungen durch und gewährte seinen Rat nur den von gutartigen und leicht zu heilenden Übeln heimgesuchten Kranken. Ein Mißerfolg hätte sein Ansehen getrübt.

Sein persönlicher Schreiber kündigte ihm Neferets Eintreffen an.

»Laßt sie herein.«

Die junge Frau brachte Neb-Amun aus der Fassung; hatte sie es doch abgelehnt, seinem Stab anzugehören. Er war beleidigt und würde sich rächen. Sollte sie das Recht erlangen, selbständig tätig zu werden, würde er Sorge tragen, sie aller amtlichen Befugnisse zu entheben und sie vom Hofe fernhalten. Einige behaupteten, sie besäße einen angeborenen Sinn für die Heilkunde und daß ihre Gabe, mit Pendel und Wünschelrute umzugehen, ihr schnelles und genaues Handeln ermöglichte; daher würde er ihr auch eine letzte Möglichkeit

der Bewährung einräumen, bevor er die Feindseligkeiten eröffnen und sie in ein mittelmäßiges Dasein verbannen wollte.
Entweder würde sie gehorchen, oder er würde sie vernichten.

»Ihr habt mich herbestellt.«

»Ich habe Euch einen Vorschlag zu machen.«

»Ich breche übermorgen nach Sais auf.«

»Ich bin auf dem laufenden, doch Eure Tätigkeit würde nur
wenig Zeit in Anspruch nehmen.«

Neferet war wahrlich sehr schön; Neb-Amun erträumte sich
eine so junge und liebreizende Geliebte, die er in der besten
Gesellschaft vorgeführt hätte. Doch ihre natürliche Würde
und die Reinheit, die sie ausstrahlte, hinderten ihn daran,
ihr einige alberne, für gewöhnlich so wirkungsvolle Artigkei-
ten zu sagen; sie zu betören wäre ein schwieriges, jedoch
außerordentlich erregendes Unterfangen.

»Meine Kundin verdient einige Aufmerksamkeit«, fuhr er
fort, »eine höhergestellte Dame mit einigem Vermögen,
kinderreiche Familie, guter Leumund.«

»Was ist ihr zugestoßen?«

»Ein glückliches Ereignis: Sie heiratet.«

»Sollte dies eine Krankheit sein?«

»Ihr Gemahl hat eine Bedingung geäußert: die Stellen ihres
Körpers umzugestalten, die ihm mißfallen. Manche Linien
werden leicht zu verändern sein; wir werden hier und da,
gemäß den Anweisungen des Gatten, das Fett wegnehmen.
Die Schenkel schlanker machen, die Wangen straffen und
die Haare färben, wird ein Kinderspiel sein.«

Neb-Amun erwähnte nicht, daß er als Gegenleistung für seinen Eingriff zehn Krüge kostbarer Salb- und Duftöle erhalten
hatte: ein Vermögen, das einen Mißerfolg ausschloß.

»Eure Mitarbeit würde mich sehr freuen; Eure Hand ist sehr
sicher. Überdies würde ich einen lobenden Bericht verfassen, der Euch nützlich wäre. Willigt Ihr ein, Euch meine
Kundin anzuschauen?«

Er hatte seinen berückendsten Tonfall gewählt; ohne Neferet
Zeit zu einer Antwort zu lassen, ließ er Dame Silkis eintreten.
Ängstlich verbarg diese ihr Gesicht.

»Ich will nicht, daß man mich ansieht«, sagte sie mit der Stimme eines kleinen verschüchterten Mädchens. »Ich bin zu häßlich!«

Silkis, deren Leib sorgsam von einem weiten Gewand verhüllt war, besaß recht üppige Formen.

»Wie nährt Ihr Euch?« fragte Neferet.

»Ich ... Darauf gebe ich nicht acht.«

»Mögt Ihr Kuchen?«

»Sehr.«

»Weniger davon zu essen wäre heilsam; dürfte ich Euer Gesicht untersuchen?«

Die Sanftheit Neferets bezwang Silkis' Widerstreben; sie ließ die Hände sinken.

»Ihr scheint sehr jung.«

»Ich bin zwanzig Jahre alt.«

Das puppenhafte Antlitz war fürwahr ein wenig pausbäckig, flößte jedoch weder Schrecken noch Abneigung ein.

»Weshalb nehmt Ihr Euch nicht so an, wie Ihr seid?«

»Mein Gemahl hat recht, ich bin abscheulich! Ich muß ihm gefallen.«

»Ist dies nicht eine allzugroße Ergebenheit?«

»Er ist so beeindruckend ... Und ich habe es versprochen!«

»Überzeugt ihn davon, daß er im Irrtum ist.«

Neb-Amun fühlte, wie der Zorn ihn übermannte.

»Wir haben nicht über die Beweggründe der Kranken zu urteilen«, griff er barsch ein, »unsere Rolle besteht darin, ihre Wünsche zu befriedigen.«

»Ich weigere mich, diese junge Frau unnötigerweise leiden zu lassen.«

»Geht hinaus!«

»Mit Freuden.«

»Ihr tut unrecht, Euch so zu verhalten, Neferet.«

»Ich glaube, den höchsten Werten der Heilkunst treu zu sein.«

»Ihr wißt nichts, und Ihr werdet nichts erreichen! Eure Laufbahn ist beendet.«

*

Der Gerichtsschreiber Iarrot hüstelte; Paser hob den Kopf.

»Eine Unannehmlichkeit?«

»Eine Einbestellung.«

»Für mich?«

»Für Euch. Der Älteste der Vorhalle will Euch augenblicklich sehen.«

Zum Gehorsam gezwungen, legte Paser Pinsel und Palette nieder.

Vor dem königlichen Palast, wie vor jedem Tempel, war eine Vorhalle aus Holz errichtet, wo ein Gerichtsbeamter Recht sprach. Dort hörte er Klagen an, schied Wahrheit von Unbilligkeit, schützte die Schwachen und rettete sie vor den Mächtigen.

Der Älteste tagte vor dem Sitz des Herrschers; das kleine Bauwerk, dessen Dach von vier Pfeilern getragen wurde und sich an die Vorderseite des Palastes lehnte, hatte die Form eines großen Rechtecks, in dessen Tiefe der Anhörungsraum lag. Wenn der Wesir sich zu PHARAO begab, versäumte er es nicht, sich mit dem Ältesten der Vorhalle zu unterreden.

Der Gerichtssaal war leer. Auf einem Stuhl von vergoldetem Holz niedergelassen und mit einem geschlitzten Prunkschurz bekleidet, trug der Hohe Beamte eine verstimmte Miene zur Schau. Ein jeder kannte seine Entschlossenheit und die Kraft seiner Worte.

»Seid Ihr der Richter Paser?«

Der junge Mann verneigte sich achtungsvoll; dem Obersten Richter des Gaus entgegenzutreten, machte ihn bange. Diese jähe Einbestellung und dieses Zwiegespräch verhießen nichts Gutes.

»Aufsehenerregender Beginn einer Laufbahn«, befand der Älteste. »Seid Ihr darüber zufrieden?«

»Werde ich es je sein? Mein teuerster Wunsch wäre, das Menschengeschlecht würde weise und die Amtsstuben der Richter verschwänden; doch dieser Kindertraum verflüchtigt sich.«

»Ich höre viel von Euch reden, obgleich man Euch erst seit kurzem in Memphis eingesetzt hat. Seid Ihr Euch Eurer Pflichten wohl bewußt?«

»Sie sind mein ganzer Lebensinhalt.«

»Ihr arbeitet viel und schnell.«

»Nicht genug, meines Erachtens nach; wenn ich die Schwierigkeiten meiner Aufgabe besser erfaßt habe, werde ich mich tüchtiger zeigen.«

»Tüchtiger ... Was bedeutet dieser Begriff?«

»Allen dasselbe Recht zuteil werden zu lassen. Ist das nicht unser Bestreben und unsere Richtschnur?«

»Wer behauptet das Gegenteil?«

Die Stimme des Ältesten war rauh geworden. Er erhob sich und ging auf und ab.

»Ich habe Eure Bemerkungen bezüglich des Zahnheilkundlers Qadasch nicht schätzen können.«

»Ich verdächtige ihn.«

»Wo ist der Beweis?«

»Mein Bericht hebt hervor, daß ich einen solchen nicht erhalten habe; und eben deshalb habe ich keinerlei Verfahren gegen ihn eingeleitet.«

»Wenn dem so ist, weshalb dann diese unnötige Feindseligkeit?«

»Um Euer Augenmerk auf ihn zu lenken; Eure Kenntnisse über ihn sind zweifelsohne vollständiger als die meinen.«

Der Älteste hielt wutentbrannt inne.

»Nehmt Euch in acht, Richter Paser! Solltet Ihr andeuten, ich unterdrücke einen Vorgang?«

»Dieser Gedanke liegt mir fern; falls Ihr es für nützlich erachtet, werde ich mit meinen Nachforschungen fortfahren.«

»Vergeßt Qadasch. Weshalb plagt Ihr Denes?«

»Bei diesem Fall ist das Vergehen offenkundig.«

»War die gegen ihn eingebrachte Klage nicht mit einer Empfehlung versehen?«

»›Folgenlos zu schließen‹, in der Tat; deshalb habe ich mich auch vorrangig darum gekümmert. Ich habe mir geschworen, diese Art von Vorgehen mit letzter Kraft zu verwehren.«

»Wußtet Ihr, daß ich der Urheber dieses ... Rates war?«

»Ein Hoher soll ein Beispiel geben und sich seines Reichtums nicht bedienen, die einfachen Leute auszunutzen.«

»Ihr vergeßt die Notwendigkeiten des Handels.«

»An dem Tag, an dem diese die Gerechtigkeit in den Hintergrund drängen werden, wird Ägypten zum Untergang verurteilt sein.«

Pasers Erwiderung erschütterte den Ältesten der Vorhalle. Auch er hatte in seiner Jugend diese Meinung mit derselben Inbrunst vertreten. Dann waren die schwierigen Fälle gekommen, die Beförderungen, die notwendigen Versöhnungen, die Anpassungen, die Zugeständnisse an die Führung, das reife Alter ...

»Was legt Ihr Denes zur Last?«

»Ihr wißt es.«

»Meint Ihr, sein Verhalten rechtfertige eine Verurteilung?«

»Die Antwort ist offensichtlich.«

Der Älteste der Vorhalle konnte Paser nicht enthüllen, daß er sich soeben mit Denes besprochen und daß der Warenbeförderer von ihm verlangte hatte, den jungen Richter zu versetzen.

»Seid Ihr entschlossen, Eure Ermittlung weiterzuverfolgen?«

»Das bin ich.«

»Wißt Ihr, daß ich Euch noch in dieser Stunde in Euer Dorf zurückschicken kann?«

»Das weiß ich.«

»Ändert diese Aussicht Euren Standpunkt nicht?«

»Nein.«

»Solltet Ihr für jede Form von vernünftigem Zureden unzugänglich sein?«

»Es handelt sich lediglich um einen Beeinflussungsversuch. Denes ist ein Betrüger; ihm kommen nicht zu rechtfertigende Vorrechte zugute. Weshalb sollte ich seinen Fall übergehen, da er doch in meine Zuständigkeit fällt?«

Der Älteste dachte nach. Für gewöhnlich entschied er ohne Zögern, mit der Überzeugung, seinem Land zu dienen; die Haltung Pasers rief derart viele Erinnerungen in ihm wach, daß er sich an Stelle dieses jungen Richters sah, der sein Amt ohne Schwäche auszufüllen bestrebt war. Die Zukunft würde schon dafür sorgen, seine Wunschvorstellungen zurechtzustutzen, doch tat er unrecht daran, das Unmögliche zu versuchen?

»Denes ist ein reicher und mächtiger Mann; seine Gemahlin ist eine angesehene Geschäftsfrau. Dank ihrer vollzieht sich die Warenbeförderung auf geordnete und befriedigende Weise; wozu soll es gut sein, sie zu stören?«

»Versetzt nicht mich in die Rolle des Angeklagten. Wenn Denes verurteilt ist, werden die Frachtschiffe nicht aufhören, den Nil hinauf- und hinunterzufahren.«

Nach langem Schweigen faßte der Älteste sich wieder.

»Waltet Eures Berufs, wie Ihr es versteht, Paser.«

9. KAPITEL

Neferet sammelte sich seit zwei Tagen in einer Kammer der berühmten Schule der Heilkunde von Sais, im Delta, wo die zukünftigen Praktiker einer Prüfung unterworfen wurden, deren Inhalt nie enthüllt worden war. Viele scheiterten; in einem Land, in dem nicht selten das achtzigste Lebensjahr erreicht wurde, trachteten die Zuständigen der Gesundheitsfürsorge danach, Menschen von besonderem Wert anzuwerben.

Würde die junge Frau ihren Traum, gegen die Krankheit anzukämpfen, verwirklichen können? Ihr würden gewiß Niederlagen widerfahren, doch sie würde nicht aufgeben, den Leiden entgegenzuwirken. Indes mußte sie zunächst den Anforderungen des Gerichts der Heilkunde von Sais genügen.

Ein Priester hatte ihr Dörrfleisch, Datteln, Wasser sowie Papyri zur Heilkunst gebracht, die sie wieder und wieder durchgelesen hatte; manche Begriffe begannen sich zu verwirren. Mal besorgt, mal vertrauensvoll, hatte sie sich in die Versenkung geflüchtet, indem sie ihren Blick auf dem weiten, mit Karobenbäumen[1] bepflanzten Garten rund um die Schule ruhen ließ.

Während die Sonne niedersank, kam der Hüter der Myrrhe, ein besonders in Räucherungen bewanderter Arzneikundler, sie holen. Er führte sie in die Wirkstätte und stellte sie mehreren Berufsgenossen gegenüber. Ein jeder forderte Neferet auf, eine Verordnung auszuführen, Heilmittel zuzu-

---

[1] Der *Johannisbrotbaum* trägt eine Frucht – Karobe oder Johannisbrot, eine Hülse, deren süßliches Mark in den Augen der Ägypter die Süße schlechthin verkörperte.

bereiten, die Giftigkeit einer Arznei zu bewerten, zusammengesetzte Wirkstoffe zu erkennen, die Lese der Pflanzen, des Gummiharzes und des Honigs im einzelnen darzulegen. Wiederholt stockte sie unsicher und mußte in den tiefsten Winkeln ihres Gedächtnisses schöpfen.

Zum Ende einer fünfstündigen Befragung gaben vier der fünf Azneikundigen ein günstiges Urteil ab. Jener mit gegenteiliger Anschauung erläuterte seinen Standpunkt: Neferet habe sich bezüglich zweier Darreichungsmengen geirrt. Ihrer Müdigkeit ungeachtet forderte er, ihre Kenntnisse weiter zu erkunden. Falls sie sich weigerte, müßte sie Sais verlassen. Neferet hielt stand. Sie ließ sich von ihrer gewohnten Sanftmut nicht abbringen, während sie die Angriffe ihres Gegners erduldete. Er war es schließlich, der zuerst aufgab.

Ohne die geringste Belobigung erhalten zu haben, zog sie sich in ihre Kammer zurück und schlief, kaum auf ihrer Matte ausgestreckt, sogleich ein.

*

Der Arzneikundler, der sie so hart auf die Probe gestellt hatte, weckte sie im Morgengrauen.

»Ihr habt das Recht weiterzumachen; besteht Ihr darauf?«

»Ich stelle mich Euch.«

»Ihr habt eine halbe Stunde für Eure Waschungen und Euer Morgenmahl. Ich möchte Euch vorwarnen: Die folgende Prüfung ist gefahrvoll.«

»Ich habe keine Angst.«

»Überlegt es Euch.«

Auf der Schwelle der Wirkstätte wiederholte der Arzneikundler seine Warnung.

»Nehmt diese Mahnungen nicht auf die leichte Schulter.«

»Ich werde nicht zurückweichen.«

»Wie es Euch beliebt; nehmt dies hier.«

Er händigte ihr einen gegabelten Stab aus.

»Geht in die Wirkstätte und bereitet ein Heilmittel mit den Stoffen zu, die Ihr finden werdet.«

Der Heiler schloß die Tür hinter Neferet. Auf einem niedrigen Tisch standen bauchige Flaschen, Tiegel und Krüge; im entferntesten Winkel, unter dem Fenster, ein verschlossener Korb. Sie trat näher. Die Zwischenräume des Geflechts am Deckel waren weit genug, daß sie den Inhalt erblickte.

Entsetzt schreckte sie zurück.

Eine Hornotter.

Ihr Biß war tödlich, doch ihr Gift lieferte den Grundbestandteil äußerst wirksamer Mittel gegen starke Blutungen, Nervenlciden und Herzerkrankungen. So begriff sie, was der Arzneikundige erwartete.

Nachdem sie ihre Atmung wieder zur Ruhe gebracht hatte, hob sie den Deckel mit nunmehr sicherer Hand an. Die vorsichtige Otter kam nicht sogleich aus ihrer Höhle; gesammelt und reglos schaute Neferet ihr zu, wie sie den Korbrand überwand und sich auf den Boden schlängelte. Das ein Meter lange Reptil bewegte sich sehr schnell; die beiden Dornen schienen bedrohlich aus seiner Stirn zu schnellen.

Neferet umklammerte den Stock mit ganzer Kraft, rückte der Schlange von links auf den Leib und versuchte, ihren Kopf in die Gabel zu klemmen. Einen Augenblick schloß sie die Augen; falls es ihr mißlänge, würde die Otter den Stock hinaufklettern und ihr den tödlichen Biß versetzen.

Der Körper schlug wild hin und her. Sie hatte es geschafft.

Neferet kniete nieder und packte die Schlange hinterm Kopf. Sie würde sie ihr kostbares Gift ausspeien lassen.

*

Auf dem Schiff, das sie nach Theben brachte, hatte Neferet kaum Zeit, sich auszuruhen. Mehrere Heilkundler plagten sie mit Fragen hinsichtlich ihrer jeweiligen Fachgebiete, die sie selbst während ihres Studiums ausgeübt hatte.

Neferet paßte sich jeder neuen Lage an; unter noch so unvorhergesehenen Umständen wankte sie nicht, nahm die Erschütterungen der Welt, die Veränderungen der Wesen an und bekümmerte sich wenig um sich selbst, um die Kräfte und die Mysterien besser wahrzunehmen. Sie war dem Glück gewiß nicht abgeneigt, doch Widrigkeiten verdrossen sie nicht; durch diese hindurch strebte die junge Frau nach einer künftigen, unter dem Unglück verborgenen Freude.

Zu keinem Zeitpunkt empfand sie Verbitterung gegen jene, die sie quälten; bildeten sie sie nicht, bewiesen sie ihr nicht die Kraft ihrer Berufung?

Theben, ihre Geburtsstadt, wiederzusehen, war eine wahre Lust; der Himmel schien ihr blauer als in Memphis, die Luft lieblicher. Eines Tages würde sie zurückkehren, um hier, nahe ihren Eltern, zu leben und erneut über die Flure ihrer Kindheit zu wandeln. Sie dachte an ihre Äffin, die sie Branir anvertraut hatte, und hoffte dabei, sie würde vor dem alten Meister Achtung haben und sich weniger lästig als üblich zeigen.

Zwei Priester mit geschorenem Schädel öffneten das Tor der Umfriedung; hinter den hohen Mauern waren mehrere Heiligtümer errichtet worden. Dort, in der Stätte der Göttin Mut, deren hieroglyphisches Namenszeichen sowohl »Mutter« als auch »Tod« bedeuten konnte, erhielten die Heilkundler ihre Einsetzung.

Der Obere empfing die junge Frau.

»Ich habe die Berichte der Schule von Sais übermittelt bekommen; wenn Ihr es wünscht, könnt Ihr fortfahren.«

»Das wünsche ich.«

»Die endgültige Entscheidung obliegt den Sterblichen nicht. Sammelt Euch, denn Ihr werdet einem Richter gegenübertreten, der nicht von dieser Welt ist.«

Der Obere legte um Neferets Hals eine Schnur mit dreizehn Knoten und forderte sie auf, sich niederzuknien.

»Das Geheimnis des Heilkundigen[1]«, offenbarte er, »ist die Kenntnis des Herzens; von ihm gehen die sichtbaren und unsichtbaren Gefäße aus, die zu jedem Organ und zu jedem Glied streben. Aus diesem Grund spricht das Herz im ganzen Körper; wenn Ihr einen Kranken abhorcht, indem Ihr ihm

---

[1] Der Text »Geheimnis des Heilkundigen« war allen Praktikern bekannt und bildete die Grundlage ihrer Wissenschaft.

die Hand auf seinen Kopf, seinen Nacken, seine Arme, seine Beine oder auf irgendeinen anderen Teil seines Leibes legt, forscht zuerst nach der Stimme des Herzens und seiner Schläge. Versichert Euch, daß es fest auf seinem Grunde ruht, daß es sich nicht von seinem Platz entfernt, sich nicht senkt noch schwächer wird und daß es normal tanzt. Wißt, daß Kanäle den Körper durcheilen und die flüchtigen Lebenskräfte sowie Luft, Blut, Wasser, Tränen, Samen oder kotige Stoffe führen; wacht über die Reinheit der Gefäße und der Körpersäfte. Wenn die Krankheit eintritt, bringt sie eine Störung der Lebenskraft zum Ausdruck; über die Wirkungen hinaus müßt Ihr die Ursache erforschen. Seid aufrichtig mit dem Leidenden und teilt ihm eine der drei möglichen Befunde mit: ein Leiden, das ich kenne und das ich behandeln werde; ein Leiden, gegen das ich ankämpfen werde; ein Leiden, gegen das ich nichts ausrichten kann. Geht nun Eurem Geschick entgegen.«

*

Das Heiligtum lag in tiefer Stille.
Auf ihren Fersen sitzend, die Hände auf den Knien und die Augen geschlossen, wartete Neferet. Die Zeit hatte keine Bedeutung mehr. In sich versenkt, bezähmte sie ihre Bangigkeit. Wie sollte sie ihr Vertrauen auch nicht dem Kollegium der Priester-Ärzte schenken, die seit den Ursprüngen Ägyptens die Berufung der Heiler mit ihrer Weihe krönten?
Zwei Priester richteten sie auf; vor ihr öffnete sich eine zederne Pforte, die zu einer Kapelle führte. Die beiden Männer begleiteten sie nicht. Sich selbst fern und jenseits aller Furcht und Hoffnung betrat Neferet den länglichen, in Dunkelheit getauchten Raum.
Die schwere Tür schloß sich hinter ihr.
Sogleich spürte Neferet eine Gegenwart; irgend jemand hockte in der Finsternis am Boden und beobachtete sie. Die Arme am Körper entlang ausgestreckt und mit beklommenem Atem bezwang die junge Frau die heillose Angst.

Allein war sie bis hierher gelangt; allein würde sie sich verteidigen.

Plötzlich fiel ein Lichtstrahl vom Dach des Tempels hernieder und erleuchtete eine an der hinteren Wand anlehnende Statue aus Diorit. Sie stellte die Göttin Sechmet aufrecht schreitend dar, die furchterregende Löwin, die an jedem Jahresende nach der Vernichtung des Menschengeschlechts trachtete, indem sie Horden von Miasmen, Krankheiten und schädlichen Keimen aussandte. Sie durchschweifte die Welt, um Unheil und Tod zu verbreiten. Einzig die Heilkundigen vermochten dieser entsetzlichen Gottheit entgegenzuwirken, die überdies auch ihre Schutzgöttin war; sie allein lehrte jene die Heilkunst und das Geheimnis der Heilmittel.

Kein Sterblicher, hatte man Neferet oftmals gesagt, schaute der Göttin ins Angesicht, ohne zur Strafe sein Leben zu verlieren.

Sie hätte die Augen senken, ihren Blick von dieser außergewöhnlichen Statue, dem Antlitz der grimmigen Löwin abwenden müssen[1]; doch sie trotzte ihr.

Neferet schaute Sechmet.

Sie bat die Göttin, in ihrem Innern ihre Berufung zu lesen, in die Tiefe ihres Herzens zu dringen und über dessen Lauterkeit zu urteilen. Der Lichtstrahl wurde stärker, erhellte nunmehr ganz und gar die steinerne Figur, deren Macht die junge Frau niederzwang.

Das Wunder geschah: Die furchterregende Löwin lächelte.

*

Das Kollegium der Heilkunde von Theben war in einem weiten Säulensaal versammelt; in der Mitte: ein Wasserbecken. Der Obere näherte sich Neferet.

---

[1] Die Araber ließen diese Statue unversehrt, da sie sie mit Schrecken erfüllte; sie nannten sie »die Menschenfresserin von Karnak«. Man kann sie noch heute in einer der Kapellen des Ptah-Tempels bewundern.

»Habt Ihr die feste Absicht, Kranke zu heilen?«

»Die Göttin war Zeugin meines Eids.«

»Was man anderen verordnet, muß zuerst bei sich selbst Anwendung finden.«

Der Obere zeigte ihr einen mit rötlicher Flüssigkeit gefüllten Kelch.

»Hier ist ein Gift. Nachdem Ihr es eingenommen habt, werdet Ihr es ermitteln und Euren Befund stellen. Wenn dieser zutrifft, werdet Ihr Zuflucht zu einem guten Gegengift nehmen können. Falls er irrig ist, werdet Ihr sterben. Das Gesetz der Sechmet wird Ägypten somit vor einem schlechten Arzt bewahrt haben.«

Neferet nahm den Kelch an.

»Es steht Euch frei, den Trunk abzulehnen und diese Versammlung zu verlassen.«

Langsam trank sie die bitter schmeckende Flüssigkeit, wobei sie bereits herauszufinden versuchte, was diese enthielt.

*

Der Leichenzug ging, von den Klageweibern gefolgt, an der Tempelumfriedung entlang und schlug die Richtung zum Fluß ein. Ein Ochse zog den Schlitten, auf dem der Sarkophag ruhte.

Vom Dach des Tempels aus wohnte Neferet dem Spiel des Lebens und des Todes bei.

Ermattet genoß sie die Liebkosungen der Sonne auf ihrer Haut.

»Es wird Euch noch einige Stunden kalt sein; das Gift wird aber keinerlei Spuren in Eurem Körper hinterlassen. Eure Schnelligkeit und Genauigkeit haben all Eure Standesbrüder sehr beeindruckt.«

»Hättet Ihr mich gerettet, wenn ich fehlgegangen wäre?«

»Wer andere pflegt, muß unerbittlich mit sich selbst sein. Sobald Ihr wiederhergestellt seid, werdet Ihr nach Memphis zurückkehren, um Eure erste Stellung zu bekleiden. Auf Eurem Weg wird es nicht an Fallen mangeln. Eine so junge und so begabte Heilerin wird allerlei Neid erregen. Seid weder blind noch arglos.«

Schwalben segelten über dem Tempel. Neferet dachte an ihren Meister Branir, den Mann, der sie alles gelehrt hatte und dem sie ihr Leben verdankte.

10. KAPITEL

Paser verspürte mehr und mehr Mühe, seine Aufmerksamkeit gesammelt auf seine Arbeit zu richten; in jeder Hieroglyphe sah er das Antlitz Neferets.

Der Gerichtsschreiber brachte ihm an die zwanzig Tontäfelchen.

»Die Aufstellung der in der Werft beschäftigten Handwerker vom letzten Monat; wir müssen bestätigen, daß sich kein Straffälliger darunter befindet.«

»Und was ist die schnellste Möglichkeit, dies festzustellen?«

»Die Verzeichnisse des großen Gefängnisses zu Rate ziehen.«

»Könntet Ihr Euch damit befassen?«

»Erst morgen; ich muß zeitig nach Hause gehen, da ich ein Fest zum Geburtstag meiner Tochter ausrichte.«

»Viel Vergnügen, Iarrot.«

Als der Gerichtsdiener gegangen war, las Paser nochmals das Schreiben, das er verfaßt hatte, um Denes einzubestellen und ihm die wesentlichen Anklagepunkte zu nennen. Seine Augen wurden trübe. Erschöpft fütterte er Wind des Nordens, der sich vor die Tür des Amtszimmers legte, und schlenderte dann in Bravs Gesellschaft ziellos durch die Straßen. Seine Schritte trugen ihn in ein ruhiges Viertel nahe der Schule der Schreiber, wo die zukünftige geistige Oberschicht ihren Beruf erlernte.

Das Schlagen einer Tür brach die Stille; aufschallendes Stimmengewirr und ferne Musikfetzen folgten, in denen sich Flöte und Sistrum verquickten. Die Ohren des Hundes stellten sich auf; neugierig blieb Paser stehen. Der Streit wurde ärger; auf die Drohungen folgten Hiebe und Schmerzensschreie. Brav, der Gewalt verabscheute, drückte sich gegen das Bein seines Herrn.

Ungefähr hundert Meter von der Stelle, an der er stand, kletterte ein junger, mit einem schönen Schreibergewand bekleideter Mann über die Mauer der Schule, sprang in das Gäßchen und lief wie um sein Leben in Pasers Richtung, während er die Worte eines schlüpfrigen Liedes zu Ehren liederlicher Dirnen schmetterte. Als er an dem Richter vorbeikam, erhellte ein Mondstrahl sein Gesicht.

»Sethi!«

Der Flüchtige hielt jäh inne und drehte sich um.

»Wer hat mich gerufen?«

»Mich ausgenommen, ist der Ort menschenleer.«

»Er wird es nicht lange bleiben; man will mich aufschlitzen. Komm, laufen wir davon!«

Paser willigte in den Vorschlag ein. Toll vor Freude stürzte Brav sich in den Lauf. Der Hund wunderte sich über die geringe Ausdauer der beiden Männer, die schon etwa zehn Minuten später haltmachten, um wieder zu Atem zu kommen.

»Sethi ... bist du es wirklich?«

»Sosehr du Paser bist! Eine kleine Anstrengung noch, und wir werden in Sicherheit sein.«

Die beiden Männer und der Hund suchten Zuflucht in einem leeren Speicher am Ufer des Nils, weit entfernt von jenem Bereich, wo bewaffnete Wächter ihre Rundgänge machten.

»Ich hatte immer gehofft, wir würden uns bald wiedersehen, allerdings unter anderen Umständen.«

»Diese hier sind verflixt ergötzlich, das versichere ich dir! Ich bin soeben aus dem Gefängnis entflohen.«

»Die Große Schule der Schreiber von Memphis soll ein Gefängnis sein?«

»Ich wäre vor Langeweile gestorben.«

»Als du vor nun fünf Jahren das Dorf verlassen hast, wolltest du doch Schriftkundiger werden.«

»Ich hätte mir sonstwas ausgedacht, um die Stadt kennenzulernen. Das einzig Schmerzliche war, dich, meinen einzigen Freund, inmitten dieser Bauern zurückzulassen.«

»Waren wir dort denn nicht glücklich?«

Sethi streckte sich auf dem Boden aus.

»Wir hatten schöne Zeiten, da hast du recht ... Doch wir sind erwachsen geworden! Sich im Dorf zu vergnügen, das wahre Leben zu leben, das war dort nicht möglich. Memphis ist stets mein Traum gewesen!«

»Hast du ihn denn verwirklicht?«

»Zu Anfang bin ich ungeduldig gewesen; lernen, arbeiten, lesen, schreiben, dem Unterricht zuhören, der den Geist öffnet, Kenntnis erlangen von allem, was es gibt, was der Schöpfer gestaltet hat, was Thot übertragen hat, vom Himmel mit seinen Gewalten, der Erde und ihrem Gehalt, was die Berge verstecken, was die Fluten tragen, was auf dem Rücken der Erde wächst[1] ... Welch Verdruß! Zum Glück bin ich rasch ein häufiger Gast der Häuser des Bieres geworden.«

»Der Stätten von Ausschweifungen?«

»Sei kein Tugendprediger, Paser.«

»Du liebtest die Schriften mehr als ich.«

»Ach, die Bücher und die weisen Lebensregeln! Fünf Jahre liegt man mir nun schon damit in den Ohren. Wenn du willst, kann ich ebenfalls den Lehrer spielen: ›Liebe die Bücher wie deine Mutter, nichts übertrifft sie; die Bücher der Weisen sind deine Pyramiden, das Schreibzeug ist ihr Kind. Höre auf die Ratschläge weiserer Männer, als du es bist, lies ihre in den Büchern lebendig gebliebenen Worte; werde zu einem gebildeten Manne, sei weder faul noch müßig, lege das Wissen in dein Herz.‹ Habe ich den Merkspruch richtig aufgesagt?«

»Er ist herrlich.«

»Trugbilder für Blinde!«

»Was ist heute abend geschehen?«

Sethi brach in Lachen aus. Der unruhige und umtriebige Knabe, der lustige Vogel des Dorfes, war ein Mann mit

---

[1] Sethi zitiert den Anfang eines der Weisheitsbücher, die der Schreiberlehrling lesen und abschreiben mußte.

beeindruckenden Schultern geworden. Mit seinen langen schwarzen Haaren, dem aufrichtigen Gesicht, dem offenen Blick und seinen großen Reden schien er von einem verzehrenden Feuer beseelt zu sein.

»Heute abend habe ich eine kleine Feier ausgerichtet.«

»In der Schule?«

»Ja, ja, in der Schule! Die meisten meiner Mitschüler sind blaß, trübselig und keine Persönlichkeiten; sie hatten es einmal nötig, Wein und Bier zu trinken, um ihre teuren Studien zu vergessen. Wir haben Musik gemacht, wir haben uns berauscht, wir haben erbrochen und gesungen! Die besten Schüler haben sich auf die Bäuche getrommelt und sich mit Blumenketten geschmückt.«

Sethi richtete sich auf.

»Diese Belustigungen haben den Aufsehern mißfallen; sie sind mit Stöcken bei uns aufgetaucht. Ich habe mich verteidigt, aber meine Genossen haben mich verraten. Ich habe fliehen müssen.«

Paser war niedergeschmettert.

»Du wirst aus der Schule ausgeschlossen.«

»Um so besser! Ich bin nicht dazu geschaffen, Schreiber zu werden. Niemandem Schaden zuzufügen, niemandes Herz zu beschweren, andere nicht in Armut und Leid zu lassen ... Ich überlasse diesen Wunschtraum den Weisen! Ich brenne danach, ein Abenteuer zu erleben, Paser, ein großes Abenteuer!«

»Welches?«

»Ich weiß noch nicht ... Doch, ich weiß schon: das Heer. Ich werde reisen und andere Länder, andere Völker entdecken.«

»Du wirst dein Leben wagen.«

»Es wird mir nur um so kostbarer sein, nach der Gefahr. Weshalb ein Dasein aufbauen, wenn der Tod es doch zerstören wird? Glaube mir, Paser, man muß Tag um Tag leben und die Freuden dort genießen, wo sie sich ergeben. Wir, die wir weniger als ein Schmetterling sind, wir sollten uns wenigstens darauf verstehen, von Blume zu Blume zu fliegen.«

Brav knurrte.

»Jemand nähert sich; wir müssen fort.«

»Mir dreht sich alles.«

»Stütz dich auf mich.«

»Du hast dich nicht geändert, Paser. Du bist noch immer ein Fels.«

»Du bist mein Freund, ich bin dein Freund.«

Sie verließen den Speicher, schlichen an dessen Außenwand entlang und begaben sich in den Irrgarten der Gäßchen.

»Sie werden mich nicht finden, dank dir.«

Die Nachtluft ernüchterte Sethi.

»So, nun bin ich kein Schreiber mehr. Und was bist du?«

»Ich wage kaum, es dir zu gestehen.«

»Solltest du von den Ordnungskräften gesucht werden?«

»Das gerade nicht.«

»Schmuggler?«

»Auch nicht.«

»Nun, dann plünderst du ehrbare Leute aus!«

»Ich bin Richter.«

Sethi hielt inne, packte Paser an den Schultern und blickte ihm gerade in die Augen.

»Du machst dich über mich lustig.«

»Dazu bin ich gar nicht imstande.«

»Das ist wahr. Richter ... Bei Osiris, das ist unglaublich! Läßt du Schuldige festnehmen?«

»Ich habe das Recht dazu.«

»Niederer oder hoher Richter?«

»Niederer, aber in Memphis. Ich nehme dich mit zu mir; dort wirst du in Sicherheit sein.«

»Verletzt du nicht das Gesetz damit?«

»Gegen dich ist keine Klage eingereicht worden.«

»Und falls es eine gäbe?«

»Die Freundschaft ist ein heiliges Gesetz; wenn ich Verrat an ihr beginge, würde ich meines Amtes unwürdig.«

Die beiden Männer umarmten sich.

»Du wirst immer auf mich bauen können, Paser; das schwöre ich bei meinem Leben.«

»Du wiederholst dich nur, Sethi; an jenem Tag, als wir im

Dorf unser Blut vermischt haben, sind wir weit mehr als Brüder geworden.«

»Sag einmal ... Hast du Ordnungshüter unter deinem Befehl?«

»Zwei: einen Nubier und einen Pavian, der eine so furchterregend wie der andere.«

»Du jagst mir kalte Schauer den Rücken hinunter.«

»Sei unbesorgt: Die Schule der Schreiber wird sich damit begnügen, dich zu verstoßen. Sieh zu, keine ernsten Verbrechen zu begehen; die Angelegenheit könnte mir entgleiten.«

»Wie gut ist es, sich wiederzufinden, Paser.«

Der Hund sprang um Sethi herum, welcher ihn zu seinem großen Vergnügen zu einem Lauf herausforderte; daß sie sich mochten, bereitete Paser Freude. Brav besaß ein sicheres Gespür und Sethi ein weites Herz. Gewiß, er schätzte weder seine Einstellung noch seine Lebensweise und befürchtete, sie könnten ihn zu bedauerlichen Unmäßigkeiten verleiten; doch er wußte, daß Sethi das gleiche von ihm dachte. Indem sie sich verbündeten, könnten sie wohl einige Wahrheiten aus ihrem jeweiligen Wesen schöpfen.

Da der Esel keinen Einwand erhob, überschritt Sethi die Schwelle von Pasers Behausung; er hielt sich nicht weiter im Amtszimmer auf, wo Papyri und Täfelchen ihm Schlechtes in Erinnerung riefen, und stieg hinauf ins Obergeschoß.

»Dein Haus ist kein Palast«, stellte er fest, »doch die Luft hier ist erträglich. Lebst du allein?«

»Nicht ganz; Brav und Wind des Nordens sind an meiner Seite.«

»Ich meinte damit eine Frau.«

»Ich bin von Arbeit überhäuft und ...«

»Paser, mein Freund! Solltest du etwa noch ein junger ... unschuldiger Mann sein?«

»Ich fürchte ja.«

»Dem werden wir abhelfen! Bei mir ist das nicht mehr der Fall. Im Dorf ist es mir wegen der Aufsicht einiger alter Weiber nicht gelungen. Memphis hingegen ist ein wahrer Göttergarten! Beim ersten Male habe ich mit einer kleinen

Nubierin geschlafen, die bereits mehr Liebhaber gekannt hatte, als sie Finger an den Händen besaß. Als die höchste Lust mich überkam, glaubte ich, vor Glück zu sterben. Sie hat mich liebkosen, ihre eigene Wollust abwarten und wieder zu Kräften kommen gelehrt, um Spiele zu spielen, bei denen niemand verliert. Die zweite war die Braut des Türhüters der Schule; bevor sie treu werden wollte, hatte sie das Verlangen, einen kaum aus der Jugend herausgetretenen Burschen zu kosten. Ihre Gier befriedigte mich ungemein. Sie hatte wunderschöne Brüste und einen Hintern wie die Inseln des Nils vor der Schwelle. Sie hat mich erlesene Künste gelehrt, und wir haben gemeinsam geschrien. Danach habe ich mich mit zwei Syrerinnen in einem Haus des Bieres verlustigt. Die Erfahrung ist unersetzlich, Paser; ihre Hände waren sanfter als Balsam, und selbst ihre Füße wußten meine Haut zu streifen, daß sie sie erschauern ließen.«

Sethi brach erneut in dröhnendes Lachen aus; Paser war außerstande, einen Anschein von Würde zu wahren, und teilte die Fröhlichkeit seines Freundes.

»Ganz ohne Prahlerei, all meine Eroberungen aufzuzählen, wäre mühselig. Es ist einfach stärker als ich: Ich kann die Wärme eines Frauenkörpers nicht entbehren. Keuschheit ist eine schändliche Krankheit, die nachdrücklich und wirksam behandelt werden muß. Ab morgen werde ich mich mit deinem Fall befassen.«

»Nun ja ...«

Ein schelmisches Lächeln beseelte Sethis Blick.

»Lehnst du ab?«

»Meine Arbeit, die laufenden Fälle ...«

»Du hast nie zu lügen verstanden, Paser. Du bist verliebt, und du bewahrst dich für deine Schöne auf.«

»Für gewöhnlich bin ich es, der Anklagen ausspricht.«

»Das ist keine Anklage! Die große Liebe, an die glaube ich nicht, aber bei dir ist alles möglich. Ein Richter und mein Freund zugleich zu sein, ist doch wohl Beweis genug. Wie heißt dieses Wunder?«

»Ich ... Sie weiß nichts davon. Wahrscheinlich mache ich mir etwas vor.«

»Verheiratet?«

»Das denkst du doch nicht im Ernst!«

»Doch, ganz genau! Eine gute Gemahlin fehlt noch in meiner Sammlung. Ich werde nicht versuchen, das Schicksal herauszufordern, da ich sittliche Grundsätze habe, doch wenn der Glücksfall sich einstellt, werde ich mich nicht verweigern.«

»Das Gesetz bestraft den Ehebruch.«

»Unter der Bedingung, daß es davon erfährt. Mit Ausnahme der Tollereien ist die erste Tugend bei der Liebe Vertraulichkeit und Umsicht. Ich werde dich hinsichtlich deiner Verlobten nicht quälen; ich werde alles selbst herausfinden und dir, falls nötig, unter die Arme greifen.«

Sethi streckte sich auf einer Matte aus, den Kopf auf ein Kissen gebettet.

»Bist du wahrhaftig Richter?«

»Du hast mein Wort.«

»In diesem Fall könnte dein Rat mir wertvoll sein.«

Paser war auf ein derartiges Verhängnis gefaßt; er rief Thot an in der Hoffnung, die von Sethi begangene Schandtat möge in seine Zuständigkeit fallen.

»Eine törichte Geschichte«, gestand sein Freund. »Ich habe letzte Woche eine junge Witwe betört; um die Dreißig, ein geschmeidiger Körper, höchst reizende Lippen ... Eine Unglückliche, die von einem Ehemann mißhandelt wurde, dessen Tod ein Segen für sie war. Sie wurde so glücklich in meinen Armen, daß sie mir einen geschäftlichen Auftrag anvertraute: Ich sollte ein Spanferkel auf dem Markt feilbieten.«

»Ist sie Eigentümerin eines Hofes?«

»Ein schlichter Kleinviehhof.«

»Gegen was hast du das Schwein getauscht?«

»Das ist ja das Unglück: gegen nichts. Gestern abend ist das arme Tier während unseres kleinen Festes geröstet worden. Ich vertraue zwar auf meine Betörungskraft, aber die junge

99

Frau ist geizig und hängt sehr an ihrem Erbe. Falls ich mit leeren Händen zurückkehre, laufe ich Gefahr, des Diebstahls angeklagt zu werden.«

»Was sonst noch?«

»Läppische Kleinigkeiten. Einige Schulden hier und da; das Spanferkel ist meine größte Sorge.«

»Schlafe ruhig.«

Paser erhob sich.

»Wohin gehst du?«

»Ich gehe hinunter in meine Amtsstube, um in einigen Unterlagen nachzusehen; es gibt zweifellos eine Lösung.«

11. KAPITEL

Sethi war kein Frühaufsteher, doch er wurde genötigt, das Haus des Richters schon im Morgengrauen zu verlassen. Sein Freund hatte ihm den Inhalt eines Kruges kalten Wassers über den Kopf schütten müssen, um ihn aus dem Schlaf zu reißen. Pasers Vorhaben jedoch erschien ihm ausgezeichnet, obwohl es einige Gefahren barg.

Sethi erreichte die Stadtmitte, wo gerade der große Markt aufgeschlagen wurde; Bauern und Bäuerinnen kamen hierher, um in einem Getöse aus Feilschen und Schwatzen die Erzeugnisse des Landes zu verkaufen. Schon in kurzer Zeit würden die ersten Kunden eintreffen. Er schlüpfte zwischen den Gemüsegärtnerinnen hindurch und kauerte sich einige Meter vor seinem Ziel nieder, einem kleinen Gehege mit Geflügel. Der Schatz, dessen er sich bemächtigen wollte, war tatsächlich da: ein herrlicher Hahn, den die Ägypter nicht als König des Hühnerhofs betrachteten, sondern als eher tumbes, allzusehr von seiner Wichtigkeit eingenommenes Federvieh.

Der junge Mann wartete, bis sein Opfer in Reichweite vorüberging, und ergriff es mit flinker Bewegung, indem er ihm den Hals zudrückte, auf daß es keinen ungelegenen Laut ausstoßen konnte. Das Unternehmen war gewagt; falls man ihn finge, stünde die Pforte des Gefängnisses weit offen. Selbstverständlich hatte Paser ihm den Händler nicht aufs Geratewohl bezeichnet; einer Unterschlagung schuldig, hätte letzterer der Geschädigten den Wert eines Hahns erstatten müssen. Der Richter hatte das Strafmaß nicht verringert, den Rechtsgang indes ein klein wenig verändert: Da die Geschädigte die Verwaltung war, setzte Sethi sich lediglich an deren Stelle.

Den Hahn unterm Arm, gelangte er unbehindert zum Hof der jungen Frau, die gerade ihre Hühner fütterte.

»Eine Überraschung«, verkündete er, indem er das Federtier vorzeigte.

Sie drehte sich entzückt um.

»Er ist herrlich! Du hast gut gefeilscht.«

»Es war nicht leicht, muß ich gestehen.«

»Das kann ich mir denken: Ein Hahn von dieser Größe ist mindestens drei Spanferkel wert.«

»Wenn die Liebe uns leitet, versteht man, überzeugend zu sein.«

Sie stellte ihren Kornsack ab, packte den Hahn und setzte ihn zwischen die Hühner.

»Du bist sehr überzeugend, Sethi; ich spüre in mir eine wohlige Hitze aufsteigen, die ich liebend gerne mit dir teilen möchte.«

»Wer würde eine solche Einladung ablehnen.«

Eng aneinandergeschmiegt, wandten sie sich zur Kammer der Witwe.

*

Paser fühlte sich schlecht; eine wehmütige Mattigkeit suchte ihn heim und beraubte ihn seiner gewohnten Tatkraft. Schwerfällig und behäbig, wie er war, fand er nicht einmal mehr Trost im Lesen der großen Verfasser der Vergangenheit, die ehedem seine Abende bezauberten. Es war ihm zwar gelungen, den Gerichtsschreiber Iarrot von seiner Verzweiflung nichts merken zu lassen, doch er war außerstande, sie seinem Meister zu verhehlen.

»Bist du etwa krank, Paser?«

»Eine einfache Müdigkeit.«

»Vielleicht solltest du etwas weniger arbeiten.«

»Ich habe den Eindruck, man überhäuft mich mit Vorgängen.«

»Man stellt dich auf die Probe, um deine Grenzen herauszufinden.«

»Sie sind überschritten.«

»Das ist nicht sicher; nehmen wir einmal an, die Überanstrengung wäre nicht die Ursache deines Zustands?«

Finster dreinblickend blieb Paser die Antwort schuldig.

»Meine beste Schülerin ist zum Ziel gelangt.«

»Neferet?«

»In Sais wie in Theben ist sie erfolgreich aus den Prüfungen hervorgegangen.«

»Dann ist sie nun Ärztin.«

»Zu unserer allergrößten Freude, in der Tat.«

»Wo wird sie ausüben?«

»Zunächst in Memphis; ich habe sie für morgen abend zu einem bescheidenen Festmahl geladen, um ihren Erfolg zu begehen. Wirst du zu unserer Runde gehören?«

*

Denes ließ sich vor Richter Pasers Amtszimmer absetzen; die herrliche, blau und rot bemalte Sänfte hatte alle Blicke auf sich gezogen. Die Unterredung, die sich – so heikel sie auch werden mochte – ankündigte, würde vielleicht weniger beschwerlich werden als der jüngste Zusammenstoß mit seiner Gattin. Nenophar hatte ihren Ehemann einen Unfähigen, einen engstirnigen Geist und einen Spatzenkopf[1] gescholten; ob seine Einflußnahme beim Ältesten der Vorhalle sich denn nicht als unnütz erwiesen habe? Im Sturm die Stirne bietend, hatte Denes sich zu rechtfertigen gesucht: Für gewöhnlich laufe ein derartiger Schritt auf einen vollen Erfolg hinaus. Weshalb habe der alte Gerichtsbeamte ihn denn diesmal nicht angehört? Nicht allein, daß er den niederen Richter nicht versetze, er erlaube diesem auch noch, ihm, Denes, eine Ladung in gebührender Form wie irgendeinem beliebigen Einwohner von Memphis zu schicken! Wegen Denes' Mangel an Scharfblick sähen er und seine Gemahlin

---

[1] Wegen seiner fortwährenden Unruhe und seiner scharenweisen Vermehrung wurde der Spatz als eines der Sinnbilder des Schlechten betrachtet.

sich in den Rang von Verdächtigen herabgesetzt und der rachgierigen Verfolgung eines Amtmannes ohne Zukunft unterworfen, der aus dem hintersten Winkel mit der Absicht gekommen sei, dem Buchstaben des Gesetzes Geltung zu verschaffen. Da der Warenbeförderer sich derart glänzend bei geschäftlichen Besprechungen zeige, solle er Paser nun betören und den Rechtsgang aufhalten. Das große Herrenhaus hatte lange von Nenophars scharfer Stimme geschallt, die Verdruß nur schlecht ertrug. Schlechte Nachrichten schadeten ihrer Haut.

Wind des Nordens versperrte den Durchgang. Da Denes ihn mit einem Ellbogenstoß zur Seite drängen wollte, bleckte der Esel die Zähne. Der Warenbeförderer wich zurück.

»Entfernt dieses Vieh von meinem Weg!« forderte er.

Der Gerichtsschreiber Iarrot trat aus der Amtsstube und zog den Vierfüßer am Schwanz; da Wind des Nordens jedoch nur Pasers Stimme gehorchte, ging Denes in weitem Bogen an dem Esel vorbei, um seine kostspieligen Gewänder nicht zu besudeln.

Paser war über einen Papyrus gebeugt.

»Setzt Euch doch bitte.«

Denes suchte nach einem Sitz, doch offensichtlich war ihm keiner genehm.

»Gebt zu, Richter Paser, daß ich mich versöhnlich zeige, indem ich Ihrer Ladung Folge leiste.«

»Ihr hattet keine andere Wahl.«

»Ist die Anwesenheit einer dritten Person unerläßlich?«

Iarrot stand auf, um sich bereitwillig davonzumachen.

»Ich würde gerne heimgehen. Meine Tochter ...«

»Gerichtsschreiber, Ihr werdet Aufzeichnungen machen, wenn ich es Euch sage.«

Iarrot drückte sich in einen Winkel des Raumes, in der Hoffnung, seine Gegenwart vergessen zu lassen. Denes würde sich nicht auf diese Weise behandeln lassen, ohne etwas zu unternehmen. Falls er gegen den Richter Vergeltungsmaßnahmen ergriffe, würde der Gerichtsdiener in den Sturm mitgerissen werden.

»Ich bin sehr beschäftigt, Richter Paser; Ihr standet nicht im Verzeichnis der Unterredungen, die ich heute gewähren wollte.«

»Ihr standet in meinem, Denes.«

»Wir sollten nicht wie Feinde miteinander verfahren; Ihr müßt einen kleinen behördlichen Streitpunkt in Ordnung bringen, und ich muß mich dessen schnellstmöglich entledigen. Weshalb uns nicht verständigen?«

Der Ton wurde verbindlicher; Denes wußte sich seinen Mitmenschen im Gespräch verständlich zu machen und ihnen zu schmeicheln. Wenn ihre Aufmerksamkeit nachließ, setzte er dann den entscheidenden Stoß.

»Ihr geratet auf Abwege, Denes.«

»Verzeihung?«

»Wir unterhalten uns nicht über einen geschäftlichen Vergleich.«

»Laßt mich Euch eine lehrhafte Geschichte erzählen: Ein Zicklein brach aus der Herde aus, in der es sicher war; ein Wolf bedrohte es. Als es sah, wie sich dessen Maul öffnete, erklärte es: ›Herr Wolf, ich werde zweifellos ein Festschmaus für Euch sein, doch bedenkt, ich bin imstande, Euch zuvor zu zerstreuen. Ich kann zum Beispiel tanzen. Ihr glaubt mir nicht? Spielt auf der Flöte, und Ihr werdet sehen.‹ Zu Scherzen aufgelegt, willigte der Wolf ein. Mit seinem Tanz warnte das Zicklein die Hunde, die auf den Wolf einstürmten und ihn in die Flucht trieben. Das Raubtier nahm seine Niederlage hin; ich bin ein Jäger, dachte es, und ich habe den Musiker spielen wollen. Ich bin selbst schuld.«[1]

»Wie lautet die Lehre Eurer Erzählung?«

»Jeder soll an seinem Platze bleiben. Wenn man eine Rolle spielen will, auf die man sich nicht gut versteht, läuft man Gefahr, einen falschen Schritt zu tun und ihn bitter zu bereuen.«

---

[1] Diese Fabel ist ein Klassiker. Äsop schöpfte seine Inspiration aus den ägyptischen Fabeln, an deren Überlieferung auch La Fontaines Meisterwerke anknüpften.

»Ihr beeindruckt mich.«

»Das beglückt mich; werden wir es dabei bewenden lassen?«

»Auf dem Gebiet der Märchen, ja.«

»Ihr seid verständnisvoller, als ich es mir vorstellte; Ihr werdet nicht lange in diesem armseligen Amtszimmer verkümmern. Der Älteste der Vorhalle ist ein ausgezeichneter Freund. Wenn er erfährt, daß Ihr die Lage mit Feingefühl und Klugheit einzuschätzen wußtet, wird er bei einem gewichtigeren Amt an Euch denken. Falls er mich um meine Meinung bittet, wird diese sehr gewogen ausfallen.«

»Es ist erquicklich, Freunde zu haben.«

»In Memphis sind sie unerläßlich; Ihr seid auf gutem Wege.«

Nenophars Zorn war unberechtigt; sie hatte befürchtet, Paser könnte sich von all den anderen abheben, und sie hatte sich getäuscht. Denes kannte Seinesgleichen gut; mit Ausnahme einiger in den Tempeln zurückgezogener Priester besaßen sie kein anderes Ziel als die Befriedigung ihrer Belange.

Der Warenbeförderer kehrte dem Richter den Rücken zu und schickte sich an hinauszugehen.

»Wohin wollt Ihr?«

»Ein Schiff begrüßen, das aus dem Süden eintrifft.«

»Wir haben noch nicht ganz geendet.«

Der Geschäftsmann wandte sich um.

»Dies hier sind die wesentlichen Anklagepunkte: Erhebung einer unbilligen Gebühr und einer vom PHARAO nicht verordneten Steuer. Die Buße wird beträchtlich sein.«

Denes wurde weiß vor Wut; seine Stimme zischte.

»Seid Ihr irrsinnig geworden?«

»Haltet fest, Gerichtsschreiber: Beleidigung eines Amtmannes.«

Der Warenbeförderer stürzte sich auf Iarrot, entriß ihm die Tafel und zerstampfte sie mit einem wütenden Fußtritt.

»Du, verhalte dich ruhig!«

»Zerstörung von Eigentum der Gerichtsbehörde«, bemerkte Paser. »Ihr verschlimmert Euren Fall.«

»Es genügt!«

»Ich übergebe Euch diesen Papyrus; Ihr werdet darauf die rechtlichen Einzelheiten und die Höhe der Buße finden. Werdet nicht rückfällig, sonst wird bald ein Eintrag auf Euren Namen in den Verzeichnissen des Großen Gefängnisses stehen.«

»Ihr seid nur ein Zicklein, und Ihr werdet gefressen werden!«

»In der Geschichte ist es der Wolf, der besiegt wird.«

Als Denes das Amtszimmer durchschritt, versteckte sich der Gerichtsschreiber Iarrot hinter einer Holztruhe.

*

Branir beendete die Zubereitung einer erlesenen Speise. Er hatte bereits die Eier der bei einem der besten Fischhändler von Memphis erworbenen Meeräschen[1] entnommen und wusch sie nun, wie es die Vorschrift gebot, in leicht gesalzenem Wasser, um sie dann zwischen zwei Holzbrettchen auszudrücken und im Luftzug zu trocknen. Diese Rogenspeise würde köstlich werden. Zudem wollte er Ochsenrippen rösten und sie mit Saubohnenmus auftragen; Feigen und feines Backwerk würden das Mahl abrunden, ohne den aus dem Delta stammenden edlen Wein zu vergessen. Überall, im ganzen Haus, hingen Blumengebinde.

»Bin ich der erste?« fragte Paser.

»Hilf mir, die Schüsseln anzuordnen.«

»Ich habe Denes offen angegriffen; meine Anklageschrift ist hieb- und stichfest.«

»Wozu verurteilst du ihn?«

»Zu einer schweren Bußzahlung.«

»Du hast dir einen Feind von Rang gemacht.«

»Ich habe das Gesetz angewandt.«

»Sei vorsichtig.«

Paser hatte keine Zeit aufzubegehren; der Anblick Neferets ließ ihn Denes, den Gerichtsschreiber Iarrot, das Amtszimmer, seine Unterlagen vergessen.

---

[1] Großer Speisefisch; liefert den »ägyptischen Kaviar«.

In einem duftig-blaßblauen Trägergewand, das die Schultern frei ließ, die Augenlider mit grüner Farbe geschminkt, erleuchtete sie zart und beruhigend zugleich die Behausung ihres Gastgebers.

»Ich habe mich verspätet.«

»Im Gegenteil«, beruhigte Branir, »du hast uns Zeit gelassen, die Rogenspeise zu beenden. Der Bäcker hat mir soeben frisches Brot gebracht; wir können zu Tisch gehen.«

Neferet hatte eine Lotosblüte ins Haar gesteckt; völlig bezaubert, konnte Paser den Blick nicht von ihr abwenden.

»Dein Erfolg bereitet mir große Freude«, gestand Branir ein. »Da du nun Ärztin bist, schenke ich dir diesen Talisman. Er wird dich schützen, wie er mich geschützt hat; behalte ihn immer bei dir.«

»Aber ... und Ihr selbst?«

»In meinem Alter haben die bösen Geister keine Macht mehr über mich.«

Um den Hals der jungen Frau legte er ein feines Goldkettchen, an dem ein prächtiger Türkis hing.

»Dieser Stein stammt aus den Gruben der Göttin Hathor, in der Wüste des Ostens; er bewahrt die Jugendlichkeit der Seele und die Freude des Herzens.«

Neferet verneigte sich vor ihrem Lehrmeister, die Hände zum Zeichen der Verehrung zusammengelegt.

»Ich würde Euch ebenfalls gerne beglückwünschen«, sagte Paser, »doch ich weiß nicht wie ...«

»Eure Absicht allein genügt mir«, versicherte sie lächelnd.

»Ich lege gleichwohl Wert darauf, Euch ein bescheidenes Geschenk zu machen.«

Paser reichte ihr ein Schmuckband mit farbigen Perlen. Neferet zog ihre rechte Sandale aus, streifte das Geschmeide über ihren nackten Fuß und zierte damit ihre Fessel.

»Dank Euch fühle ich mich nun hübscher.«

Diese wenigen Worte flößten dem Richter eine jähe Hoffnung ein; zum ersten Mal hatte er den Eindruck, sie bemerkte seine Gegenwart wirklich.

Das Festmahl verlief herzlich. Entspannt berichtete Neferet

ausführlich von all jenen Punkten ihres schweren Ganges, welche die Geheime Einsetzung nicht betrafen; Branir versicherte ihr, daß sich nichts geändert hatte. Paser aß kaum etwas, verschlang Neferet dafür mit den Augen und trank ihre Worte. In Gesellschaft seines Meisters und der jungen Frau, die er liebte, verlebte er einen Abend des Glücks, den Blitze der Bangigkeit durchzuckten; würde Neferet ihn zurückstoßen?

*

Während der Richter arbeitete, führte Sethi den Esel und den Hund aus, widmete sich der Besitzerin des Hühnerhofes, stürzte sich in neue, recht vielversprechende Eroberungen und kostete das rege Leben von Memphis aus. Er war rücksichtsvoll und fiel seinem Freund kaum lästig; seit ihrer Begegnung hatte er nicht ein einziges Mal bei ihm genächtigt. Allein in einem Punkt hatte Paser sich unnachgiebig gezeigt; vom Erfolg seiner »Spanferkel-Unternehmung« berauscht, hatte Sethi den Wunsch geäußert, diese zu wiederholen. Der Richter hatte sich dem entschieden widersetzt. Da seine Geliebte sich als großmütig erwies, hatte Sethi nicht weiter darauf beharrt.
Der Pavian stand unversehens in der Tür. Beinah so groß wie ein Mann, hatte er den Kopf eines Hundes und die Reißzähne einer großen Raubkatze. Arme, Beine und Bauch waren weiß, wogegen ein rötlich getöntes Fell seine Schultern und seinen Brustkorb bedeckte. Hinter ihm stand Kem der Nubier.
»Da seid Ihr ja endlich!«
»Die Nachforschungen waren lang und schwierig. Ist Iarrot ausgegangen?«
»Seine Tochter ist krank. Was habt Ihr aufgelesen?«
»Nichts!«
»Wie das, nichts? Das ist doch unwahrscheinlich!«
Der Nubier betastete seine hölzerne Nase, als wollte er sich vergewissern, daß sie am rechten Platz war.
»Ich habe meine besten Gewährsleute befragt. Nicht ein Hinweis über das Schicksal des Oberaufsehers des Sphinx! Man gibt mir zu verstehen, mich an den Vorsteher der

Ordnungskräfte zu wenden, so als ob irgendeine höhere Weisung mit allergrößter Strenge befolgt würde.«

»Dann werde ich diesen hohen Mann aufsuchen.«

»Davon rate ich Euch ab; er mag Richter nicht.«

»Ich werde zusehen, mich liebenswert zu zeigen.«

*

Monthmose, der Vorsteher der Ordnungskräfte, besaß zwei Herrenhäuser: eines in Memphis, wo er die meiste Zeit verbrachte, das andere in Theben. Klein und fett, wie er war, und mit seinem runden Gesicht, flößte er Vertrauen ein; doch die spitze Nase und die näselnde Stimme straften das gutmütige Äußere Lügen. Der Junggeselle Monthmose hatte seit seiner frühesten Jugend einzig und allein seine Laufbahn und Ehren im Blick gehabt; das Glück hatte ihn begünstigt, indem es ihn mit einer Folge gelegener Todesfälle beschenkte. So hatte einst, während er noch mit der Aufsicht der Kanäle betraut gewesen war, sich der Verantwortliche für Ordnung und Sicherheit seines Bezirks bei einem Sturz von der Leiter den Hals gebrochen; ohne besondere Eignung, doch eilfertig bei der Bewerbung, hatte Monthmose die Stelle erhalten. Da er sich bestens darauf verstand, aus der Arbeit seines Vorgängers Nutzen zu ziehen, hatte er sich rasch einen ausgezeichneten Ruf geschaffen. Manch einer hätte sich mit dieser Beförderung zufriedengegeben, doch ihn zerfraß der Ehrgeiz; weshalb nicht nach der Leitung der Ordnungskräfte des Nils trachten? Leider befand sich damals an deren Spitze ein junger und rühriger Mann. Neben ihm hatte Monthmose eine blasse Erscheinung abgegeben. Doch der hinderliche Beamte war schließlich bei einer alltäglichen Maßnahme in den Fluten umgekommen und hatte Monthmose das Feld überlassen, der, von seinen zahlreichen Verbindungen gestützt, alsogleich seine Anwartschaft eingereicht hatte. An Stelle von zwar ernsthafteren, doch weniger wendigen Mitbewerbern erwählt, hatte er auch dort seine erfolgreiche Vorgehensweise angewandt: sich die Anstrengungen anderer einzuverleiben und einen persönlichen Vorteil aus diesen zu ziehen. Bereits hochgestellt in der Hierarchie, wäre deren von ihm erträumter Gipfel ihm wahrscheinlich ganz und gar unerreichbar geblieben, da der Vorsteher der Ordnungskräfte, ein Mann im allerbesten Alter von überquellendem Tätigkeitsdrang, nur Erfolge verbucht hatte. Dessen einziges Mißgeschick indes sollte der Unfall eines Streitwagens werden, bei dem er, unter den Rädern zermalmt, zu Tode kam. Monthmose hatte sich sofort trotz allbekannter Widersacher um das Amt bemüht; in besonderem Maße gewandt darin, sich ins rechte Licht zu rücken und seine Dienstjahre geltend zu machen, hatte er endlich den Sieg davongetragen.

Jetzt, da er an der Spitze der Pyramide stand, kümmerte sich Monthmose vor allem darum, dort zu verbleiben; deshalb umgab er sich auch mit Mittelmäßigen, die ihn zu verdrängen außerstande waren. Sobald er eine starke Persönlichkeit gewahrte, schob er sie beiseite. Im dunkeln wirken, die Menschen beeinflussen und lenken, ohne daß sie es merkten, Ränke schmieden, waren seine liebsten Zeitvertreibe.

Er prüfte gerade die Ernennungen zu den Ordnungskräften der Wüste, als sein Verwalter ihn vom Besuch des Richters Paser benachrichtigte. Gewöhnlich schickte Monthmose die niederen Gerichtsbeamten zu seinen Untergebenen zurück; dieser jedoch erregte seine Neugierde. Hatte er nicht soeben Denes einen Hieb versetzt, dessen Vermögen ihm doch erlaubte, jeden beliebigen zu bestechen? Der junge Richter würde bald, als Opfer seines Wunschdenkens, zusammenbrechen, doch vielleicht könnte Monthmose sich seine Umtriebe zunutze machen. Daß er die Kühnheit besaß, ihn zu belästigen, bewies hinreichend seine Entschlossenheit.

Der Vorsteher der Ordnungskräfte begrüßte Paser in einem Raum seines Herrenhauses, in welchem er seine Ehrenzeichen, Goldpektorale, Halbedelsteine und Würdenstäbe von vergoldetem Holz ausstellte.

»Ich danke Euch, mich empfangen zu wollen.«

»Ich bin ein ergebener Gehilfe des Rechts; gefällt es Euch in Memphis?«

»Ich muß mich mit Euch über eine befremdliche Angelegenheit besprechen.«

Monthmose ließ Bier von allererster Güte auftragen und befahl seinem Verwalter, ihn nicht mehr zu stören.

»Erklärt Euch.«

»Es ist mir unmöglich, eine Versetzung zu bestätigen, ohne zu wissen, was aus dem Betroffenen geworden ist.«

»Das liegt auf der Hand; um wen handelt es sich?«

»Um den ehemaligen Oberaufseher des Sphinx von Gizeh.«

»Ein Ehrenamt, wenn ich nicht fehlgehe? Man behält es Altgedienten vor.«

»In diesem besonderen Fall ist dieser Altgediente versetzt worden.«

»Hat er sich etwa ein ernstes Vergehen zuschulden kommen lassen?«

»Meine Unterlage läßt dies unerwähnt. Darüber hinaus ist der Mann genötigt worden, seine Dienstunterkunft zu verlassen und im ärmsten Viertel der Stadt Zuflucht zu nehmen.«

Monthmose wirkte verdrossen.

»Befremdlich, in der Tat.«

»Es gibt Ernsteres noch: Seine Gattin, die ich befragt habe, behauptet, ihr Gemahl sei tot. Doch sie hat den Leichnam nie gesehen und weiß nicht, wo er bestattet ist.«

»Weshalb ist sie von seinem Ableben überzeugt?«

»Krieger haben ihr die traurige Nachricht überbracht; sie haben ihr ebenfalls befohlen zu schweigen, sofern sie Wert darauf lege, einen Ruhesold zu erhalten.«

Der Vorsteher der Ordnungskräfte trank gemächlich einen Kelch Bier; er hatte erwartet, daß der Fall Denes zur Sprache käme, und entdeckte nun ein unerfreuliches Rätsel.

»Glänzende Nachforschungen, Richter Paser; Euer aufkeimender Ruhm besteht zu Recht.«

»Ich habe die Absicht fortzufahren.«

»Auf welche Weise?«

»Wir müssen den Leichnam wiederfinden und die Ursachen des Hinscheidens ermitteln.«

»Da habt Ihr nicht unrecht.«

»Eure Hilfe wird mir unerläßlich sein; da Ihr die Ordnungs-
hüter der Städte und Dörfer, die des Flusses und die der
Wüste leitet, könntet Ihr mir die Ermittlungen erleichtern.«
»Das ist leider unmöglich.«
»Ihr seht mich überrascht.«
»Eure Hinweise sind zu unbestimmt; außerdem stehen ein
Altgedienter und andere Krieger im Mittelpunkt dieser An-
gelegenheit. Mit anderen Worten, das Heer.«
»Darüber habe ich bereits nachgesonnen; aus diesem Grun-
de ersuche ich Euch um Euren Beistand. Wenn Ihr es seid,
der Erklärungen fordert, wird die Führung des Heeres ge-
zwungen sein zu antworten.«
»Die Lage ist vielschichtiger, als Ihr es Euch vorstellt; das
Heer ist auf seine Unabhängigkeit gegenüber den Ord-
nungskräften bedacht. Es liegt nicht in meiner Gewohnheit,
in den Bereich des Heereswesens einzugreifen.«
»Ihr kennt es indes gut.«
»Übertriebenes Gerede. Ich fürchte, Ihr begebt Euch auf
einen gefahrvollen Pfad.«
»Es ist mir unmöglich, einen Todesfall ungeklärt zu lassen.«
»Da pflichte ich Euch bei.«
»Was ratet Ihr mir?«
Monthmose dachte lange nach. Dieser junge Gerichtsbeam-
te wich nicht so leicht zurück; ihn insgeheim zu lenken, wäre
zweifelsohne nicht einfach. Andererseits vertiefte Nachfor-
schungen würden es Monthmose erlauben, seine Schwach-
punkte herauszufinden und sie geschickt zu nutzen.
»Wendet Euch an den Mann, der die Altgedienten in die
Ehrenämter berufen hat: den Heerführer Ascher.«

12. KAPITEL

Der Schattenfresser[1] bewegte sich wie eine Katze durch die Nacht. Völlig lautlos allen Hindernissen ausweichend, schlich er sich die Mauern entlang und verschmolz mit der Finsternis. Niemand konnte sich rühmen, ihn bemerkt zu haben. Und wer könnte ihn verdächtigen?

Das ärmste aller Viertel von Memphis war eingeschlummert. Hier fanden sich weder Türhüter noch Wächter wie vor den reichen Herrenhäusern. Der Mann verbarg sein Gesicht hinter einer Schakalmaske aus Holz[2] mit beweglichem Unterkiefer und drang in die Behausung der Gemahlin des Oberaufsehers des Sphinx.

Wenn er einen Befehl erhielt, führte er ihn widerspruchslos aus; zu lange schon war jedes Gefühl aus seinem Herzen verschwunden. Er, der menschliche Falke[3], tauchte aus der Dunkelheit hervor, aus der er seine Kraft schöpfte. Die alte Frau fuhr aus dem Schlaf auf; der Anblick des Grauens nahm ihr den Atem. Sie stieß einen markerschütternden Schrei aus und sank tot zusammen. Der Töter hatte nicht einmal eine Waffe gebrauchen und sein Verbrechen verschleiern müssen. Die Schwatzbase würde nicht mehr reden.

*

Der Heerführer Ascher hieb dem Anwärter mit der Faust in den Rücken; der Krieger brach im staubigen Hof der Kaserne zusammen.

[1] Wörtliche Übersetzung des ägyptischen Ausdrucks für »Mörder«.
[2] Typus der von den Priestern getragenen Masken, die bei den Ritualen die Götterrollen verkörperten.
[3] Ägyptischer Ausdruck, der unserem »Werwolf« gleichkommt.

»Weichlinge verdienen kein besseres Geschick.«

Ein Bogenschütze trat aus den Reihen.

»Er hatte keinen Fehler begangen, Heerführer.«

»Du, du redest zuviel; verlaß augenblicklich die Übung. Fünfzehn Tage verschärfte Haft und ein langer Aufenthalt in der Feste des Südens werden dich Zucht und Gehorsam lehren.«

Der Heerführer befahl der Schar einen einstündigen Lauf mit Bogen, Köchern, Schilden und Vorratsbeuteln; falls sie ins Feld zögen, würden ihnen rauhere Bedingungen begegnen. Wenn einer der Krieger erschöpft innehielt, zog er ihn an den Haaren und zwang ihn, sich schnellstens wieder einzugliedern. Die Rückfälligen sollten im Kerker verkümmern.

Ascher hatte genügend Erfahrung, um zu wissen, daß allein eine unerbittliche Ausbildung zum Sieg führte; jedes durchgestandene Leiden, jede beherrschte Bewegung verschaffte dem Streiter eine zusätzliche Aussicht zu überleben. Nach einer reichlich erfüllten Laufbahn auf den Schlachtfeldern Asiens war Ascher, ein Held aufsehenerregender Großtaten, zum Verwalter der Pferde, Vorsteher der Jungkrieger und Ausbilder in der Hauptkaserne von Memphis ernannt worden. Mit grimmigem Vergnügen huldigte er diesem Amt ein letztes Mal; seine neuerliche Ernennung, die am Vortag öffentlich bekanntgemacht worden war, würde ihn in Zukunft von dieser Mühsal befreien. In seiner Eigenschaft als PHARAOS Abgesandter für fremde Länder würde er die königlichen Befehle den an den Grenzen aufgestellten Sonderverbänden übermitteln, könnte Seiner Hoheit als Wagenlenker dienen und die Stellung des Bannerträgers zu dessen Rechten einnehmen.

Ascher war kleingewachsen und besaß ein unangenehmes Äußeres: kurzgeschorenes Haupthaar, mit schwarzen starren Haaren bedeckte Schultern, breiter Brustkorb, kurze muskulöse Beine. Eine Narbe lief quer über seine Brust, von der Schulter bis zum Nabel, das Andenken einer Klinge, die ihm fast das Leben verkürzt hätte. Von einem nicht zu ersticken-

115

den Gelächter geschüttelt, hatte er seinen damaligen Angreifer mit bloßen Händen erwürgt. Sein von Falten zerfurchtes Gesicht glich dem eines Nagetiers.

Nach diesem allerletzten Morgen in seiner bevorzugten Kaserne dachte Ascher bereits an das zu seinen Ehren ausgerichtete Festmahl. Er wandte sich gerade zu den Schwallbadsälen, als ein Verbindungsoffizier ihn mit aller gebührenden Höflichkeit ansprach.

»Verzeiht mir, Euch zu belästigen, Heerführer; ein Richter wünscht Euch zu sprechen.«

»Wer ist es?«

»Nie gesehen.«

»Weist ihn höflich ab.«

»Er gibt vor, es sei dringend und ernst.«

»Der Grund?«

»Vertraulich. Betrifft nur Euch.«

»Führt ihn her.«

Paser wurde in die Mitte des Hofes gebracht, wo der Heerführer, die Hände hinterm Rücken verschränkt, breitbeinig seiner harrte. Zu seiner Linken ertüchtigten sich Jungkrieger bei Kräftigungsübungen; zu seiner Rechten wurde Bogenschießen erlernt.

»Euer Name?«

»Paser.«

»Ich verabscheue Richter.«

»Was werft ihr ihnen vor?«

»Sie stöbern überall herum.«

»Ich untersuche eine Vermißtenangelegenheit.«

»Ausgeschlossen bei den Verbänden, die unter meinem Befehl stehen.«

»Selbst bei der Ehrenwache des Sphinx?«

»Heer bleibt Heer, selbst wenn es sich um seine Altgedienten kümmert. Die Bewachung des Sphinx ist ohne Fehl erfüllt worden.«

»Seiner Gattin zufolge soll der ehemalige Oberaufseher tot sein; gleichwohl verlangt die Führung von mir, seine Versetzung von Rechts wegen zu bestätigen.«

»Nun denn, bestätigt sie! Man ficht die Weisungen der Führung nicht an.«

»In dem vorliegenden Fall doch.«

Der Heerführer brüllte auf.

»Ihr seid jung und unerfahren. Macht Euch davon.«

»Ich stehe nicht unter Eurem Befehl, Heerführer, und ich will die Wahrheit über diesen Oberaufseher wissen. Ihr wart es doch, der ihn in diese Stellung berufen hat?«

»Gebt gut acht, kleiner Richter: Man belästigt Heerführer Ascher nicht!«

»Ihr steht nicht über dem Gesetz.«

»Ihr wißt nicht, wer ich bin. Ein falscher Schritt mehr, und ich zerquetsche Euch wie Ungeziefer.«

Ascher ließ Paser mitten auf dem Hof zurück. Seine heftige Regung überraschte den Richter; weshalb führte er sich so auf, wenn er sich doch nichts vorzuwerfen hatte?

Als Paser darauf durch die Pforte der Kaserne schritt, rief der mit Strafhaft belegte Bogenschütze ihn an.

»Richter Paser ...«

»Was wollt Ihr?«

»Vielleicht kann ich Euch helfen; wonach sucht Ihr?«

»Ich benötige Auskünfte über den ehemaligen Oberaufseher des Sphinx.«

»Seine Dienstunterlagen sind in der Schriftenkammer der Kaserne abgelegt; folgt mir.«

»Weshalb tut Ihr das?«

»Falls Ihr einen belastenden Hinweis gegen Ascher findet, werdet Ihr ihn dann anklagen?«

»Ohne Zögern.«

»Dann kommt. Der Schriftenverwahrer ist ein Freund; auch er haßt den Heerführer.«

Der Bogenschütze und der Schriftenverwahrer führten ein kurzes Zwiegespräch.

»Um in die Schriftenkammer der Kaserne Einsicht nehmen zu können«, merkte letzterer an, »bräuchtet Ihr eine Erlaubnis vom Amt des Wesirs. Ich entferne mich für eine Viertelstunde, um mir mein Mahl im Haus der Speisung holen zu gehen. Falls Ihr noch im Raum seid, wenn ich zurückkehre, werde ich gezwungen sein, Meldung zu machen.«

Fünf Minuten waren nötig, um die Ablageordnung zu verstehen, drei weitere, um Hand an die richtige Papyrusrolle zu legen, der Rest der Zeit, um das Schriftstück zu lesen, es sich einzuprägen, wieder einzuordnen und zu verschwinden.

*

Die Laufbahn des Oberaufsehers war beispielhaft: Nicht der geringste Schatten lag darauf. Der Schluß des Papyrus bot eine beachtenswerte Kunde: Der Altgediente führte eine Rotte von vier Mann an; die beiden Ältesten waren zu beiden Seiten des Sphinx und die beiden anderen am Fuße des großen zur Pyramide des Chephren führenden Aufwegs außerhalb der Umfriedung aufgestellt worden. Da er ihre Namen kannte, würde ihre Befragung ihn wahrscheinlich der Lösung des Rätsels näherbringen.

Erschüttert trat Kem ins Amtszimmer.

»Sie ist tot.«

»Von wem redet Ihr?«

»Von der Witwe des Wächters. Ich habe heute morgen einen Rundgang durch das Viertel gemacht; Töter hat etwas Ungewöhnliches bemerkt. Die Haustür stand einen Spalt offen. Ich habe die Leiche entdeckt.«

»Spuren von Gewalt?«

»Nicht die geringsten. Sie ist dem Alter und dem Kummer erlegen.«

Paser forderte seinen Gerichtsschreiber auf, sich zu versichern, daß das Heer sich um die Bestattung kümmern würde; falls dem nicht so wäre, wollte der Richter selbst für die Kosten aufkommen. Hatte er, ohne für das Hinscheiden der armen Frau verantwortlich zu sein, nicht ihre letzten Tage betrübt?

»Seid Ihr weitergekommen?« fragte Kem.

»In entscheidender Weise, hoffe ich; allerdings hat Heerführer Ascher mir kaum geholfen. Hier habt Ihr die vier Namen

118

der unter dem Befehl des Oberaufsehers stehenden Altgedienten; ermittelt Ihren Aufenthaltsort.«
Der Gerichtsschreiber Iarrot traf in dem Augenblick ein, da
der Nubier aufbrach.
»Meine Frau setzt mir übel zu«, gestand Iarrot mit zer-
knirschtem Gesicht. »Gestern hat sie sich geweigert, das
Nachtmahl zuzubereiten! Wenn das so weitergeht, wird sie
mir ihr Lager verbieten. Zum Glück tanzt meine Tochter
zusehends besser.«
Schmollend und brummig begann er, die Tontafeln wider-
willig zu ordnen.
»Beinahe hätte ich es vergessen ... ich habe mich mit den
Handwerkern befaßt, die in der Werft arbeiten möchten. Ein
einziger beunruhigt mich.«
»Ein Straftäter?«
»Jemand, der in einen Schleichhandel mit Amuletten ver-
wickelt war.«
»Frühere Vorfälle?«
Iarrot setzte eine zufriedene Miene auf.
»Sie dürften Eure Aufmerksamkeit wecken. Er übte bisweilen
den Beruf eines Schreiners aus; er wurde als Verwalter auf
den Ländereien des Zahnheilkundlers Qadasch beschäftigt.«

*

In Qadaschs Wartezimmer, in das er nicht ohne Schwierigkeit vorgelassen worden war, saß Paser neben einem recht
verkrampften Mann von kleinem Wuchs. Sein schwarzes,
sorgfältig geschnittenes Haupt- und Schnurrbarthaar, seine
matte Haut und sein herbes längliches, von Muttermalen
übersätes Gesicht verliehen ihm ein düsteres und abweisen-
des Äußeres.
Der Richter grüßte ihn.
»Ein beschwerlicher Augenblick, nicht wahr?«
Der kleine Mann stimmte zu.
»Leidet Ihr sehr?«
Er antwortete mit einer ausweichenden Handbewegung.

119

»Mein erster bohrender Zahnschmerz«, gestand Paser. »Seid Ihr schon einmal von einem Zahnheilkundler behandelt worden?«

Qadasch erschien.

»Richter Paser! Solltet Ihr leidend sein?«

»Leider, ja!«

»Kennt Ihr Scheschi?«

»Ich hatte noch nicht die Ehre.«

»Scheschi ist einer der glänzendsten Wissenschaftler des Palastes; auf dem Gebiet der Stoff- und Metallkunde kann ihm niemand etwas streitig machen. Deshalb gebe ich bei ihm Heilmittel und Füllungen in Auftrag; er ist übrigens gerade gekommen, um mir eine Neuigkeit anzubieten. Seid beruhigt, es wird nicht lange dauern.«

Trotz seiner Sprachhemmung hatte Qadasch sich etwas eilfertig gegeben, als ob er einen langjährigen Freund empfinge. Wenn besagter Scheschi weiterhin derart wortkarg bliebe, drohte seine Unterredung mit dem Praktiker kurz zu werden. In der Tat holte der Zahnheilkundler den Richter ungefähr zehn Minuten später ab.

»Setzt Euch in diesen Faltsessel und lehnt den Kopf zurück.«

»Er ist nicht gesprächig, Euer Forscher.«

»Ein eher verschlossenes Wesen, aber ein aufrichtiger Mensch, auf den man bauen kann. Was ist Euch geschehen?«

»Ein unbestimmter Schmerz.«

»Laßt uns das mal sehen.«

Qadasch bediente sich eines Spiegels und nutzte einen Sonnenstrahl, um Pasers Gebiß zu untersuchen.

»Habt Ihr bereits einen Berufsgenossen aufgesucht?«

»Einmal, in meinem Dorf. Einen fahrenden Zahnheilkundler.«

»Ich sehe eine winzige Zahnfäule. Ich werde den Zahn mit einer wirksamen Füllung festigen: Terebinthenharz[1], Nubische Erde, Honig, Mühlsteinsplitter, grüner Augentrost und

---

[1] Die Terebinthe oder Terpentin-Pinie ist eine Pistazie, deren Harz in der Medizin und zu rituellen Rezepturen verwendet wurde.

Kupferteilchen. Falls er wackelt, werde ich ihn mit einem feinen Golddraht an dem benachbarten Backenzahn befestigen ... Nein, das wird nicht notwendig sein. Ihr habt ein gesundes und kräftiges Gebiß. Hingegen solltet Ihr auf Euer Zahnfleisch achten. Gegen den Eiterfluß verordne ich Euch eine Mundspülung aus Koloquinte, Gummi, Anis und eingeschnittenen Sykomorenfeigen; Ihr werdet sie eine ganze Nacht draußen lassen, damit sie sich mit Tau sättigt. Ebenso werdet Ihr Euer Zahnfleisch mit einem Brei aus Cinnamomum, Honig, Gummi und Öl einreiben. Und vergeßt nicht, häufig Sellerie zu kauen; er ist nicht allein eine belebende und den Hunger anregende Pflanze, sondern stärkt auch noch die Zähne. Doch laßt uns nun ernsthaft miteinander reden; Euer Zustand erforderte keine dringende Behandlung. Weshalb wünschtet Ihr mich ohne Verzug zu sehen?«

Glücklich, den verschiedenen Gerätschaften zu entgehen, deren sich der Zahnheilkundler üblicherweise bediente, stand Paser auf.

»Euer Verwalter.«

»Ich habe diesen Unfähigen entlassen.«

»Ich wollte über den vorherigen sprechen.«

Qadasch wusch sich die Hände.

»An den erinnere ich mich nicht mehr.«

»Strengt bitte Euer Gedächtnis an.«

»Nein, wahrlich ...«

»Seid Ihr Sammler von Amuletten[1]?«

Obgleich mit aller Sorgfalt gereinigt, blieben die Hände des Zahnheilkundlers rot.

»Ich besitze einige davon, wie ein jeder von uns, doch ich messe ihnen kaum Bedeutung bei.«

»Die schönsten haben einen großen Wert.«

»Ohne Zweifel ...«

---

[1] Figurinen, zumeist aus Keramik, die Gottheiten, Symbole wie das Lebenskreuz (Anch oder Ankh), das Herz usw. darstellten. Die Ägypter trugen sie mit Vorliebe, um sich vor schädlichen Kräften zu schützen.

»Euer ehemaliger Verwalter besaß eine Vorliebe für sie; er hat sogar einige schöne Stücke gestohlen. Daher meine Besorgnis: Solltet Ihr sein Opfer gewesen sein?«

»Es gibt mehr und mehr Diebe, da es mehr und mehr Fremde in Memphis gibt. Bald wird diese Stadt nicht mehr ägyptisch sein. Mit seinem besessenen Drang nach Rechtschaffenheit ist der Wesir Bagi der eigentliche Verantwortliche. PHARAO hat derart großes Vertrauen in ihn, daß niemand ihn zu tadeln wagt. Und Ihr noch weniger als alle anderen, da er Euer Gebieter ist. Zum Glück erspart Euch Euer niederer Rang in der Verwaltung, ihm zu begegnen.«

»Ist er so furchterregend?«

»Unerbittlich; die Richter, die dies vergessen haben, wurden abgesetzt, weil sie allesamt Verfehlungen begangen hatten. Indem er es ablehnt, die Fremden unter dem Vorwand der Gerechtigkeit auszuweisen, verdirbt der Wesir das Land. Habt Ihr meinen ehemaligen Verwalter verhaftet?«

»Er versuchte, sich in der Werft einstellen zu lassen, aber eine der üblichen Überprüfungen hat seine Vergangenheit ans Licht gebracht. Eine in Wahrheit traurige Geschichte; er veräußerte in einer Werkstatt entwendete Amulette, ist angezeigt und von seinem Nachfolger, den Ihr ausgewählt habt, fortgejagt worden.«

»In wessen Auftrag hat er gestohlen?«

»Das ist mir nicht bekannt. Wenn ich Zeit hätte, würde ich nachforschen; ich verfüge jedoch über keine Spur, und derart viele andere Dinge beschäftigen mich! Die Hauptsache ist, daß Ihr unter seiner Unverschämtheit nicht gelitten habt. Seid gedankt für Eure Bemühungen, Qadasch.«

*

Der Vorsteher der Ordnungskräfte hatte seine wichtigsten Gehilfen zu sich gerufen; diese Arbeitszusammenkunft sollte in keinem amtlichen Schriftstück erwähnt werden. Monthmose hatte ihre Berichte über den Richter Paser studiert.

»Kein verborgenes Laster, keine unstatthafte Leidenschaft, keine Geliebte, kein Netz von Verbindungen ... Ihr vermittelt mir das Bild eines Halbgottes! Eure Erkundigungen sind hohl.«

»Sein geistiger Vater, ein Mann namens Branir, wohnt in Memphis; Paser begibt sich häufig zu ihm.«

»Ein alter Arzt im Ruhestand ... harmlos und ohne Macht!«

»Er hatte einst Gehör bei Hofe«, wandte ein Ordnungshüter ein.

»Er hat es seit langer Zeit verloren«, spöttelte Monthmose.

»Kein Dasein ist frei von Schatten; das von Paser nicht mehr als andere!«

»Er widmet sich ganz seinem Beruf«, bekräftigte ein anderer Ordnungshüter, »und weicht vor Persönlichkeiten wie Denes und Qadasch nicht zurück.«

»Ein unbestechlicher und mutiger Richter: Wer soll an diese Mär glauben? Arbeitet ernsthafter und bringt mir wahrscheinlichere Auskünfte.«

Am Rand des Teiches, in dem er zu fischen liebte, hing Monthmose seinen Gedanken nach. Er verspürte das unangenehme Gefühl, eine ihm entgleitende Lage mit vagen Umrissen nicht in den Griff zu bekommen, und fürchtete, einen Fehler zu begehen, der seinen guten Ruf trüben könnte.

War Paser ein reiner, in den Sumpf von Memphis verirrter Tor oder aber ein Mann mit festen Grundsätzen außerhalb des Gewöhnlichen, der entschlossen war, unbeirrt und gerade seinen Weg zu gehen, ohne sich um Gefahren und Feinde zu sorgen?

In beiden Fällen war er zum Scheitern verurteilt.

Blieb noch eine dritte, äußerst besorgniserregende Möglichkeit: daß der kleine Richter Gesandter eines anderen wäre, eines abgefeimten Höflings an der Spitze einer Machenschaft, von der Paser lediglich das sichtbare Werkzeug wäre.

Voller Wut bei dem Gedanken, daß ein Unbesonnener es wagen könnte, ihn auf seinem eigenen Gebiet herauszufordern, rief Monthmose nach seinem Verwalter und befahl ihm, sein Pferd und seinen Wagen zu schirren. Eine Hasenjagd in der Wüste drängte sich geradezu auf; ein paar in Panik geratene Tiere zu töten, würde seine Nerven entspannen.

123

13. KAPITEL

Sethis rechte Hand glitt den Rücken seiner Geliebten hinauf, liebkoste ihren Hals, glitt wieder hinab und streichelte ihre Lenden.

»Mehr«, flehte sie.

Der junge Mann ließ sich nicht weiter bitten. Er liebte es, Lust zu spenden. Seine Hand wurde drängender.

»Nein ... ich will nicht!«

Sethi machte weiter, sanft und beharrlich wie eine Katze; er kannte die Vorlieben seiner Gefährtin und befriedigte sie ohne jede Zurückhaltung. Sie schien zu widerstreben, drehte sich dann um und öffnete sich, um ihren Liebhaber zu empfangen.

»Bist du froh mit deinem Hahn?«

»Die Hühner sind entzückt. Du bist ein Segen, mein Liebling.«

Vollauf beglückt bereitete die Besitzerin des Geflügelhofs darauf ein kräftiges Mahl und entrang ihm das Versprechen, anderntags wiederzukommen.

Bei Einbruch der Nacht, nachdem er zwei Stunden im Hafen, im Schatten eines Frachtschiffs, geschlafen hatte, begab sich Sethi zu Paser. Der Richter hatte die Lampen angezündet und schrieb im Schreibersitz, den Hund an seinem linken Bein. Wind des Nordens ließ Sethi durch, der ihn zum Dank streichelte.

»Ich fürchte, daß ich dich brauche«, sagte der Richter.

»Eine Liebesangelegenheit?«

»Recht unwahrscheinlich.«

»Es handelt sich aber doch nicht um verdeckte oder unerlaubte Maßnahmen?«

»Ich fürchte doch.«

124

»Gefährliche?«

»Wäre möglich.«

»Da bin ich gespannt. Kann ich mehr darüber erfahren, oder schickst du mich blind los?«

»Ich habe einem Zahnheilkundler namens Qadasch eine Falle gestellt.«

Sethi stieß einen bewunderungsvollen Pfiff aus.

»Eine Berühmtheit! Er behandelt nur Reiche. Wessen ist er schuldig?«

»Sein Verhalten befremdet mich. Ich hätte mich der Dienste meines nubischen Ordnungshüters bedienen sollen, aber der ist anderweitig beschäftigt.«

»Soll ich bei ihm einbrechen?«

»Was für ein Gedanke! Du sollst lediglich Qadasch folgen, sobald er sein Heim verläßt und sich sonderbar verhält.«

*

Sethi klomm in eine Persea hinauf, von der aus er die Eingangshalle von Qadaschs Herrenhaus und den Gesindeeingang überblickte. Dieser erholsame Abend mißfiel ihm nicht; endlich allein, würde er die Nachtluft und die Schönheit des Himmels genießen. Nachdem die Lampen gelöscht waren und Stille über dem großen Anwesen lag, schlich sich ein Schatten durch die Tür der Stallungen nach draußen. Der Mann hatte sich mit einem Mantel bekleidet; das weiße Haar und die Gestalt entsprachen denen des Zahnheilkundigen, so wie Paser ihn beschrieben hatte.

Die Verfolgung war leicht. Wenn er auch recht unruhig wirkte, ging Qadasch langsam und drehte sich nicht um. Er wandte sich in Richtung eines noch im Aufbau befindlichen Viertels. Alte baufällige Verwaltungsgebäude waren dort abgerissen worden; eine Anhäufung von Ziegeln versperrte die Straße. Der Zahnheilkundler umging einen Berg Trümmer und verschwand. Sethi kletterte hinauf, wobei er acht gab, keinen Stein herunterkullern zu lassen, der seine Anwesenheit verraten hätte. Oben angekommen, erspähte er ein

Feuer, um das sich drei Männer, darunter Qadasch, versammelt hatten.

Unversehens nahmen sie ihre Überwürfe ab und standen nackt da, mit Ausnahme eines ledernen Futterals, das ihren Penis verhüllte; in ihr Haar steckten sie drei Federn. Dann, ein kurzes Wurfholz[1] in jeder Hand, begannen sie zu tanzen und täuschten dabei vor, sich anzugreifen. Qadaschs jüngere Gefährten beugten mit einem Mal die Knie und sprangen hoch, indem sie einen unmenschlichen Schrei ausstießen. Wenn er auch gewisse Mühe hatte, dem Takt zu folgen, bekundete der Zahnheilkundige doch beachtliche Begeisterung.

Der Tanz dauerte mehr als eine Stunde an; plötzlich nahm einer der Mitwirkenden das Lederfutteral ab und zeigte, sogleich von seinen Freunden nachgeahmt, seine Männlichkeit vor. Da Qadasch Zeichen von Müdigkeit äußerte, gaben sie ihm Palmwein zu trinken und zogen ihn dann erneut in einen tollen Reigen hinein.

*

Paser hatte Sethis Bericht mit der allergrößten Aufmerksamkeit gelauscht.

»Sonderbar.«

»Du kennst die libyschen Bräuche nicht; diese Art von Feier ist ganz und gar bezeichnend.«

»Und ihr Zweck?«

»Männlichkeit, Fruchtbarkeit, Verführungskraft … Aus dem Tanz schöpfen sie neue Energien. Qadasch scheint diese jedoch nur schwer empfangen zu können.«

»Unser Zahnheilkundiger müßte sich demnach geschwächt fühlen.«

»Nach dem, was ich beobachtet habe, trifft das zu. Aber was ist ungesetzlich an seinem Verhalten?«

---

[1] Ähnlich dem Bumerang, verwandt mit den sogenannten Zauberstäben. *(Anm. d. Ü.)*

»Auf den ersten Blick nichts; aber er, der vorgibt, alle Fremden zu verabscheuen, vergißt keineswegs seine libyschen Wurzeln und vertieft sich in Bräuche, die die feine Gesellschaft, die seine Kundschaft ausmacht, heftig mißbilligen würde.«

»Bin ich denn wenigstens nützlich gewesen?«

»Unersetzlich.«

»Das nächste Mal, Richter Paser, laß mich einen Frauentanz auskundschaften.«

*

Voller Überzeugungskraft hatten Kem und der dienstbare Pavian Memphis und dessen Vorstädte in alle Richtungen durchstreift, um die vier Untergebenen des verschwundenen Oberaufsehers aufzufinden.

Der Nubier hatte den Aufbruch des Gerichtsschreibers abgewartet, um sich dann mit dem Richter zu besprechen; Iarrot machte keinen sonderlich vertrauenerweckenden Eindruck auf ihn. Als der große Affe in das Amtszimmer trat, flüchtete Brav sich unter den Stuhl seines Herrn.

»Schwierigkeiten, Kem?«

»Ich habe die Wohnorte herausbekommen.«

»Gewaltlos?«

»Nicht die leiseste Spur von Grobheit.«

»Ab morgen werden wir die vier Zeugen befragen.«

»Sie sind verschwunden.«

Verblüfft legte Paser seinen Pinsel nieder.

Er hatte sich nicht vorstellen können, den Deckel eines Kessels voller Rätsel anzuheben, nur weil er nicht so ohne weiteres ein gewöhnliches Verwaltungsschriftstück unterzeichnen wollte.

»Keinerlei Fährten?«

»Zwei sind fortgezogen, um im Delta zu leben, zwei leben im thebanischen Bezirk. Ich habe die Namen der Ortschaften.«

»Bereitet Euren Reisebeutel vor.«

*

Paser wollte den Abend bei seinem Lehrmeister verbringen.

Als er sich dorthin begab, hatte er das Gefühl, verfolgt zu werden; er verlangsamte den Schritt, drehte sich zwei- oder dreimal um, sah jedoch den Mann nicht, den er erahnt zu haben glaubte. Zweifelsohne hatte er sich getäuscht.

Jetzt saß er Branir auf der Terrasse der blumengeschmückten Behausung gegenüber, kostete das frische Bier und lauschte dem einschlummernden Atem der großen Stadt. Hier und da verrieten Lichter Nachtmenschen, die noch nicht schliefen, oder geschäftige Schreiber.

In Branirs Gegenwart hielt die Welt inne; Paser hätte diesen Augenblick gern wie ein Kleinod bewahrt, ihn zwischen seinen Händen festgehalten, um so zu verhindern, daß er sich in der Schwärze der Zeit auflöste.

»Hat Neferet ihre neue Bestallung erhalten?«

»Noch nicht, aber das steht unmittelbar bevor. Sie bewohnt eine Kammer in der Schule der Heilkunde.«

»Wer entscheidet darüber?«

»Eine Versammlung von Praktikern, die der Oberste Arzt Neb-Amun leitet. Neferet wird dazu berufen werden, ein eher leichtes Amt zu bekleiden; die Schwierigkeit ihrer Aufgaben wird dann mit der Erfahrung zunehmen. Du erscheinst mir noch immer so düster, Paser; man könnte schwören, du hättest deine Lebensfreude verloren.«

Paser faßte die Ereignisse zusammen.

»Viele verwirrende Zufälligkeiten, nicht wahr?«

»Was vermutest du?«

»Noch zu früh, um mich darüber zu äußern. Ein Verstoß ist begangen worden, das ist gewiß; doch welcher Art und von welchem Ausmaß? Ich bin besorgt, vielleicht ohne Grund; bisweilen zaudere ich fortzufahren, doch ich kann, so gering meine Verantwortlichkeit auch sein mag, den Vorgang nicht billigen, will ich mit meinem Gewissen in Einklang sein.«

»Das Herz entwirft die Vorhaben und leitet den Menschen;

was das Gemüt anbelangt, so hält es das Erreichte fest und bewahrt die Vorstellungen des Herzens.«[1]

»Mein Gemüt wird nicht schwach sein; was ich wahrgenommen habe, werde ich weiter erforschen.«

»Verliere nie das Glück Ägyptens aus den Augen, bekümmere dich nicht um dein Wohlbefinden. Wenn deine Handlung gerecht ist, wird es sich zusätzlich einstellen.«

»Wenn man das Verschwinden eines Menschen hinnimmt, ohne sich aufzulehnen, wenn ein amtliches Schriftstück einer Lüge gleichkommt, ist dann die Erhabenheit Ägyptens nicht bedroht?«

»Deine Befürchtungen sind begründet.«

»Wenn Euer Geist mit dem meinen ist, werde ich den schlimmsten Gefahren trotzen.«

»An Mut mangelt es dir nicht; werde scharfsichtiger und wisse manche Hindernisse zu meiden. Dich von vorn darauf zu stürzen, wird dir bloß Verletzungen einbringen. Umgehe sie, lerne, die Kraft des Gegners zu nutzen, sei biegsam wie das Schilf und geduldig wie der Granit.«

»Geduld ist nicht meine Stärke.«

»Bilde dich aus nach Art des Baumeisters, der einen Werkstoff gestaltet.«

»Ratet Ihr mir davon ab, ins Delta zu reisen?«

»Deine Entscheidung ist doch gefaßt.«

*

Hehr und prächtig in seinem bunt gesäumten Gewand von gefälteltem Leinen und mit seinen kunstvoll gepflegten Händen und Nägeln eröffnete Neb-Amun die Große Versammlung, die im Hauptsaal der Schule der Heilkunst von Memphis stattfand. Ein Dutzend namhafter Praktiker, von denen kein einziger in dem Ruf stand, für den Tod eines Kranken verantwortlich zu sein, sollten den jungen, gerade zugelasse-

---

[1] Branir gibt seinem Schüler die Worte der Weisen weiter, die in den »Weisheitslehren« in Form von Maximen gesammelt sind.

nen Ärzten ein erstes Amt anvertrauen. Für gewöhnlich gaben die Entscheidungen, von Wohlwollen geprägt, keinerlei Anlaß zu Anfechtungen. Auch diesmal würde die Aufgabe rasch erledigt sein.

»Schreiten wir nun zum Fall von Neferet«, verkündete ein Chirurg. »Lobende Bemerkungen von Memphis, Sais und Theben. Eine glänzende, ja gar außergewöhnliche Begabung.«

»Ja, aber eine Frau«, wandte Neb-Amun ein.

»Sie ist nicht die erste!«

»Neferet ist klug, das gestehe ich zu, doch es fehlt ihr an Tatkraft; die Erfahrung könnte ihre angelernten Kenntnisse in Stücke schmettern.«

»Sie hat an zahlreichen Übungen und Lehrgängen ohne Fehl teilgenommen«, erinnerte ein Arzt der allgemeinen Heilkunde.

»Diese Übungen stehen unter Aufsicht«, wies Neb-Amun katzenfreundlich hin, »wenn sie dem Kranken alleine gegenübersteht, wird sie dann nicht den Boden unter den Füßen verlieren? Ihre Widerstandskraft bereitet mir Sorge; ich frage mich, ob sie nicht fehlgegangen ist, als sie unserem Weg folgte.«

»Was schlagt Ihr vor?«

»Eine recht harte Prüfung und schwierige Kranke; falls sie die Lage meistert, werden wir uns dazu beglückwünschen. Im gegenteiligen Fall werden wir alles weitere erwägen.«

Ohne die Stimme zu erheben, erhielt Neb-Amun die Zustimmung seiner Standesgenossen. Er dachte Neferet die unangenehmste Überraschung ihrer beginnenden Laufbahn zu, sie würde daran zerbrechen, und er würde sie dann aus dem schwarzen Loch ihres Falles ziehen und sie, die dann voller Dankbarkeit und gefügig wäre, in den Schoß seines Stabes aufnehmen.

*

Niedergeschmettert zog Neferet sich zurück, damit niemand ihre Tränen sah.

Die größte Anstrengung vermochte sie nicht abzuschrecken; doch sie hätte niemals erwartet, die Verantwortung für ein Siechenhaus der Streitkräfte zu übernehmen, in dem die krank oder versehrt aus Asien heimkehrenden Krieger untergebracht waren. An die dreißig Männer waren auf Matten gebettet; die einen röchelten, andere waren dem Wahnsinn verfallen, wieder andere entleerten sich aller Säfte. Der für die Gesundheitsfürsorge der Kaserne Zuständige hatte der jungen Frau nicht die geringste Verhaltensmaßregel an die Hand gegeben und sich damit begnügt, sie einfach stehenzulassen. Er gehorchte nur den Befehlen.

Neferet faßte sich wieder. Was auch immer der Grund für diese böswillige Quälerei war, sie mußte doch ihre Pflicht tun und diese Unglücklichen pflegen. Nachdem sie die Arzneimittelkammer der Kaserne geprüft hatte, gewann sie wieder Vertrauen. Die dringendste Aufgabe bestand erst einmal darin, die heftigen Schmerzen zu lindern; daher zermahlte sie fleischige Mandragora-Wurzeln – eine Pflanze mit langen Blättern, grünlichen Blüten und gelbroten Früchten –, um aus ihnen einen sehr wirksamen Stoff zu gewinnen, der als Schmerz- und Betäubungsmittel zugleich diente. Dann vermischte sie Dillfenchel, Dattel- und Traubensaft und ließ alles in Wein verköcheln; während vier aufeinanderfolgenden Tagen würde sie diesen Heiltrunk den Kranken verabreichen.

Darauf rief sie einen jungen Krieger herbei, der gerade den Kasernenhof fegte.

»Du wirst mir helfen.«

»Ich? Aber ich ...«

»Du bist zum Krankenpfleger benannt.«

»Der Befehlshaber ...«

»Suche ihn auf der Stelle auf und sage ihm, daß dreißig Männer sterben werden, falls er mir deinen Beistand verweigert.«

Der Soldat fügte sich widerwillig; das grausame Spiel, dem beizuwohnen er genötigt sein würde, gefiel ihm nicht.

Als er das Krankenzimmer betrat, hätte der Offiziersanwärter beinahe die Besinnung verloren; Neferet sprach ihm Mut zu.

»Du wirst ihre Köpfe behutsam anheben, damit ich ihnen das Heilmittel einflößen kann; anschließend werden wir sie waschen und den Raum reinigen.«

Zu Anfang schloß er die Augen und hielt den Atem an; durch Neferets Ruhe gestärkt, vergaß der ungeübte Krankenpfleger jedoch allmählich seinen Ekel und konnte beglückt mit ansehen, daß der Trunk rasch wirkte. Röcheln und Schreie klangen ab; mehrere Krieger schliefen sogar ein.

Einer von ihnen klammerte sich an das rechte Bein der jungen Frau.

»Laßt mich los.«

»Sicher nicht, meine Schöne, eine solche Beute gibt man nicht preis. Ich werde dir Lust schenken.«

Der Krankenpfleger ließ den Kopf des Kranken los, der schwer auf den Boden fiel, und schlug ihn mit einem Fausthieb ohnmächtig; die Finger erschlafften, Neferet befreite sich.

»Danke.«

»Ihr ... Ihr habt keine Angst bekommen?«

»Doch, natürlich.«

»Wenn Ihr wollt, werde ich sie alle auf dieselbe Art betäuben!«

»Nur, wenn es nötig ist.«

»Woran leiden diese hier?«

»Ruhr.«

»Ist das ernst?«

»Ein Leiden, das ich kenne und das ich heilen kann.«

»In Asien trinken sie fauliges Wasser; ich, für meinen Teil, ziehe es vor, die Kaserne zu fegen.«

Sobald für peinliche Reinlichkeit gesorgt war, verordnete Neferet ihren Kranken Tränke auf der Grundlage von Koriander[1], um die Krämpfe zu besänftigen und die Gedärme

---

[1] Pflanze, deren getrocknete Früchte ein Gewürz liefert.

zu läutern. Dann zerrieb sie Granatwurzeln mit Bierhefe, seihte das Gemisch durch ein Leintuch, um es eine Nacht ruhen zu lassen. Auch die gelbe, mit Kernen von glänzendem Rot gefüllte Frucht spendete ein wirkungsvolles Heilmittel gegen Durchfall und Ruhr.

Neferet behandelte die akutesten Fälle mit einem aus Honig, vergorenen Schleimstoffen[1], Süßbier und Salz zusammengesetzten Einlauf, den sie mit einem kupfernen Horn, dessen feines Ende die Form eines Schnabels hatte, in den After verabreichte. Fünf Tage nachhaltiger Pflege erbrachten ausgezeichnete Ergebnisse. Kuhmilch und Honig, die einzigen zulässigen Nahrungsmittel, brachten die Kranken schließlich wieder auf die Beine.

*

Sechs Tage, nachdem Neferet ihr Amt angetreten hatte, besuchte der Oberste Arzt Neb-Amun in bester Laune die Gesundheitseinrichtungen der Kaserne. Er zeigte sich befriedigt und beendete seine Besichtigung mit dem Krankensaal, wo die während des letzten Asienfeldzugs von Ruhr heimgesuchten Krieger abgesondert worden waren. Am Ende ihrer Widerstandskraft und völlig erschöpft, würde die junge Frau ihn anflehen, ihr eine andere Stellung zu geben, und einwilligen, in seinem Stab zu arbeiten.

Ein Jungkrieger fegte die Schwelle des Siechensaals, dessen Tür weit offen stand; Durchzug läuterte den leeren und mit Kalk ausgestäubten Raum.

»Ich muß mich verlaufen haben«, sagte Neb-Amun zu dem Soldaten, »wißt Ihr, wo die Heilkundige Neferet arbeitet?«

»Im ersten Schreibzimmer zu Eurer Linken.«

Die junge Frau war gerade dabei, Namen auf einen Papyrus zu schreiben.

»Neferet! Wo befinden sich die Kranken?«

---

[1] Pflanzenschleim; pflanzliche Substanzen (wie etwa Gummi arabicum), die auch als Dickungsmittel verwendet werden.

»Auf dem Weg der Genesung.«

»Unmöglich.«

»Hier ist die Aufstellung der Siechen mit der jeweiligen Behandlungsart und dem Zeitpunkt ihrer Entlassung aus dem Krankensaal.«

»Aber wie ...«

»Ich danke Euch, mir diese Aufgabe anvertraut zu haben, die mir erlaubt hat, die Gültigkeit unserer Heilverfahren und Verabreichungen nachzuprüfen.«

Sie äußerte sich ohne Feindseligkeit, mit einem sanften Leuchten im Blick.

»Ich glaube, daß ich mich getäuscht habe.«

»Wovon sprecht Ihr?«

»Ich habe mich wie ein Dummkopf betragen.«

»Ihr steht gleichwohl nicht in diesem Ruf, Neb-Amun.«

»Hört mich an, Neferet ...«

»Ihr werdet schon morgen einen vollständigen Bericht erhalten; wolltet Ihr so freundlich sein, mir so rasch als möglich meine nächste Bestallung anzugeben?«

*

Monthmose barst vor Zorn. Im großen Herrenhaus würde nicht ein Diener sich zu rühren wagen, solange die kalte Wut des Vorstehers der Ordnungskräfte sich nicht besänftigt hätte. Während solcher Zeiten äußerster Anspannung juckte ihm der Kopf, und er kratzte sich bis aufs Blut.

Zu seinen Füßen lagen Papyrusfetzen, die armseligen Überbleibsel der zerrissenen Berichte seiner Untergebenen.

Nichts.

Kein greifbarer Hinweis, kein offenkundiges Amtsvergehen, nicht die leiseste Unterschlagung: Paser verhielt sich wie ein rechtschaffener, also gefährlicher Richter. Es war nicht Monthmoses Gewohnheit, seine Gegner zu unterschätzen; dieser hier gehörte zu denen, die man fürchten mußte, und würde nicht leicht zu bekämpfen sein. Er würde nichts Entscheidendes in die Wege leiten, bevor nicht eine Frage beantwortet wäre: Wer bediente sich Pasers im geheimen?

14. KAPITEL

Der Wind blähte das breite Segel des einmastigen Schiffes, das auf den weiten Wasserflächen des Deltas dahinsegelte. Der Steuermann handhabte das Ruder mit Geschick und nutzte die Strömung aus, während seine Fahrgäste, der Richter Paser, Kem und sein Pavian, sich in der mitten auf dem Gefährt aufgebauten Hütte ausruhten; auf deren Dach lag ihr Gepäck. Am Bug lotete der Schiffsführer die Tiefe mittels einer Stange aus und erteilte der Mannschaft die notwendigen Befehle. Das an Bug und Heck aufgemalte Udjatauge beschützte die Fahrt.

Paser trat aus der Hütte und lehnte sich an die Umrandung, um die ihm bisher unbekannte Landschaft zu bewundern. Wie weit war doch das Tal mit seinen zwischen zwei Wüsten eingezwängten Ackerflächen! Hier teilte sich der Fluß in Arme und Kanäle, die Städte, Dörfer, Palmenhaine, Felder und Weingärten bewässerten; Hunderte von Vögeln, Schwalben, Haubentaucher, Seidenreiher, Raben, Lerchen, Sperlinge, Kormorane, Pelikane, Wildgänse, Enten, Kraniche, Störche, zogen durch einen zartblauen, bisweilen leicht bewölkten Himmel. Der Richter hatte den Eindruck, ein von Schilf und Papyrus bestandenes Meer zu schauen; auf den herausragenden Erdhügeln schützten Weiden- und Akazienbaumgruppen eingeschossige Häuschen. Handelte es sich nicht um den Ursumpf, von dem die alten Verfasser sprechen, um die irdische Verkörperung des Meeres, das die Welt umspülte und aus dem, an jedem Morgen, die neue Sonne auftauchte? Nilpferdjäger, die einem Bullen nachstellten, machten dem Schiffer Zeichen, die Fahrtrichtung zu ändern; das verletzte Tier, das soeben wieder untergetaucht war, konnte unversehens an die Oberfläche kommen und ein Wasserfahrzeug, selbst von leidlicher Größe, zum Kentern bringen. Das Ungetüm würde sich grimmig wehren.

Der Schiffsführer nahm sich die Warnung zu Herzen; er fuhr auf das »Wasser des Re«[1], das den östlichsten Arm des Nils, nach Nordosten hin, bildete. Nahe Bubastis, der Stadt der durch eine Katze verkörperten Göttin Bastet, bog er in den »Kanal des süßen Wassers«, der durch das Wadi Tumilat zu den Bitter-Seen führte. Es wehte ein starker Wind; auf der Rechten, jenseits eines kleinen Sees, in dem Büffel badeten, tauchte ein Weiler im Schutze von Tamarisken auf.

Das Boot legte an; ein Laufsteg wurde ausgeworfen. Paser, der nicht seefest war, überwand ihn schwankend. Beim Anblick des Pavians entfloh eine Schar Kinder. Ihre Schreie schreckten die Bauern auf, die den Neuankömmlingen mit drohend erhobenen Feldgabeln entgegeneilten.

»Ihr habt nichts zu befürchten; ich bin der Richter Paser, begleitet von Ordnungshütern.«

Die Gabeln sanken nieder, und man führte den Amtmann zum Ortsvorsteher, einem mürrischen Greis.

»Ich möchte mich gerne mit einem Altgedienten unterhalten, der vor nunmehr einigen Wochen in sein Dorf heimgekehrt ist.«

»In dieser Welt ist Euch das unmöglich.«

»Verstorben?«

»Krieger haben seinen Leichnam hergeschafft. Wir haben ihn auf unserem Friedhof bestattet.«

»Todesursache?«

»Das Alter.«

»Habt Ihr die Leiche untersucht?«

»Sie war einbalsamiert.«

»Was haben Euch diese Krieger gesagt?«

»Sie waren nicht gesprächig.«

Eine Mumie auszubetten, wäre ein Frevel gewesen. Paser und seine Gefährten stiegen wieder in das Boot und fuhren zu der Ortschaft, in dem der zweite Altgediente wohnte.

---

[1] Sog. »bubasto-pelusischer Nilarm«. *(Anm. d. Ü.)*

»Ihr werdet durch den Sumpf gehen müssen«, erklärte der Schiffsführer. »In diesem Winkel gibt es gefährliche Inselchen. Ich muß dem Ufer fernbleiben.«

Der Pavian mochte kein Wasser; Kem sprach lange auf ihn ein und überredete ihn, sich auf einen Weg zu wagen, der sich im Schilf auftat. Unablässig drehte der Affe sich mißtrauisch um und blickte nach rechts und nach links. Den beiden voran schritt der Richter ungeduldig den auf der Kuppe einer Anhöhe zusammengescharten Häuschen entgegen. Kem belauerte die Regungen des Tieres; da es sich seiner Stärke stets sicher war, verhielt es sich für gewöhnlich nicht so.

Plötzlich ließ der Pavian einen schrillen Schrei vernehmen, stieß den Richter zur Seite und packte den Schwanz eines kleinen Krokodils, das sich durch das schlammige Wasser schlängelte. In dem Augenblick, da die Echse das Maul aufriß, zog er sie zurück. »Der große Fisch«, wie sie die Flußanrainer nannten, vermochte durch Überrumpelung an den Pfuhlen trinkende Schafe oder Ziegen zu töten.

Das Krokodil wehrte sich heftig; doch es war noch zu jung und nicht groß und kräftig genug, um dem grimmigen Zorn des hundsköpfigen Affen Widerstand zu leisten, der es aus dem Morast riß und mehrere Meter weit fortschleuderte.

»Ihr werdet ihm danken«, sagte Paser zu dem Nubier. »Ich will eine Beförderung erwägen.«

Der Ortsvorsteher saß auf einem niedrigen Hocker, der aus einer schrägen Sitzfläche und einer rundlichen Rückenlehne bestand; behaglich im Schatten einer Sykomore niedergelassen, genoß er ein reichhaltiges Mahl, bestehend aus Geflügel, Zwiebeln und einem Krug Bier; das alles befand sich in einem Korb mit flachem Boden.

Er lud seine Besucher ein, die Speisen mit ihm zu teilen; der Pavian, dessen Großtat bereits von Mund zu Mund durch die Sümpfe eilte, biß sogleich beherzt in einen Hühnchenschenkel.

»Wir suchen einen Altgedienten, der unlängst herzog, um seinen Ruhestand hier zu verbringen.«

»Leider, Richter Paser, haben wir ihn lediglich in Gestalt einer Mumie wiedergesehen! Das Heer hat sich um die Überführung gekümmert und die Bestattungskosten beglichen. Unser Friedhof ist bescheiden, doch die Ewigkeit ist dort nicht minder glückselig als anderswo.«

»Hat man Euch die Gründe seines Hinscheidens genannt?«

»Die Krieger waren nicht sonderlich beredt, aber ich habe weiter gedrängt. Ein Unfall, so munkelte man.«

»Welcher Art?«

»Darüber weiß ich nichts.«

Wieder auf dem Schiff, das ihn nach Memphis zurückbrachte, verhehlte Paser seine Enttäuschung nicht.

»Ein vollkommener Mißerfolg: der Oberaufseher verschwunden, zwei seiner Untergebenen verstorben, die zwei anderen wahrscheinlich ebenfalls bereits einbalsamiert.«

»Verzichtet ihr auf eine weitere Reise?«

»Nein, Kem; ich möchte wissen, woran ich bin.«

»Es würde mich glücklich machen, Theben wiederzusehen.«

»Wie ist Euer Eindruck?«

»Daß der Tod all dieser Männer Euch daran hindert, die Lösung des Rätsels herauszufinden, und daß das ein Glück ist.«

»Wünscht Ihr nicht, die Wahrheit zu erfahren?«

»Wenn sie zu gefährlich ist, ziehe ich es vor, sie nicht zu kennen. Sie hat mich bereits die Nase gekostet; in diesem Fall hier könnte sie Euch das Leben kosten.«

*

Als Sethi im Morgengrauen heimkehrte, saß Paser längst über der Arbeit, den Hund zu seinen Füßen.

»Du hast nicht geschlafen? Ich auch nicht. Aber jetzt brauche ich Ruhe ... meine Geflügelhofdame erschöpft mich. Sie ist unersättlich und gierig nach allen Überspanntheiten. Ich habe warme Fladen mitgebracht; der Bäcker hat sie soeben aus der Glut geholt.«

Brav wurde als erster versorgt; die beiden Freunde nahmen

gemeinsam ihr Morgenmahl ein. Wenngleich er vor Müdigkeit fast umfiel, bemerkte Sethi, daß Paser etwas quälte.

»Entweder ist es die Ermattung oder aber eine ernste Sorge; dein unerreichbarer Unbekannter?«

»Ich habe nicht das Recht, darüber zu sprechen.«

»Schweigepflicht über die Untersuchungen, selbst bei mir? Dann muß es tatsächlich ernst sein.«

»Ich trete auf der Stelle, Sethi, aber ich bin sicher, den Finger auf eine Straftat gelegt zu haben.«

»Mit . . . einem Mörder?«

»Wahrscheinlich.«

»Hüte dich, Paser; Verbrechen sind selten in Ägypten. Hast du nicht ein wildes Tier aufgescheucht? Du könntest gewichtige Persönlichkeiten verärgern.«

»Die Wagnisse meines Berufes.«

»Fällt das Verbrechen nicht in die Zuständigkeit des Wesirs?«

»Unter der Bedingung, daß es bewiesen ist.«

»Wen verdächtigst du?«

»Ich verfüge nur über eine Gewißheit: Krieger haben bei irgendeiner Machenschaft mitgewirkt. Krieger, die Heerführer Ascher gehorchen müssen.«

Sethi stieß einen bewundernden Pfiff aus.

»Du greifst hoch! Eine Verschwörung der Streitkräfte?«

»Die schließe ich nicht aus.«

»In welcher Absicht?«

»Das ist mir nicht bekannt.«

»Ich bin dein Mann, Paser!«

»Was meinst du damit?«

»Meine Verpflichtung beim Heer ist keine Träumerei. Ich werde rasch ein ausgezeichneter Krieger werden, ein Offizier, ein Heerführer vielleicht! In jedem Fall ein Held. Ich werde alles über Ascher erfahren. Falls er sich irgendeines Vergehens schuldig gemacht hat, werde ich es entdecken, und folglich du auch.«

»Zu gefährlich.«

»Im Gegenteil, aufregend! Endlich stellt sich das Abenteuer ein, das ich so sehr ersehnt habe! Und wenn wir beide, ganz allein, Ägypten retten würden? Wer eine Verschwörung der Streitkräfte voraussetzt, muß auch an Machtergreifung durch eine bestimmte Schicht denken.«

»Ein weites Unterfangen, Sethi; doch ich bin noch nicht sicher, daß die Lage so hoffnungslos ist.«

»Was weißt du schon? Laß mich handeln!«

*

Ein Offizier der Streitwagentruppe fand sich, von zwei Bogenschützen begleitet, in der Mitte des Morgens in Pasers Amtszimmer ein. Der Mann wirkte barsch und verschwiegen.

»Ich wurde angewiesen, eine Versetzung zu bereinigen, die Euch zur Genehmigung vorgelegt worden ist.«

»Sollte es sich um die des ehemaligen Oberaufsehers des Sphinx handeln?«

»Richtig.«

»Ich lehne es ab, mein Petschaft darunterzusetzen, solange dieser Altgediente nicht vor mir erschienen ist.«

»Eben deshalb habe ich den Auftrag, Euch dorthin zu bringen, wo er sich aufhält, um diesen Vorgang abzuschließen.«

Sethi schlief wie ein Stein, Kem machte seine Runde, der Gerichtsschreiber war noch nicht eingetroffen. Paser erstickte das Gefühl einer Bedrohung; welche von Rechts wegen bestehende Körperschaft, und sei es das Heer, würde es wagen, das Leben eines Richters anzutasten? Nachdem er Brav, der ihn besorgt anschaute, zum Abschied gekrault hatte, willigte Paser ein, in den Streitwagen des Hauptmanns zu steigen.

Das Gespann durchquerte in voller Fahrt die Vorstädte, verließ Memphis, schlug eine Straße ein, die an den Ackerflächen entlangführte, und drang in die Wüste vor. Dort thronten die Pyramiden der Pharaonen des Alten Reiches, von herrlichen Gräbern umgeben, in denen Maler und Bildhauer eine Schöpferkraft ohnegleichen zum Ausdruck gebracht hatten. Die Stufenpyramide von Sakkara, das Werk Djosers und Imhoteps, beherrschte die Landschaft; die riesigen steinernen Stufen bildeten eine Treppe gen Himmel, erlaubten so der Seele des Königs, zur Sonne auf- und von ihr wieder hinabzusteigen. Allein die Spitze des Bauwerks war sichtbar, da die von einer einzigen, stets bewachten Pforte durchbrochene Umfriedung mit Mauervorsprüngen es von der Welt des Irdischen abschied. Im Großen Hof im Innern würde PHARAO die Verjüngungsriten begehen, wenn seine Macht und seine landesverweserischen Fähigkeiten geschwunden sein würden.

Paser atmete in vollen Zügen die kräftige trockene Wüstenluft ein; er liebte dieses rote Land, dieses Meer aus verbrannten Felsen und goldenem Sand, diese von der Stimme der Ahnen erfüllte Leere. Hier entledigte der Mensch sich des Überflüssigen.

»Wo bringt Ihr mich hin?«

»Wir sind angekommen.«

Der Streitwagen hielt vor einem Haus mit winzigen Fenstern, fernab jeder Siedlung; an den Wänden lehnten mehrere Sarkophage. Der Wind wirbelte Sandwolken auf. Nicht ein Strauch, nicht eine Blume; in der Ferne: Pyramiden und Gräber. Ein steiniger Hügel verwehrte die Sicht auf die Palmenhaine und die Felder. Die am Saum des Todes, im Herzen der Einsamkeit gelegene Stätte schien verlassen.

»Hier ist es.«

Der Offizier klatschte in die Hände.

Beunruhigt stieg Paser aus dem Wagen. Der Ort eignete sich trefflichst für einen Hinterhalt, und niemand wußte, wo er sich befand. Er dachte an Neferet; zu verschwinden, ohne ihr seine Leidenschaft offenbart zu haben, wäre ein Scheitern in alle Ewigkeit.

Die Tür der Behausung öffnete sich quietschend. Auf der Schwelle verharrte ein magerer Mann mit sehr weißer Haut, nicht endenden Fingern und schmächtigen Beinen. Von seinem nur aus Länge bestehenden Gesicht stachen schwarze buschige Augenbrauen ab, die über der Nase zusammenwuchsen; die schmalen Lippen wirkten blutleer. Auf seiner Ziegenlederschürze befanden sich bräunliche Flecken.

Die schwarzen Augen hefteten sich auf Paser. Der Richter hatte niemals zuvor einen derart eindringlichen, eisigen und gleich einer Klinge schneidenden Blick wie diesen erdulden müssen. Er hielt ihm stand.

»Djui ist der amtlich bestallte Balsamierer«, erläuterte der Offizier der Streitwagentruppe.

Der Mann neigte den Kopf.

»Folgt mir, Richter Paser.«

Djui trat beiseite, um den Offizier und den Amtmann durchzulassen, der sich unversehens in der Werkstatt des Balsamierers wiederfand, wo dieser auf einem steinernen Tisch die Körper mumifizierte. Eisenhaken, Obsidianmesser und scharf zugeschlagene Steine hingen an den Wänden; auf Gestellen ruhten Öl- und Salbentöpfe sowie pralle Säckchen mit Natron, das für die Mumifizierung unerläßlich war. Dem Gesetz zufolge mußte der Balsamierer außerhalb der Stadt wohnen; er gehörte einer gefürchteten, aus ungeselligen und schweigsamen Wesen bestehenden Gemeinschaft an.

Die drei Männer stiegen die ersten Stufen der Treppe hinunter, die in ein riesiges Kellergewölbe führte. Die Stufen waren glatt und ausgetreten. Die Fackel, die Djui hielt, schwankte. Auf dem Boden lagen Mumien unterschiedlicher Größe. Paser schauderte.

»Ich habe einen Bericht über die Vorgänge um den ehemaligen Oberaufseher des Sphinx erhalten«, erläuterte der Krieger.

»Das Gesuch ist Euch irrtümlich zugestellt worden. In Wahrheit ist er bei einem Unfall verstorben.«

»Ein in der Tat grauenvoller Unfall.«

»Weshalb sagt Ihr das?«

»Weil dieser mindestens drei Altgediente, wenn nicht mehr, getötet hat.«

Die Haltung des Mannes versteifte sich.

»Darüber weiß ich nichts.«

»Und die näheren Umstände des Verhängnisses?«

»Es mangelt an genauen Kenntnissen. Man hat den Oberaufseher tot an der Stätte aufgefunden, und sein Leichnam wurde hierhin überführt. Unglücklicherweise hat ein Schreiber sich vertan; statt die Bestattung anzuordnen, hat er um eine Versetzung ersucht. Ein einfacher Irrtum der Verwaltung.«

»Und der Leichnam?«

»Ich legte Wert darauf, ihn Euch zu zeigen, um dieser bedauerlichen Angelegenheit ein Ende zu machen.«

»Mumifiziert, selbstverständlich?«

»Selbstverständlich.«

»Ist der Leib in einen Sarkophag gebettet worden?«

Der Offizier schien ratlos. Er sah den Balsamierer an, der verneinend den Kopf schüttelte.

»Die letzten Rituale sind also noch nicht vollzogen worden«, schloß Paser.

»Das ist wahr, aber . . .«

»Nun, dann zeigt mir diese Mumie.«

Djui führte den Richter und den Krieger in die Tiefe des Kellers. Endlich wies er auf die Mumie des Oberaufsehers, die mit Binden umwickelt in einer Nische stand. Sie trug eine mit roter Tinte geschriebene Zahl.

Der Einbalsamierer reichte dem Offizier das Schildchen, das an der Mumie befestigt werden würde.

»Es bleibt Euch nur noch, Euer Petschaft aufzudrücken«, legte der Soldat dem Gerichtsbeamten nahe.

Djui hielt sich hinter Paser.

Das Licht flackerte zunehmend.

»Veranlaßt, daß diese Mumie hier und in diesem Zustand bleibt. Falls sie verschwinden oder man sie beschädigen sollte, werde ich Euch dafür zur Verantwortung ziehen.«

15. KAPITEL

Könntet Ihr mir den Ort angeben, wo Neferet arbeitet?«

»Du wirkst bekümmert«, bemerkte Branir.

»Es ist sehr wichtig«, beharrte Paser. »Ich verfüge vielleicht endlich über ein stoffliches Beweismittel, aber ich kann es ohne die Mithilfe eines Heilkundigen nicht verwerten.«

»Ich habe sie gestern abend gesehen. Sie hat mit vollendeter Meisterschaft einer Ruhrseuche Einhalt geboten und an die dreißig Krieger in weniger als einer Woche geheilt.«

»Krieger? Welchen Auftrag hatte man ihr anvertraut?«

»Eine von Neb-Amun aufgezwungene Drangsalierung.«

»Ich werde ihn durchbleuen, bis ihm alle Schlechtigkeit vergeht.«

»Stimmt dies tatsächlich mit den Aufgaben eines Richters überein?«

»Dieser Tyrann verdient es, verurteilt zu werden.«

»Er hat sich nur damit begnügt, seine Amtsgewalt auszuüben.«

»Ihr wißt, daß das nicht stimmt. Sagt mir die Wahrheit: Welche neuerliche Prüfung hat dieser Unfähige ihr auferlegt?«

»Er hat sich geläutert, so scheint es; Neferet bekleidet nun das Amt einer Arzneiheilkundigen.«

In den Wirkstätten[1] der Arzneikunde nahe dem Tempel der Göttin Sechmet wurden Hunderte von Pflanzen aufbereitet, die als Grundstoffe der nach Vorschrift zu bereitenden Heilmittel dienten. Tägliche Lieferungen gewährleisteten die

---

[1] Nahe dem Tempel befanden sich Laboratorien, die zur experimentellen Erprobung und Herstellung verschiedenartiger Heilmittel bestimmt waren. Ihre Erforschung steckt infolge der Übersetzungsschwierigkeiten bei den Fachtermini noch in den Kinderschuhen.

Frische der den Stadt- und Landärzten zugestellten Arzneien. Neferet überwachte die genaue Ausführung der Verordnungen. Gemessen an ihrem vorhergehenden Amt, handelte es sich bei dieser Tätigkeit um eine Rückstufung; Neb-Amun hatte sie ihr als Pflichtabschnitt und Zeit der Ruhe dargestellt, bevor sie erneut Kranke pflegen durfte. Ihrer Lebensregel treu bleibend, hatte die junge Frau nicht aufbegehrt.

Am Mittag verließen die Arzneikundler die Wirkstätten und begaben sich ins Haus der Speisung. Hier plauderte man gerne mit Berufsgenossen, besprach neue Heilmittel, beklagte die Mißerfolge. Als Paser eintraf, unterhielten sich zwei Fachleute mit der lächelnden Neferet; Paser war sich sicher, daß sie ihr den Hof machten.

Sein Herz schlug schneller; dennoch wagte er, sie zu unterbrechen.

»Neferet . . .«

Sie hielt inne.

»Sucht Ihr mich?«

»Branir hat mir von den Ungerechtigkeiten berichtet, die Ihr erduldet habt. Sie empören mich zutiefst.«

»Ich hatte das Glück, heilen zu können. Alles übrige ist nicht von Wichtigkeit.«

»Eure Wissenschaft ist mir unerläßlich.«

»Solltet Ihr leidend sein?«

»Eine heikle Untersuchung, die die Mithilfe eines Heilkundigen erfordert. Eine einfache Begutachtung, nichts weiter.«

*

Kem lenkte den Wagen mit sicherer Hand; der niederkauernde Pavian vermied es, auf die Straße zu schauen. Neferet und Paser standen Seite an Seite, mit Riemen um die Handgelenke, die am Kasten des Gefährts befestigt waren, um einem Sturz vorzubeugen. Bei den Rucken und Stößen streiften sich ihre Körper flüchtig. Neferet schien das gleichgültig, während Paser eine so geheime wie heftige Freude verspürte. Er wünschte, diese kurze Reise möge nie enden und die Piste schlechter und schlechter werden. Als sein rechtes Bein das der jungen Frau berührte, zog er es nicht zurück; er befürchtete einen Verweis, der jedoch nicht kam. Ihr so nahe zu sein, ihren Duft zu riechen, zu glauben, sie dulde diese enge Fühlung ... Ein herrlicher Traum ...

Vor der Werkstatt des Balsamierers standen zwei Soldaten Wache.

»Ich bin Richter Paser. Laßt mich durch.«

»Unsere Befehle sind ausdrücklich: Niemand darf hinein. Die Stätte ist beschlagnahmt.«

»Niemand darf sich der Gerechtigkeit in den Weg stellen. Solltet Ihr vergessen, daß wir uns in Ägypten befinden?«

»Unsere Befehle ...«

»Tretet zur Seite.«

Der Pavian baute sich zu voller Größe auf und fletschte die Zähne; mit starrem Blick und angewinkelten Armen aufrecht dastehend, war er bereit loszuspringen. Kem lockerte zusehends die Kette.

Die beiden Krieger gaben nach. Kem stieß die Tür mit einem Fußtritt auf.

Djui saß am Balsamierungstisch und aß Dörrfisch.

»Führt uns«, befahl Paser.

Argwöhnisch durchforschten Kem und der Affe den dunklen Raum, während der Richter und die Heilkundige, denen Djui leuchtete, in das Gewölbe hinabstiegen.

»Welch grauenhafter Ort«, murmelte Neferet. »Wo ich doch Luft und Licht so sehr liebe!«

»Um aufrichtig zu sein, auch ich fühle mich nicht sonderlich wohl.«

Der Balsamierer setzte seine Schritte unbeirrt und mit gewohntem Gang in seine ausgetretenen Spuren. Die Mumie war nicht von der Stelle bewegt worden; Paser stellte fest, daß niemand sie angerührt hatte.

»Hier ist Euer Kranker, Neferet. Ich werde ihn unter Eurer Aufsicht auswickeln.«

Der Richter nahm die Binden behutsam ab; auf der Stirn

erschien ein Amulett in Form eines Auges. Am Hals eine tiefe Wunde, zweifelsohne durch einen Pfeil verursacht.

»Unnötig, weiter fortzufahren; wie alt war der Verblichene Eurer Ansicht nach?«

»Ungefähre zwanzig Jahre«, schätzte Neferet.

*

Monthmose sann darüber nach, wie die Frage der schwierigen Verkehrslage zu lösen war, die das Alltagsleben der Memphiter vergällte: Zu viele Esel, zu viele Ochsen, zu viele Wagen, zu viele fahrende Händler und zu viele Gaffer verstopften die engen Gäßchen und versperrten die Durchwege. Jedes Jahr faßte er Verordnungen ab, eine undurchführbarer als die andere, und legte sie nicht einmal mehr dem Wesir vor. Er begnügte sich damit, Verbesserungen zu versprechen, an die niemand glaubte. Von Zeit zu Zeit beruhigte eine Maßnahme der Ordnungshüter die Gemüter; dann räumte man eine Straße frei, in der das Halten für einige Tage untersagt wurde, erlegte den Zuwiderhandelnden Bußen auf, bis die schlechten Gewohnheiten schließlich wieder die Oberhand gewannen.

Monthmose ließ die Verantwortung auf den Schultern seiner Untergebenen lasten und hütete sich wohlweislich, ihnen die Möglichkeiten an die Hand zu geben, die Schwierigkeiten zu beseitigen; indem er sich über dem Getümmel hielt und nur seine Gefolgsleute sich hineinstürzen ließ, bewahrte er seinen ausgezeichneten Ruf.

Als man ihm Richter Pasers Anwesenheit im Warteraum ankündigte, trat er aus seinem Arbeitszimmer, um ihn zu begrüßen. Solcherlei Achtungsbezeigungen trugen ihm einiges an Wohlwollen ein.

Das düstere Gesicht des Gerichtsbeamten verhieß nichts Gutes.

»Mein Morgen ist sehr ausgefüllt, doch ich will Euch gerne empfangen.«

»Ich glaube, es ist unerläßlich.«

»Ihr scheint erschüttert.«

»Ich bin es auch.«

Monthmose kratzte sich an der Stirn. Etwas unsicher geleitete er den Richter in sein Amtszimmer, aus dem er seinen persönlichen Schreiber sofort verwies. Angespannt ließ er sich auf einem prachtvollen, von Stierfüßen gezierten Stuhl nieder. Paser blieb stehen.

»Ich höre Euch zu.«

»Ein Offizier der Streitwagenkämpfer hat mich zu Djui, dem Einbalsamierer des Heeres, geführt. Er hat mir die Mumie des Mannes gezeigt, nach dem ich suche.«

»Die des ehemaligen Oberaufsehers des Sphinx? Dann ist er tot!«

»Zumindest hat man mich das glauben machen wollen.«

»Was wollt Ihr damit sagen?«

»Da die allerletzten Rituale noch nicht vollzogen waren, habe ich den oberen Teil der Mumie unter der Aufsicht der Heilkundigen Neferet ausgewickelt. Der Körper ist der eines jungen Mannes von ungefähr zwanzig Jahren, der wahrscheinlich von einem Pfeil tödlich verletzt wurde. Ganz offenkundig handelt es sich bei dem Körper nicht um den des Altgedienten.«

Der Vorsteher der Ordnungskräfte wirkte wie vor den Kopf geschlagen.

»Diese Geschichte ist unglaublich!«

»Überdies«, fuhr der Richter unerschütterlich fort, »haben zwei Krieger versucht, mir den Zugang in die Balsamierungswerkstatt zu verwehren. Als ich wieder herauskam, waren sie verschwunden.«

»Und der Name dieses Offiziers der Streitwagentruppe?«

»Ist mir nicht bekannt.«

»Eine erhebliche Wissenslücke.«

»Glaubt Ihr nicht, daß er mich angelogen hätte?«

Widerwillig pflichtete Monthmose bei.

»Wo ist der Leichnam?«

»Bei Djui, und unter seiner Bewachung. Ich habe einen ausführlichen Bericht verfaßt; er beinhaltet die Aussagen der Heilkundigen Neferet, des Balsamierers und meines Ordnungshüters Kem.«

Monthmose hob die Augenbrauen.

»Seid Ihr mit ihm zufrieden?«

»Er ist vorbildlich.«

»Seine Vergangenheit spricht nicht zu seinen Gunsten.«

»Er steht mir auf wirkungsvolle Weise bei.«

»Hütet Euch vor ihm.«

»Kehren wir, wenn Ihr wollt, zu dieser Mumie zurück.«

Der Vorsteher der Ordnungskräfte verabscheute es, sich in einer Lage zu befinden, die er nicht vollends beherrschte.

»Meine Männer werden sie holen gehen, und wir werden sie untersuchen; wir müssen seinen Namen und Stand herausfinden.«

»Desgleichen müssen wir wissen, ob wir einem Todesfall gegenüberstehen, der auf eine Kampfhandlung der Streitkräfte oder ein Verbrechen zurückgeht.«

»Ein Verbrechen! Das denkt Ihr doch nicht im Ernst?«

»Von meiner Seite aus führe ich die Ermittlungen weiter.«

»In welcher Richtung?«

»Ich bin zum Schweigen verpflichtet.«

»Nehmt Ihr Euch etwa vor mir in acht?«

»Eine unangebrachte Frage.«

»Ich bin in diesem Wirrwarr genauso kopflos wie Ihr. Sollten wir nicht in bestem Einvernehmen zusammenarbeiten?«

»Die Unabhängigkeit der Rechtsprechung erscheint mir vorteilhafter.«

*

Monthmoses Zorn ließ die Wände des Hauses der Ordnungskräfte erzittern. Noch am selben Tag wurden fünfzig hohe Beamte abgestraft und zahlreicher Vorrechte beraubt. Zum ersten Male seit seiner Eroberung des hierarchischen Gipfels der Ordnungskräfte war er nicht auf einwandfreie Weise unterrichtet worden. Verurteilte ein solches Versagen sein

Herrschaftsgefüge nicht zum Untergang? Er würde sich jedoch nicht kampflos stürzen lassen.

Leider schien das Heer Anstifter all dieser Ränke zu sein, deren Gründe weiter unverständlich blieben. Sich auf diesem Gebiet vorzuwagen, brachte Gefahren mit sich, die Monthmose nicht eingehen wollte; falls der Heerführer Ascher, den seine kürzlichen Beförderungen unangreifbar machten, der maßgebliche Kopf war, bestand für den Vorsteher der Ordnungskräfte keinerlei Aussicht, ihn zur Strecke zu bringen.

Dem kleinen Richter freien Lauf zu lassen, bot etliche Vorteile. Er verstrickte sich nur selbst und ließ im Ungestüm der Jugend kaum Vorsicht walten. Er lief Gefahr, verbotene Türen aufzustoßen und Gesetzmäßigkeiten, von denen er nichts wußte, zu übergehen. Wenn er ihm auf der Spur bliebe, könnte Monthmose die Ergebnisse seiner Ermittlung insgeheim ausnutzen. Deshalb konnte er ihn sich ebensogut zu einem sachlichen und unabhängigen Bundesgenossen machen, bis er ihn nicht mehr benötigen würde.

Eine verwirrende Frage blieb jedoch bestehen: Weshalb war dieser Vertuschungsversuch eingefädelt worden? Der Initiator hatte Paser jedenfalls falsch eingeschätzt in der festen Überzeugung, daß die Fremdheit und erstickende Unheimlichkeit des Ortes, die beklemmende Gegenwart des Todes, den Richter davon abhalten würde, sich genauer mit dieser Mumie zu befassen, und ihn dazu brächte, seine Petschaft anzubringen und flugs zu verschwinden. Das genaue Gegenteil war eingetreten; weit entfernt, die Angelegenheit gleichgültig auf sich beruhen zu lassen, hatte der Amtmann deren Ausmaß sehr wohl erahnt.

Monthmose versuchte sich zu beruhigen: Das Verschwinden eines einfachen Altgedienten und Inhabers eines Ehrenamtes vermochte doch trotz allem das Land nicht zu erschüttern! Zweifelsohne handelte es sich um ein Verbrechen aus niederen Beweggründen, das irgendein Soldat begangen hatte, und ein Krieger hohen Ranges, Ascher oder einer seiner Gefolgsleute, schützte ihn nun. In dieser Richtung würde man weiter suchen müssen.

16. KAPITEL

Am ersten Tag des Frühlings ehrte Ägypten die Toten und die Ahnen. Zum Ende des gleichwohl milden Winters wurden die Nächte jählings frischer wegen des Wüstenwindes, der in Böen blies. In allen großen Totenstädten verehrten die Familien das Andenken der Entschwundenen, indem sie Blumen in den zur Außenwelt geöffneten Kapellen der Gräber niederlegten. Keine undurchlässige Grenze trennte das Leben vom Tod; deshalb speisten und feierten die Lebenden mit den Dahingeschiedenen, deren Seele sich in der Flamme eines Räuchertopfs verkörperte. Die Nacht leuchtete überall auf und lobpries die Begegnung des irdischen Diesseits und des Jenseits. In Abydos[1], der heiligen Stadt des Osiris, in der die Auferstehungsmysterien begangen wurden, stellten die Priester kleine Barken auf die Aufbauten der Gräber, um die Fahrt zu den Gefilden der Seligkeit zu beschwören.

Nachdem er Feuer vor den Opferaltären der wichtigsten Tempel von Memphis entfacht hatte, wandte PHARAO sich nach Gizeh. Wie jedes Jahr, am selben Tage, rüstete Ramses der Große sich, allein in die Große Pyramide zu treten und sich vor Cheops' Sarkophag zu sammeln. Im Herzen des ungeheuren Bauwerks schöpfte der König die nötige Kraft, um die Beiden Länder, Ober- und Unterägypten, zu einen und ihnen Gedeihen und Wohlstand zu bringen. Er würde die Goldene Maske des Erbauers und den Krummstab, der Elle und Anstifter seines Handelns war, schauen. Wenn die Zeit gekommen wäre, würde er das Testament der Götter in die Hand nehmen und es während des Verjüngungsrituals dem Lande vorzeigen.

---

[1] Abydos in Mittelägypten; hier kann man ein bewundernswertes Osiris-Heiligtum besichtigen.

Der Vollmond beschien die Hochebene, auf der sich die drei Pyramiden erhoben.

Ramses trat an die Pforte der Umfriedung des Cheops, die unter dem Schutz einer Sondertruppe stand. Der König war lediglich mit einem einfachen weißen Schurz und einem breiten goldenen Pektoral geschmückt. Die Soldaten verneigten sich und zogen die Riegel zurück. Ramses der Große überschritt die granitene Schwelle und begab sich auf den ansteigenden, mit Kalkplatten belegten Aufweg. Bald sollte er vor dem Eingang der Großen Pyramide stehen, dessen geheimes Riegelwerk nur er bedienen konnte und dies seinem Nachfolger weitergeben würde.

Diese Begegnung mit Cheops und dem Gold der Unsterblichkeit durchlebte der König jedes Jahr mit tieferer Eindringlichkeit. Über Ägypten zu herrschen, war eine zwar begeisternde, doch ebenso erdrückende Aufgabe; die Riten spendeten ihm dafür die unerläßliche Lebenskraft.

Ramses klomm langsam die Große Galerie empor und drang in die Sarkophagkammer; noch wußte er nicht, daß der Quell der Kraft des Landes sich in eine entseelte Hölle verwandelt hatte.

*

Im Hafen herrschte Festtagsstimmung; Blumen schmückten die Schiffe, das Bier floß in Strömen, die Seeleute tanzten mit recht zugänglichen Mädchen, fahrende Musikanten erfreuten die zahlreiche Menge. Nach einem kurzen Gang mit seinem Hund wollte sich Paser aus diesem Treiben entfernen, als eine bekannte Stimme ihn ansprach.

»Richter Paser! Ihr geht schon?«

Das plumpe und kantige, von einem zarten weißen Bart gezierte Gesicht von Denes tauchte aus der Masse der Feiernden auf. Der Warenbeförderer stieß seine Nachbarn zur Seite und trat zu dem Gerichtsbeamten.

»Welch schöner Tag! Ein jeder zerstreut sich, die Sorgen sind vergessen.«

»Ich schätze den Lärm nicht.«

»Ihr seid zu ernst für Euer Alter.«

»Es ist schwierig, sein Wesen zu ändern.«

»Das Leben wird dies übernehmen.«

»Ihr wirkt recht fröhlich.«

»Die Geschäfte gehen gut, meine Waren eilen ohne Verspätung durchs Land, meine Bediensteten gehorchen mir auf Wort und Wink; worüber sollte ich mich beklagen?«

»Ihr tragt mir nichts nach, so scheint es.«

»Ihr habt nur Eure Pflicht getan, was sollte ich Euch vorhalten? Und außerdem ist da noch diese gute Neuigkeit.«

»Welche?«

»Aus Anlaß dieses Festes sind mehrere minderschwere Verurteilungen durch den Palast aufgehoben worden. Ein alter mehr oder weniger vergessener Memphiter Brauch. Ich habe das Glück gehabt, mich unter den hocherfreuten Begünstigten zu finden.«

Paser erblaßte. Er bezähmte seinen Zorn nur schlecht.

»Wie habt Ihr das angestellt?«

»Ich sagte es Euch bereits: das Fest, und nichts anderes als das Fest! In Eurer Anklageschrift habt Ihr versäumt hervorzuheben, daß mein Fall von dieser Gnade ausgeschlossen bleiben sollte. Tragt es mit Fassung: Ihr habt gewonnen, ich habe nicht verloren.«

Zungenfertig versuchte Denes, ihn an seiner Heiterkeit teilnehmen zu lassen.

»Ich bin nicht Euer Feind, Richter Paser. Bei den Geschäften nimmt man bisweilen schlechte Gewohnheiten an. Meine Gemahlin und ich sind der Ansicht, daß Ihr recht daran getan habt, uns eine heilsame Lehre zu erteilen; wir werden sie berücksichtigen.«

»Seid Ihr aufrichtig?«

»Ich bin es. Verzeiht mir, aber man erwartet mich.«

Paser war ungeduldig und eitel gewesen; er hatte es allzu eilig gehabt, Recht zu sprechen, ohne nach dessen Buchstaben zu handeln. Zerknirscht sah der Richter seine Schritte jäh von einem Aufzug der Streitkräfte aufgehalten, den Heerführer Ascher mit großer Genugtuung leitete.

»Ich habe Euch herbestellt, Richter Paser, um Euch Neues von meiner Untersuchung mitzuteilen.«

Monthmose war sich seiner sehr sicher.

»Die Mumie ist die eines Jungkriegers, der bei einer Plänkelei in Asien fiel; von einem Pfeil getroffen, war der Soldat auf der Stelle tot gewesen. Wegen einer fast völligen Namensgleichheit sind seine Unterlagen mit denen des Oberaufsehers des Sphinx verwechselt worden. Die verantwortlichen Schreiber erklären sich für nicht schuldig; in Wahrheit hat niemand Euch in die Irre zu führen gesucht. Wir haben uns eine Verschwörung ausgemalt, wo es lediglich ein Versehen der Verwaltung gab. Noch mißtrauisch? Ihr tut unrecht. Ich habe jeden Punkt nachgeprüft.«

»Ich ziehe Euer Wort nicht in Zweifel.«

»Das freut mich.«

»Gleichwohl bleibt der Oberaufseher unauffindbar.«

»Befremdlich, das gestehe ich Euch zu; wenn er sich jedoch versteckte, um sich der Aufsicht des Heeres zu entziehen?«

»Zwei ehemals unter seinem Befehl stehende Altgediente sind bei einem *Unfall* gestorben.«

Paser hatte diesen Begriff nachdrücklich betont; Monthmose kratzte sich am Kopf.

»Was ist verdächtig daran?«

»Beim Heer müßte es irgendeinen Hinweis dafür geben, und Ihr wärt davon unterrichtet worden.«

»Gewiß nicht. Derartige Vorkommnisse betreffen mich nicht.«

Der Richter versuchte, den Vorsteher der Ordnungskräfte in die Enge zu treiben. Kem zufolge war er imstande, derlei Umtriebe anzuzetteln, um eine umfassende Säuberung in seiner eigenen Verwaltung vorzunehmen, in der manche Beamte seine Vorgehensweisen allmählich zu tadeln begannen.

»Bauschen wir die Lage nicht etwas auf? Diese Angelegenheit ist eine Aufeinanderfolge unglücklicher Umstände.«

»Zwei Altgediente und die Frau des ehemaligen Oberaufsehers des Sphinx verstorben, er selbst verschwunden, so liegen die Dinge. Könntet Ihr die Obrigkeiten der Streitkräfte nicht ersuchen, Euch ihren Bericht über diesen ... Unfall zukommen zu lassen?«

Monthmose starrte auf die Spitze seines Binsenpinsels.

»Dieser Schritt würde als unziemlich angesehen werden. Das Heer mag die Ordnungskräfte nicht sonderlich, und ...«

»Ich werde mich selbst darum bemühen.«

Die beiden Männer verabschiedeten sich eisig.

*

»Heerführer Ascher ist gerade mit einem Auftrag in die Fremde aufgebrochen«, deutete der Schreiber des Heeres dem Richter Paser an.

»Wann wird zurückkommen?«

»Dienstgeheimnis.«

»An wen muß ich mich in seiner Abwesenheit wenden, um einen Bericht über den Unfall zu erhalten, der sich kürzlich nahe des Großen Sphinx zugetragen hat?«

»Ich kann Euch zweifellos helfen. Ach, das hätte ich fast vergessen! Heerführer Ascher hat mir ein Schriftstück anvertraut, das ich Euch in Kürze zustellen sollte. Da Ihr nun hier seid, übergebe ich es Euch eigenhändig. Ihr braucht es nur im Ausgangsverzeichnis abzuzeichnen.«

Paser löste die Leinenschnur, die den Papyrus zusammengerollt hielt.

Der Bericht schilderte ausführlich die bedauerlichen Umstände, die den Tod des Oberaufsehers des Sphinx von Gizeh und seiner vier Untergebenen in der Folge einer gewöhnlichen Begehung herbeigeführt hatten. Die fünf Altgedienten hätten den Kopf der riesigen Statue erklommen, um sich des guten Zustands des Gesteins zu versichern und mögliche durch den Sandwind verursachte Beschädigungen zu melden. Einer von ihnen wäre ungeschickt abgerutscht und hätte seine Gefährten unseligerweise im Sturz mitgerissen. Die Altgedienten wären in ihren Geburtsorten, zwei im Delta, zwei im Süden, bestattet worden. Was die sterbliche

Hülle des Oberaufsehers anlangte, so wäre sie wegen der Würde seiner Ehrenamtes in einer Kapelle des Heeres aufgebahrt und würde einer langen und sorgfältigen Balsamierung teilhaftig. Nach seiner Rückkehr aus Asien würde Heerführer Ascher höchstselbst die Begräbnisfeiern leiten.

Paser unterschrieb im Verzeichnis, um zu bestätigen, daß er das Schriftstück tatsächlich erhalten hatte.

»Sind noch weitere Dinge in die Wege zu leiten?« fragte der Schreiber.

»Nein, das wird nicht nötig sein.«

*

Paser bedauerte, Sethis Einladung angenommen zu haben. Bevor er sich bei den Streitkräften verpflichtete, wollte sein Freund dieses Ereignis in Memphis' berühmtestem Haus des Bieres feiern. Der Richter dachte unablässig an Neferet, an dieses Sonnenantlitz, das seine Träume erleuchtete. Inmitten all der Zecher, die der Ort verzückte, fühlte Paser sich verloren und hatte kein Auge für die Nacktänzerinnen, junge Nubierinnen von schlankem Wuchs.

Die Kundschaft saß auf weichen Kissen; vor sich Krüge mit Wein und Bier.

»Die Kleinen sind nicht zum Anfassen«, erklärte Sethi strahlend. »Sie sind nur da, um uns zu erregen. Sei beruhigt, Paser; die Wirtin versorgt uns mit einem Mittel von ausgezeichneter Güte, das aus zerstoßenen Akazienkernen, Honig und Datteln besteht und die Empfängnis verhütet.«

Ein jeder wußte, daß die Akazienkerne Bestandteile enthielten, die die zeugende Kraft des Samens zerstörten; schon bei ihren ersten Liebestollereien benutzten die Jugendlichen dieses Mittel, um sich sorglos der Lust hinzugeben.

An die fünfzehn junge Frauen, mit durchscheinenden Leinenschleiern verhüllt, traten aus den rund um den Hauptsaal angeordneten Kämmerchen. Stark geschminkt, die Augen mit einem breiten Lidstrich umrahmt, die Lippen rot bemalt, eine Lotosblüte im gelösten Haar, schwere Reifen an den Handgelenken und den Fesseln, so näherten sie sich den hingerissenen Gästen. Paare bildeten sich ganz von selbst und verschwanden in den Kämmerchen, die durch Vorhänge voneinander abgetrennt waren.

Da Paser die Angebote zweier hinreißender Tänzerinnen abgewiesen hatte, blieb er allein in Sethis Gesellschaft zurück, der ihn nicht im Stich lassen wollte.

Hierauf erschien eine Frau von ungefähr dreißig Jahren, deren einzige Bekleidung aus einem Gurt von farbigen Muscheln und Perlen bestand, welche aneinanderrasselten, während sie, die Leier schlagend, in langsamem Takt zu tanzen begann. Gebannt entdeckte Sethi ihre Tätowierungen: eine Lilienblüte auf dem linken Oberschenkel nahe dem Schamberg und über dem schwarzen Vlies ihres Geschlechts ein Abbild des Gottes Bes, um die Seuchen der Lust abzuwehren. Mit einer schweren, hell gelockten Perücke auf dem Haupt war Sababu, die Besitzerin des Hauses des Bieres, bestechender als die Schönste ihrer Mädchen. Ihre langen enthaarten Beine beugend, führte sie wollüstige Schritte aus, bevor sie schließlich auf den Zehenspitzen weiterwirbelte, ohne aus dem Takt zu kommen. Mit Ladanum[1] gesalbt, verströmte sie einen betörenden Duft.

Als sie sich den beiden Männern näherte, vermochte Sethi seine Leidenschaft nicht mehr zu beherrschen.

»Du gefällst mir«, sagte sie zu ihm, »und ich glaube, daß ich dir gefalle.«

»Ich lasse meinen Freund nicht alleine.«

»Laß ihn in Frieden; siehst du nicht, daß er verliebt ist? Seine Seele ist nicht hier. Komm mit mir.«

Sababu zog Sethi in das geräumigste Kämmerchen. Sie hieß ihn, sich auf ein niedriges, mit bunten Kissen bedecktes Bett zu setzen, kniete nieder und küßte ihn. Er wollte sie bei den Schultern packen, doch sie stieß ihn sanft zurück.

»Uns gehört die ganze Nacht, eile dich nicht. Lerne, deine

---

[1] Aus dem Gummiharz von Zistrosengewächsen gewonnener Duftstoff.

Lust zurückzuhalten, sie in deinen Lenden anschwellen zu lassen, das Feuer auszukosten, das in deinen Adern fließt.«

Sababu nahm ihren Muschelgurt ab und streckte sich auf dem Bauch aus.

»Streichele mir den Rücken.«

Sethi gab sich diesem Spiel einige Augenblicke hin; der Anblick dieses bewundernswerten und mit größter Sorgfalt gepflegten Körpers, die Berührung mit dieser duftenden Haut machten es ihm jedoch unmöglich, sich weiter zu zügeln. Da sie der Stärke seiner Begierde gewahr wurde, widersetzte sich Sababu nicht länger. Sie mit Küssen bedeckend, liebte er sie mit Ungestüm.

*

»Du hast mir Wollust geschenkt. Du hast nichts gemein mit den meisten meiner Kunden; sie trinken zu viel, werden schlaff und weich.«

»Deinen Reizen nicht zu huldigen, wäre eine Sünde wider den Geist.«

Sethi streichelte ihre Brüste, auf jede ihrer Regungen bedacht; dank der kundigen Hände ihres Liebhabers fand Sababu vergessene Empfindungen wieder.

»Bist du Schreiber?«

»Bald schon Krieger. Bevor ich ein Held werde, wollte ich die süßesten Abenteuer kennenlernen.«

»In diesem Fall muß ich dir alles schenken.«

Mit gespitzten Lippen und zarten Berührungen ihrer Zunge ließ Sababu Sethis Begierde von neuem erwachen. Sie umschlangen sich, und ein zweites Mal fanden sie gemeinsam, einen befreienden Schrei ausstoßend, zur höchsten Lust. Auge in Auge kamen sie wieder zu Atem.

»Du hast mich bezaubert, mein Widder, denn du liebst die Liebe.«

»Gibt es ein schöneres Wunschbild?«

»Du bist gleichwohl recht gegenwärtig.«

»Wie bist du Besitzerin eines Hauses des Bieres geworden?«

»Durch die Verachtung vermeintlich Edler und Hoher mit heuchlerischen Reden. Sie sind wie du und ich, den Zwängen ihres Geschlechts und ihrer Leidenschaften unterworfen. Wenn du wüßtest ...«

»Erzähle mir.«

»Willst du mir etwa meine Geheimnisse entlocken?«

»Warum nicht?«

Trotz ihrer Erfahrung, trotz all der Körper schöner oder häßlicher Männer widerstand Sababu nur schlecht den Liebkosungen ihres neuen Liebhabers. Er weckte in ihr den Willen, sich an einer Welt zu rächen, in der sie so oft gedemütigt worden war.

»Wenn du einst ein Held bist, wirst du dich dann meiner schämen?«

»Im Gegenteil! Ich bin mir sicher, daß du viele Berühmtheiten empfängst.«

»Da hast du nicht unrecht.«

»Das muß recht unterhaltsam sein ...«

Sie legte ihren kleinen Finger auf den Mund des jungen Mannes.

»Allein mein Tagebuch weiß darüber Bescheid. Wenn ich heiter und gelassen bin, dann nur wegen ihm.«

»Hältst du die Namen deiner Kunden fest?«

»Ihre Namen, ihre Gewohnheiten, ihre Vertraulichkeiten.«

»Ein wahrhafter Schatz!«

»Sofern man mich in Frieden läßt, werde ich ihn nicht nutzen. Wenn ich einmal alt bin, werde ich in meinen Erinnerungen lesen.«

Sethi legte sich auf sie.

»Ich bin stets neugierig. Verrate mir wenigstens einen Namen.«

»Unmöglich.«

»Tu es für mich, nur für mich.«

Der junge Mann küßte ihre Brustwarzen. Bebend bäumte sie sich auf.

»Ein Name, nur ein Name.«

»Nun, ich könnte dir wohl von einem Musterbild an Tugend

erzählen. Wenn ich seine Verderbtheiten enthülle, wird seine Laufbahn beendet sein.«

»Wie heißt er?«

»Paser.«

Sethi rückte von dem prächtigen Körper seiner Geliebten ab.

»Welchen Auftrag hat man dir gegeben?«

»Gerüchte zu verbreiten.«

»Kennst du ihn?«

»Ich habe ihn nie gesehen.«

»Du täuschst dich.«

»Wie . . .«

»Paser ist mein bester Freund. Er ist heute abend hier bei dir, denkt jedoch nur an die Frau, in die er verliebt ist und deren Sache er verteidigt. Wer hat dir befohlen, ihn zu besudeln?«

Sababu hüllte sich in Schweigen.

»Paser ist ein Richter«, fuhr Sethi fort, »der rechtschaffenste aller Richter. Laß davon ab, ihn zu verleumden; du bist mächtig genug, um unbehelligt zu bleiben.«

»Ich verspreche dir nichts.«

17. KAPITEL

Seite an Seite am Ufer des Nils wohnten Paser und Sethi der Geburt des neuen Tages bei. Als Bezwingerin der Finsternis und der ungeheuerlichen Schlange, die danach getrachtet hatte, sie während ihrer Nachtreise zu vernichten, schoß die Sonne aus der Wüste empor, goß ihr Blut in den Fluß und ließ die Fische vor Freude springen.

»Bist du ein ernsthafter Richter, Paser?«

»Wessen klagt man mich an?«

»Ein Gerichtsbeamter, der alles Schlüpfrige zu sehr schätzt, läuft Gefahr, einen verwirrten Geist zu haben.«

»Du warst es, der mich zu diesem Haus des Bieres verleitet hat. Während du herumtändeltest, dachte ich an meine Fälle.«

»Wohl eher an deine Vielgeliebte, oder?«

Der Fluß glitzerte. Schon verblaßte das Blut der Morgenröte und überließ dem Gold der ersten Stunde allen Raum.

»Wie viele Male bist du in dieses Gewölbe der verbotenen Freuden gegangen?«

»Du hast getrunken, Sethi.«

»Du bist Sababu nie begegnet?«

»Niemals.«

»Dennoch war sie bereit, jedem, der es hören wollte, anzuvertrauen, daß du zur Schar ihrer besten Kunden gehörtest.«

Paser wurde bleich. Doch er dachte dabei weniger an seinen auf immer getrübten Ruf als Richter denn an die Meinung Neferets.

»Man hat sie gedungen.«

»Ganz genau!«

»Wer?«

»Wir haben uns so schön geliebt, daß sie Zuneigung zu mir gewonnen hat. Sie hat mir von dem Ränkespiel berichtet, in

das sie verwickelt ist, jedoch nicht von ihrem stillen Auftraggeber. Allerdings ist er leicht zu erkennen, meiner Ansicht
nach; das sind die üblichen Vorgehensweisen des Vorstehers
der Ordnungskräfte, Monthmose.«

»Ich werde mich verteidigen.«

»Unnötig. Ich habe sie überredet zu schweigen.«

»Machen wir uns nichts vor, Sethi. Bei der ersten Gelegenheit wird sie uns hintergehen, dich und mich.«

»Davon bin ich nicht überzeugt. Dieses Mädchen hat sittli-
ches Empfinden.«

»Erlaube mir, daran zu zweifeln.«

»In gewissen Augenblicken lügt eine Frau nicht.«

»Ich will mich trotzdem mit ihr unterhalten.«

*

Kurz vor Mittag stellte Richter Paser sich an der Tür vom
Haus des Bieres in Begleitung von Kem und dem Babuin ein.
Entsetzt verbarg sich eine junge Nubierin unter Kissen; eine
weniger ängstliche Liebesdienerin wagte es, dem Amtmann
entgegenzutreten.

»Ich möchte die Eigentümerin sprechen.«

»Ich stehe hier nur in Dienst, und . . .«

»Wo befindet sich Dame Sababu? Lügt nicht. Eine falsche
Aussage wird Euch ins Gefängnis bringen.«

»Wenn ich es Euch gestehe, wird sie mich schlagen.«

»Wenn Ihr schweigt, werde ich Euch wegen Behinderung
des Rechtsgangs anklagen.«

»Ich habe nichts Böses getan!«

»Ihr seid noch nicht angeklagt; sagt mir die Wahrheit.«

»Sie ist nach Theben aufgebrochen.«

»Wohin genau?«

»Das weiß ich nicht.«

»Wann wird sie zurückkehren?«

»Das ist mir nicht bekannt.«

Demnach hatte die Dirne es vorgezogen, zu fliehen und sich
zu verbergen.

Von nun an würde der Richter beim geringsten falschen Schritt in Gefahr sein. Man ging im dunkeln gegen ihn vor. Irgend jemand, wahrscheinlich Monthmose, hatte Sababu bezahlt, um ihn zu beschmutzen; falls sie sich der Drohung fügte, würde sie nicht zögern, ihn zu verunglimpfen. Der Richter verdankte sein vorläufiges Heil allein Sethis Betörungskünsten.

Bisweilen, fand Paser, war die Liederlichkeit nicht ganz und gar verdammenswert.

*

Nach reiflicher Überlegung hatte der Vorsteher der Ordnungskräfte eine folgenschwere Entscheidung getroffen: nämlich den Wesir Bagi um einen Empfang zu bitten. Fahrig hatte er seine Erklärung mehrere Male vor dem Kupferspiegel wiederholt, um den angemessenen Gesichtsausdruck zu finden. Wie jedermann wußte er um die Unerbittlichkeit des Ersten Pharaonischen Rates von Ägypten. Mit Worten geizend, verabscheute es Bagi, seine Zeit zu verlieren. Sein Amt nötigte ihn, jede Klage, woher sie auch kommen mochte, entgegenzunehmen, sofern sie nur begründet war; aufdringliche Störenfriede, Betrüger und Lügner bereuten ihren Schritt bitterlich. Dem Wesir gegenüber zählte jedes Wort, jede Geste.

Monthmose begab sich gegen Ende des Morgens zum Palast. Um sieben Uhr hatte Bagi sich mit dem König unterredet; dann hatte er seinen wichtigsten Untergebenen Anweisungen erteilt und Einsicht in die aus den Gauen kommenden Berichte genommen. Anschließend hatte er seine tägliche Anhörung eröffnet, in deren Verlauf die mannigfachen Vorgänge verhandelt worden waren, über die die anderen Gerichte nicht hatten entscheiden können. Vor einem schlichten Mittagsmahl bewilligte der Wesir meist einige Einzelunterredungen, soweit ihre Dringlichkeit dies rechtfertigte. Er empfing den Vorsteher der Ordnungskräfte in einem strengen Arbeitsraum, dessen nüchterner Zierat keinerlei

Vorstellung von der Größe seines Amtes erweckte: Stuhl mit Rückenlehne, Aufbewahrungstruhen und Papyruskästchen. Man hätte sich einem schlichten Schreiber gegenüber gewähnt, wäre Bagi nicht mit einem langen Gewand aus dickem Gewebe bekleidet gewesen, das allein die Schultern frei ließ. Seinen Hals zierte eine Kette, an der ein riesiges kupfernes Herz hing, das seine unerschöpfliche Fähigkeit beschwor, Klagen und Beschwerden anzunehmen.

Groß, gebeugt, ein längliches Gesicht, das von einer vorspringenden Nase beherrscht wurde, gelocktes Haar, blaue Augen: Wesir Bagi, ein Mann von sechzig Jahren mit steifem Körper, der sich keinerlei Leibesertüchtigung unterzog und dessen Haut die Sonne fürchtete. Seine feinen und vornehmen Hände verfügten über die Gabe des Zeichnens; in seiner Jugend war er Handwerker gewesen, später dann Lehrer im Schreibsaal und schließlich sachverständiger Landvermesser geworden. In dieser Eigenschaft hatte er eine Genauigkeit ohnegleichen an den Tag gelegt und die Aufmerksamkeit des Palastes auf sich gezogen, so daß er nacheinander zum Obersten Richter des Gaues Memphis, Ältesten der Vorhalle und endlich zum Wesir ernannt worden war. Etliche Höflinge hatten – vergebens – versucht, ihn bei einem Fehler zu ertappen; gefürchtet und geachtet schrieb Bagi sich in die Reihe der großen Wesire ein, die, seit Imhotep, Ägypten auf dem rechten Wege führten. Wenn man ihm bisweilen auch die Strenge seiner Urteile und deren unnachgiebige Anwendung vorhielt, bestritt doch niemand deren Unanfechtbarkeit.

Bisher hatte Monthmose sich damit begnügt, den Befehlen des Wesirs zu gehorchen und ihm nicht zu mißfallen. Diese Begegnung jetzt bereitete ihm Unbehagen.

Der ermüdete Wesir schien zu schlummern.

»Ich höre Euch zu, Monthmose. Faßt Euch kurz.«

»Das ist nicht so einfach ...«

»Vereinfacht.«

»Mehrere Altgediente sind bei einem Unfall, nämlich durch einen Sturz vom Großen Sphinx, ums Leben gekommen.«

»Und die behördliche Untersuchung?«

»Die hat das Heer durchgeführt.«

»Ungewöhnlichkeiten?«

»Dem scheint nicht so. Ich habe die amtlichen Schriftstücke nicht eingesehen, jedoch ...«

»Jedoch haben Eure Beziehungen Euch ermöglicht, deren Inhalt zu erfahren. Das ist nicht sehr rechtmäßig, Monthmose.«

Der Vorsteher der Ordnungskräfte hatte diesen Angriff befürchtet.

»Es sind alte Gewohnheiten.«

»Ihr werdet sie ändern müssen. Wenn es keine Ungewöhnlichkeiten gibt, welches ist dann der Grund Eures Besuchs?«

»Richter Paser.«

»Ein unwürdiger Gerichtsbeamter?«

Monthmoses Stimme wurde näselnder.

»Diese Anschuldigung möchte ich nicht äußern. Es ist vielmehr sein Betragen, das mir Sorgen macht.«

»Achtet er das Gesetz nicht?«

»Er ist davon überzeugt, daß das Verschwinden des Oberaufsehers, eines Altgedienten von ausgezeichnetem Ansehen, sich unter ungewöhnlichen Umständen zugetragen habe.«

»Hat er Beweise?«

»Nicht einen. Ich habe den Eindruck, dieser junge Richter will eine gewisse Unruhe säen, um sich einen Namen zu machen. Ich beklage diese Haltung.«

»Ihr seht mich darüber hoch erfreut, Monthmose. Und zum Kern der Angelegenheit, welches ist da Eure Meinung?«

»Sie ist kaum von Wert.«

»Im Gegenteil. Ich brenne darauf, sie zu erfahren.«

Die Falle stand weit offen.

Der Vorsteher der Ordnungskräfte verabscheute es, sich in der einen oder anderen Richtung zu verpflichten, fürchtete er doch, eine klare Stellungnahme könnte ihm vorgehalten werden. Der Wesir schlug die Augen auf. Sein blauer und kalter Blick drang bis in die Seele.

»Es ist wahrscheinlich, daß nichts Geheimnisvolles den Tod

dieser Unglücklichen umgibt, jedoch kenne ich den Vorgang nicht gut genug, um mich abschließend darüber auszusprechen.«

»Wenn der Vorsteher der Ordnungskräfte selbst einen Zweifel äußert, weshalb sollte dann ein Richter nicht zweifeln? Seine erste Pflicht ist es, von vornherein feststehende Wahrheiten nicht gelten zu lassen.«

»Selbstverständlich«, murmelte Monthmose.

»Man beruft keinen Unfähigen nach Memphis; Paser fand gewiß wegen seiner hohen Werte Beachtung.«

»Die Stimmung einer großen Stadt, der Ehrgeiz, die Handhabung übermäßiger Vollmachten ... Trägt dieser junge Mann nicht allzu schwere Verantwortungen?«

»Wir werden sehen«, beschied der Wesir. »Ist dies der Fall, werde ich ihn entheben. Einstweilen lassen wir ihn fortfahren. Ich baue auf Euch, ihm tüchtigen Beistand zu leisten.«

Bagi legte den Kopf zurück und schloß die Augen. Monthmose war davon überzeugt, daß er ihn durch die geschlossenen Augen beobachtete; er erhob sich, verneigte sich und ging hinaus, seinen Zorn seinen Dienern vorbehaltend.

*

Kräftig, ja vierschrötig, mit von der Sonne gebräunter Haut, fand sich Kani kurz nach Sonnenaufgang vor der Amtsstube Richter Pasers ein. Er ließ sich vor der verschlossenen Tür, neben Wind des Nordens, nieder. Einen Esel, den erträumte sich Kani seit langem. Er würde für ihn schwere Lasten tragen und somit seinen vom Gewicht all der Wasserkrüge verbrauchten Rücken schonen, welche er ausgegossen hatte, um den Garten feucht zu halten. Da Wind des Nordens seine Ohren weit aufsperrte, erzählte er ihm von seinen ewig gleichen Tagen, seiner Liebe zur Erde, der Sorgfalt, mit der er die Bewässerungsrinnen aushob, der Freude, die Pflanzen gedeihen zu sehen.

Seine Bekenntnisse wurden von Paser unterbrochen, der mit raschem Schritt nahte.

»Kani ... wünscht Ihr mich zu sehen?«

Der Gärtner nickte.

»Tretet ein.«

Kani zögerte. Das Amtszimmer des Richters erschreckte ihn, wie auch die Stadt überhaupt. Wenn er dem Lande fern war, fühlte er sich unbehaglich. Zuviel Lärm, zu viele ekelerregende Gerüche, zu viel versperrter Horizont. Hätte seine Zukunft nicht auf dem Spiel gestanden, er hätte sich niemals in Memphis' Gäßchen hineingewagt.

»Ich habe mich zehnmal verloren«, erklärte er.

»Neuerliche Verdrießlichkeiten mit Qadasch?«

»Ja.«

»Wessen beschuldigt er Euch?«

»Ich will gehen, und er verwehrt es mir.«

»Gehen?«

»Dieses Jahr hat mein Garten dreimal soviel Gemüse als die festgesetzte Menge erbracht. Infolgedessen kann ich unabhängiger Arbeiter werden.«

»Das ist rechtmäßig.«

»Qadasch bestreitet das.«

»Beschreibt mir Euer Stück Land.«

*

Der Oberste Arzt empfing Neferet im schattigen Garten seines prachtvollen Herrenhauses. Unter einer blühenden Akazie sitzend, trank er kühlen und leichten rosenfarbenen Wein. Ein Diener fächelte ihm Luft zu.

»Schöne Neferet, wie glücklich bin ich, Euch zu sehen!«

Die junge Frau war recht schlicht gekleidet und trug eine kurzhaarige Perücke nach alter Sitte.

»Ihr kommt heute sehr streng einher; trägt man ein solches Gewand überhaupt noch?«

»Ihr habt mich bei meiner Arbeit in der Forschungsstätte unterbrochen; ich würde gerne den Grund für Eure Einbestellung erfahren.«

Neb-Amun befahl seinem Diener, sich zu entfernen. Sich

seiner gewinnenden Art gewiß und davon überzeugt, daß die Schönheit seines Heims Neferet bezaubern würde, hatte er beschlossen, ihr eine letzte Gelegenheit zu ihrem Glück zu bieten.

»Ihr mögt mich nicht sonderlich.«

»Ich erwarte Eure Antwort.«

»Genießt diesen herrlichen Tag, diesen köstlichen Wein, diesen Ort der Seligkeit, an dem wir leben. Ihr seid schön und klug, begabter für die Heilkunst als unser Praktiker mit den meisten Titeln. Doch Ihr besitzt weder Vermögen noch Erfahrung; wenn ich Euch nicht helfe, werdet Ihr in einem Dorf euer Leben fristen. Zu Anfang wird Eure sittliche Festigkeit Euch noch erlauben, die Prüfung zu meistern; mit der Reife werdet Ihr Eure vorgeschützte Reinheit bereuen. Eine Laufbahn baut sich nicht auf höchste Vollkommenheit auf, Neferet.«

Mit verschränkten Armen betrachtete die junge Frau die Wasserfläche, auf der sich Enten zwischen Lotosblumen tummelten.

»Ihr werdet mich und meine Handlungsweise lieben lernen.«

»Euer Ehrgeiz berührt mich nicht.«

»Ihr seid würdig, die Gemahlin des Obersten Arztes des Hofes zu werden.«

»Ihr versteigt Euch.«

»Ich kenne die Frauen gut.«

»Seid Ihr Euch dessen so sicher?«

Neb-Amuns berückendes Lächeln verkrampfte sich.

»Solltet Ihr vergessen, daß ich Herr über Eure Zukunft bin?«

»Die liegt in den Händen der Götter, nicht in den Euren.«

Neb-Amun erhob sich mit ernstem Gesicht.

»Laßt die Götter und bekümmert Euch um mich.«

»Rechnet nicht damit.«

»Dies ist meine letzte Ermahnung.«

»Dürfte ich in die Forschungsstätte zurückkehren?«

»Den Berichten zufolge, die ich gerade erhalten habe, sind Eure Kenntnisse der Arzneikunde sehr ungenügend.«

Neferet verlor ihre Fassung nicht; ihre Arme auseinander-
nehmend, blickte sie ihren Ankläger fest an.

»Ihr wißt, daß das nicht stimmt.«

»Die Berichte sind eindeutig.«

»Ihre Urheber?«

»Arzneiheilkundler, die an ihren Ämtern hängen und wegen
ihrer Wachsamkeit eine Beförderung verdienen. Wenn Ihr
unfähig seid, ein zusammengesetztes Heilmittel zuzubereiten, habe ich nicht das Recht, Euch in den Kreis unserer
Besten aufzunehmen. Ihr wißt, was das bedeutet, nehme ich
an? Es wird Euch unmöglich sein, in der Hierarchie weiter
voranzukommen. Ihr werdet auf der Stelle treten, ohne die
besten Erzeugnisse der Wirkstätten verwenden zu können;
da sie unter meiner Zuständigkeit stehen, wird Euch der
Zugang zu ihnen verwehrt bleiben.«

»Es sind die Kranken, die Ihr damit bestraft.«

»Ihr werdet Eure Fälle fähigeren Berufsgenossen anvertrauen, als Ihr es seid. Wenn das Mittelmaß Eures Daseins zu
bedrückend wird, werdet Ihr mir zu Füßen kriechen.«

*

Denes' Sänfte setzte diesen in dem Augenblick vor Qadaschs
Herrenhaus ab, als Richter Paser sich an den Türhüter
wandte.

»Zahnschmerzen?« fragte der Warenbeförderer.

»Rechtspflegerische Schwierigkeiten.«

»Um so besser für Euch! Ich, für meinen Teil, leide an
Schwund des Zahnfleischs. Sollte Qadasch in Verlegenheiten
sein?«

»Nur eine Kleinigkeit, die geklärt werden muß.«

Der Zahnheilkundige mit den roten Händen begrüßte seine
Besucher.

»Mit welchem soll ich beginnen?«

»Denes ist der Leidende; was mich anbelangt, so komme ich,
um über den Fall Kani zu entscheiden.«

»Meinen Gärtner?«

»Er ist es nicht mehr. Seine Arbeit verleiht ihm das Recht zur Unabhängigkeit.«

»Albernheiten! Er ist mein Untergebener und wird es bleiben.«

»Setzt Euer Siegel unter dieses Schriftstück.«

»Ich weigere mich.«

Qadaschs Stimme zitterte.

»In diesem Fall werde ich ein Verfahren gegen Euch eröffnen.«

Denes schritt ein.

»Behalten wir die Ruhe! Laß diesen Gärtner doch gehen, Qadasch; ich werde dir einen anderen beschaffen.«

»Es ist eine Frage des Grundsatzes«, widersprach der Zahnheilkundler.

»Eine gute Übereinkunft ist besser als ein schlechtes Verfahren! Vergiß diesen Kani!«

Mürrisch fügte sich Qadasch Denes' Ratschlägen.

*

Letopolis war eine kleine, von Kornfeldern umgebene Stadt des Deltas; ihr Priesterkollegium widmete sich den Mysterien des Gottes Horus, des Falken mit Flügeln so weitumspannend wie das All.

Neferet wurde vom Vorsteher empfangen, einem Freund Branirs, dem sie ihren Ausschluß aus der Gemeinschaft der amtlich bestallten Heilkundigen nicht verhehlt hatte. Der Würdenträger gewährte ihr Zugang zur Kapelle, die eine Statue des Anubis barg, jenes Gottes mit menschlichem Körper und Schakalkopf, der den Menschen die Geheimnisse der Einbalsamierung enthüllt hatte und den Seelen der Gerechten die Pforten der Anderen Welt öffnete. Er wandelte das leblose Fleisch in Leiber aus Licht.

Neferet schritt um das Bildnis herum; auf dessen Rückenpfeiler war ein langer hieroglyphischer Text eingemeißelt, eine wahrhaftige Abhandlung über die Heilung ansteckender Krankheiten und die Läuterung der Körpersäfte. Sie prägte sich ihn ins Gedächtnis ein. Branir hatte beschlossen, ihr eine ganz besondere Heilkunst weiterzugeben, zu der Neb-Amun niemals Zugang haben würde.

*

Der Tag war ermüdend gewesen.

Paser entspannte sich, indem er den Frieden des Abends auf Branirs Terrasse auskostete. Brav, der die Amtsstube bewacht hatte, gab sich ebenfalls einer wohlverdienten Erholung hin. Das ersterbende Licht strahlte noch über das Gewölbe und eilte zu den Rändern des Himmels.

»Ist deine Untersuchung vorangekommen?« fragte Branir.

»Das Heer versucht, sie zu unterdrücken. Überdies entspinnt sich eine Verschwörung gegen mich.«

»Kennst du deren Anstifter?«

»Wie sollte man nicht Heerführer Ascher verdächtigen?«

»Hab keine vorgefaßte Meinung.«

»Eine Anhäufung behördlicher Schriftstücke, die ich überprüfen muß, machen es mir unmöglich, mich zu rühren. Ich verdanke diese Flut wahrscheinlich Monthmose. Auf die Reise, die ich vorgesehen hatte, habe ich verzichten müssen.«

»Der Vorsteher der Ordnungskräfte ist ein Mann, der zu fürchten ist. Er hat etliche Laufbahnen vernichtet, um die seine zu festigen.«

»Ich habe zumindest einen glücklich gemacht, nämlich den Gärtner Kani! Er ist nun freier Arbeiter geworden und bereits nach Süden aufgebrochen.«

»Er ist einer meiner Lieferer von Heilpflanzen. Ein recht schwieriger Mensch, aber er liebt seinen Beruf. Qadasch dürfte dein Eintreten nicht geschätzt haben.«

»Er hat auf Denes' Ratschläge gehört und sich dem Gesetz gebeugt.«

»Vorsicht ist geboten.«

»Denes behauptet, die Lehre verstanden zu haben.«

»Er ist vor allem Geschäftsmann.«

»Glaubt Ihr an die Aufrichtigkeit seines Sinneswandels?«

»Die meisten Menschen verhalten sich nach den Erfordernissen ihrer eigenen Belange.«

»Habt Ihr Neferet wiedergesehen?«

»Neb-Amun läßt sie nicht aus seinen Fängen. Er hat ihr die Vermählung vorgeschlagen.«

Paser wurde bleich. Brav, der die Verwirrung seines Herrn sogleich wahrnahm, blickte zu ihm auf.

»Hat sie ... abgelehnt?«

»Neferet ist zart und sanftmütig, doch niemand wird sie zwingen, gegen ihren Willen zu handeln.«

»Sie hat es abgelehnt, nicht wahr?«

Branir lächelte.

»Stellst du dir auch nur einen Augenblick Neb-Amun und Neferet als Eheleute vor?«

Paser verbarg seine Erleichterung nicht. Beruhigt schlummerte der Hund wieder ein.

»Neb-Amun will sie niederzwingen«, fügte Branir hinzu.

»Auf der Grundlage falscher Berichte hat er ihre Unfähigkeit verfügt und sie aus der Gemeinschaft der amtlich bestallten Heilkundigen gejagt.«

Der Richter ballte die Fäuste.

»Ich werde diese falschen Zeugenaussagen anfechten.«

»Da wirst du kein Glück haben; zahlreiche Heiler und Arzneikundler stehen in Neb-Amuns Diensten und werden ihre Lügen aufrechterhalten.«

»Sie muß verzweifelt sein ...«

»Sie hat beschlossen, aus Memphis fortzuziehen und sich in einem Dorf nahe Theben niederzulassen.«

18. KAPITEL

Wir reisen nach Theben«, verkündete Paser Wind des Nordens.

Der Esel nahm die Neuigkeit zufrieden auf. Als der Gerichtsschreiber Iarrot die Reisevorbereitungen bemerkte, sorgte er sich deswegen.

»Bleibt Ihr lange fern?«

»Das weiß ich nicht.«

»Wo werde ich Euch falls nötig erreichen können?«

»Ihr werdet die Vorgänge einstweilen zurücklegen.«

»Aber ...«

»Versucht, pünktlich zu sein; Eure Tochter wird nicht darunter leiden.«

*

Kem wohnte nahe der Werft, in einem zweigeschossigen Gebäude, in dem man an die zehn Unterkünfte von zwei und drei Zimmern eingerichtet hatte. Der Richter hatte den Ruhetag des Nubiers zum Reisetag erkoren und hoffte, ihn im Hort anzutreffen.

Mit starrem Blick öffnete der Babuin die Tür.

Der Hauptraum war mit Lanzen, Schleudern und Messern angefüllt. Der Ordnungshüter war gerade dabei, einen Bogen instand zu setzen.

»Ihr hier?«

»Ist Euer Beutel bereit?«

»Hattet Ihr die Reise nicht aufgegeben?«

»Ich habe meine Meinung geändert.«

»Wie Ihr befehlt.«

*

173

Schleuder, Lanze, Dolch, Keule, Knüttel, Streitaxt, rechteckiger Schild aus Holz, all diese Waffen hatte Sethi während dreier Tage mit großer Fertigkeit gehandhabt. Er hatte die Sicherheit eines kampfbewährten Soldaten bewiesen und sich so die Bewunderung der Offiziere erzwungen, denen die Betreuung der zukünftigen Jungkrieger oblag.

Als Abschluß dieser Erprobungszeit waren die Anwärter zum Soldatenleben im großen Hof der Hauptkaserne von Memphis zusammengerufen worden. Zur einen Seite die Verschläge der Pferde, die das Schauspiel neugierig beäugten; in der Mitte ein riesiges Wasserbecken.

Sethi hatte die Stallungen besichtigt, die über von Rinnen durchfurchten Pflastersteinen errichtet waren, in denen die Schmutzwässer abflossen. Die Reiter und die Wagenlenker hätschelten ihre Pferde; gut genährt, sauber und gepflegt, wurden ihnen beste Bedingungen zuteil. Ebenso hatte der junge Mann die Unterkünfte der Soldaten gewürdigt, die eine Baumreihe beschattete.

An soldatischer Zucht und Ordnung jedoch fand er weiterhin keinerlei Gefallen. Drei Tage Befehle und Gebell der unteren Offiziere hatten ihm die Lust am Abenteuer im Wehrkleid ausgetrieben.

Die feierliche Vereidigung fand nach genauen Richtlinien statt; sich an die Freiwilligen wendend, versuchte ein Offizier sie endgültig zu überreden, indem er ihnen die Freuden beschrieb, in deren Genuß sie in den Reihen der Streitkräfte kommen würden. Sicherheit, Achtbarkeit und ein behagliches Ruhegehalt fanden sich unter den wesentlichen Vorzügen. Bannerträger hielten die Standarten der wichtigsten Verbände hoch, die den Göttern Amun, Re, Ptah und Seth geweiht waren. Ein Königlicher Schreiber schickte sich an, die Namen der Verpflichteten in seine Verzeichnisse aufzunehmen. Hinter ihm stapelten sich große Körbe voller Lebensmittel; die Heerführer würden danach ein Festmahl ausrichten, in dessen Verlauf man Ochsenfleisch, Geflügel, Gemüse und Obst verspeiste ...

»Jetzt beginnt das schöne Leben«, murmelte einer von Sethis Gefährten.

»Nicht für mich.«

»Du verzichtest?«

»Ich ziehe die Freiheit vor.«

»Du bist irre! Dem unteren Offizier zufolge bist du der beste der ganzen Einberufung; man hätte dir auf Anhieb eine gute Stellung zuerkannt.«

»Ich suche das Abenteuer, nicht die Anwerbung.«

»An deiner Stelle würde ich es mir überlegen.«

Ein Bote des Palastes, einen Papyrus in der Hand, überquerte den großen Hof mit hastigen Schritten. Er zeigte das Schriftstück dem Königlichen Schreiber vor. Letzterer erhob sich und gab einige kurze Befehle aus. In weniger als einer Minute waren alle Tore der Kaserne verriegelt.

Unter den Freiwilligen erhob sich Gemurmel.

»Ruhe«, forderte der Offizier, der die werbende Ansprache gehalten hatte. »Wir haben soeben Anweisungen erhalten. Durch Pharaos Erlaß seid ihr alle verpflichtet. Die einen werden zu den Kasernen im Lande aufbrechen, die anderen schon morgen gen Asien ausrücken.«

»Das bedeutet Notstand oder Krieg«, merkte Sethis Gefährte an.

»Das ist mir einerlei.«

»Sei kein Dummkopf. Falls du zu fliehen versuchst, wirst du als Abtrünniger angesehen werden.«

Dem Einwand mangelte es nicht an Gewicht. Sethi versuchte, die Aussichten einzuschätzen, die Mauer zu überwinden und in den benachbarten Gäßchen zu verschwinden: Es war hoffnungslos. Er befand sich nicht mehr in der Schule der Schreiber, sondern in einer von Bogenschützen und Lanzenwerfern bevölkerten Kaserne.

Einer nach dem anderen gingen die zwangsweise Ausgehobenen am Königlichen Schreiber vorüber. Wie die anderen Krieger hatte er sein zuvorkommendes Lächeln gegen einen nichtssagenden Gesichtsausdruck eingetauscht.

»Sethi ... ausgezeichnete Ergebnisse. Du wirst als Bogenschütze an der Seite eines Streitwagenoffiziers dem Asien-Heer zugeteilt. Aufbruch morgen früh in der Dämmerung. Nächster.«

Sethi sah seinen Namen auf einem Täfelchen erscheinen. Nunmehr war es ihm unmöglich, abtrünnig zu werden, es sei denn, er würde in der Fremde bleiben und könnte Ägypten und Paser nie wiedersehen. Er war nachgerade dazu verdammt, ein Held zu werden.

»Stehe ich etwa unter dem Befehl von Heerführer Ascher?«

Der Schreiber hob erzürnt den Blick.

»Ich sagte: der nächste.«

Sethi erhielt ein Hemd, ein Kleid, einen Überwurf, einen Brustpanzer, lederne Beinschienen, einen Helm, eine kleine doppelschneidige Axt und einen Bogen aus Akazienholz mit deutlicher Verdickung in der Mitte. Die ungefähr einen Meter sechzig hohe und schwer zu spannende Waffe schleuderte die Pfeile sechzig Meter weit bei geradem und hundertachtzig Meter bei angewinkeltem Schuß.

»Und das Festmahl?«

»Hier hast du Brot, ein Pfund Dörrfleisch, Öl und Feigen«, antwortete der für die Verpflegung zuständige Offizier. »Iß, schöpfe Wasser aus dem Wasserspeicher und schlafe. Morgen wirst du Staub kosten.«

*

Auf dem gen Süden segelnden Schiff sprach man nur über den Erlaß von Ramses dem Großen, den zahllose Boten im ganzen Land verbreitet hatten. PHARAO hatte befohlen, alle Tempel zu reinigen, alle Schätze des Landes zu zählen, den Inhalt der Kornspeicher und der öffentlichen Vorratshäuser aufzunehmen, die Opfergaben für die Götter zu vervielfachen und für einen Feldzug nach Asien zu rüsten.

Das Gemunkel hatte diese Maßnahmen noch aufgebauscht; man sprach von einem bevorstehenden Unheil, bewaffneten Unruhen in den Städten, Aufständen in den Gauen und einem bevorstehenden hethitischen Einfall. Paser sollte, wie die anderen Richter, über die Einhaltung der öffentlichen Ordnung wachen.

»Wäre es nicht besser gewesen, in Memphis zu bleiben?« fragte Kem.

»Unsere Reise wird von kurzer Dauer sein. Die Vorsteher der Ortschaften werden uns erklären, die beiden Altgedienten wären Opfer eines Unfalls, einbalsamiert und beigesetzt worden.«

»Ihr seid nicht sonderlich zuversichtlich.«

»Fünf tödliche Stürze: Das ist die amtliche Wahrheit.«

»Ihr glaubt dem nicht.«

»Und Ihr?«

»Welche Bedeutung hat das noch? Falls es zu einem Krieg kommt, werde ich zurückberufen.«

»Ramses predigt den Frieden mit den Hethitern und den Fürsten Asiens.«

»Sie werden der Eroberung Ägyptens niemals abschwören.«

»Unsere Streitmacht ist zu stark.«

»Wie erklären sich dann dieser Feldzug und diese befremdlichen Maßnahmen?«

»Ich bin ratlos. Vielleicht ist die Sicherheit im Innern in Gefahr.«

»Das Land ist reich und glücklich, der König genießt die Zuneigung seines Volkes, jeder kann seinen Hunger stillen, die Straßen sind sicher. Keinerlei Unruhen bedrohen uns.«

»Ihr habt recht, doch Pharao scheint anderer Ansicht zu sein.«

Die Luft peitschte ihre Wangen; mit eingeholtem Segel nutzte das Schiff die Strömung. Dutzende anderer Boote befuhren den Nil in beiden Richtungen und nötigten so den Schiffsführer sowie seine Mannschaft zu steter Wachsamkeit. Ungefähr hundert Kilometer südlich von Memphis fuhr ein schnelles Boot der Ordnungskräfte des Nils längsseits an sie heran und befahl ihnen langsamere Fahrt. Ein Ordnungshüter klammerte sich ans Tauwerk und sprang an Deck.

»Gehört Richter Paser zu den Fahrgästen?«

»Hier bin ich.«

»Ich muß Euch nach Memphis zurückbringen.«

»Aus welchem Grund?«

»Eine Klage ist gegen Euch erhoben worden.«

*

Sethi war als letzter aufgestanden und angekleidet. Der Verantwortliche der Stube stieß ihn an, um ihn zur Eile anzutreiben.

Der junge Mann hatte von Sababu geträumt, von ihren Liebkosungen und ihren Küssen. Sie hatte ihm ungeahnte Pfade der Wollust dargeboten, die ohne langes Säumen erneut zu erkunden er fest entschlossen war.

Unter den neidvollen Blicken der anderen Jungkrieger bestieg Sethi einen Streitwagen, in den ihn ein höherer Offizier um die Vierzig, mit beeindruckenden Muskeln, rief.

»Halt dich fest, mein Junge«, empfahl dieser ihm mit sehr dunkler Stimme.

Kaum daß Sethi Zeit gehabt hatte, sein linkes Handgelenk in eine Riemenschlaufe zu stecken, trieb der Offizier seine Pferde auch schon zu voller Eile an. Der Wagen war der erste, der die Kaserne verließ und nach Norden preschte.

»Hast du schon gekämpft, Kleiner?«

»Gegen Schreiber.«

»Hast du sie getötet?«

»Ich glaube nicht.«

»Verzweifle nicht: Ich werde dir weit Besseres bieten.«

»Wohin geht es?«

»Geradewegs auf den Feind zu, und das an der Spitze! Wir durchqueren das Delta, ziehen an der Küste entlang und werden die Syrer und Hethiter überrennen. Dieser Erlaß ist ganz nach meinem Geschmack. Zu lange schon habe ich keinen dieser Barbaren mehr zertreten. Spanne deinen Bogen.«

»Gedenkt Ihr nicht, langsamer zu fahren?«

»Ein guter Bogenschütze trifft sein Ziel unter den widrigsten Bedingungen.«

»Und wenn ich nicht treffe?«

»Dann schneide ich den Riemen durch, der dich an meinem Wagen festhält, und lasse dich in den Staub beißen.«

»Ihr seid hart.«

»Zehn Feldzüge nach Asien, fünf Verletzungen, zweimal das Gold der Tapferen zur Belohnung, Belobigungen von Ramses höchstselbst, genügt dir das?«

»Räumt Ihr mir nicht einmal einen Fehlschuß ein?«

»Entweder du gewinnst, oder du verlierst.«

Ein Held zu werden gestaltete sich schwieriger als vorgesehen. Sethi atmete tief ein, spannte seinen Bogen bis zum äußersten, vergaß den Streitwagen, die Stöße, den buckligen Weg.

»Triff den Baum dort, weit vorn.«

Der Pfeil flog gen Himmel, beschrieb eine erhabene Kurve und bohrte sich in den Akazienstamm, an dessen Fuße der Streitwagen in schneller Fahrt vorbeipreschte.

»Alle Achtung, Kleiner!«

Sethi stieß einen langen Seufzer aus.

»Wie vieler Bogenschützen habt Ihr Euch entledigt?«

»Ich zähle sie nicht mehr! Ich verabscheue Stümper. Heute abend werden wir zusammen trinken.«

»Unter dem Zelt?«

»Die Offiziere und ihre Gefolgsleute haben Anrecht auf die Herberge.«

»Und auf ... Frauen?«

Der Offizier bedachte Sethi mit einem ungeheuren Fausthieb in den Rücken.

»Verflixter Bursche, du bist für die Streitkräfte geboren! Nach dem Wein werden wir uns eine liederliche Dirne teilen, die uns die Hodensäcke leeren wird.«

Sethi küßte seinen Bogen. Das Glück verließ ihn nicht.

*

Paser hatte die Handlungsfähigkeit seiner Feinde unterschätzt. Zum einen wollten sie ihn daran hindern, Memphis zu verlassen und in Theben zu ermitteln; andererseits ihn seiner Eigenschaft als Richter berauben, um seinen Nachforschungen ein für alle Mal ein Ende zu setzen. Demnach war es tatsächlich ein Mord, wenn nicht gar mehrere, was Paser ans Licht zu bringen trachtete.

Leider war es dazu nun zu spät.

Wie befürchtet, hatte Sababu, ein Werkzeug des Vorstehers der Ordnungskräfte, ihn der Verderbtheit bezichtigt. Die Gemeinschaft der Gerichtsbeamten würde Pasers ausschweifendes, mit seinem Amt unvereinbares Leben anprangern.

Kem trat mit gesenktem Haupt in die Amtsstube.

»Habt ihr Sethi aufgestöbert?«

»Er wurde in das Asien-Heer eingezogen.«

»Ist er fort?«

»Als Bogenschütze auf einem Streitwagen.«

»Mein einziger Entlastungszeuge ist demnach unerreichbar.«

»Ich kann ihn ersetzen.«

»Das lehne ich ab, Kem. Man wird beweisen, daß Ihr Euch nicht bei Sababu aufhieltet, und Ihr werdet wegen falscher Zeugenaussage bestraft werden.«

»Euch verleumdet zu sehen, empört mich zutiefst!«

»Ich tat unrecht daran, den Schleier zu lüften.«

»Wenn niemand, nicht einmal ein Richter, die Wahrheit verkünden darf, lohnt es dann noch zu leben?«

Die Verzweiflung des Nubiers war ergreifend.

»Ich werde nicht aufgeben, Kem, doch ich besitze nicht einen einzigen Beweis.«

»Man wird Euch den Mund verschließen.«

»Ich werde nicht schweigen.«

»Ich werde an Eurer Seite sein, mit meinem Pavian.«

Die beiden Männer umarmten sich brüderlich.

*

Die Verhandlung fand zwei Tage nach Richter Pasers Rückkehr unter der aus Holz errichteten Vorhalle des Palastes statt. Die Schnelligkeit des Rechtsgangs ließ sich durch die

Persönlichkeit des Beklagten erklären; daß ein Gerichtsbeamter verdächtig war, das Gesetz zu brechen, verdiente eine sofortige Prüfung.

Paser erhoffte sich keinerlei Nachsicht von seiten des Ältesten der Vorhalle; er war gleichwohl verblüfft angesichts des Ausmaßes der Verschwörung, als er die einzelnen Beisitzer gewahrte: der Warenbeförderer Denes, seine Gemahlin Nenophar, der Vorsteher der Ordnungskräfte Monthmose, ein Palastschreiber und ein Tempelpriester des Ptah. Seine Feinde hatten die Mehrheit, wenn nicht gar eine einstimmige, falls der Schreiber und der Priester zu ihren Helfershelfern gehörten.

Mit kahl geschorenem Schädel, in einen geschlitzten Prunkschurz gekleidet und verstimmt dreinblickend saß der Älteste der Vorhalle am Ende des Verhandlungssaales. Zu seinen Füßen beschwor ein Krummstab aus Sykomorenholz die Gegenwart der Maat. Die Beisitzer befanden sich zu seiner Linken; zu seiner Rechten ein Schreiber. Hinter Paser zahlreiche Gaffer.

»Ihr seid Richter Paser?«

»In Memphis bestallt.«

»Unter Euren Untergebenen findet sich ein Gerichtsschreiber namens Iarrot.«

»Das stimmt.«

»Die Anklägerin möge vortreten.«

Iarrot und Sababu: ein unerwarteter Bund! Er war also von seinem engsten Gefolgsmann verraten worden.

Doch es war nicht Sababu, die durch den Verhandlungssaal schritt, sondern eine Braunhaarige mit kurzen Beinen, wulstigen Formen und unansehnlichem Gesicht.

»Ihr seid die Gattin des Gerichtsschreibers Iarrot?«

»Das bin ich«, bestätigte sie mit einer kreischenden Stimme, aus der keinerlei Klugheit sprach.

»Ihr äußert Euch hier unter Eid. Tragt Eure Anschuldigungen vor.«

»Mein Gatte trinkt Bier, viel zuviel Bier, vor allem am Abend. Seit einer Woche beschimpft er mich und prügelt mich im

Beisein unserer Tochter. Sie hat Angst, die arme Kleine. Ich habe Schläge erhalten; ein Heilkundiger hat die Male aufgenommen.«

»Kennt Ihr den Richter Paser?«

»Nur dem Namen nach.«

»Was verlangt Ihr vom Gericht?«

»Daß mein Gatte und sein Vorgesetzter, der für seine Sittlichkeit verantwortlich ist, bestraft werden. Ich will zwei neue Gewänder, zehn Sack Korn und fünf gebratene Gänse. Das Zweifache, wenn Iarrot mich von neuem prügelt.«

Paser war völlig verdutzt.

»Der Hauptbeklagte möge vortreten.«

Beschämt gehorchte Iarrot. Mit seinem plumpen, von einer stärker als gewöhnlich sichtbaren Kupferrose gezeichneten Gesicht brachte er seine Verteidigung vor.

»Meine Frau reizt mich, sie weigert sich, die Speisen zuzubereiten. Ich habe sie geschlagen, ohne es zu wollen. Eine unglückliche Anwandlung. Ihr müßt mich verstehen: Ich arbeite sehr hart bei Richter Paser, meine Wirkzeiten sind unbarmherzig, die Menge der zu bearbeitenden Vorgänge würde die Bestallung eines zweiten Gerichtsschreibers rechtfertigen.«

»Ein Einwand, Richter Paser?«

»Diese Behauptungen sind unrichtig. Wir haben sehr viel Arbeit, das ist wahr, doch ich habe die Eigenarten des Gerichtsschreibers Iarrot geachtet, seine häuslichen Schwierigkeiten gelten lassen und ihm großzügige Wirkzeiten eingeräumt.«

»Zeugenaussagen zu Euren Gunsten?«

»Die Leute aus dem Viertel, nehme ich an.«

Der Älteste der Vorhalle wandte sich an Iarrot.

»Müssen wir sie hier erscheinen lassen, und weist Ihr die Ansicht des Richters Paser zurück?«

»Nein, nein ... Doch ich habe trotzdem nicht ganz unrecht.«

»Richter Paser, wußtet Ihr, daß Euer Gerichtsschreiber seine Gattin schlug?«

»Nein.«

»Ihr seid für die Sittlichkeit Eurer Untergebenen verantwortlich.«

»Das bestreite ich nicht.«

»Aus Nachlässigkeit habt Ihr es verabsäumt, die sittlichen
Fähigkeiten von Iarrot zu überprüfen.«

»Dazu hatte ich keine Zeit.«

»Nachlässigkeit ist der einzig zutreffende Begriff.«

Der Älteste der Vorhalle hatte Paser in seinen Fängen. Er
fragte die Beteiligten, ob sie noch einmal das Wort zu ergreifen wünschten; allein Iarrots Gattin wiederholte erregt ihre
Beschuldigungen.

Die Geschworenen setzten sich zusammen.

Paser hatte beinahe Lust zu lachen. Wie hätte er sich ausmalen können, wegen eines häuslichen Zwistes verurteilt zu
werden? Iarrots Schwächlichkeit und die Dummheit seiner
Frau bildeten unvorhersehbare Fallen, die seine Gegner sich
zunutze gemacht hatten. Die rechtspflegerischen Vorschriften würden gewahrt werden, und man würde den niederen
Richter ohne Gewaltstreich beiseite drängen.

Die Beratung dauerte mehr als eine Stunde.

Der nach wie vor mürrische Älteste der Vorhalle gab das
Ergebnis kund.

»In Einstimmigkeit wird der Gerichtsschreiber Iarrot des
üblen Verhaltens gegenüber seiner Gattin für schuldig befunden. Er wird verurteilt, dem Opfer zu entrichten,
was dieses verlangt, und ihm wird zusätzlich eine Leibes-
strafe von dreißig Stockschlägen auferlegt. Falls er rückfällig würde, wird die Scheidung augenblicklich zu seinen
Lasten ausgesprochen. Ficht der Angeklagte den Spruch
an?«

Nur zu glücklich, derart wohlfeil davonzukommen, bot
Iarrot seinen Rücken dem Vollstrecker der Züchtigung dar.
Das ägyptische Recht scherzte nicht mit Rohlingen, die eine
Frau mißhandelten. Der Gerichtsschreiber ächzte und wim-
merte; ein Ordnungshüter brachte ihn darauf in den Kran-
kenpflegesaal des Viertels.

»In Einstimmigkeit«, fuhr der Älteste der Vorhalle fort, »wird

183

Richter Paser für unschuldig befunden. Das Gericht empfiehlt ihm, seinen Gerichtsschreiber nicht zu entlassen und ihm die Möglichkeit zur Besserung einzuräumen.«

*

Monthmose begnügte sich damit, Paser zu grüßen; er hatte es eilig, da er noch ein weiteres Mal als Geschworener über einen Dieb zu Gericht sitzen mußte. Denes und seine Gemahlin beglückwünschten den Gerichtsbeamten.

»Eine hanebüchene Anklage«, betonte Nenophar, über deren vielfarbenes Gewand in ganz Memphis geredet wurde.

»Wahrlich jedes Gericht hätte Euch freigesprochen«, verkündete Denes überschwenglich. »Wir brauchen einen Richter wie Euch in Memphis.«

»Das ist wahr«, erkannte Nenophar an. »Der Handel gedeiht nur in einer friedvollen und gerechten Gesellschaft. Eure Festigkeit hat uns tief beeindruckt; mein Gemahl und ich schätzen mutige Männer. Von heute an werden wir Euch um Rat angehen, wenn bei der Führung unserer Geschäfte irgendein rechtlicher Zweifel bestehen sollte.«

184

19. KAPITEL

Nach einer schnellen und friedlichen Reise gelangte das Schiff, das Richter Paser, seinen Esel, seinen Hund, Kem, den Babuin und einige andere Fahrgäste trug, in Sichtweite von Theben.

Ein jeder verstummte.

Am linken Ufer boten die Tempel von Karnak und von Luxor ihre göttliche Baukunst dar. Hinter den hohen Mauern, vor dem Blick der Gemeinen geschützt, lobpries eine kleine Anzahl von Männern und Frauen die Gottheiten, auf daß sie auf Erden verweilen mochten. Akazien und Tamarisken beschatteten den Widdersphingen-Gang, der zu den Pylonen führte, den gewaltigen Toranlagen, die den Zugang zu den Heiligtümern ermöglichten.

Diesmal hatten die Ordnungskräfte des Nils das Boot nicht abgefangen. Mit Freude sah Paser seine heimatlichen Gefilde wieder; seit seinem Aufbruch hatte er Prüfungen erduldet, sich gefestigt und abgehärtet und vor allem die Liebe entdeckt. Nicht einen Augenblick verließ ihn Neferet. Er hatte die Freude am Essen verloren, verspürte mehr und mehr Mühe, seine Aufmerksamkeit zu sammeln; nachts machte er kein Auge zu in der Hoffnung, sie aus der Dunkelheit hervortauchen zu sehen. Sich selbst fern, versank er nach und nach in einer Leere, die ihn von innen heraus verschlang. Allein die geliebte Frau könnte ihn heilen, doch würde sie seine Krankheit erkennen? Weder die Götter noch die Priester konnten ihm die Lebenslust zurückgeben, kein Sieg konnte seinen Schmerz vertreiben, kein Buch ihn besänftigen.

Theben, wo Neferet sich verbarg, war seine letzte Hoffnung. Paser glaubte nicht mehr an seine Ermittlungen. Zutiefst ernüchtert, wußte er nun, daß die Verschwörung meisterhaft geschmiedet worden war. Welchen Verdacht er auch immer hegen mochte, er würde nie zur Wahrheit gelangen. Kurz vor seiner Abfahrt hatte er von der Beisetzung der Mumie des Oberaufsehers des Sphinx erfahren. Da die Entsendung Heerführer Aschers zeitlich nicht begrenzt war, hatten die Obrigkeiten der Streitkräfte es für gut befunden, die Bestattungsfeierlichkeiten nicht länger hinauszuzögern. Handelte es sich um den Altgedienten oder um einen anderen Toten? War er vielleicht noch am Leben und irgendwo versteckt? Paser würde für immer im Zweifel bleiben.

Das Schiff legte vor dem Tempel von Luxor an.

»Wir werden beobachtet«, bemerkte Kem. »Ein Jüngling, dort am Bug. Er ist gestern an Bord gestiegen.«

»Entschwinden wir in die Stadt; dann sehen wir, ob er uns folgt.«

Der Mann ließ indes nicht von ihnen ab.

»Monthmose?«

»Wahrscheinlich.«

»Soll ich ihn Euch vom Halse schaffen?«

»Mir kommt ein anderer Einfall.«

Der Richter stellte sich im Hauptsitz der Ordnungskräfte vor, wo er von einem fettleibigen Beamten empfangen wurde, dessen Arbeitszimmer mit kleinen Körben Obst und Backwaren angefüllt war.

»Seid Ihr nicht in dieser Gegend geboren?«

»Doch, in einem Dorf am Westufer. Ich bin nach Memphis berufen worden, wo ich in den Genuß kam, Eurem Vorsteher, Monthmose, zu begegnen.«

»Dann seid Ihr jetzt also zurück.«

»Ein kurzer Aufenthalt.«

»Der Ruhe oder der Arbeit?«

»Ich kümmere mich um die Holzsteuer[1]. Mein Vorgänger hat unvollständige und verworrene Aufzeichnungen zu diesem wesentlichen Punkt hinterlassen.«

---

[1] Holz war ein ziemlich seltener Werkstoff in Ägypten und deshalb von nicht unbeträchtlichem Wert.

Der Fettleibige verschlang einige Rosinen.

»Sollte Memphis Not an Brennstoff haben?«

»Gewiß nicht; der Winter war mild, wir haben unsere Vorräte nicht erschöpft. Doch der im Wechsel erfolgende Dienst der Reisigsammler scheint mir nicht in einwandfreier Weise gewährleistet: Die Memphiter überwiegen die Thebaner dabei bei weitem. Ich möchte Eure Verzeichnisse Dorf für Dorf einsehen, um die Betrüger ausfindig zu machen. Manch einer verspürt wohl keine Lust, Kleinholz, Gesträuch und Palmfasern einzusammeln, um sie zu den Auslese- und Wiederverteilungsstellen zu bringen. Ist es nicht an der Zeit einzuschreiten?«

»Sicherlich, sicherlich.«

Durch Boten war der Verantwortliche der thebanischen Ordnungskräfte vor Pasers Eintreffen gewarnt worden, den man als zu fürchtenden, unerbittlichen und allzu neugierigen Richter beschrieb; an Stelle jenes beunruhigenden Menschen entdeckte der Fettleibige einen tastenden, um unwesentliche Dinge bekümmerten Amtmann.

»Der Vergleich der jeweiligen Mengen an Leseholz, die vom Norden und vom Süden gestellt wurden, ist vielsagend«, setzte Paser hinzu. »In Theben werden die Stümpfe der verdorrten Bäume nicht ordnungsgemäß zersägt. Sollte es da einen Schleichhandel geben?«

»Das ist möglich.«

»Wollt Ihr bitte den Gegenstand meiner Untersuchung vor Ort aufnehmen lassen.«

»Seid unbesorgt.«

Als der Fettleibige den jungen, mit Pasers Verfolgung beauftragten Ordnungshüter empfing, berichtete er diesem von der Unterredung. Die beiden Beamten waren sich einig: Der Amtmann hatte seine ursprünglichen Beweggründe wohl vergessen und verlor sich in Alltäglichkeiten. Dieses vernünftige Betragen würde ihnen recht viele Sorgen ersparen.

*

Der Schattenfresser hütete sich vor dem Affen und dem Hund. Er wußte, welch feines Gespür Tiere hatten und wie leicht sie verderbte Absichten wahrnahmen. Daher spähte er Paser und Kem aus gehöriger Entfernung aus.

Als er seine unmittelbare Bespitzelung aufgab, erleichterte der andere Verfolger, wahrscheinlich einer von Monthmoses Ordnungshütern, ihm seine Aufgabe. Falls der Richter sich dem Ziel näherte, wäre der Schattenfresser genötigt einzugreifen; im gegenteiligen Fall könnte er sich mit Beobachtung begnügen.

Die Befehle waren eindeutig, und er gehorchte stets den Befehlen. Er würde den Tod nicht ohne offenkundige Notwendigkeit säen. Allein Pasers Beharrlichkeit hatte das Verschwinden der Gemahlin des Oberaufsehers erforderlich gemacht.

*

Nach den unseligen Vorkommnissen am Sphinx hatte der Altgediente Unterschlupf in dem kleinen Dorf am Westufer gesucht, wo er geboren war. Er wollte einen glücklichen Ruhestand verleben, nachdem er dem Heer treu gedient hatte. Die schützende Behauptung eines Unfalls kam ihm bestens zupaß. Weshalb in seinem Alter einen von vornherein verlorenen Kampf aufnehmen?

Seit seiner Rückkehr hatte er den Brotofen wiederhergestellt und versah die Aufgabe des Bäckers zur größten Zufriedenheit der Dörfler. Wenn die Frauen das Korn mittels Reiter[1] von allen Unreinheiten befreit hatten, zermalmten sie es auf dem Mühlstein und zerstießen es in einem Mörser mit langstieligem Stößel. So erhielten sie das erste noch grobe Mehl, das sie mehrere Male durchsiebten. Aus dem befeuchteten Feinmehl bereiteten sie dann einen zähflüssigen Teig, dem Hefe zugefügt wurde. Die einen benutzten einen Krug mit weitem Hals, um den Teig zu kneten, die anderen legten ihn

---

[1] Grobes Getreidesieb. *(Anm. d. Ü.)*

auf eine schräge Steinplatte, die das Abfließen überschüssigen Wassers erleichterte. Hierauf griff der Bäcker ein, der die einfachsten Brote auf der Glut und die erleseneren Laibe in einem Ofen buk, der aus drei senkrechten Steinplatten bestand, die eine vierte bedeckte, unter der das Feuer brannte. Er bediente sich auch mit Löchern versehener Kuchenformen und steinerner Scheiben, in die er den Teig goß, um entsprechend runde Laibe, längliche Brote oder flache Kuchen herzustellen. Wenn die Kinder ihn darum baten, formte er ihnen ein liegendes Kalb, das sie mit großen Bissen verschlangen. Anläßlich des Min-Festes, das dem Gott der Fruchtbarkeit geweiht war, buk er Phalli von goldgelber Kruste und weißer Krume, die man auf dem Feld, inmitten der goldenen Ähren, verspeiste.

Er hatte den Lärm der Schlachten und die Schreie der Verletzten vergessen; wie lieblich ihm der Gesang der Flammen erschien, wie sehr er die Weichheit des warmen Brotes liebte! Von seiner Vergangenheit beim Heer hatte er sich ein herrisches Gemüt bewahrt; wenn er die Platten aufheizte, schob er die Frauen beiseite und duldete nur seinen Gehilfen, einen stämmigen Heranwachsenden von fünfzehn Jahren, seinen angenommenen Sohn, der ihm nachfolgen würde.

An diesem Morgen hatte der Junge sich verspätet. Der Altgediente geriet schon in Zorn, als mit einem Male Schritte auf dem gefliesten Boden der Backstube zu hören waren. Der Bäcker drehte sich um.

»Ich werde dich ... Wer seid Ihr?«

»Ich vertrete Euren Helfer. Er leidet an starken Kopfschmerzen.«

»Ihr wohnt nicht im Dorf.«

»Ich arbeite bei einem anderen Bäcker, eine halbe Stunde von hier. Der Dorfvorsteher hat mich kommen lassen.«

»Hilf mir.«

Da der Ofen tief war, mußte der Altgediente sich mit Kopf und Oberkörper hineinbegeben, um im hinteren Teil das Höchstmaß an Brotformen unterzubringen; sein Gehilfe hielt ihn dabei an den Schenkeln fest, um ihn beim kleinsten Zwischenfall herauszuziehen.

Der Altgediente wähnte sich in Sicherheit. Doch an diesem Tage wollte Richter Paser sein Dorf besuchen, seinen wahren Namen erfahren und ihn befragen. Der Schattenfresser hatte keine andere Wahl mehr.

Er packte ihn an beiden Fesseln, riß sie vom Boden hoch und stieß den Altgedienten mit ganzer Kraft ins Innere des Ofens.

*

Der Eingang des Marktfleckens war menschenleer. Nicht eine Frau auf der Türschwelle, nicht ein unter einem Baum schlummernder Mann, nicht ein mit seiner Holzpuppe spielendes Kind. Den Richter überkam die Gewißheit, daß sich gerade ein ungewöhnliches Ereignis zugetragen haben mußte; er forderte Kem auf, sich nicht von der Stelle zu rühren. Der Babuin und der Hund schauten sich aufgeregt um.

Paser lief eilends die von niedrigen Häusern gesäumte Hauptstraße entlang.

Rund um den Backofen fehlte nicht ein Dorfbewohner. Man schrie, man schubste, man rief die Götter an. Ein Heranwachsender erklärte zum zehntenmal, daß er niedergeschlagen worden sei, als er aus dem Hause trat und sich anschickte, dem Bäcker, seinem Stiefvater, zu helfen. Er machte sich wegen des entsetzlichen Unfalls bittere Vorwürfe und weinte heiße Tränen.

Paser drängte sich durch die Menge.

»Was ist geschehen?«

»Unser Bäcker ist soeben auf grauenhafte Weise gestorben«, antwortete das Dorfoberhaupt. »Er muß ausgerutscht und im Ofen ohnmächtig geworden sein. Für gewöhnlich hält sein Gehilfe ihn an den Beinen zurück, um ein derartiges Unglück zu vermeiden.«

»Handelte es sich um den aus Memphis zurückgekehrten Altgedienten?«

»In der Tat!«

»Hat jemand diesem ... Unfall beigewohnt?«

»Nein. Weshalb all diese Fragen?«

»Ich bin der Richter Paser, und ich kam hierher, um diesen Unglücklichen zu befragen.«

»Worüber?«

»Ohne Belang.«

Eine völlig aufgelöste Frau klammerte sich jäh an Pasers linken Arm.

»Es waren die Geister der Nacht, die ihn getötet haben, weil er eingewilligt hat, Brot, unser Brot, dieser Fremden namens Hattusa zu liefern, die über den Harem herrscht.«

Der Richter stieß sie barsch beiseite.

»Da Ihr das Gesetz anwendet, rächt unseren Bäcker und nehmt diese Dämonin fest.«

*

Paser und Kem aßen auf dem freien Feld neben einem Brunnen zu Mittag. Der Babuin schälte mit großer Fingerfertigkeit milde Zwiebeln. Er begann allmählich, Pasers Gegenwart ohne großes Mißtrauen zu dulden. Brav labte sich an Brot und Gurken, Wind des Nordens käute Futterklee.

Fahrig drückte der Richter einen Schlauch frisches Wasser an sich.

»Ein Unfall und fünf Opfer! Das Heer hat gelogen, Kem. Sein Bericht ist eine Fälschung.«

»Ein einfacher Irrtum der Verwaltung.«

»Das war Mord, ein erneuter Mord.«

»Keinerlei Beweise. Der Bäcker ist verunglückt. So etwas hat sich schon ereignet.«

»Der Mörder ist vor uns dagewesen, weil er wußte, daß wir ins Dorf kommen würden. Niemand sollte die Spur des vierten Altgedienten wiederfinden, niemand sollte sich mit dieser Angelegenheit näher befassen.«

»Dringt nicht weiter. Ihr habt irgendeine Abrechnung unter Kriegern aufgestöbert.«

»Wenn die Gerechtigkeit sich geschlagen gibt, wird die Gewalt an Stelle von PHARAO herrschen.«

»Ist Euer Leben nicht wichtiger als das Gesetz?«

»Nein, Kem.«

»Ihr seid der unerschütterlichste Mann, dem ich je begegnet bin.«

Wie sehr der Nubier sich doch täuschte! Selbst in diesen unheilvollen Stunden gelang es Paser nicht, Neferet aus seinem Sinn zu verbannen. In der Folge dieses Zwischenfalls, der ihm die Stichhaltigkeit seiner Ahnungen bewies, hätte er sich ganz seiner Untersuchung widmen müssen; doch die Liebe, so heftig wie der Wind des Südens, fegte diesen Vorsatz hinweg. Er stand auf und lehnte sich mit geschlossenen Lidern gegen den Brunnen.

»Fühlt Ihr Euch nicht wohl?«

»Es wird vorübergehen.«

»Der vierte Altgediente war noch am Leben«, erinnerte Kem.

»Wie steht es um den fünften?«

»Falls wir ihn befragen könnten, würden wir dieses Geheimnis durchdringen.«

»Sein Dorf ist ohne Zweifel nicht sehr weit entfernt.«

»Wir werden nicht hingehen.«

Der Nubier lächelte.

»Endlich seid Ihr vernünftig!«

»Wir werden nicht hingehen, weil man uns verfolgt und uns vorauseilt. Wegen unseres Eintreffens nämlich wurde der Bäcker ermordet. Falls der fünfte Altgediente noch von dieser Welt ist, würden wir ihn zum Tode verurteilen, gingen wir weiterhin auf dieselbe Weise vor.«

»Was schlagt Ihr vor?«

»Ich weiß es noch nicht. Zunächst werden wir nach Theben zurückkehren. Der oder die, die uns beobachten, werden glauben, wir befänden uns auf der falschen Fährte.«

*

192

Paser überprüfte die Erträge der Holzsteuer des vorangegangenen Jahres. Der fettleibige Beamte öffnete seine Schriftenkammern und labte sich dann an Karobesaft. Dieser niedere Richter besaß wahrhaftig nicht die geringste Spur von Größe. Während er unzählige Buchhaltungstäfelchen einsah, schrieb der thebanische Amtmann einen Brief an Monthmose, um ihn zu beruhigen. Paser würde keinen Sturm verursachen.

Trotz des behaglichen Zimmers, das ihm angeboten worden war, verbrachte der Richter eine schlaflose Nacht, hin- und hergerissen zwischen der Besessenheit, Neferet wiederzusehen, und der Notwendigkeit, seine Nachforschungen fortzusetzen. Sie wiedersehen, wo er ihr doch gleichgültig war; seine Nachforschungen fortsetzen, wo die Angelegenheit doch bereits begraben und vergessen war?

Unter der Verzweiflung seines Herrn leidend, legte Brav sich eng neben ihn. Seine Wärme würde ihm die Lebenskraft einflößen, die er benötigte. Der Richter streichelte seinen Hund und dachte dabei an seine Streifzüge am Nil entlang, als er noch ein junger sorgloser Mann und davon überzeugt gewesen war, ein friedliches Dasein in seinem Dorf zu verleben, in dem Jahreszeit auf Jahreszeit folgte.

Das Schicksal hatte sich seiner mit der Jähe und der Gewalt eines Raubvogels bemächtigt; würde er, wenn er seinen tollen Träumen, wenn er Neferet, der Wahrheit entsagte, seine innere Ruhe von einst wiederfinden?

Sich selbst zu belügen, war vergeblich. Neferet würde seine einzige Liebe bleiben.

*

Die Morgenröte hatte ihm einen Hoffnungsschimmer gebracht. Ein Mann konnte ihm helfen! Also begab er sich zu den Hafenbecken Thebens, wo jeden Tag ein großer Markt abgehalten wurde. Sobald die Waren gelöscht waren, stellten Kleinhändler sie auf Auslagen zur Schau. Männer und Frauen führten ihre Stände unter freiem Himmel, boten die mannigfachsten Lebensmittel, Stoffe, Kleidung und tausendundeinen Gegenstand feil. Unter dem Binsendach einer Schänke tranken Seeleute Bier und bewunderten dabei die hübschen Frauen der besseren Kreise, die auf der Suche nach Neuigkeiten waren. Ein am Boden sitzender Fischhändler vor seinem Rohrgeflechtkorb, der Nilbarsche enthielt, tauschte zwei schöne Stücke gegen ein Töpfchen Salböl; ein Feinbäcker Kuchen gegen eine Halskette und ein Paar Sandalen, ein Lebensmittelkrämer Saubohnen gegen einen Besen. Bei jedem dieser Geschäfte erhitzten sich die Gemüter, und die Verhandlungen endeten in einer gütlichen Einigung. Sofern die Streitigkeit das Gewicht der Waren betraf, konnte man auf eine Waage zurückgreifen, die ein Schreiber überwachte.

Endlich sah Paser ihn.

Wie er vermutet hatte, verkaufte Kani Kichererbsen, Gurken und Lauch auf dem Markt.

Plötzlich zog der Pavian mit unerwarteter Gewalt an seiner Leine und stürzte sich auf einen Dieb, den niemand bemerkt hatte und der gerade zwei herrliche Köpfe Salat entwendete. Der Affe hieb seine Zähne in den Oberschenkel des Missetäters. Seinen Schmerz herausschreiend, versuchte dieser den Angreifer vergebens zurückzustoßen. Kem schritt ein, bevor der Affe den Mann zerfleischen konnte. Der Dieb wurde in die Obhut zweier Ordnungshüter überstellt.

»Ihr seid mein Beschützer«, bemerkte der Gärtner.

»Ich benötige Eure Hilfe, Kani.«

»In zwei Stunden werde ich alles verkauft haben. Dann gehen wir zu mir.«

*

Der Gemüsegarten war von Kornblumen, Mandragoren und Goldblumen eingefaßt. Kani hatte äußerst gleichmäßige Randbeete gezogen, die die einzelnen Stücke begrenzten; jedes enthielt ein Gemüse, Saubohnen, Kichererbsen, Linsen, Gurken, Zwiebeln, Lauch, Bockshornklee. Am hinteren

Ende des Fleckens Land schützte ein Palmenhain die Pflanzung vor dem Wind; auf der linken Seite fanden sich ein Wein- und ein Obstgarten. Kani lieferte den Großteil seiner Ernte dem Tempel und setzte den Überschuß auf dem Markt ab.

»Seid Ihr zufrieden mit Eurem neuen Stand?«

»Die Arbeit ist noch genauso hart, doch ich ziehe Gewinn aus ihr. Der Tempelverwalter schätzt mich.«

»Baut Ihr auch Arzneipflanzen an?«

»Kommt.«

Kani zeigte Paser das Werk, das sein ganzer Stolz war: ein Beet mit einfachen und mit erlesenen Heilkräutern sowie mit Pflanzen, aus denen Arzneien gewonnen wurden. Weiderich, Senf, Bertram, Polei und Kamille waren nur einige davon.

»Wißt Ihr, daß Neferet in Theben weilt?«

»Ihr irrt Euch, Richter. Sie bekleidet ein wichtiges Amt in Memphis.«

»Neb-Amun hat sie daraus verjagt.«

Eine starke Gemütsbewegung trübte den Blick des Gärtners.

»Er hat es gewagt ... dieses Krokodil hat es gewagt!«

»Neferet gehört nicht mehr dem ersten Kreis der Heilkundigen an und hat keinen Zugang mehr zu den großen Forschungs- und Wirkstätten. Sie wird sich mit einem Dorf begnügen und die ernsthaft Erkrankten zu ihren befähigteren Berufsgenossen schicken müssen.«

Kani stampfte zornig auf den Boden.

»Das ist schändlich, ungerecht!«

»Helft ihr.«

Der Gärtner hob fragend den Blick.

»Auf welche Weise?«

»Wenn Ihr ihr seltene und kostspielige Pflanzen und Kräuter liefert, wird sie die nötigen Arzneimittel herzustellen und ihre Kranken zu heilen wissen. Wir werden kämpfen, um ihren guten Ruf wiederherzustellen.«

»Wo ist sie?«

»Das ist mir nicht bekannt.«

»Ich werde sie finden. War das der Auftrag, den Ihr mir anzuvertrauen wünschtet?«

»Nein.«

»Sprecht.«

»Ich suche einen Altgedienten der Ehrenwache des Sphinx. Er ist in seine Heimat am Westufer zurückgekehrt, um seinen Ruhestand dort zu verleben. Er verbirgt sich.«

»Warum?«

»Weil er um ein Geheimnis weiß. Wenn er mit mir spricht, ist er in Lebensgefahr. Ich wollte mich mit seinem Gefährten unterhalten, der sich hier als Bäcker niedergelassen hat; er wurde Opfer eines Unfalls.«

»Was wünscht Ihr?«

»Macht ihn ausfindig. Anschließend werde ich mit allergrößter Vorsicht einschreiten. Irgend jemand bespitzelt mich; falls ich selbst die Suche durchführe, wird der Altgediente ermordet werden, bevor ich mit ihm reden kann.«

»Ermordet!«

»Ich verhehle Euch weder den Ernst der Lage noch die drohende Gefahr.«

»In Eurer Eigenschaft als Richter könntet Ihr …«

»Ich besitze nicht einen Beweis, und ich beschäftige mich mit einem vom Heer abgeschlossenen Vorgang.«

»Und wenn Ihr Euch irrtet?«

»Wenn ich den Altgedienten, sofern er noch lebt, als Zeugen vernehmen kann, werden alle Zweifel zerstreut sein.«

»Ich kenne die Dörfer und Marktflecken des Westufers gut.«

»Ihr geht große Gefahren ein, Kani. Irgend jemand zögert nicht zu töten und seine Seele zu verlieren.«

»Für dies eine Mal laßt mich darüber urteilen.«

*

Zum Ende jeder Woche gab Denes einen Empfang, um so die Schiffsführer seiner Frachtboote und zudem einige hochrangige Beamte zu begünstigen, welche bereitwillig die Genehmigungen für freie Fahrt, Beladen und Löschen ausstellten. Alle erfreuten sich an der Pracht des weiten Gartens, den Teichen und dem mit fremdländischen und ausgefallenen Arten bevölkerten Vogelhaus. Denes ging von einem zum anderen, sagte einige Freundlichkeiten, erkundigte sich nach dem Wohl und Wehe der Familie. Dame Nenophar stolzierte umher.

An diesem Abend war die Stimmung weniger gelöst. Der Erlaß von Ramses dem Großen hatte Verunsicherung unter den führenden Männern gestiftet. Die einen beargwöhnten die anderen, vertrauliche Kenntnisse zu besitzen und sie für sich zu behalten. Denes, von zwei Berufsgenossen umrahmt, deren Geschäft er sich einzuverleiben gedachte, nachdem er ihre Schiffe aufgekauft hatte, begrüßte einen seltenen Gast, den Metallkundler Scheschi. Dieser verbrachte den wesentlichen Teil seines Daseins in der geheimsten Forschungs- und Wirkstätte des Palastes und pflegte nur wenig Umgang mit den Vornehmen. Er war von kleinem Wuchs, seine Miene stets düster und abweisend, doch er galt als sehr fähig und bescheiden.

»Eure Anwesenheit ehrt uns, teurer Freund!«

Der Wissenschaftler deutete ein halbes Lächeln an.

»Wie verliefen Eure letzten Versuche? Kein Sterbenswörtchen, und die Lippen verschlossen halten, nicht wahr, doch man spricht in der ganzen Stadt darüber! Ihr sollt eine außerordentliche Legierung bewerkstelligt haben, die uns erlaube, Schwerter und Lanzen herzustellen, die kein Schlag bricht.«

Scheschi schüttelte zweifelnd den Kopf.

»Amtsgeheimnis der Streitkräfte, selbstverständlich! Bemüht Euch, auf daß es gelinge. Bei dem, was uns erwartet . . .«

»Werdet deutlicher«, verlangte einer der Gastfreunde.

»Nach PHARAOS Erlaß zu urteilen, ein netter Krieg! Ramses will die Hethiter zermalmen und uns von diesen kleinen Fürsten Asiens befreien, die sich so leicht auflehnen.«

»Ramses liebt den Frieden«, wandte ein Bootsführer der Handelsschiffahrt ein.

»Auf der einen Seite stehen die öffentlichen Bekundungen, auf der anderen die Taten.«

»Das ist besorgniserregend.«

»Ganz und gar nicht! Vor wem oder was sollte Ägypten sich fürchten?«

»Munkelt man nicht, dieser Erlaß offenbare eine Schwächung der Macht?«

Denes brach in Gelächter aus.

»Ramses ist der Größte, und er wird es bleiben! Spielen wir ein nebensächliches Vorkommnis nicht zum drohenden Unheil hoch.«

»Trotz alledem, unsere Lebensmittelvorräte zu überprüfen ...«

Gemahlin Nenophar ergriff das Wort.

»Der Schritt ist leicht faßlich: Vorbereitung einer neuen Abgabe und Umgestaltung der Steuer.«

»Und dazu muß eine neue Bewaffnung bezahlt werden«, überbot Denes. »Wenn er wollte, würde Scheschi sie uns beschreiben und Ramses Entscheidung rechtfertigen.«

Alle Blicke richteten sich auf den Forscher. Scheschi hüllte sich weiter in Schweigen. Als geschickte Herrin des Hauses geleitete Nenophar ihre Gäste zu einem Lusthäuschen, wo ihnen Erfrischungen gereicht wurden.

Monthmose, der Vorsteher der Ordnungskräfte, faßte Denes am Arm und nahm ihn beiseite.

»Eure Verdrießlichkeiten mit der Gerechtigkeit sind beendet, hoffe ich?«

»Paser hat nicht weiter beharrt. Er ist verständiger, als ich es mir vorgestellt habe. Ein junger Gerichtsbeamter voller Ehrgeiz, das ist gewiß, aber ist das nicht löblich? Wir haben diese Zeit selbst gekannt, Ihr und ich, bevor wir zu angesehenen Persönlichkeiten wurden.«

Monthmose verzog das Gesicht.

»Sein ganzes Wesen ...«

»Es wird sich mit der Zeit bessern.«

»Ihr seid recht zuversichtlich.«

»Wirklichkeitsnah. Paser ist ein guter Richter.«

»Ein unbestechlicher, meint Ihr?«

»Ein kluger, ehrerbietiger und unbestechlicher Mann von

der Sorte, die das Gesetz achten. Dank Männern seines
Schlages gedeiht der Handel und liegt das Land in Frieden.
Was kann man sich Besseres wünschen? Glaubt mir, teurer
Freund: Begünstigt Pasers Laufbahn.«

»Ein wertvoller Ratschlag.«

»Mit ihm wird es keine Amtsvergehen geben.«

»Das ist nicht unwesentlich, in der Tat.«

»Ihr bleibt mißtrauisch.«

»Seine Unternehmungen erschrecken mich ein wenig; der
Sinn für Feinheiten scheint mir nicht seine Stärke.«

»Jugend und Unerfahrenheit. Was denkt der Älteste der
Vorhalle darüber?«

»Er teilt Eure Ansicht.«

»Da seht Ihr es!«

Die Nachrichten, die der Vorsteher der Ordnungskräfte
durch Sonderboten aus Theben erhalten hatte, bekräftigten
Denes' Einschätzungen. Monthmose hatte sich ohne jeden
Grund geängstigt. Kümmerte der Richter sich nicht um die
Holzsteuer und die Redlichkeit der Abgabepflichtigen?
Vielleicht hätte er den Wesir nicht so früh benachrichtigen
sollen. Aber traf man je genügend Vorsichtsmaßnahmen?

20. KAPITEL

Lange Wanderungen über das freie Land in Gesellschaft von Wind des Nordens und Brav, Begutachten der Unterlagen in den Amtsstuben der Ordnungskräfte, Erstellen eines genauen Verzeichnisses der Abgabepflichtigen in bezug auf die Holzsteuer, Besichtigungen der erfaßten Ortschaften, amtliche Unterredungen mit den Ortsvorstehern und den Großgrundbesitzern: So verliefen die thebanischen Tage des Richters Paser, die jeweils mit einem Besuch bei Kani endeten.

Wenn Paser dort eintraf und sah, wie der Gärtner den Kopf über seine Pflanzungen senkte, wußte Paser sogleich, daß Kani weder Neferet noch den fünften Altgedienten entdeckt hatte.

Eine Woche verstrich. Die Beamten in Monthmoses Diensten sandten diesem Berichte ohne jede Überraschung hinsichtlich der Tätigkeit des Richters; Kem begnügte sich damit, die Märkte zu durchstreifen und Diebe zu verhaften. Bald würden sie nach Memphis zurückkehren müssen.

Wieder einmal durchquerte Paser den Palmenhain, schlug den Feldweg am Bewässerungskanal entlang ein und schritt die Stufen hinunter, die zu Kanis Garten führten. Wenn die Sonne sich zu neigen begann, kümmerte dieser sich um die Heilpflanzen, die regelmäßige und aufmerksame Pflege verlangten. Da er bis tief in die Nacht bewässerte, schlief er in der Holzhütte.

Der Garten schien verwaist.

Erstaunt ging Paser um ihn herum, öffnete dann die Tür der Holzhütte. Leer. Er setzte sich auf ein Mäuerchen und erfreute sich am Sonnenuntergang. Der Vollmond versilberte den Fluß. Je mehr Zeit verstrich, desto banger wurde ihm

ums Herz. Kani hatte vielleicht den fünften Altgedienten ausgemacht, vielleicht war er verfolgt worden, vielleicht ...
Paser warf sich vor, den Gärtner in eine Ermittlung, die ihnen über den Kopf wuchs, verwickelt zu haben. Falls ein Unglück geschehen war, müßte er sich selbst als den Hauptverantwortlichen betrachten.
Auch als Kühle sich auf seine Schultern senkte, rührte der Richter sich nicht. Er würde bis zum Morgengrauen ausharren und erkennen müssen, daß der Gärtner nicht mehr zurückkehrte. Mit zusammengebissenen Zähnen und schmerzenden Muskeln klagte Paser über seine Leichtfertigkeit.
Eine Barke überquerte den Fluß.
Der Richter erhob sich und lief zur Böschung.
»Kani!«
Der Gärtner legte an, machte das Boot an einem Pflock fest und erklomm langsam den Abhang.
»Weshalb kommt Ihr so spät heim?«
»Ihr zittert?«
»Mir ist kalt.«
»Der Wind des Frühlings macht krank. Gehen wir in die Hütte.«
Der Gärtner setzte sich auf einen Holzklotz, den Rücken fest gegen die Bretter gelehnt; Paser auf eine Werkzeugtruhe.
»Habt Ihr den Altgedienten gefunden?«
»Keine Spur von ihm.«
»Seid Ihr in Gefahr gewesen?«
»Zu keinem Zeitpunkt. Ich kaufe hier und da seltene Pflanzen und wechsele Vertraulichkeiten mit den Alten.«
Paser stellte die Frage, die ihm auf den Lippen brannte: »Und Neferet?«
»Ich habe sie nicht gesehen, aber ich kenne jetzt den Ort, wo sie weilt.«

*

Scheschis Wirkstätte belegte drei große Räume im Untergeschoß einer Nebenkaserne. Die Einheit, die dort untergebracht war, setzte sich ausschließlich aus Soldaten zweiten

Ranges zusammen, die den Schanzarbeiten zugeteilt waren. Jeder glaubte, der Gelehrte arbeitete im Palast, während er seine tatsächlichen Forschungen in dieser verschwiegenen Umgebung durchführte. Dem Anschein nach bestand keine besondere Bewachung; doch wer immer versuchte, die in die Tiefe des Gebäudes führende Treppe zu betreten, wurde barsch aufgehalten und schonungslos verhört.

Scheschi war aufgrund seiner außerordentlichen Kenntnisse auf dem Gebiet der Festigkeit von Metallen von den für Bau und Handwerk zuständigen Ämtern des Palastes angeworben worden. Bereits in seinem ursprünglichen Beruf eines Bronzegießers war er fortwährend darum bemüht gewesen, die Aufbereitung des für die Herstellung der Steinmetzmeißel unerläßlichen Rohkupfers zu verbessern.

Wegen seiner Erfolge und seiner Ernsthaftigkeit war er stetig aufgestiegen; an dem Tage dann, da er Werkzeuge von erstaunlicher Festigkeit geliefert hatte, mit denen die Blöcke des am Westufer Thebens errichteten »Hauses der Millionen Jahre«[1] von Ramses dem Großen behauen wurden, war sein Ruf bis zu den Ohren des Königs gedrungen.

Scheschi hatte seine drei wichtigsten Gefolgsleute zu sich bestellt, Männer reifen Alters und erfahrene Wissenschaftler. Lampen, deren Dochte nicht rauchten, erhellten das Untergeschoß. Gemächlich und gewissenhaft räumte Scheschi die Papyri beiseite, auf denen er seine letzten Berechnungen niedergeschrieben hatte.

Mit Unbehagen faßten die drei sich in Geduld. Das Schweigen des Metallforschers verhieß nichts Gutes, wenngleich er auch sonst recht wortkarg war. Diese unerwartete und gebieterische Einbestellung lag nicht in seinen Gewohnheiten.

Der kleine Mann mit dem schwarzen Schnurrbart drehte seinen Gehilfen den Rücken zu.

»Wer hat geplaudert?«

---

[1] Es handelt sich um das Ramesseum, den Totentempel von Ramses II. am Westufer Thebens, der zur Aufgabe hat, dem *Ka* des Pharaos »Millionen Jahre« Herrschaft im Jenseits zu gestatten.

Keiner antwortete.

»Ich werde meine Frage nicht wiederholen.«

»Sie ist ohne Sinn.«

»Während eines Empfangs hat ein Geschäftsmann mir von Legierungen und neuen Waffen erzählt.«

»Unmöglich! Er hat Euch angelogen.«

»Ich war zugegen. Wer hat geplaudert?«

Erneutes Schweigen.

»Ich habe nicht die Möglichkeit, eine ungewisse Untersuchung durchzuführen. Selbst wenn die verbreiteten Behauptungen unvollständig, also unrichtig sind, ist das Vertrauen zerstört.«

»Mit anderen Worten . . .«

»Mit anderen Worten, Ihr seid Eurer Ämter enthoben.«

*

Neferet hatte das ärmste und abgeschiedenste Dorf des thebanischen Bezirks erwählt. An der Grenze zur Wüste gelegen und schlecht bewässert, zählte es eine ungewöhnlich hohe Anzahl an Hautleidenden. Die junge Frau war weder traurig noch niedergeschlagen; den Krallen Neb-Amuns entronnen zu sein, erfüllte sie mit Genugtuung, auch wenn sie für ihre Freiheit eine vielversprechende Laufbahn eingetauscht hatte. Sie würde die Armen mit den Mitteln pflegen, über die sie verfügte, und sich mit einem einsiedlerischen Dasein auf dem Lande zufriedengeben. Wenn das Krankenschiff den Fluß hinunter nach Memphis fuhr, würde sie ihren Lehrmeister Branir besuchen. Da er sie kannte, würde er nicht versuchen, sie umzustimmen.

Bereits am zweiten Tage nach ihrer Ankunft hatte Neferet die gewichtigste Person des Marktfleckens geheilt, einen des Gänsemästens kundigen Mann, der an ungleichmäßigem Herzschlag litt. Eine ausgiebige Walkung und das Einrenken der Wirbelsäule brachten ihn wieder auf die Beine.

Bei seiner Tätigkeit hockte der Mäster am Boden neben einem niedrigen Tisch, auf dem aus einem Wasserbehälter geholte Mehlklöße lagen, und ergriff eine seiner Gänse am Hals. Das Federvieh wehrte sich, doch er ließ nicht los und führte behutsam die Stopfklumpen in den Kropf, wobei er sein Tun mit besänftigenden Worten begleitete. Derart genudelt taumelte die Gans erst wie trunken und watschelte dann zur Verdauung davon. Die Mast der Kraniche erforderte mehr Aufmerksamkeit. Was seine Stopfleber anlangte, galt sie als eine der berühmtesten der ganzen Gegend.

In der Folge dieser ersten, als wundersam befundenen Heilung war Neferet zur Heldin des Dorfes geworden. Die Bauern hatten sie um Ratschläge ersucht, wie sie die Feinde des Feldes und der Obstgärten, insbesondere die Heuschrecken und Grillen, bekämpfen sollten; doch die junge Frau hatte es vorgezogen, zunächst gegen eine andere Plage anzugehen, die ihr die Ursache für jene Hautentzündungen zu sein schien, die Erwachsene wie Kinder heimsuchten, nämlich die Fliegen und Stechmücken. Ihr unmäßiges Auftreten ließ sich mit einem Pfuhl versumpften Wassers erklären, der seit mehr als drei Jahren nicht entwässert worden war. Neferet ließ ihn trockenlegen, empfahl allen Dorfbewohnern, ihre Häuser zu reinigen und zu entseuchen, pflegte die Stiche mit Goldammerfett und nahm Einreibungen mit frischem Öl vor.

Allein der Fall eines Greises mit verbrauchtem Herzen bereitete ihr Sorge; falls sich sein Zustand verschlechtern sollte, würden sie ihn nach Theben ins Siechenhaus bringen müssen. Gewisse seltene Pflanzen hätten ihm diese Unannehmlichkeit erspart. Als sie sich wieder einmal an seinem Lager befand, kam ein Knabe, um sie von der Anwesenheit eines Fremden zu benachrichtigen, der Fragen nach ihr stellte.

Selbst hier ließ Neb-Amun sie nicht in Frieden! Wessen beschuldigte man sie diesmal, zu welcher Erniedrigung würde er sie treiben! Sie mußte sich verstecken. Die Dörfler würden schweigen und der Gesandte des Obersten Arztes wieder gehen.

*

Paser spürte, daß seine Gegenüber logen; der Name Neferet war ihnen vertraut, ihrer Stummheit zum Trotz. Der Marktflecken verschloß sich gegen die Außenwelt; mit seinen von der Wüste bedrohten Häusern, als fürchtete er jegliches Eindringen; die meisten Türen wurden vor ihm verriegelt.

Verdrossen wollte er sich schon anschicken, den Ort zu verlassen, als er eine Frau erblickte, die sich zu den steinigen Hügeln wandte.

»Neferet!«

Neugierig drehte sie sich um. Sie erkannte ihn und kehrte um.

»Richter Paser ... was macht Ihr hier?«

»Ich hatte den Wunsch, mit Euch zu sprechen.«

Die Sonne stand in ihren Augen. Die Landluft hatte ihre Haut gebräunt. Paser wollte ihr seine Gefühle gestehen, ausdrücken, was er empfand, war jedoch außerstande, auch nur ein Wort herauszubringen.

»Gehen wir auf die Kuppe dieser Anhöhe.«

Er wäre ihr bis ans Ende der Welt, auf den Grund des Meeres, in den Schlund der Finsternis gefolgt. Welch ein berauschendes Glück war es doch, an ihrer Seite zu gehen, sich ganz nah neben sie zu setzen, ihre Stimme zu hören.

»Branir hat mich unterrichtet. Wünscht Ihr, gegen Neb-Amun Anzeige einzureichen?«

»Sie wäre nutzlos. Etliche Heilkundler verdanken ihm ihre Laufbahn und würden gegen mich aussagen.«

»Ich werde sie wegen falscher Zeugenaussage anklagen.«

»Sie sind zu zahlreich, und Neb-Amun wird Euch am Handeln hindern.«

Trotz der lauen Wärme des Frühlings schauderte Paser. Er konnte ein Niesen nicht unterdrücken.

»Eine Erkältung?«

»Ich habe die Nacht im Freien verbracht, als ich auf die Rückkehr von Kani wartete.«

»Dem Gärtner?«

»Er war es, der Euch wiedergefunden hat. Er lebt in Theben, bewirtschaftet dort seinen eigenen Garten. Und das ist Eure

Gelegenheit, Neferet: Er baut Heilpflanzen an und wird die erlesensten zu bestellen verstehen!«

»Eine Wirkstätte errichten? Hier?«

»Warum nicht? Eure Kenntnisse der Arzneikunde erlauben es Euch. Ihr werdet nicht allein die ernsten Erkrankungen behandeln können, Euer Ruf wird noch dazu rasch wiederhergestellt sein.«

»Ich verspüre wenig Lust, diesen Kampf aufzunehmen. Mein gegenwärtiger Stand genügt mir.«

»Vergeudet Eure Begabung nicht. Tut es für Eure Kranken.«

Paser nieste ein zweites Mal.

»Solltet Ihr nicht als erster davon betroffen sein? Die Lehrbücher behaupten, der starke Schnupfen breche die Knochen, zertrümmere den Schädel und höhle das Hirn aus. Ich muß diesem Unheil vorbeugen.«

Ihr Lächeln, bei dem die Güte den Spott ausschloß, verzückte ihn.

»Nehmt Ihr Kanis Hilfe an?«

»Er ist stur. Wie könnte ich mich ihr widersetzen, wenn seine Entscheidung gefaßt ist? Beschäftigen wir uns mit dem dringlichen: Schnupfen ist ein ernstes Leiden. Ich verordne Euch Palmsaft für Eure Nasenlöcher und, falls er beharrlich bleibt, Frauenmilch und Duftgummi.«

Der Schnupfen blieb hartnäckig und verstärkte sich. Neferet geleitete den Richter in die bescheidene Behausung, die sie in der Dorfmitte bewohnte. Da Husten hinzutrat, verordnete sie ihm Höllenpulver[1], welches das Volk »was das Herz labt« nannte.

»Versuchen wir, dem Verlauf Einhalt zu gebieten. Setzt Euch auf diese Matte und rührt Euch nicht mehr.«

Sie gab ihre Anweisungen, ohne die Stimme zu erheben, die so sanft war wie ihr Blick. Der Richter hoffte, daß die Nachwirkungen der Erkältung von Dauer sein würden und er so lange wie möglich in diesem schlichten Raum verweilen könnte.

---

[1] Mineral: Realgar, Rauschrot; Arsensulfid. *(Anm. d. Ü.)*

Neferet vermengte Höllenpulver, Harz, Blätter von entseu-
chenden Pflanzen, zerstieß und verrührte alles zu einem
Brei, den sie erhitzte. Dann strich sie ihn auf einen Stein,
den sie vor den Richter stellte, und stülpte einen irdenen
Topf mit einem Loch im Boden darüber.

»Nehmt dieses Schilfrohr«, sagte sie zu Paser, »steckt es in
das Loch und atmet die Dämpfe abwechselnd durch den
Mund und durch die Nase ein. Die Räucherung wird Euch
Linderung verschaffen.«

Ein Fehlschlag hätte Paser nicht mißfallen, doch das Heilverfahren erwies sich als wirkungsvoll. Die Beengung nahm ab,
die Atmung ging leichter.

»Kein Schauder mehr?«

»Nur ein Gefühl der Mattheit.«

»Während einiger Tag empfehle ich Euch eine reichhaltige
und eher fette Nahrung: rotes Fleisch, frisches Öl über den
Lebensmitteln. Ein wenig Ruhe wäre segensreich.«

»Der muß ich entsagen.«

»Was führt Euch nach Theben?«

Er hatte Lust zu schreien: »Ihr, Neferet, Ihr allein!«, aber die
Worte blieben ihm in der Kehle stecken. Er war sich gewiß,
daß sie seine Leidenschaft wahrnahm, er wartete, daß sie
ihm die Möglichkeit böte, sie zu äußern, wagte jedoch nicht,
ihren Frieden mit einem tollen Wahn zu trüben, den sie
zweifelsohne mißbilligen würde.

»Vielleicht ein Verbrechen, vielleicht mehrere Verbrechen.«

Er spürte, wie ein Unheil sie verstörte, das sie nicht betraf.
Hatte er das Recht, sie in diese Angelegenheit zu verwickeln,
deren wahres Wesen ihm selbst unbekannt war?

»Ich habe vollstes Vertrauen zu Euch, Neferet, doch ich
möchte Euch nicht mit meinen Sorgen zur Last fallen.«

»Seid Ihr nicht zur Verschwiegenheit verpflichtet?«

»Bis zu dem Zeitpunkt, da ich Schlußfolgerungen ausspre-
che.«

»Morde ... sollte dies Eure Schlußfolgerung sein?«

»Meine innerste Überzeugung.«

»So viele Jahre wurde nun bereits kein Mord mehr begangen!«

»Fünf Altgediente, die die Ehrenwache des Großen Sphinx bildeten, sind bei einem Sturz von dessen Kopf, während einer einfachen Überprüfung gestorben. Unfall – so lautet die amtliche Darlegung des Heeres. Nun versteckte sich jedoch einer von ihnen in einem Dorf am Westufer, wo er die Pflichten des Bäckers versah. Ich hätte ihn gerne vernommen, doch diesmal war er wahrhaftig tot. Wieder ein neuer Unfall. Der Vorsteher der Ordnungskräfte läßt mir nachstellen, als ob ich mich dadurch schuldig machte, eine Untersuchung durchzuführen. Ich bin völlig ratlos, Neferet. Ach, vergeßt meine Bekenntnisse.«

»Wollt Ihr aufgeben?«

»Ich habe einen unstillbaren Drang nach Wahrheit und Gerechtigkeit. Gäbe ich auf, würde ich mich zerstören.«

»Kann ich Euch helfen?«

Ein anderes Fieber erfüllte Pasers Augen.

»Wenn wir uns von Zeit zu Zeit unterhalten könnten, hätte ich mehr Mut.«

»Eine Erkältung kann Nebenwirkungen zeitigen, die besser scharf überwacht werden sollten. Weitere Untersuchungen werden notwendig sein.«

21. KAPITEL

Die Nacht in der Herberge war so fröhlich wie erschöpfend gewesen. Scheiben gerösteten Ochsenfleischs, Eierfrüchte mit Sahne, Backwaren nach Belieben; und eine prachtvolle Libyerin von vierzig Jahren, die ihrem Land entflohen war, um die ägyptischen Krieger zu zerstreuen. Der Offizier des Streitwagens hatte Sethi nicht belogen: Ein Mann genügte ihr nicht. Er, der sich der stürmischste aller Liebhaber wähnte, hatte die Waffen strecken und das Feld seinem Vorgesetzten überlassen müssen. Spöttisch und entflammt nahm die Libyerin die unglaublichsten Stellungen ein.

Als der Streitwagen sich wieder auf den Weg machte, hatte Sethi Mühe, die Augen offenzuhalten.

»Du mußt lernen, auf Schlaf zu verzichten, mein Junge! Vergiß nicht, daß der Feind dann angreift, wenn du müde bist. Eine gute Neuigkeit: Wir sind die Vorhut der Vorhut! Die ersten Streiche werden uns gelten. Falls du ein Held werden wolltest, kannst du nun dein Glück versuchen.«

Sethi drückte den Bogen gegen seine Brust.

Der Wagen fuhr die Mauern des Herrschers[1] entlang, eine ungeheure, von den Pharaonen des Mittleren Reiches errichtete und von deren Nachfolgern stetig verbesserte Flucht von Festungen; eine wahrhaftige Große Mauer, deren verschiedene Bauwerke untereinander durch Signaltürme verbunden waren und die jeglichen Einfallversuch von seiten der Beduinen und der Asiaten verwehrte. Von den Gestaden des Mittelmeers bis nach Heliopolis beschirmten die Mauern des Herrschers zugleich die stehenden Truppen, die

---

[1] Umfassende Verteidigungswerke, welche die Nordostgrenze von Ägypten im Gebiet des heutigen Suezkanals schützten.

eigens für die Bewachung der Grenzen ausgebildet waren, und die Zöllner. Niemand betrat Ägypten oder verließ es, ohne seinen Namen und den Grund seiner Reise genannt zu haben; die Händler gaben zudem die Art ihrer Waren an und entrichteten Abgaben. Die Ordnungshüter drängten die unerwünschten Fremden zurück und stellten Einreiseerlaubnisse nur nach eingehenden Prüfungen der Unterlagen aus, die von einem für die Einwanderung zuständigen Beamten der Hauptstadt geflissentlich begutachtet wurden. Im übrigen galt, wie die Stele von PHARAO verkündete: »Wer immer diese Grenze übertritt, wird einer meiner Söhne.«

Der Offizier zeigte seine Papyri dem Befehlshaber einer Feste vor, deren sechs Meter hohe Mauern mit beidseitiger Schräge von Gräben umgeben waren. Auf den Zinnen standen Bogenschützen; in den Wachtürmen Späher.

»Man hat die Wache verstärkt«, bemerkte der Offizier. »Sieh dir nur diese nichtsnutzigen Gesichter an.«

Zehn bewaffnete Männer umringten plötzlich den Streitwagen. »Steigt aus«, befahl der Anführer.

»Ihr scherzt?«

»Eure Papyri sind nicht vorschriftsmäßig.«

Bereit, seine Pferde in voller Hatz lospreschen zu lassen, umklammerte der Offizier die Zügel. Jäh richteten sich Lanzen und Pfeile auf ihn.

»Steigt augenblicklich aus.«

Der Krieger wandte sich an Sethi.

»Was meinst du dazu, Kleiner?«

»Wir haben bessere Schlachten in Aussicht.«

Sie sprangen vom Wagen.

»Es fehlt ein Siegel der ersten Feste der Mauern des Herrschers«, verdeutlichte der Befehlshaber des Platzes.

»Die Zeit drängt.«

»Vorschrift ist Vorschrift.«

»Können wir drüber reden?«

»In meinem Arbeitszimmer, aber macht Euch keine Hoffnungen.«

Die Unterredung war von kurzer Dauer. Der Krieger kam

hastig aus der Amtsstube, stürzte sich auf die Zügel und trieb das Gefährt auf den Weg nach Asien.

Die Räder ächzten und wirbelten eine Sandwolke auf.

»Weshalb diese Eile? Wir sind doch nun mit den Vorschriften im reinen.«

»Mehr oder weniger. Ich habe hart draufgehauen, aber dieser Trottel könnte schneller als vorgesehen wieder aufwachen. Solche Halsstarrigen haben harte Schädel. Ich habe unsere Papyri selbst in Ordnung gebracht. Bei den Streitkräften, mein Kleiner, muß man sich zu helfen wissen.«

Die ersten Tage der Reise verliefen friedlich. Lange Wegstrecken, Versorgen der Pferde, Überprüfen der Ausrüstung, Nächte unterm Sternenhimmel, Verpflegen in den Marktflecken, in denen der Anführer sich mit einem Heeresboten oder einem Mitglied der Geheimen Späher in Verbindung setzte und den Kern der Truppen benachrichtigen hieß, daß nichts dessen Voranrücken stören würde.

Der Wind drehte, wurde schneidend.

»Der Frühling in Asien ist häufig frisch; leg deinen Überwurf an.«

»Ihr wirkt besorgt.«

»Die Gefahr kommt näher. Ich wittere sie wie ein Hund. Wie steht es um die Nahrung?«

»Es bleiben uns noch Fladen, Fleischklößchen, Zwiebeln und Wasser für drei Tage.«

»Das dürfte genügen.«

Bald darauf fuhren sie in ein stilles Dorf ein; der Marktplatz war menschenleer. Sethis Bauch krampfte sich zusammen.

»Nur keine Angst, Kleiner. Sie sind vielleicht auf den Feldern.«

Der Wagen fuhr ganz langsam weiter. Der Offizier ergriff eine Lanze und sah sich mit wachsamem Blick um. Er hielt vor dem Amtsgebäude, in dem der Beauftragte der Streitkräfte und der Übersetzer weilten. Es war leer.

»Dann wird das Heer eben keinen Bericht erhalten. Daran wird man erkennen, daß sich ein ernster Zwischenfall ereignet hat. Alles deutet auf einen Aufstand.«

»Bleiben wir hier?«

»Ich möchte lieber weiter vorstoßen. Du nicht?«

»Das hängt davon ab.«

»Wovon, Kleiner?«

»Wo befindet sich Heerführer Ascher?«

»Wer hat dir von ihm erzählt?«

»Sein Name ist berühmt in Memphis. Ich würde gerne unter seinem Befehl dienen.«

»Du bist wirklich vom Glück begünstigt. Genau zu ihm sollen wir stoßen.«

»Hat er dieses Dorf geräumt?«

»Sicher nicht.«

»Wer dann?«

»Die Beduinen[1]. Die niederträchtigsten, die besessensten und arglistigsten aller Wesen. Beutezüge, Plünderungen, Geiselnahmen, das sind ihre Vorgehensweisen. Wenn es uns nicht gelingt, sie auszumerzen, werden sie Asien, das Land zwischen Ägypten und dem Roten Meer sowie die umliegenden Gaue verderben. Sie verbünden sich bereitwillig mit jedem beliebigen Eroberer, mißachten die Frauen genauso sehr, wie wir sie lieben, speien auf die Schönheit und die Götter. Ich habe vor nichts Angst, aber die, mit ihren schlecht gestutzten Bärten, ihren um die Köpfe gewickelten Stoffen und den langen Gewändern, die fürchte ich. Entsinne dich stets, Kleiner: Das sind Feiglinge. Die überfallen dich hinterrücks.«

»Sollten sie alle Einwohner abgeschlachtet haben?«

»Wahrscheinlich.«

»Heerführer Ascher wäre demnach versprengt und vom Haupheer abgeschnitten?«

»Möglich.«

Sethis lange schwarze Haare tanzten im Wind. Trotz seines kräftigen Körperbaus und seines mächtigen Brustkorbs fühlte der junge Mann sich schwach und verletzlich.

---

[1] Die Beduinen waren, gemeinsam mit den Libyern, stetige Unruhestifter und wurden von den Ägyptern seit den ersten Dynastien befehdet. Zur Alten Zeit nannte man sie die »Sandläufer«.

»Zwischen ihm und uns stehen die Beduinen. Wie viele?«

»Zehn, hundert, tausend ...«

»Mit zehn nehme ich es auf. Bei hundert zögere ich.«

»Tausend, Kleiner, um ein wahrer Held zu sein. Du wirst mich doch nicht im Stich lassen?«

Der Offizier trieb die Pferde wieder an. Sie galoppierten bis zum Eingang einer mit Steilhängen gesäumten Schlucht. Dicht stand das an den Fels geklammerte Gesträuch und ließ nur eine enge Durchfahrt frei.

Die Pferde wieherten und bäumten sich auf; der Wagenführer beruhigte sie.

»Sie spüren die Falle.«

»Ich auch, Kleiner. Die Beduinen kauern zwischen den Büschen. Sie werden versuchen, die Beine der Pferde mit Beilhieben durchzuhauen, uns zu Fall zu bringen und uns den Kopf und die Hoden abzuschneiden.«

»Der Preis des Heldentums scheint mir allzu hoch.«

»Dank dir laufen wir beinahe keine Gefahr. Einen Pfeil in jeden Strauch, eine wilde Fahrt, und wir gewinnen.«

»Seid Ihr sicher?«

»Zweifelst du etwa daran? Nachdenken ist schlecht.«

Der Krieger zog an den Zügeln. Widerwillig preschten die Pferde in die Schlucht. Sethi hatte keine Zeit, Angst zu bekommen. Er schoß Pfeil auf Pfeil ab. Die beiden ersten verloren sich in unbesetzten Büschen, der dritte bohrte sich ins Auge eines Beduinen, der brüllend aus seinem Unterschlupf stürzte.

»Mach weiter, Kleiner!«

Obwohl sich ihm die Haare sträubten und ihm das Blut in den Adern gefror, zielte er auf jedes Gesträuch, drehte sich nach links und dann nach rechts mit einer Schnelligkeit, deren er sich nicht fähig geglaubt hätte. Die Beduinen fielen, in den Bauch, die Brust, den Kopf getroffen.

Gestein und Gesträuch versperrte ihnen den Ausgang der Schlucht.

»Halt dich fest, Kleiner, wir springen!«

Sethi hielt mit dem Schießen inne, um sich an die Kante des

Kastens zu klammern. Zwei Feinde, die er nicht hatte durchbohren können, schleuderten ihre Äxte in Richtung der Ägypter.

Mit vollem Lauf setzten die Pferde am niedrigsten Punkt über das Hindernis. Die Dornen zerkratzten ihnen die Beine, ein Stein ließ die Speichen des rechten Rades bersten, ein weiterer durchschlug die rechte Wand des Kastens. Der Streitwagen schwankte einen Augenblick; mit einem allerletzten Schwung überwanden die Pferde das Hindernis.

Der Wagen legte mehrere Kilometer zurück, ohne langsamer zu werden. Durchgerüttelt und benommen klammerte Sethi sich an seinen Bogen und bewahrte nur mit großer Mühe sein Gleichgewicht. Außer Atem, schweißgebadet und mit dampfenden Nüstern blieben die Pferde schließlich am Fuße eines Hügels stehen.

»Anführer!«

Eine Axt zwischen den Schulterblättern, brach der Offizier über den Zügeln zusammen. Sethi versuchte, ihn aufzurichten.

»Entsinne dich stets, Kleiner ... die Feiglinge greifen immer hinterrücks an ...«

»Ihr dürft nicht sterben, Offizier!«

»Nun bist du der einzige Held ...«

Die Augen brachen, und sein Atem erstarb.

Lange drückte Sethi den Leichnam an sich. Der Wagenführer würde sich nicht mehr rühren, ihm nicht mehr Mut zusprechen, nicht mehr das Unmögliche versuchen. Er war allein, in einem feindseligen Land verloren, er, der Held, dessen Tugenden allein ein Toter rühmen konnte.

Sethi begrub den hohen Krieger, wobei er Sorge trug, sich die Stätte ins Gedächtnis einzuprägen. Falls er überleben sollte, würde er den Körper bergen und ihn nach Ägypten zurückbringen. Es gab kein grausameres Geschick für ein Kind der Beiden Länder, als fern seines Landes begraben zu sein.

Den Rückweg anzutreten, hätte geheißen, erneut in die Falle

zu gehen; vorzurücken barg die Gefahr, mit anderen Wider-
sachern zusammenzustoßen. Er wählte dennoch die zweite
Lösung in der Hoffnung, so schnell als möglich mit den
Kriegern von Heerführer Ascher in Verbindung zu treten,
vorausgesetzt, daß sie nicht vernichtet worden waren.
Die Pferde waren bereit, die Fahrt wiederaufzunehmen. Falls
ein erneuter Hinterhalt vor ihm lag, würde Sethi nicht
gleichzeitig den Wagen lenken und seinen Bogen handhaben können. Mit zugeschnürter Kehle folgte er einem steilen Weg, der auf ein verkommenes Häuschen mündete. Der
junge Mann sprang ab und ergriff ein Schwert. Rauch stieg
aus einem einfachen Schlot auf.
»Kommt heraus!«
Auf der Schwelle erschien ein wild aussehendes Mädchen in
Lumpen und mit schmutzigem Haar. Sie schwenkte drohend
ein grobes Messer.
»Sei unbesorgt und laß deine Waffe fallen.«
Die Gestalt wirkte zerbrechlich, außerstande, sich zu verteidigen. Sethi ließ keine besondere Vorsicht walten. Als er dicht
vor ihr stand, stürzte sie sich unversehens auf ihn und
versuchte, ihm die Klinge ins Herz zu stoßen. Er wich ge-
schickt aus, spürte jedoch sogleich einen brennenden
Schmerz am linken Oberarmmuskel. Wie von Sinnen hieb
sie erneut auf ihn ein.
Mit einem Fußtritt entwaffnete er sie und warf sie auf die
Erde. Blut floß seinen Arm herunter.
»Ganz ruhig, oder ich fessele dich.«
Sie schlug wie eine Rasende um sich. Er drehte sie um und
betäubte sie mit einem Handkantenschlag in den Nacken.
Sein Umgang mit Frauen als junger Held nahm wahrlich
eine schlechte Wendung. Dann trug er sie ins Innere des
alten Gemäuers mit gestampftem Lehmfußboden. Modrige
Wände, armseliger Hausrat, eine mit Ruß überzogene Feuer-
stelle. Sethi legte seine arme Beute auf einer löchrigen Matte
ab und band ihr die Handgelenke und die Fesseln mit einem
Strick.
Unversehens übermannte ihn die Müdigkeit. Er setzte sich

mit dem Rücken zur Feuerstelle, den Kopf zwischen die Schultern gezogen; er zitterte wahrhaftig bis ins Mark. Die Angst drang ihm aus allen Poren.

Der Dreck widerte ihn an. Hinter dem Haus war ein Brunnen. Er füllte einige Krüge, reinigte seine Verletzung und putzte den einzigen Raum.

»Auch du hast eine Wäsche dringend nötig.«

Er besprengte die junge Frau, die sogleich aufwachte und schrie. Der Inhalt eines zweiten Krugs erstickte ihre Schreie. Als er ihr das schmutzige Gewand abstreifte, wand sie sich wie eine Schlange.

»Ich will dich nicht vergewaltigen, Närrin!«

Verstand sie seine Absichten? Jedenfalls fügte sie sich. Wie sie da so nackt dastand, schien sie den Wasserschauer zu genießen. Als er sie abtrocknete, deutete sie ein Lächeln an. Die Helligkeit ihrer Haare überraschte ihn.

»Du bist hübsch. Hat man dich schon geküßt?«

An der Art, wie sie die Lippen öffnete und die Zunge bewegte, sah Sethi, daß er nicht der erste war.

»Wenn du mir versprichst, lieb zu sein, binde ich dich los.«

Ihre Augen flehten. Er nahm den Strick ab, der ihre Füße fesselte, streichelte ihre Waden, ihre Schenkel und legte seinen Mund auf die goldenen Locken ihres Geschlechts. Sie spannte sich wie ein Bogen. Mit freien Händen dann umschlang sie ihn.

*

Sethi hatte zehn Stunden lang einen traumlosen Schlaf geschlummert. Da seine Wunde pochte, war er mit einem Sprung auf den Beinen und trat aus dem Gemäuer.

Sie hatte seine Waffen geraubt und die Zügel des Wagens zerschnitten. Die Pferde waren entflohen.

Kein Bogen, kein Dolch, kein Schwert, keine Stiefel, kein Überwurf mehr. Der Streitwagen versank unnütz im Schlamm, unter einem strömenden Regen, der seit dem Morgen fiel. Dem Helden, in den Rang eines von einer

Wilden geprellten Trottels befördert, blieb nur noch übrig, zu Fuß gen Norden zu wandern.

Wutentbrannt zertrümmerte er den Wagen mit Steinen, damit er nicht in die Hände des Feindes fiel. Mit einem einfachen Schurz bekleidet schritt Sethi, wie ein Esel bepackt, unter den unablässigen Regengüssen vorwärts: in einem Beutel altbackenes Brot sowie ein Stück der Deichsel, das eine hieroglyphische Inschrift mit dem Namen des Offiziers trug; Krüge mit frischem Wasser und die löchrige Matte.

Er überwand einen Paß, durchquerte einen Pinienwald und stürmte einen steilen Abhang hinunter, der in einem See endete, welchen er an der Böschung umrundete.

Das Gebirge wurde unwirtlich. Nach einer Nacht im Schutz eines Felsens, an dem sich der Wind brach, klomm er einen rutschigen Pfad hinauf und wagte sich in ein dürres Gebiet vor. Seine Lebensmittelvorräte waren rasch erschöpft. Er begann, Durst zu leiden.

Als er sich endlich erquicken konnte, indem er einige Schlucke aus einem Pfuhl brackigen Wassers trank, hörte Sethi plötzlich Äste knacken. Mehrere Menschen näherten sich. Er kroch hinter den Stamm einer riesigen Pinie, um sich zu verbergen. Fünf Männer stießen einen Gefangenen mit auf dem Rücken gefesselten Händen vor sich her. Ihr Anführer, von kleinem Wuchs, packte ihn an den Haaren und zwang ihn niederzuknien. Sethi war zu weit entfernt, um zu hören, was er sagte, doch die Schreie des Gemarterten brachen bald die Stille des Gebirges.

Einer gegen fünf, und dazu noch unbewaffnet ... der junge Mann hatte keinerlei Aussicht, den Unglücklichen zu retten. Der Folterer versetzte ihm Schläge, befragte ihn, schlug ihn erneut, befahl schließlich seinen Helfershelfern, ihn zu einer Höhle zu schleifen. Am Ende eines letzten Verhörs schnitt er ihm die Kehle durch.

Nachdem die Mordgesellen sich entfernt hatten, blieb Sethi mehr als eine Stunde reglos hocken. Er dachte an Paser, an dessen Liebe für Gerechtigkeit und äußerste Vollkommenheit; wie hätte er sich angesichts dieser Barbarei verhalten? Ihm war fremd, daß es so nahe an Ägypten eine Welt ohne Gesetz gab, in der ein Menschenleben nicht den geringsten Wert besaß.

Sethi zwang sich, bis zur Höhle hinunterzuklettern. Seine Beine zitterten, die Schreie des Sterbenden hallten noch in seinen Ohren wider. Der Gemarterte hatte seine Seele ausgehaucht. Nach seinem Schurz und seinem Aussehen zu urteilen, war der Mann Ägypter, zweifelsohne ein Mann von Aschers Heer, der in die Gewalt der Aufrührer geraten war. Mit bloßen Händen hob Sethi ihm ein Grab im Innern der Höhle aus.

Voller Entsetzen und restlos erschöpft, setzte er seinen Weg fort und überließ sich dem Schicksal. Dem Feind gegenüber würde er keine Kraft mehr haben, sich zu verteidigen.

Als zwei behelmte Krieger ihn anriefen, sank er auf die feuchte Erde.

*

Ein Zelt.

Eine Bettstatt, ein Kissen unter dem Kopf, eine Decke. Sethi richtete sich auf. Die Spitze eines Messers nötigte ihn, sich wieder hinzulegen.

»Wer bist du?«

Der Mann, der ihn verhörte, war ein ägyptischer Offizier mit einem Gesicht wie gemeißelt.

»Sethi, Bogenschütze der Streitwagentruppe.«

»Woher kommst du?«

Er berichtete von seinen Großtaten.

»Kannst du deine Behauptungen beweisen?«

»In meinem Beutel ist ein Stück des Wagens mit dem Namen meines Anführers.«

»Was ist aus ihm geworden?«

»Die Beduinen haben ihn getötet.«

»Und du, du hast dich davongemacht.«

»Selbstverständlich nicht! Mit meinen Pfeilen habe ich an die fünfzehn getroffen.«

»Wann wurdest du verpflichtet?«

»Zu Beginn des Monats.«

»Kaum fünfzehn Tage, und du sollst bereits ein Meister des Bogens sein!«

»Eine Gabe.«

»Ich glaube nur an Ertüchtigung. Wie wäre es, wenn du nun endlich die Wahrheit sagtest?«

Sethi warf die Decke zurück.

»Das ist die Wahrheit.«

»Könntest du nicht deinen Anführer beseitigt haben?«

»Ihr redet wirr!«

»Ein verlängerter Aufenthalt in einem Verlies wird dir die Gedanken wieder zurechtrücken.«

Sethi stürzte nach draußen. Zwei Soldaten hielten ihn an den Armen fest, ein dritter hieb ihm in den Magen und betäubte ihn mit einem Faustschlag in den Nacken.

»Wir haben recht daran getan, diesen Spitzel gesund zu pflegen. Er wird gar nicht mehr aufhören zu plaudern.«

22. KAPITEL

In einem der meist besuchten Wirtshäuser Thebens zu Tisch sitzend, lenkte Paser die Unterhaltung auf Hattusa, eine der zum Landeswohl angenommenen Gemahlinnen von Ramses dem Großen. Beim Abschluß des Friedens- und Bündnisvertrages mit den Hethitern hatte PHARAO eine der Töchter des asiatischen Herrschers als Unterpfand der Aufrichtigkeit zur Gattin erhalten. An die Spitze des Harems von Theben gesetzt, verlebte sie dort ein Dasein in verschwenderischem Prunk. Hattusa, die Unnahbare, Unsichtbare, war nicht beliebt. Böse Zungen griffen sie an; betrieb sie nicht die Schwarze Kunst, verbündete sie sich nicht mit den Geistern der Nacht, weigerte sie sich denn nicht, bei den Großen Festen zu erscheinen?

»Wegen ihr«, verkündete der Besitzer des Wirtshauses, »hat sich der Preis der Salben verzweifacht.«

»Weshalb ist sie dafür verantwortlich?«

»Ihre Hofdamen, deren Zahl stetig zunimmt, schminken sich den lieben langen Tag. Der Harem verbraucht eine unwahrscheinliche Menge an Salben erster Güte, erwirbt sie teuer und treibt so deren Marktpreise in die Höhe. Beim Öl verhält es sich genauso. Wann werden wir endlich von dieser Fremden befreit sein?«

Niemand übernahm Hattusas Verteidigung.

*

Üppiger Pflanzenbestand umgab die Gebäude des Harems am Ostufer. Ein Kanal versorgte das Anwesen, bewässerte verschwenderisch mehrere Lustgärten, die den Hofdamen – Betagte und Witwen – vorbehalten waren, sowie einen großen Obstgarten und eine Blumenanlage, in der sich die Spinnerinnen und Weberinnen ergingen. Wie alle Harems von Ägypten barg der von Theben zahlreiche Werkstätten, Schulen für Tanz, Musik und Dichtkunst, eine eigene Anpflanzung von wohlriechenden Kräutern und eine Wirkstätte für Schönheitsmittel; besonders geschulte Meister bearbeiteten dort Holz, Schmelzglas[1] und Elfenbein; dort schuf man herrliche Gewänder aus Leinen und widmete sich der erlesenen Kunst der Blumenbinderei. Von unablässiger Emsigkeit erfüllt, war der Harem ebenfalls ein Mittelpunkt des Unterrichts, in dem die für die Oberste Verwaltung auserkorenen Ägypter und Fremden sich bildeten. Neben den mit allerprächtigstem Geschmeide gezierten Damen gingen Handwerker, Lehrer sowie Verwalter ein und aus, welchen die Versorgung der Kostgänger mit frischen Lebensmitteln aufgetragen war.

Richter Paser wurde früh am Morgen in den Hauptpalast eingelassen. Sein Stand erlaubte ihm, durch die Absperrung der Wachen zu dringen und sich mit Hattusas Kammerherrn zu besprechen. Letzterer nahm das Ansuchen des Richters entgegen und legte es seiner Herrin vor, die es zur Überraschung ihres Untergebenen nicht zurückwies.

Der Amtmann wurde in einen Raum mit vier Säulen geleitet, dessen Wände mit Malereien, die Vögel und Blumen darstellten, verziert waren. Ein vielfarbener Bodenbelag verstärkte noch den Zauber des Ortes. Um Hattusa, die auf einem Thronsessel von vergoldetem Holz saß, flatterten zwei Leibdienerinnen. Sie hantierten mit Schminktöpfchen und -spateln und Duftschatullen, um schließlich den morgendlichen Putz mit der heikelsten Verrichtung, nämlich dem Anpassen der Perücke, zu beenden, der die Geschickteste noch, nachdem sie die unvollkommenen Locken zurechtgemacht hatte, falsche Strähnen anheftete.

Die hethitische Prinzessin hatte die Dreißig überschritten, und ihre Kopfhaltung bekundete Verachtung; sie bewunderte ihre Schönheit in einem Spiegel, dessen Stiel einen Lotosstengel beschwor.

»Ein Richter bei mir, zu einer derart morgendlichen Stunde!

---

[1] Email. *(Anm. d. Ü.)*

Es macht mich neugierig. Welches ist der Beweggrund Eures
Besuchs?«
»Ich möchte Euch gerne einige Fragen stellen.«
Sie legte den Spiegel beiseite und entließ die Perückendienerinnen.
»Sagt Euch eine Unterredung unter vier Augen zu?«
»Aufs beste.«
»Endlich ein wenig Zerstreuung! Das Leben ist so langweilig
in diesem Palast.«
Mit ihrer sehr weißen Haut, ihren langen und feinen Hän-
den und den schwarzen Augen war Hattusa anziehend und
beunruhigend zugleich. Eigensinnig, geistreich, beißend
und lebhaft, kannte sie keinerlei Nachsicht mit ihrem jewei-
ligen Gegenüber und fand Gefallen daran, dessen Schwä-
chen, Sprachfehler, ungeschicktes Verhalten oder körperli-
che Unvollkommenheiten zu brandmarken.
Sie musterte Paser mit großer Aufmerksamkeit.
»Ihr seid nicht der schönste Mann Ägyptens, indes kann eine
Frau sich in Euch verlieben und Euch treu bleiben. Ungeduldig, leidenschaftlich, stets nur nach höchsten Zielen und
Werten strebend ... Ihr vereint schlimme Mängel in Euch.
Und seid in einem Maße ernsthaft, ja beinahe ernst, daß Ihr
Eure Jugend vergeudet.«
»Erlaubt Ihr mir, Euch zu befragen?«
»Ein kühner Schritt! Seid Ihr Euch Eurer Unverschämtheit
bewußt? Ich bin eine der Gemahlinnen des Großen Ramses
und könnte Euch noch in diesem Augenblick Eures Amtes
entheben lassen.«
»Ihr wißt genau, daß dies nicht stimmt. Ich würde meine
Sache vor dem Gericht des Wesirs verteidigen, und Ihr
würdet wegen Mißbrauchs Eurer Macht vorgeladen.«
»Ägypten ist ein befremdliches Land. Nicht allein, daß seine
Bewohner an das Recht glauben, sie achten es auch noch
und wachen über seine Anwendung. Dieses Wunder wird
nicht andauern.«
Hattusa nahm den Spiegel wieder zur Hand, um die Locken
ihrer Perücke eine nach der anderen zu begutachten.

222

»Falls Eure Fragen mich belustigen, werde ich sie beantworten.«

»Wer liefert Euch frisches Brot?«

Die Hethiterin riß verdutzt die Augen auf.

»Mein Brot sorgt Euch?«

»Genauer gesagt, der Bäcker des Westufers, der für Euch zu arbeiten wünschte.«

»Alle Welt will für mich arbeiten! Meine Großzügigkeit ist allseits bekannt.«

»Gleichwohl liebt Euch das Volk nicht sonderlich.«

»Das beruht auf Gegenseitigkeit. Das Volk ist töricht, hier wie anderswo. Ich bin eine Fremde, und stolz darauf, es zu bleiben. Dutzende von Dienern liegen mir zu Füßen, weil der König mir die Leitung dieses Harems, des blühendsten von allen, anvertraut hat.«

»Und der Bäcker?«

»Sucht meinen Kammerherrn auf, er wird Euch unterrichten. Falls dieser Bäcker Brot geliefert hat, werdet Ihr es erfahren. Ist dies so wichtig?«

»Habt Ihr Kenntnis von dem Verhängnis, das sich am Sphinx von Gizeh zugetragen hat?«

»Was verbergt Ihr, Richter Paser?«

»Nichts Wesentliches.«

»Dieses Spiel langweilt mich, wie die Feste, wie die Höflinge! Ich habe nur einen Wunsch: in meine Heimat zurückzukehren. Es wäre belustigend, wenn die hethitischen Heere Eure Krieger zermalmen und in Ägypten einfallen würden. In Wahrheit wäre dies eine nette Vergeltung. Doch ich fürchte, hier zu sterben, als Gemahlin des mächtigsten aller Könige, eines Mannes, den ich bloß ein einziges Mal gesehen habe, nämlich am Tage unserer Hochzeit, die von Unterhändlern und Rechtspflegern besiegelt wurde, um den Frieden und das Glück unserer Völker zu sichern. Doch mein Glück, wer bekümmert sich darum?«

»Habt Dank für Eure gnädige Mithilfe, Hoheit.«

»Es ist an mir, die Unterredung abzubrechen, nicht an Euch.«

223

»Ich trachtete nicht danach, Euch zu kränken.«

»Geht.«

Hattusas Palastverwalter erläuterte, er habe tatsächlich Brot bei einem ausgezeichneten Bäcker des Westufers in Auftrag gegeben; es sei jedoch keine Lieferung erfolgt.

Verblüfft verließ Paser den Harem. Ohne sich zu scheuen, einer der höchsten Damen des Reiches lästig zu fallen, hatte er, seinen Gewohnheiten getreu, den kleinsten Hinweis auszubeuten versucht.

War sie mittelbar oder unmittelbar in die Verschwörung verwickelt? Noch eine Frage ohne Antwort.

*

Der Stellvertreter des Stadtvorstehers von Memphis öffnete ängstlich den Mund.

»Entspannt Euch«, empfahl Qadasch.

Der Zahnheilkundler hatte ihm die Wahrheit nicht verhohlen: Er mußte den Backenzahn ziehen. Trotz eingehender Behandlung hatte er ihn nicht retten können.

»Öffnet weiter.«

Gewiß, Qadaschs Hand war nicht mehr so sicher wie einst, doch sie würde noch lange seine ungewöhnliche Begabung beweisen können. Nach einer örtlichen Betäubung schritt er zum ersten Abschnitt des Ziehens und suchte mit seiner Zange auf beiden Seiten des Zahnes Halt.

Ungenau und zitternd, verletzte er das Zahnfleisch. Dennoch fuhr er grimmig entschlossen fort. Aus Fahrigkeit beherrschte er den Eingriff nicht und löste eine starke Blutung aus, indem er die Wurzeln verletzte. Sogleich stürzte er zu einem Bohrer, dessen spitzes Ende er in das vorgebohrte Loch eines Holzklotzes steckte, versetzte diesen mittels eines Bogens in schnelle Drillbewegung und erzeugte einen Funken. Als die Flamme ausreichend war, erhitzte er darüber eine Lanzette und stillte damit die blutende Wunde.

Mit schmerzendem und geschwollenem Unterkiefer verließ

der Stellvertreter des Stadtoberen den Behandlungsraum, ohne dem Zahnheilkundler zu danken. Qadasch verlor einen wichtigen Kunden, der nicht versäumen würde, ihn zu schmähen.

Der Zahnheilkundler befand sich an einer Wegscheide. Er wollte weder sein Altern hinnehmen noch die Tatsache, daß er seine Kunst allmählich einbüßte. Gewiß, der Tanz mit den Libyern würde ihn wieder stärken und ihm vorübergehend neue Kraft einhauchen, doch diese genügte nicht mehr. So nahe und doch so fern lag die Lösung vor ihm! Qadasch mußte auf andere Waffen zurückgreifen, seine Fertigkeiten vervollkommnen, beweisen, daß er der Beste blieb.

Ein anderes Metall! Das war es, was er benötigte!

*

Der Fährkahn legte ab.

Mit einem Sprung gelang es Paser, auf die lockeren Planken des Wasserfahrzeugs mit flachem Rumpf zu springen, auf dem sich Vieh und Menschen zusammenpferchten.

Die Fähre versah ununterbrochen den Verkehr zwischen den beiden Ufern; trotz der Kürze der Überfahrt tauschte man hier Neuigkeiten aus und verhandelte sogar über Geschäfte. Im Gedränge wurde der Richter vom Hinterteil eines unruhigen Ochsen angeschubst und stieß gegen eine Frau, die ihm den Rücken zukehrte.

»Verzeiht mir.«

Sie antwortete nicht und verbarg ihr Gesicht unter ihren Händen. Neugierig geworden, betrachtete Paser sie näher.

»Könntet Ihr nicht Dame Sababu sein?«

»Laßt mich in Frieden.«

In ihrem braunen Kleid, mit einem kastanienbraunen Tuch über den Schultern und dem wirren Haar sah Sababu wie eine Bettlerin aus.

»Sollten wir einander nicht einige Bekenntnisse ablegen?«

»Ich kenne Euch nicht.«

»Erinnert Euch an meinen Freund Sethi. Er hat Euch überredet, mich nicht zu verunglimpfen.«
Völlig außer sich, beugte sie sich über den Fluß, der mit
starker Strömung dahineilte. Paser hielt sie am Arm zurück.
»Der Nil ist gefährlich an dieser Stelle. Ihr könntet ertrin-
ken.«
»Ich kann nicht schwimmen.«
Ausgelassene Knaben sprangen schon ans Ufer, bevor der
Fährkahn noch festgemacht hatte. Ihnen folgten Esel, Och-
sen und Bauern. Paser und Sababu stiegen als letzte aus. Er
hatte die Dirne nicht losgelassen.
»Weshalb belästigt Ihr mich? Ich bin eine einfache Magd,
ich ...«
»Eure Art der Verteidigung ist hanebüchen. Habt Ihr Sethi
nicht versichert, ich wäre einer Eurer treuesten Kunden?«
»Ich verstehe Euch nicht.«
»Ich bin der Richter Paser, entsinnt Euch.«
Sie versuchte zu entfliehen, doch die Zwinge lockerte sich
nicht.
»Seid vernünftig.«
»Ihr macht mir angst.«
»Ihr trachtetet danach, mich zu entehren.«
Als sie in Schluchzen ausbrach, ließ er sie frei. Auch wenn sie
eine Feindin war, rührte ihn ihre Herzensangst.
»Wer hat Euch den Befehl gegeben, mich zu verleumden?«
»Ich weiß es nicht.«
»Ihr lügt.«
»Ein Handlanger hat Verbindung mit mir aufgenommen.«
»Ein Ordnungshüter?«
»Woher soll ich das wissen? Ich stelle keine Fragen.«
»Wie wurdet Ihr entlohnt?«
»Man läßt mich in Ruhe.«
»Warum helft Ihr mir?«
Sie deutete ein armseliges Lächeln an.
»All die vielen Erinnerungen und glücklichen Tage ... Mein
Vater war Landrichter, ich vergötterte ihn. Als er starb, wurde

mein Dorf mir ein Greuel, und so bin ich nach Memphis gezogen. Von schlechter Bekanntschaft zu schlechter Bekanntschaft bin ich eine Hure geworden. Eine reiche und geachtete Hure. Man bezahlt mich, um vertrauliche Kenntnisse über die Persönlichkeiten zu erhalten, die in meinem Haus des Bieres ein- und ausgehen.«

»Monthmose, nicht wahr?«

»Zieht selbst Eure Schlüsse. Niemals war ich gezwungen gewesen, einen Richter zu besudeln. Aus Ehrfurcht vor dem Andenken meines Vaters habe ich Euch verschont. Falls Ihr in Gefahr seid, kann ich Euch nicht helfen.«

»Befürchtet Ihr keine Vergeltungsmaßnahmen?«

»Meine Erinnerungen schützen mich.«

»Nehmt einmal an, Euer Auftraggeber scherte sich nicht um diese Drohung.«

Sie schlug die Augen nieder.

»Deshalb habe ich Memphis verlassen und halte mich hier versteckt. Wegen Euch habe ich alles verloren.«

»Ist Heerführer Ascher zu Euch gekommen?«

»Nein.«

»Die Wahrheit wird strahlend ans Licht kommen, das verspreche ich Euch.«

»Ich glaube nicht mehr an Versprechen.«

»Habt Vertrauen.«

»Weshalb will man Euch zerstören, Richter Paser?«

»Ich ermittele über einen Unfall, der sich in Gizeh ereignet hat. Fünf Altgediente der Ehrenwache haben dabei, wie die amtliche Fassung besagt, den Tod gefunden.«

»Über diese Angelegenheit wurden keinerlei Gerüchte laut.«

Des Richters Versuch war gescheitert. Entweder wußte sie nichts, oder sie schwieg beharrlich.

Plötzlich legte sie ihre rechte Hand auf die linke Schulter und stieß einen Schmerzensschrei aus.

»Was habt Ihr?«

»Heftiges Gliederreißen. Bisweilen kann ich den Arm nicht einmal mehr bewegen.«

Paser zögerte nicht lange. Sie hatte ihm geholfen, jetzt mußte er ihr Beistand leisten.

*

Neferet behandelte gerade ein am Fuß verletztes Eselsfüllen, als Paser ihr Sababu vorstellte. Sie hatte dem Richter versprochen, ihren Namen geheimzuhalten.

»Ich bin dieser Frau auf dem Fährkahn begegnet; sie leidet an der Schulter. Könntet Ihr ihr Linderung verschaffen?«

Neferet wusch sich ausgiebig die Hände.

»Ein altes Leiden?«

»Älter als fünf Jahre«, antwortete Sababu streitsüchtig. »Wißt Ihr, wer ich bin?«

»Eine Kranke, die ich zu heilen versuchen werde.«

»Ich bin Sababu, Dirne und Eigentümerin eines Hauses des Bieres.«

Paser war bleich geworden.

»Die Häufigkeit geschlechtlicher Beziehungen und der Verkehr mit Liebhabern von zweifelhafter Reinlichkeit sind vielleicht die Ursachen Eures Übels.«

»Untersucht mich.«

Sababu zog das Kleid aus, unter dem sie völlig nackt war.

Sollte Paser die Augen schließen, sich umdrehen oder in der Erde versinken? Neferet würde ihm diese Schmach niemals vergeben. Kunde eines Freudenmädchens: genau das war das Geständnis, das er hier vor ihr machte! Sein Leugnen würde so lächerlich wie sinnlos sein.

Neferet betastete die Schulter, folgte mit dem Zeigefinger dem Verlauf eines Nervs, machte die Kraft- und Reizpunkte aus und überprüfte die Wölbung des Schulterblattes.

»Es ist ernst«, schloß sie. »Die Gelenkentzündung ist bereits verformend. Wenn Ihr Euch nicht pflegt, werden Eure Gliedmaßen versteifen.«

Sababu verlor ihren Hochmut.

»Was ... was ratet Ihr mir?«

»Zuerst Euch des Biers und des Weines zu enthalten; dann

jeden Tag Urabsud der Weidenrinde einzunehmen; und endlich das tägliche Auftragen eines Balsams aus Natron, Weißöl, Terebinthenharz, Olibanumöl, Honig sowie Nilpferd-, Krokodil-, Wels- und Äschefett[1]. Diese Stoffe sind kostspielig, und ich besitze sie nicht. Ihr werdet einen Arzt in Theben aufsuchen müssen.«

Sababu kleidete sich wieder an.

»Säumt nicht«, empfahl Neferet ihr an, »das Leiden scheint mir von raschem Verlauf.«

Gedemütigt begleitete Paser die Dirne noch bis zum Dorfeingang.

»Bin ich frei?«

»Ihr habt Euer Wort nicht gehalten.«

»Es wird Euch überraschen, doch bisweilen widert die Lüge mich an. Vor einer Frau wie ihr sich zu verstellen, ist unmöglich.«

Paser ließ sich im Staub des Wegrands nieder. Seine Arglosigkeit hatte ihn ins Verderben geführt. In unerwarteter Art und Weise hatte Sababu ihren Auftrag schließlich doch erfüllt; der Richter fühlte sich zerschmettert. Er, der über allen Tadel erhabene Gerichtsbeamte, Buhlgeselle einer Dirne, ein Heuchler und verderbter Lüstling in Neferets Augen!

Sababu, der gute Geist, Sababu, die die Richter und das Andenken ihres Vaters ehrfürchtig achtete, Sababu, die nicht gezögert hatte, ihn bei der ersten Gelegenheit zu verraten. Morgen würde sie ihn an Monthmose verhökern, sofern dies nicht bereits geschehen war.

Die Überlieferung behauptete, den Ertrunkenen käme die Gnade des Osiris zuteil, wenn sie vor dem Gericht des Jenseits erscheinen würden. Die Wasser des Nils läuterten sie. Die Liebe verloren, der Name besudelt, der Wunsch nach Vollkommenheit verheert ... Der Freitod zog ihn an.

Unversehens legte sich Neferets Hand auf seine Schulter.

»Ist Euer Schnupfen geheilt?«

---

[1] Wels und Äsche: Nilfische.

Er wagte nicht, sich zu rühren.

»Ich bin untröstlich.«

»Was beklagt Ihr?«

»Diese Frau ... Ich schwöre Euch, daß ...«

»Ihr habt mir eine Kranke gebracht, und ich hoffe, sie wird sich unverzüglich pflegen.«

»Sie hat danach getrachtet, mein Ansehen zu vernichten, und behauptete dann, dem entsagt zu haben.«

»Eine Dirne mit großem Herzen?«

»Das dachte ich zumindest.«

»Wer wird Euch dies verargen?«

»Ich bin zu Sababu gegangen, mit meinem Freund Sethi, um seine Verpflichtung beim Heer zu feiern.«

Neferet zog ihre Hand nicht zurück.

»Sethi ist ein wunderbarer Mensch, von unerschöpflichem Ungestüm. Er liebt den Wein und die Frauen, will ein großer Held werden, lehnt jede Einengung ab. Er und ich, wir sind uns auf ewig verbunden. Während Sababu ihn in ihrer Kammer empfing, bin ich sitzen geblieben, ganz in meiner Untersuchung versunken. Ich flehe Euch an, mir zu glauben.«

»Ein Greis bereitet mir Sorgen. Ich müßte ihn waschen und sein Haus entseuchen. Möchtet Ihr mir dabei helfen?«

23. KAPITEL

Steh auf.«

Sethi entwand sich dem Verlies, in das man ihn gesperrt hatte. Schmutzig und ausgehungert, hatte er nicht aufgehört, zotige Lieder zu singen und an die wundervollen, in den Armen der schönen Memphiterinnen verbrachten Stunden zurückzudenken.

»Geh voran.«

Der Krieger, der ihm Befehle erteilte, war ein Söldner. Ein ehemaliger Freibeuter[1], der sich für die ägyptischen Streitkräfte wegen des behaglichen Ruhegehalts entschieden hatte, das sie ihren Altgedienten gewährten. Diesem mit einem Kurzschwert bewaffneten Krieger, dessen Kopf ein Spitzhelm bedeckte, waren Gemütszustände völlig fremd.

»Bist du der besagte Sethi?«

Da der junge Mann mit der Antwort etwas säumte, schlug der Söldner ihm in den Magen. Obwohl er sich krümmte, setzte Sethi das Knie nicht auf die Erde.

»Du bist stolz und stämmig. Angeblich sollst du gegen die Beduinen gekämpft haben. Ich, für meinen Teil, glaube nicht daran. Wenn man einen Feind tötet, schneidet man ihm die Hand ab und zeigt sie seinem Vorgesetzten. Meiner Meinung nach bist du wie ein Hase geflohen.«

»Mit einem Stück der Wagendeichsel, von meinem Streitwagen?«

»Beute einer Plünderung. Du sollst mit dem Bogen umgegangen sein, das werden wir jetzt nachprüfen.«

---

[1] Die Piraten des Mittelmeers gaben bisweilen ihre waghalsige Existenz auf, um sich als Söldner in der ägyptischen Armee zu verpflichten.

»Ich habe Hunger.«

»Wir werden sehen. Selbst am Ende der Kräfte ist ein wahrer Krieger noch fähig, sich zu schlagen.«

Der Söldner führte Sethi an den Saum eines Wäldchens und reichte ihm einen Bogen von beachtlichem Gewicht. Der hölzerne Bogenstab war auf der Vorderseite mit Horn und auf der Rückseite mit Rinde beschichtet. Der Spannstrang bestand aus einer mit Leinfasern ummantelten Ochsensehne, die an beiden Enden mit Knoten befestigt war.

»Ziel bei sechzig Metern, auf der Eiche, geradewegs vor dir. Du hast zwei Pfeile, um zu treffen.«

Als er den Bogen spannte, glaubte Sethi, die Muskeln seines Rückens würden reißen. Schwarze Punkte tanzten ihm vor den Augen. Die Spannung beibehalten, den Pfeil ausrichten, zielen, den Einsatz vergessen, das Ziel verinnerlichen, zu Bogen und Pfeil werden, durch die Luft fliegen, sich ins Mark des Baums bohren ...

Er schloß die Augen und schoß.

Der Söldner trat einige Schritte vor.

»Fast in der Mitte.«

Sethi hob den zweiten Pfeil auf, spannte den Bogen erneut und zielte auf den Krieger.

»Du bist unvorsichtig.«

Der Söldner ließ sein Schwert fallen.

»Ich habe die Wahrheit gesagt«, bekräftigte Sethi.

»Ist gut, ist gut!«

Der junge Mann ließ den Pfeil schnellen. Er bohrte sich ins Ziel, rechts neben den ersten. Der Soldat seufzte auf.

»Wer hat dir beigebracht, den Bogen zu handhaben?«

»Das ist eine Gabe.«

»Zum Fluß, Krieger. Säubern, Einkleiden und Mittagsmahl.«

Mit seinem bevorzugten Bogen aus Akazienholz bewaffnet, mit Stiefeln, einem wollenen Überwurf sowie einem Dolch ausgestattet, angemessen genährt, gewaschen und wohlriechend, erschien Sethi vor dem Offizier, der eine Hundertschaft von Fußsoldaten befehligte. Diesmal hörte dieser ihm aufmerksam zu und faßte einen Bericht ab.

»Wir sind von unserem Stützpunkt und von Heerführer Ascher abgeschnitten. Er lagert mit einer Sondereinheit drei Tage Fußmarsch von hier. Ich schicke zwei Boten nach Süden, damit das Hauptheer schneller vorrückt.«

»Ein Aufstand?«

»Zwei asiatische Zwergkönige, ein persischer Stamm und verbündete Beduinen. Ihr Anführer ist ein verbannter Libyer namens Adafi und Prophet eines Rachegottes. Er hat beschlossen, Ägypten zu vernichten und Ramses' Thron zu besteigen. Ein Hampelmann für die einen, ein gefährlicher Wahnsinniger für die anderen. Er greift mit Vorliebe überfallartig an, ohne auf Verträge Rücksicht zu nehmen. Wenn wir hier bleiben, werden wir niedergemetzelt; zwischen Ascher und uns liegt eine gut verteidigte Feste. Wir werden sie im Sturm nehmen.«

»Verfügen wir über Streitwagen?«

»Nein, aber über mehrere Leitern und einen Sturmturm auf Rädern. Es fehlte uns nur ein treffsicherer Bogenschütze.«

*

Zehnmal, hundertmal hatte Paser versucht, sie anzusprechen. Doch er hatte sich damit begnügt, den Greis hochzuheben, ihn unter eine Palme, vor Wind und Sonne geschützt, zu betten, sein Haus zu reinigen und Neferet zur Hand zu gehen. Er lauerte auf ein Zeichen der Mißbilligung, einen vorwurfsvollen Blick. In ihre Arbeit vertieft, wirkte sie völlig gleichgültig.

Am Vortag hatte der Richter sich in Kanis Garten begeben, dessen Nachforschung noch immer kein Ergebnis erbracht hatte. In aller Vorsicht hatte er gleichwohl die meisten Dörfer besucht und mit Dutzenden von Bauern und Handwerkern geplaudert. Keinerlei Spuren von dem aus Memphis heimgekehrten Altgedienten. Falls der Mann am Westufer wohnte, verbarg er sich gut.

»In ungefähr zehn Tagen wird Kani Euch einen ersten Posten Heilpflanzen vorbeibringen.«

»Der Dorfvorsteher hat mir ein verlassenes Haus am Rande der Wüste zugeteilt; es wird mir als Behandlungsstätte dienen.«

»Und das Wasser?«

»Man wird sobald als möglich einen Kanal verlegen.«

»Eure Unterkunft?«

»Klein, aber sauber und angenehm.«

»Gestern noch Memphis, heute dieser verlorene Ort.«

»Hier habe ich keine Feinde. Dort wartet der Krieg.«

»Neb-Amun wird nicht ewig über das Kollegium der Heilkundigen herrschen.«

»Das Schicksal wird entscheiden.«

»Ihr werdet Euren Rang wiedererlangen.«

»Was schert es? Ich habe ganz vergessen, Euch nach Eurem Schnupfen zu fragen.«

»Der Frühlingswind bekommt mir nicht.«

»Eine neuerliche Ausräucherung ist unerläßlich.«

Paser fügte sich darein. Er liebte es, ihr zu lauschen, wie sie den reinigenden Brei zubereitete, mit dem Heilmittel hantierte, dieses auf den Stein strich und dann den Topf mit dem durchlöcherten Boden darübersetzte. Welche Bewegung auch immer sie ausführte, er genoß sie alle.

*

Des Richters Kammer war von Grund auf durchwühlt worden. Selbst sein Fliegennetz war heruntergerissen, zusammengeknüllt und auf den Dielenboden geworfen, der Reisebeutel ausgeleert, Tafeln und Papyri verstreut, die Matte zertrampelt, Schurz, Obergewand und Überwurf zerschlitzt worden.

Paser kniete nieder, um nach einem Hinweis zu suchen.

Der Einbrecher hatte keine Spur zurückgelassen.

*

Der Richter reichte seine Anzeige bei dem fettleibigen Beamten ein, der sich darüber verdutzt und entrüstet gab.

»Einen Verdacht?«

»Ich wage nicht, ihn auszusprechen.«

»Ich bitte Euch darum!«

»Man hat mich verfolgt.«

»Habt Ihr Euren Verfolger erkannt?«

»Nein.«

»Könnt Ihr ihn beschreiben?«

»Unmöglich.«

»Bedauerlich. Meine Untersuchung wird nicht einfach sein.«

»Das verstehe ich.«

»Wie alle anderen Vorsteher der Ordnungskräfte des Bezirks habe ich eine Nachricht für Euch erhalten. Euer Gerichtsschreiber sucht Euch überall.«

»Grund?«

»Wurde nicht genannt. Er bittet Euch, schnellstmöglich nach Memphis zurückzukehren. Wann brecht Ihr auf?«

»Nun ja ... morgen.«

»Wünscht Ihr einen Geleitschutz?«

»Kem wird mir genügen.«

»Wie Ihr beliebt, aber seid vorsichtig.«

»Wer würde es wagen, sich an einem Richter zu vergreifen?«

*

Der Nubier hatte sich mit einem Bogen, Pfeilen, einem Schwert, einem Knüttel, einem Speer und einem mit Ochsenleder bezogenen und beschlagenen Holzschild bewaffnet, kurzum, mit der mustergültigen Ausrüstung eines vereidigten Ordnungshüters, der heikle Aufgaben auszuführen für fähig befunden war. Der Babuin begnügte sich wie immer mit seinen Reißzähnen.

»Wer hat diese neue Bewaffnung bezahlt?«

»Die Händler vom Markt. Mein Pavian hat die Mitglieder einer Räuberbande, die mehr als ein Jahr ihr Unwesen trieb, einen nach dem anderen festgenommen. Die Händler legten Wert darauf, mir zu danken.«

»Habt Ihr die Erlaubnis von seiten der Obrigkeit der thebanischen Ordnungskräfte erhalten?«

»Meine Waffen sind aufgenommen und mit Kennzahlen versehen, ich bin im reinen.«

»Eine Verdrießlichkeit in Memphis, wir müssen heimkehren. Und der fünfte Altgediente?«

»Auf dem Markt hat niemand etwas gehört von ihm. Und Ihr?«

»Nichts.«

»Er ist tot, wie die anderen.«

»Wenn dem so ist, weshalb wurde dann mein Zimmer durchstöbert?«

»Ich weiche keinen Fingerbreit mehr von Eurer Seite.«

»Ihr steht unter meinem Befehl, erinnert Euch.«

»Meine Aufgabe besteht darin, Euch zu beschützen.«

»Wenn ich es für notwendig erachte. Wartet hier auf mich und macht Euch reisefertig.«

»Sagt mir wenigstens, wohin Ihr geht.«

»Ich werde nicht lange fortbleiben.«

*

Neferet wurde zur Königin eines abgeschiedenen Dorfes des Westufers von Theben. Der ständigen Anwesenheit einer Heilkundigen teilhaftig zu sein, stellte für die kleine Gemeinde ein unschätzbares Geschenk dar. Der freundliche Einfluß der jungen Frau bewirkte Wunder; Kinder und Erwachsene hörten auf ihren Rat und brauchten Krankheit nicht mehr zu fürchten.

Neferet bestand auf einer peinlichen Einhaltung der allen bekannten, doch manchmal vernachlässigten Richtlinien der Krankheitsverhütung und Sauberkeit: häufiges Händewaschen, vor jedem Mahle zwingend, tägliches Schwallbad, Waschung der Füße vor Betreten eines Hauses, Reinigung des Mundes und der Zähne, regelmäßiges Scheren der Körper- und Schneiden der Haupthaare, Verwendung von Salben, Mitteln für Schönheit und gegen Körpergeruch auf der Grundlage von Karobe. Bei den Armen wie den Reichen bediente man sich einer Masse aus Sand und Fett; wenn man dieser Natron zufügte, säuberte und läuterte sie die Haut.

Auf Pasers Beharrlichkeit hin hatte Neferet eingewilligt, am Nilufer entlang zu wandeln.

»Seid Ihr glücklich?«

»Ich glaube, nützlich zu sein.«

»Ich bewundere Euch.«

»Andere Heilkundige würden Eure Achtung verdienen.«

»Ich muß Theben verlassen. Man ruft mich nach Memphis zurück.«

»Wegen dieser befremdlichen Angelegenheit?«

»Mein Gerichtsschreiber hat sich nicht dazu geäußert.«

»Seid Ihr vorangekommen?«

»Der fünfte Altgediente bleibt unauffindbar. Falls er einer dauerhaften Beschäftigung am Westufer nachgegangen wäre, hätte ich es erfahren. Meine Untersuchung verläuft sich.«

Der Wind wechselte, der Frühling wurde milder, wärmer. Bald würde der Sandwind wehen; für mehrere Tage würde er die Ägypter zwingen, sich in ihren Häusern zu vergraben. Überall erblühte die Natur.

»Werdet Ihr wiederkommen?«

»So bald als möglich.«

»Ich spüre, daß Ihr besorgt seid.«

»Man hat meine Kammer durchwühlt.«

»Man wollte Euch sicher einschüchtern.«

»Man hat geglaubt, ich besäße ein wichtiges Schriftstück. Jetzt weiß man, daß dem nicht so ist.«

»Geht Ihr nicht zu viele Gefahren ein?«

»Wegen meiner Unfähigkeit begehe ich zu viele Fehler.«

»Seid weniger unerbittlich mit Euch selbst; Ihr habt Euch nichts vorzuhalten.«

»Ich will das Unrecht bezwingen, das Euch widerfährt.«

»Ihr werdet mich vergessen.«

»Niemals!«

Sie lächelte bewegt.

»Unsere jugendlichen Schwüre verflüchtigen sich im leichten Abendwind.«

»Nicht die meinen.«

Paser hielt inne, drehte sich zu ihr und nahm ihre Hände.

»Ich liebe Euch, Neferet. Wenn Ihr wüßtet, wie sehr ich Euch liebe ...«

Besorgnis verschleierte ihre Augen.

»Mein Leben ist hier, Eures in Memphis. Das Schicksal hat so entschieden.«

»Meine Laufbahn ist mir einerlei. Was bedeutet alles übrige, wenn Ihr mich liebt!«

»Seid nicht kindisch.«

»Ihr seid das Glück, Neferet. Ohne Euch hat mein Dasein keinen Sinn.«

Sie zog sacht ihre Hände zurück.

»Ich muß nachdenken, Paser.«

Er hatte das Verlangen, sie in seine Arme zu nehmen, sie so fest an sich zu drücken, daß niemand sie würde trennen können. Doch er durfte diese zarte Hoffnung nicht zerschlagen, die in ihrer Antwort leuchtete.

*

Der Schattenfresser wohnte Pasers Abreise bei. Er verließ Theben, ohne sich mit dem fünften Altgedienten unterhalten zu haben, und nahm kein belastendes Schriftstück mit. Die Durchsuchung seines Zimmers hatte sich als unergiebig erwiesen.

Auch er selbst hatte keinen Erfolg gehabt. Magere Ernte: Der fünfte Altgediente hatte sich kurz in einem Marktflecken südlich der großen Stadt aufgehalten, in dem er sich als Wagenschreiner hatte niederlassen wollen. Vom verhängnisvollen Ableben seines Genossen, des Bäckers, in Angst versetzt, war er nun verschwunden.

Weder dem Richter noch dem Schattenfresser war es gelungen, ihn ausfindig zu machen.

Der Altgediente wußte sich in Gefahr. Daher würde er seinen Mund halten. Beruhigt würde der Schattenfresser das nächste Schiff nach Memphis besteigen können.

24. KAPITEL

Wesir Bagi hatte ein Leiden an den Beinen. Sie waren schwer, in einem Maße aufgedunsen, daß die Wölbung der Knöchel verschwunden war. Er trug deswegen stets weite Sandalen mit lockeren Riemen, ohne daß er indes die Zeit gefunden hätte, sich anderweitige Pflege zu gönnen. Je länger er sitzend in seinem Amtszimmer verweilte, desto mehr nahm die Schwellung zu; doch der Dienst am Reiche duldete weder Rast noch Abwesenheit.

Seine Gemahlin Nedit hatte das große Anwesen abgelehnt, das PHARAO dem Wesir seines Amtes wegen gewährte. Bagi hatte sich ihrer Meinung gefügt, da er die Stadt dem Lande vorzog. Daher bewohnten sie ein bescheidenes Haus inmitten von Memphis, das die Ordnungskräfte Tag und Nacht bewachten. Der Erste Pharaonische Rat der Beiden Länder erfreute sich vollkommener Sicherheit; niemals, seit den Anfängen Ägyptens, war ein Wesir je ermordet, noch nicht einmal tätlich angegriffen worden.

Obwohl er an der Spitze der Verwaltung des Reiches stand, bereicherte er sich nicht. Seine Pflicht hatte für ihn Vorrang vor seinem eigenen Wohl. Nedit hatte den Aufstieg ihres Gemahls schlecht ertragen; durch plumpe Gesichtszüge benachteiligt, von kleinem Wuchs und ziemlicher Beleibtheit, die sie nicht zu verringern wußte, lehnte sie öffentliches Gepränge ab und erschien bei keinem förmlichen Festmahl. Sie vermißte die Zeit, in der Bagi eine Stellung im verborgenen mit begrenzter Verantwortung bekleidet hatte. Damals war er stets früh nach Hause gekommen, hatte ihr bei der Küchenarbeit geholfen und sich um die Kinder gekümmert.

Während er auf den Palast zuging, dachte der Wesir an seinen Sohn und seine Tochter. Sein Sohn, der zunächst Handwerker gewesen, hatte sich bei dem Schreinermeister, bei dem er in der Lehre gewesen war, durch seine Faulheit ausgezeichnet. Sogleich davon unterrichtet, hatte der Wesir seinen Ausschluß aus der Werkstatt erwirkt und ihm eine Stelle als Hersteller von Hohlziegeln aufgezwungen. Diese Entscheidung als ungerecht befindend, hatte PHARAO seinen Wesir gerügt und ihn der allzugroßen Strenge gegenüber einem Mitglied seiner eigenen Familie geziehen. Jeder Wesir mußte Sorge tragen, die Seinen nicht zu bevorrechten, doch ein Übermaß im gegensätzlichen Sinne war gleichermaßen verwerflich[1]. So war Bagis Sohn eine Rangstufe emporgerückt und zum Prüfer gebrannter Ziegeln geworden. Es beseelte ihn auch kein anderer Ehrgeiz; seine einzige Leidenschaft war das Brettspiel in Gesellschaft von Burschen seines Alters. Seine Tochter bereitete dem Wesir weit mehr Befriedigung; sie glich ein ungefälliges Äußeres durch große Ernsthaftigkeit in ihrem Betragen aus und träumte davon, als Spinnerin in den Tempel aufgenommen zu werden. Ihr Vater half ihr in keinster Weise; ihre eigenen Fähigkeiten würden ihr erlauben, zum Ziel zu gelangen.

Voller Überdruß verließ der Wesir seinen Stuhl und ließ sich auf einem Hocker nieder, dessen zur Mitte hin leicht ausgewölbte Sitzfläche aus fischgrätenartig geflochtenem Seil bestand. Vor seiner täglichen Besprechung mit dem König mußte er Kenntnis von den Berichten der verschiedenen Räte nehmen. Gebeugt und mit schmerzenden Füßen versuchte er, seine Aufmerksamkeit zu sammeln.

Sein persönlicher Schreiber unterbrach seine Einsichtnahme. »Ich bin untröstlich, Euch zu belästigen.«

»Was geht vor?«

»Ein Bote des Asien-Heeres hat Meldung gemacht.«

»Faßt kurz zusammen.«

»Aschers Sondereinsatzverband ist vom Kern unserer Truppen abgeschnitten.«

---

[1] Man weiß von dem Fall eines seiner Ämter enthobenen Wesirs, der aus Furcht, der Günstlingswirtschaft bezichtigt zu werden, sich ungerecht gegenüber seinen Nächsten gezeigt hatte.

»Ein Aufstand?«

»Der Libyer Adafi, zwei asiatische Zwergkönige und Beduinen.«

»Schon wieder die! Unsere Geheimen Kundschafter haben
sich übertölpeln lassen.«

»Werden wir Verstärkung entsenden?«

»Ich werde augenblicklich Hoheit um Rat fragen.«

Ramses befahl zwei weiteren Heeresverbänden, gen Asien zu
ziehen, und dem Haupttheer, sein Vorrücken zu beschleunigen. Der König nahm die Angelegenheit äußerst ernst; Ascher
mußte, sofern er überlebt hatte, die Aufrührer vernichten.

Seit Verkündigung des Erlasses, der den Hof in höchstes
Erstaunen gestürzt hatte, wußte der Wesir nicht mehr ein
noch aus, um PHARAOS Anweisungen in die Tat umzusetzen.
Dank seiner gewissenhaften und scharfen Amtsführung würde das Erfassen der Reichtümer Ägyptens und dessen ver-
schiedener Vorräte höchstens einige Monate benötigen;
doch seine Gesandten mußten hierfür die Oberen jedes
Tempels und jeden Gaufürsten befragen, eine beeindruckende Menge an Rechenschaftsberichten abfassen und
sämtliche Ungenauigkeiten aufspüren. Die Ansinnen des
Herrschers lösten eine dumpfe Feindseligkeit aus; daher
auch befleißigte sich Bagi, der als der wahre Verantwortliche
dieser amtlichen Erhebung betrachtet wurde, etliche Emp-
findlichkeiten zu beschwichtigen und die Gereiztheit zahlreicher Würdenträger zu zerstreuen.

Am Ende des Nachmittags hatte Bagi die Gewißheit, daß
seine Anweisungen wortgetreu ausgeführt worden waren.
Schon am nächsten Tag würde er die Stärke des – bereits in
Kampfbereitschaft befindlichen – Heeres der Mauern des
Herrschers verdoppeln.

*

Der Abend im Feldlager verlief in düsterer Stimmung. Am
folgenden Tag wollten die Ägypter die aufständische Feste
angreifen, ihr Abgeschnittensein somit brechen und versu-

chen, eine Verbindung mit Heerführer Ascher herzustellen. Der Sturm kündigte sich als schwierig an. Viele würden wohl nicht mehr in ihre Heimat zurückkehren.

Sethi aß mit dem ältesten Krieger, einem aus Memphis stammenden Raufbold, zu Abend. Er leitete den Einsatz des Sturmturms auf Rädern.

»In sechs Monaten«, offenbarte dieser ihm, »werde ich im Ruhestand sein. Das ist mein letzter Asienfeldzug, Jüngelchen! Hier, iß frischen Knoblauch. Das wird dich erleichtern und dir Erkältungen ersparen.«

»Er wäre besser mit ein wenig Koriander und rosenrotem Wein.«

»Der Festschmaus kommt nach dem Sieg! Für gewöhnlich wird man in diesem Verband gut genährt. Ochse und Backwaren sind nicht selten, die Frische des Gemüses ist annehmbar, das Bier reichlich. Seinerzeit, da stahlen die Soldaten hier und da; Ramses hat diese Sitte verboten und die Plünderer aus den Streitkräften gejagt. Ich, ich habe nie jemanden bestohlen. Man wird mir ein Haus auf dem Land, ein Stück Feld und eine Dienerin geben. Ich werde wenig Steuern entrichten müssen und meinen Besitz dem Menschen meiner Wahl vermachen. Du hast recht gehabt, dich zu verpflichten, Jüngelchen; deine Zukunft ist gesichert.«

»Unter der Bedingung, heil aus diesem Wespennest herauszukommen.«

»Wir werden diese Feste schleifen. Vor allem, nimm dich auf deiner Linken in acht. Der männliche Tod kommt von dieser Seite, der weibliche von der anderen.«

»Keine Frauen beim Feind?«

»Doch, und zwar tapfere!«

Sethi würde weder die Linke noch die Rechte vernachlässigen; er würde auch den Rücken nicht vergessen, im Gedenken an den Offizier der Streitwagentruppe.

*

Die ägyptischen Soldaten stürzten sich in einen wilden Tanz, ließen ihre Waffen über ihren Köpfen kreisen und reckten sie gen Himmel, um ein günstiges Geschick und den Mut zu erlangen, bis zum Tode zu kämpfen. Den von allen Ländern eingehaltenen Übereinkünften gemäß würde die Schlacht eine Stunde nach Sonnenaufgang stattfinden; lediglich die Beduinen griffen ohne Vorwarnung an.

Der alte Krieger steckte eine Feder in Sethis langes schwarzes Haar.

»Das ist so Brauch, für die Besten der Bogenschützen. Sie beschwört die Göttin Maat; dank ihrer wird dein Herz standhaft sein, und du wirst genau zielen.«

Das Fußvolk trug die Leitern; der ehemalige Freibeuter übernahm die Spitze. Sethi stieg in den Sturmturm hinauf an die Seite des Alten. Ein Dutzend Männer schoben ihn auf die Feste zu. Die Schanzsoldaten hatten recht und schlecht einen Erdweg angelegt, auf dem die Holzräder ohne große Mühe vorankamen.

»Nach links«, befahl der Lenker.

Das Gelände wurde ebener. Von der Höhe der Feste aus schossen die feindlichen Bogenschützen. Zwei Ägypter wurden getötet, ein Pfeil streifte Sethis Kopf.

»Nun los, Jüngelchen!«

Sethi spannte den Bogen mit Hornverschalung; mit angewinkelter Flugbahn würden die Schüsse mehr als zweihundert Meter weit reichen. Die Sehne aufs äußerste gespannt, sammelte er sich und ließ sie im Ausatmen schnellen.

Mitten ins Herz getroffen, fiel ein Beduine von der Zinne. Dieser Erfolg zerstreute die Angst des Fußvolks, das nun geradewegs auf den Feind zustürmte.

Sethi wechselte die Waffe ungefähr hundert Meter vor dem Ziel. Sein Akazienholzbogen, der genauer und weniger anstrengend zu handhaben war, erlaubte ihm, bei jedem Schuß ins Schwarze zu treffen und somit die Hälfte der Zinnen zu entblößen. Bald würden die Ägypter ihre Sturmleitern aufstellen können.

Als der Turm dann endlich nur noch an die zwanzig Meter

vom Ziel entfernt war, sackte der Lenker, mit einem Pfeil im Bauch, zusammen. Die Fahrt wurde schneller, der Turm stieß gegen die Wehrmauer. Während seine Gefährten auf die Zinnen sprangen und in die Feste einfielen, kümmerte sich Sethi zuerst um den alten Krieger.

Die Verletzung war tödlich.

»Ein schöner Ruhestand, Jüngelchen, du wirst sehen ... ich, ich hab' Pech gehabt.«

Sein Kopf fiel ihm auf die Brust.

Mit einem Rammbock brachen die Ägypter das Tor auf; der ehemalige Freibeuter führte das Zerstörungswerk mit der Axt zu Ende. In hellem Entsetzen ergriffen ihre Widersacher die Flucht. Der örtliche Zwergkönig sprang auf den Rücken seines Pferdes und trampelte den Offizier nieder, der ihn aufforderte, sich zu ergeben. Von blindem Zorn gepackt, gerieten die Ägypter außer Rand und Band und verschonten niemanden.

Während das Feuer die Feste verheerte, entging ein in Lumpen gehüllter Flüchtiger der Wachsamkeit der Sieger und stürzte zum Wald. Sethi holte ihn ein, packte ihn am zusammengeflickten Gewand und zerriß dieses dabei.

Eine junge und kräftige Frau! Die Wilde, die ihn beraubt hatte. Nackt lief sie weiter. Unter dem Gelächter und den Ermutigungen seiner Waffenbrüder warf er sich auf sie und drückte sie auf die Erde.

Schier irre vor Angst, wehrte sie sich lange. Sethi hob sie schließlich auf, fesselte ihr die Hände und bedeckte sie mit ihrem ärmlichen Kleid.

»Sie gehört dir«, sagte ein Fußsoldat.

Die wenigen Überlebenden hatten ihre Bogen, Schilde, Sandalen und Kürbisflaschen fortgeworfen und die Hände auf die Köpfe gelegt. Den ägyptischen Redewendungen zufolge verloren sie ihre Seele, verließen sie ihre Namen und entleerten sich ihres Samens. Die Sieger bemächtigten sich des Bronzegeschirrs, der Ochsen, Esel und Ziegen, setzten die Unterkünfte, den Hausrat und die Stoffe in Brand. Von der Feste würde nichts als ein Haufen loser und verbrannter Steine übrigbleiben.

Der ehemalige Freibeuter trat auf Sethi zu.

»Der Anführer ist tot, der Lenker des Sturmturms auch. Du bist der wackerste unter uns und ein Bogenschütze ersten Ranges. Die Befehlsgewalt steht dir zu.«

»Ich habe keinerlei Erfahrung.«

»Du bist ein Held. Wir alle werden das bezeugen; ohne dich wären wir gescheitert. Führe uns nach Norden.«

Der junge Mann unterwarf sich dem Willen seiner Kampfgenossen. Er forderte sie auf, die Gefangenen untadelig zu behandeln. Im Verlauf rasch angesetzter Verhöre behaupteten diese, daß der Anstifter des Aufstandes, Adafi, sich nicht in der Feste aufhielt.

Sethi ging an der Spitze des Zuges, den Bogen in der Hand, voran. Zu seiner Rechten seine Gefangene.

»Wie ist dein Name?«

»Panther.«

Ihre Schönheit bezauberte ihn. Ungezähmt, mit goldenem Haar und feurigen Augen, hatte sie einen prachtvollen Körper, verlockende Lippen. Ihre Stimme klang warm, betörend.

»Woher kommst du?«

»Aus Libyen. Mein Vater war ein *Lebend zu Erschlagender*[1].«

»Was meinst du damit?«

»Während eines Beutezugs hat ein ägyptisches Schwert ihm den Schädel geöffnet. Er hätte eigentlich sterben müssen. Als Kriegsgefangener hat er dann als Landmann im Delta gearbeitet. Er hat seinen Namen, sein Volk vergessen, ist ein Ägypter geworden! Ich habe ihn gehaßt und bin nicht zu seiner Bestattung gegangen. Und ich habe den Kampf wieder aufgenommen!«

»Was lastest du uns an?«

Die Frage verwunderte Panther.

»Wir sind Feinde seit zweitausend Jahren!« rief sie aus.

»Sollte es dann nicht angebracht sein, einen Waffenstillstand zu schließen?«

---

[1] Ägyptischer Ausdruck für einen unterjochten Feind. *(Anm. d. Ü.)*

»Niemals!«

»Ich werde versuchen, dich zu überzeugen.«

Sethis gewinnende Art blieb nicht wirkungslos. Panther willigte schließlich ein, zu ihm aufzublicken.

»Werde ich deine Sklavin?«

»Es gibt keine Sklaven in Ägypten.«

Ein Krieger stieß einen Schrei aus. Alle warfen sich zu Boden. Auf dem Kamm eines Hügels bewegte sich das Dickicht. Heraus kam ein Rudel Wölfe, das die Fahrenden kurz beäugte und dann seines Weges ging. Erleichtert dankten die Ägypter den Göttern.

»Man wird mich befreien«, behauptete Panther.

»Baue nur auf dich selbst.«

»Bei der ersten Gelegenheit werde ich dich verraten.«

»Die Aufrichtigkeit ist eine seltene Tugend. Ich beginne, dich zu schätzen.«

Erbittert verschloß sie sich in ihrem Zorn.

Sie rückten über zwei Stunden auf steinigem Gelände vor, folgten dann dem Bett eines ausgetrockneten Sturzbachs. Die Augen auf die schroffen Abhänge geheftet, spähte Sethi nach dem kleinsten Anzeichen einer besorgniserregenden Anwesenheit. Als ein Dutzend ägyptischer Bogenschützen ihnen den Weg versperrte, wußten sie, daß sie gerettet waren.

*

Paser traf gegen elf Uhr am Morgen vor seinem Amtszimmer ein und fand die Tür verschlossen.

»Geht mir Iarrot holen«, befahl er Kem.

»Mit dem Pavian?«

»Mit dem Pavian.«

»Und wenn er leidend ist?«

»Schafft ihn mir auf der Stelle her, in welchem Zustand auch immer.«

Kem beeilte sich.

Mit hochrotem Kopf und geschwollenen Lidern rechtfertigte Iarrot sich jammernd.

247

»Ich habe mich nach einer Magenverstimmung ausgeruht. Ich habe Kümmelsamen in Milch eingenommen, doch der Brechreiz dauerte an. Der Heilkundler hat mir einen Absud von Wacholderbeeren und zwei Tage Arbeitsruhe verordnet.«

»Weswegen habt Ihr die thebanischen Ordnungskräfte mit Botschaften überschwemmt?«

»Zwei dringende Angelegenheiten!«

Des Richters Wut verebbte.

»Erklärt Euch.«

»Erstens mangelt es uns an Papyrus. Zweitens: die Überprüfung der Kornspeicher, die unter Eure Gerichtsbarkeit fallen. Den Aufzeichnungen der betreffenden Prüfer zufolge soll im Hauptlagerhaus die Hälfte des Kornvorrats fehlen.«

Iarrot senkte die Stimme.

»Ein ungeheures Ärgernis bahnt sich an.«

*

Nachdem die Priester die ersten Körner des Getreideschnitts Osiris und Brot der Göttin der Ernte geopfert hatten, wandte sich ein schier endloser Zug von Korbträgern, mit dem kostbaren Nährmittel beladen, zu den Speichern und sang dabei: »Ein glücklicher Tag ward uns geboren.« Sie stiegen die Treppen hinauf, die zu den Dächern der Kornhäuser führten, und entleerten dort ihre Schätze durch Luken, die von kleinen Falltüren verschlossen waren. In den mal rechteckigen, mal runden Getreidekammern eingelassene Türen erlaubten die Entnahme des Korns.

Der Verwalter der Kornhäuser empfing den Richter mit seltener Kälte.

»Der königliche Erlaß zwingt mich, die Getreidevorräte nachzuprüfen.«

»Ein Sachkundiger hat es bereits für Euch getan.«

»Mit welchen Ergebnissen?«

»Die hat er mir nicht mitgeteilt. Sie gehen nur Euch an.«

»Laßt eine große Leiter gegen die Wand des Großspeichers lehnen!«

»Muß ich mich wiederholen? Ein Sachkundiger hat ihn bereits überprüft.«

»Widersetzt Ihr Euch dem Gesetz?«

Der Verwalter wurde freundlicher.

»Ich denke nur an Eure Sicherheit, Richter Paser. Dort hinaufzusteigen ist gefährlich. Ihr seid an diese Art Kletterei nicht gewöhnt.«

»Euch ist also nicht bekannt, daß die Hälfte unserer Vorräte fehlen.«

Der Verwalter schien verdutzt.

»Welch ein Unheil!«

»Und wie erklärt Ihr Euch das?«

»Das Geschmeiß, mit Sicherheit.«

»Gilt dem nicht Eure wichtigste Sorge?«

»Ich überlasse mich hierbei der für Entseuchung und Gesundheitsfürsorge zuständigen Behörde; sie ist die Schuldige.«

»Die Hälfte der Vorräte, das ist ungeheuer!«

»Wenn das Ungeziefer sich ans Werk macht ...«

»Richtet die Leiter auf.«

»Völlig unnötig, ich versichere Euch. Das ist nicht die Aufgabe eines Richters!«

»Wenn ich mein Petschaft auf den amtlichen Bericht gesetzt habe, werdet Ihr vor dem Gesetz verantwortlich sein.«

Zwei Knechte schafften eine große Leiter herbei und lehnten sie gegen die Außenwand des Speichers. Mit großem Unbehagen kletterte Paser hinauf; die Sprossen ächzten, die Standfestigkeit ließ zu wünschen übrig. Auf halbem Wege schwankte er.

»Verkeilt sie!« forderte er.

Der Verwalter schaute hinter sich, als erwäge er die Flucht.

Kem legte ihm die Hand auf die Schulter, der Babuin näherte sich seinem Bein.

»Gehorcht dem Richter«, empfahl der Nubier. »Ihr wünscht doch wohl keinen Unfall?«

Sofort hielt man die Leiter im Gleichgewicht. Ermutigt kletterte Paser weiter. Er gelangte zur Spitze, acht Meter über der Erde, stieß einen Riegel zurück, öffnete eine Luke.
Der Speicher war randvoll.

*

»Unbegreiflich«, meinte der Verwalter. »Der Prüfer hat Euch belogen.«
»Eine andere Erklärung wäre Eure Mitwisserschaft«, meinte Paser.
»Ich bin betrogen worden, seid Euch dessen gewiß!«
»Ich zögere, Euch zu glauben.«
Der Pavian stieß ein Knurren aus und zeigte seine Reißzähne.
»Er verabscheut Lügner«, ließ der Nubier ihn wissen.
»Haltet dieses Raubtier zurück!«
»Ich habe keinerlei Gewalt über ihn, wenn ein Zeuge ihn reizt.«
Der Verwalter senkte den Kopf.
»Er hatte mir eine gute Entlohnung versprochen, sofern ich mich für sein Gutachten verbürge. Wir hätten das vorgeblich fehlende Getreide allmählich abgesetzt. Es stand ein netter Gewinn in Aussicht. Werde ich mein Amt behalten, da die Missetat nicht stattgefunden hat?«

*

Paser arbeitete bis spät in die Nacht. Er unterzeichnete die von Beweisgründen gestützte Absetzung des Verwalters und suchte in den Aufstellungen der Beamten vergeblich nach dem fraglichen Prüfer. Ein falscher Name, wahrscheinlich. Die Unterschlagung von Getreide kam nicht selten vor, doch noch nie hatte das Vergehen solche Ausmaße angenommen. Eine Einzeltat, die auf ein Memphiter Kornhaus begrenzt war, oder eine allgemein herrschende Bestechlichkeit? Letzteres würde PHARAOS überraschenden Erlaß als begründet erscheinen lassen. Baute der Herrscher nicht auf die Richter, um Recht und Ordnung wiederherzustellen und die krummen Stöcke aufzurichten? Wenn ein jeder gewissenhaft handelte, ob seine Obliegenheit nun bescheiden oder gewichtig war, würde das Übel rasch beseitigt sein.

In der Flamme der Lampe standen Neferets Gesicht, ihre Augen, ihre Lippen. Zu dieser Stunde schlief sie wohl bereits.

Dachte sie jemals an ihn?

25. KAPITEL

Von Kem und dem Babuin begleitet, bestieg Paser das schnelle Segelschiff in Richtung der großen Papyruspflanzungen im Delta, die Bel-ter-an unter königlicher Genehmigung bewirtschaftete. Im Schlamm und Morast konnten diese Stauden mit Bartdolden und Stengeln von dreieckigem Querschnitt die stattliche Höhe von sechs Metern erreichen und wahre Dickichte bilden. Dicht an dicht stehend, bekrönten ihre schirmartigen Blütenstände das kostbare Gewächs. Aus seinen holzigen Wurzeln fertigte man Gegenstände des häuslichen Bedarfs; aus den äußeren Fasern und der Rinde Matten, Körbe, Netze, Taue, Stricke und selbst Sandalen sowie Schurze für die Ärmsten. Die zarten Triebe wurden von den Bauern roh gekaut, deren Saft herausgesaugt und der restliche Brei wieder ausgespien. Was endlich das üppige schwammartige Stengelmark unter der Rinde betraf, so wurde diesem eine ganz besondere Behandlung zuteil, damit es zu jenem berühmten Papyrus wurde, um das die Welt Ägypten beneidete.

Bel-ter-an begnügte sich nicht mit dem Kreislauf der Natur; so hatte er auf seinem ungeheuren Anwesen die Papyrusstaude nachgerade angebaut, um den Ertrag zu steigern und einen Teil ausführen zu können. Für jeden Ägypter bedeuteten die grün schimmernden Stengel Kraft und Jugend; die Zepter der Göttinnen hatten die Form eines Papyrus, die Säulen der Tempel waren steinerne Papyri.

Ein langer Weg war durch das Pflanzendickicht gebahnt worden; Paser begegnete nackten Bauern, die schwere Garben auf ihren Rücken trugen. Vor den großen Lagerhäusern, wo man, im Trockenen, den Rohstoff in Holztruhen oder irdenen Tonbehältnissen aufbewahrte, reinigten Facharbeiter die sorgfältig ausgelesenen Fasern der hauchdünn in Längsrichtung geschnittenen Stengel, bevor sie sie auf Matten oder Holzgestellen ausbreiteten.

Die dünnen Streifen von vierzig Zentimetern Länge wurden in zwei senkrecht zueinander verlaufenden Schichten übereinandergelegt. Eine weitere Gruppe von Facharbeitern bedeckte dies Geflecht mit einem feuchten Leingewebe und preßte es ausgiebig mittels Holzflegeln. Dann nahte der heikle Augenblick, da die Papyrusstreifen trocknen und ohne irgendeinen Zusatz fest miteinander verkleben mußten.

»Prächtig, nicht wahr?«

Der gedrungene Mann, der sich an Paser wandte, hatte ein rundes Mondgesicht, schwarzes, mit einem Pflegemittel geglättetes Haar. Trotz seiner fleischigen Hände und Füße und seines vierschrötigen Körperbaus wirkte er äußerst rege, ja beinahe unruhig.

»Euer Besuch ehrt mich, Richter Paser; mein Name ist Bel-ter-an. Ich bin der Eigentümer dieses Anwesens.«

Er zog seinen Schurz hoch und das feine Leinenhemd zurecht. Auch wenn er sich bei den besten Weberinnen von Memphis einkleidete, schienen seine Gewänder stets zu klein, zu groß oder zu weit zu sein.

»Ich möchte Euch Papyrus abkaufen.«

»Kommt und seht Euch meine besten Sorten an.«

Bel-ter-an zog Paser zu dem Lagerschuppen, in dem er seine kostbarsten Stücke, nämlich Rollen zu zwanzig Bögen, aufbewahrte. Der Hersteller zog eine davon auf.

»Seht Euch diese Pracht an, ihren feinen Schuß, ihre herrliche Farbe. Keinem meiner Mitbewerber ist es gelungen, mein Erzeugnis nachzuahmen. Eines der Geheimnisse ist die Dauer des Trocknens unter der Sonne, doch es gibt noch etliche wichtige Punkte, über diesen wird mein Mund stets versiegelt bleiben.«

Der Richter befühlte den Rand der Rolle.

»Dieser Papyrus ist vollkommen.«

Bel-ter-an verhehlte seinen Stolz nicht.

»Ich behalte ihn den Schreibern vor, die die alten *Weisheiten*[1] abschreiben und vervollständigen. Das Schriftenhaus des Palastes hat mir ein Dutzend davon für nächsten Monat in Auftrag gegeben. Ebenso liefere ich *Totenbücher,* die in den Gräbern niedergelegt werden.«

»Euer Geschäft scheint zu blühen.«

»So ist es, allerdings unter der Bedingung, Tag und Nacht zu arbeiten. Ich beklage mich nicht, da mich mein Beruf mit Begeisterung erfüllt. Einen Untergrund für die Texte und Hieroglyphen zu stellen, ist doch das Wesentliche, nicht wahr?«

»Mein Guthaben ist begrenzt, ich habe nicht die Mittel, mir solch schönen Papyrus zu kaufen.«

»Ich verfüge auch über eine mindere, doch noch beachtenswerte Güte. Haltbarkeit gewährleistet!«

Der Posten sagte Paser zu, doch der Preis war weiterhin zu hoch. Bel-ter-an kratzte sich im Nacken.

»Ihr gefallt mir, Richter Paser, und ich hoffe, daß das auf Gegenseitigkeit beruht. Ich liebe die Gerechtigkeit, da sie der Schlüssel des Glücks ist. Gewährt Ihr mir die Freude, Euch einen Posten zu schenken?«

»Ich bin empfänglich für Eure Großzügigkeit, doch ich bin genötigt, sie zurückzuweisen.«

»Erlaubt mir, darauf zu beharren.«

»Jedes Geschenk, in welcher Form auch immer, würde als Bestechung betrachtet. Wenn Ihr mir einen Zahlungsaufschub einräumtet, müßten wir diesen schriftlich festhalten und niederlegen.«

»Nun denn, einverstanden! Ich habe sagen hören, Ihr zaudertet nicht, Euch an Großkaufleute heranzuwagen, die das Gesetz mißachten. Das ist sehr mutig.«

»Nur meine Pflicht.«

»In Memphis neigt die Sittlichkeit der Händler in letzter Zeit dazu, nachzulassen. Ich vermute, PHARAOS Erlaß wird dieser ärgerlichen Entwicklung Einhalt gebieten.«

---

[1] Sammlung von Maximen, die von Generation zu Generation weitergegeben wurden.

»Meine Amtsbrüder und ich setzen uns nach Kräften dafür
ein, obgleich ich einräumen muß, die Memphiter Sitten
schlecht zu kennen.«

»Ihr werdet Euch schnell eingewöhnen. In den letzten Jahren war der Wettbewerb unter den Kaufleuten eher rauh; sie
haben nicht gezögert, sich ernste Schläge zu versetzen.«

»Habt Ihr welche erdulden müssen?«

»Ich schlage mich wie alle anderen. Zu Anfang versah ich den
Dienst eines Gehilfen der Buchhaltung auf einem großen
Gut im Delta, wo der Papyrus schlecht bewirtschaftet wurde.
Ich habe dem Gebieter des Anwesens Verbesserungen vorgeschlagen; er hat sie angenommen und mich in den Rang eines Buchhalters erhoben. Ich hätte in Frieden leben können,
wenn das Unheil mich nicht niedergeschmettert hätte.«

Die beiden Männer traten aus dem Lagerhaus und beschrit-
ten einen von Blumen gesäumten Weg, der zu Bel-ter-ans
Behausung führte.

»Darf ich Euch etwas zu trinken anbieten? Ich versichere
Euch, das ist keine Bestechung!«

Paser lächelte. Er spürte, daß es den Hersteller danach
verlangte, sich auszusprechen.

»Welches war dieses Unheil?«

»Ein wenig ruhmvolles Mißgeschick. Ich hatte eine Frau
geheiratet, die älter war als ich und aus Elephantine stammte; wir verstanden uns gut, trotz einiger unwesentlicher Streitigkeiten. Ich kehrte häufig spät heim, was sie duldete. Eines
Nachmittags wurde ich Opfer eines Unwohlseins; Überarbei-
tung wahrscheinlich. Man brachte mich in mein Heim. Meine Gattin fand ich mit dem Gärtner im Bett. Erst hatte ich
Lust, sie zu töten, dann, sie wegen Ehebruchs verurteilen zu
lassen ... doch die Strafe ist hart[1]. Ich habe mich letztlich mit
einer sogleich ausgesprochenen Scheidung begnügt.«

»Eine beschwerliche Prüfung.«

---

[1] Eheliche Untreue wurde als ernstes Vergehen angesehen, handelte
    es sich doch um den Bruch eines Gelöbnisses, da der Bund ja auf
    gegenseitigem Vertrauen fußte.

»Ich wurde zutiefst verletzt und habe mich mit doppelter Arbeit getröstet. Der Gebieter des Anwesens hat mir ein Stück Land geschenkt, das niemand haben wollte. Die Bewässerungsanlage, die ich selbst ersonnen habe, hat seinen Wert zur Geltung kommen lassen: erste ertragreiche Ernten, angemessene Preise, zufriedene Kundschaft ... und schließlich das Wohlwollen des Palastes! Als ich Lieferer des Hofes wurde, war mein Glück gemacht. Man hat mir die Sümpfe zugeteilt, die Ihr durchquert habt.«

»Meinen Glückwunsch.«

»Anstrengung wird immer belohnt. Seid Ihr vermählt?«

»Nein.«

»Ich habe das Abenteuer ein zweites Mal gewagt, und ich habe recht daran getan.«

Bel-ter-an schluckte ein Kügelchen aus Olibanum, Zypergras[1] und Phönizischer Binse, eine Mischung, die guten Atem gewährleistete.

»Ich werde Euch meine junge Gemahlin vorstellen.«

*

Silkis fürchtete voller Verzweiflung das Erscheinen des ersten Fältchens. Daher auch hatte sie sich ein Öl von Bockshornklee beschafft, das die Unvollkommenheiten der Haut beseitigen sollte. Der Duftölhersteller trennte hierfür Schoten und Samen, bereitete einen dicken Brei daraus und erwärmte diesen. Auf der Oberfläche perlte dann das Öl. Vorsichtig legte Silkis eine Maske zur Schönheitspflege auf, die aus Honig, rotem Natron sowie Salz des Nordens bestand, und rieb dann den Leib mit Alabasterpulver ein.

Dank Neb-Amuns chirurgischer Kunst hatten ihr Gesicht und ihre Formen sich verfeinert, entsprechend den Wünschen ihres Gemahls; gewiß, sie befand sich weiterhin als zu schwer und ein wenig rund, doch Bel-ter-an würde ihr ihre

---

[1] Olibanum ist ein dem Weihrauch verwandtes Harz; genanntes Zypergras gehört zu den duftenden Riedgrasarten.

wohlgereiften Schenkel nicht vorhalten. Bevor sie ihn zu einem reichhaltigen Mittagsmahl empfing, trug sie noch rotes Ocker auf ihre Lippen auf sowie eine zarte Salbe auf ihre Wangen und grüne Schminke um die Augen. Dann rieb sie die Kopfhaut mit einer läuternden Lösung ein, deren Hauptbestandteile, nämlich Bienenwachs und Harz, das Auftauchen grauer Haare verhindern würden.

Da der Spiegel ihr ein befriedigendes Bild zurückwarf, setzte sie sich endlich eine Perücke aus echtem Haar mit in Duftstoff getränkten Strähnen aufs Haupt. Ihr Gemahl hatte ihr diesen kleinen Schatz bei der Geburt ihres zweiten Kindes, eines Knaben, geschenkt.

Unvermutet benachrichtigte sie die Dienerin vom Eintreffen Bel-ter-ans, im Beisein eines Gastes.

Erschreckt griff Silkis wieder zum Spiegel. Würde sie gefallen, oder würde sie wegen eines Makels getadelt, den sie nicht bemerkt hatte? Ihr blieb keine Zeit mehr, sich anders zu schminken oder das Gewand zu wechseln.

Kühn trat sie aus ihrem Gemach.

*

»Silkis, mein Liebling! Ich stelle dir Richter Paser aus Memphis vor.«

Die junge Frau lächelte mit geziemender Verlegenheit und Zurückhaltung.

»Meine Gemahlin und ich empfangen häufig Käufer und Aufseher«, fuhr Bel-ter-an fort, »doch Ihr seid unser erster Richter! Das ist eine große Ehre.«

Das neue Herrenhaus des Papyrusverkäufers umfaßte ungefähr zehn spärlich erhellte Zimmer. Silkis fürchtete die Sonne, da sie die Haut rötete.

Eine Dienerin brachte frisches Bier; ihr auf dem Fuße folgten zwei Kinder, ein rothaariges Mädchen und ein Knäblein, das seinem Vater glich. Sie begrüßten den Gerichtsbeamten und liefen lachend davon.

»Ach, diese Kinder! Wir vergöttern sie, aber sie sind bisweilen doch recht ermüdend.«

257

Silkis pflichtete mit einem Kopfnicken bei. Zum Glück waren ihre Entbindungen ohne Schwierigkeiten verlaufen und hatten dank langer Ruhezeiten ihren Körper nicht verunstaltet. Sie verbarg einige widerspenstige Rundungen unter einem weiten Leinenkleid von erster Güte, das unaufdringlich von kleinen roten Säumen eingefaßt war. Ihr Ohrschmuck, aus einem Ring und einem Anhänger von kuppelförmig geschliffenem Elfenbein[1] bestehend, stammte aus Nubien.

Paser wurde eingeladen, sich auf einer Papyrusliege auszustrecken.

»Ein wahrhaft schöpferischer Einfall, nicht wahr? Ich mag solche Neuerungen«, hob Bel-ter-an hervor. »Wenn die Form gefällt, werde ich sie in den Handel bringen.«

Der Richter war erstaunt über die Anlage des Herrenhauses, das ganz in die Länge, sehr niedrig und ohne Terrasse errichtet war.

»Mir schwindelt leicht. Unter diesem Schirmdach sind wir vor der Hitze geschützt.«

»Gefällt es Euch in Memphis?« fragte Silkis.

»Ich zog mein Dorf vor.«

»Wo wohnt Ihr?«

»Über meinem Amtszimmer. Die Räumlichkeiten sind etwas knapp bemessen; seit meinem Amtsantritt mangelt es nicht an den unterschiedlichsten Ermittlungen, und die Schriften stapeln sich. In einigen Monaten droht mir arge Beengtheit.«

»Eine rasch zu behebende Kleinigkeit«, befand Bel-ter-an.

»Eine meiner besten geschäftlichen Beziehungen besteht zum Vorsteher der Schriftenverwahrung im Palast. Ihm untersteht die Raumzuteilung in den Lagerhäusern des Landes.«

»Ich möchte nicht in den Genuß einer Bevorrechtigung kommen.«

»Es wird keine sein. Ihr werdet genötigt sein, ihn früher oder später aufzusuchen; und je früher, desto besser. Ich nenne

[1] Cabochon-Schliff.

Euch nur seinen Namen, und Ihr werdet Euch selbst weiterhelfen.«

Das Bier war köstlich; die großen, zu seiner Aufbewahrung bestimmten Krüge hielten es frisch.

»Im Sommer«, verkündete Bel-ter-an, »werde ich ein Papyruslager neben den Hafenspeichern eröffnen. Die Lieferung an die Verwaltungen wird so weitaus schneller erfolgen.«

»Dann laßt Ihr Euch in meinem Gerichtsbezirk nieder.«

»Darüber bin ich entzückt. Wenn ich Eure lebhafte Wesensart richtig einschätze, werden Eure Überprüfungen scharf und wirkungsvoll sein. Somit wird mein guter Ruf durch Euch gefestigt. Trotz all der Gelegenheiten, die sich bieten, sind mir Betrügereien zuwider; irgendwann wird man auf frischer Tat ertappt! Ägypten mag die Schwindler nicht. Wie es das Sprichwort sagt, findet die Lüge keinen Kahn und wird den Fluß nicht überqueren.«

»Habt Ihr von einem Schleichhandel mit Getreide reden hören?«

»Wenn dieser empörende Vorfall an den Tag kommt, werden strenge Ahndungen folgen.«

»Wer wäre betroffen?«

»Man munkelt, ein Teil der in die Kornhäuser eingespeicherten Ernte wäre zum Nutzen einzelner unterschlagen worden. Bloße Gerüchte, wenn auch beharrliche.«

»Haben die Ordnungskräfte nicht ermittelt?«

»Ohne Erfolg. Willigt Ihr ein, mit uns zu Mittag zu essen?«

»Ich möchte Euch keine Umstände machen.«

»Meine Gemahlin und ich selbst bewirten Euch mit Freuden.«

Silkis streckte den Hals vor und schenkte dem Richter ein zustimmendes Lächeln.

Paser wußte die Vorzüglichkeit der Speisen zu schätzen: Gänsestopfleber, Salat mit Kräutern und Olivenöl, frische Erbsen, Granatäpfel und feine Backwaren, das Ganze von einem Rotwein aus dem Delta begleitet, der dem ersten Regentschaftsjahr von Ramses dem Großen entstammte. Die Kinder aßen für sich, verlangten jedoch nach Kuchen.

»Gedenkt Ihr, eine Familie zu gründen?« fragte Silkis.

»Mein Amt nimmt mich stark in Anspruch«, antwortete Paser.

»Eine Frau und Kinder, ist das nicht das Ziel des Daseins? Es gibt keine größere Befriedigung«, behauptete Bel-ter-an.

In dem Glauben, unentdeckt zu bleiben, stibitzte der Rotschopf ein Stück Backwerk. Der Vater packte ihn am Handgelenk.

»Zur Strafe wird dir Spielen und Herumtollen verboten.«

Das Mädchen brach in Schluchzen aus und stampfte auf den Boden.

»Du bist zu unnachgiebig«, begehrte Silkis auf. »Das war doch nicht so schlimm.«

»Alles zu haben, was man sich wünscht, und dann zu stehlen, ist betrüblich.«

»Hast du es ihr nicht gleichgetan, als du noch Kind warst?«

»Meine Eltern waren arm, ich habe niemandem etwas gestohlen, und ich dulde es nicht, daß meine Tochter sich in dieser Weise beträgt.«

Die Beschuldigte weinte um so ärger.

»Bring sie fort, bitte.«

Silkis gehorchte.

»Die Unwägbarkeiten der Erziehung! Den Göttern sei Dank, sind die Freuden zahlreicher als der Kummer.«

Bel-ter-an zeigte Paser den Posten Papyrusbogen, den er für ihn bestimmt hatte. Er bot ihm an, die Kanten zu verstärken und einige Rollen minderer Güte von weißlicher Färbung hinzuzufügen; sie würden für Entwürfe dienen.

Die beiden Männer verabschiedeten sich herzlich.

*

Monthmoses kahler Schädel wurde rot und verriet den Zorn, den er nur mit knapper Not bändigte.

»Gerüchte, Richter Paser, nichts als Gerüchte!«

»Ihr habt gleichwohl ermittelt.«

»Ein üblicher Vorgang.«

»Kein Ergebnis?«

»Keines! Wer würde es wagen, in einem Speicher des Königs gelagertes Korn zu entwenden? Aberwitzig! Und weshalb kümmert Ihr Euch um diese Angelegenheit?«

»Weil das Getreidehaus unter meiner Gerichtsbarkeit steht.«

Der Vorsteher der Ordnungskräfte wurde etwas kleinlauter.

»Das ist wahr, ich vergaß. Euer Beweis?«

»Der schönste von allen: ein schriftlicher.«

Monthmose las das Schriftstück.

»Der Prüfer hat vermerkt, die Hälfte des Vorrats sei aufgebraucht worden ... was ist daran so ungewöhnlich?«

»Der Speicher ist voll, ich habe mich selbst davon überzeugt.«

Der Vorsteher der Ordnungskräfte stand auf, drehte dem Richter den Rücken zu und schaute aus dem Fenster.

»Der Vermerk ist unterzeichnet.«

»Ein falscher Name. Er steht nicht in der Aufstellung der bestallten Beamten. Seid Ihr nicht am besten geeignet, diesen befremdlichen Menschen zu finden?«

»Ihr habt den Verwalter der Kornhäuser verhört, nehme ich an?«

»Er gibt vor, den wahren Namen des Mannes nicht zu kennen, mit dem er verhandelt hat, und ihn lediglich ein einziges Mal gesehen zu haben.«

»Lügen, aus Eurer Sicht?«

»Vielleicht nicht.«

Trotz der Anwesenheit des Babuins hatte der Verwalter nichts weiter gesagt; daher glaubte Paser an seine Aufrichtigkeit.

»Eine wahrhaftige Verschwörung.«

»Möglich.«

»Allem Augenschein nach ist der Verwalter deren Anstifter.«

»Ich hüte mich vor dem Augenschein.«

»Vertraut mir diesen Schurken an, Richter Paser. Ich werde ihn zum Reden bringen.«

»Das kommt nicht in Frage.«

»Was schlagt Ihr vor?«

»Eine ständige und unauffällige Bewachung der Speicher. Wenn der Dieb und seine Helfershelfer das Korn holen wollen, könnt Ihr sie auf frischer Tat fassen und die Namen aller Schuldigen erhalten.«

»Das Verschwinden des Verwalters wird sie indes gewarnt haben.«

»Deshalb muß er auch weiterhin seine Stellung bekleiden.«

»Ein verzwicktes und gewagtes Vorhaben.«

»Im Gegenteil. Wenn Ihr jedoch etwas Besseres vorzuschlagen habt, werde ich mich dem beugen.«

»Ich werde alles Nötige veranlassen.«

26. KAPITEL

Branirs Haus war der einzige Hafen des Friedens, in dem die Nöte und Sorgen, die Paser bedrückten, sich verflüchtigten. Er hatte einen langen Brief an Neferet geschrieben, in dem er ihr erneut seine Liebe gestand und sie flehentlich bat, mit ihrem Herzen zu antworten. Er warf sich vor, sie zu belästigen, doch er konnte seine Leidenschaft nicht mehr verbergen. Von nun an befand sich sein Leben in Neferets Händen.

Branir opferte dem Brustbild der Ahnen im ersten Raum seiner Behausung Blumen. Paser sammelte sich andächtig an seiner Seite. Kornblumen mit grünem Kelch und gelbe Perseablüten kämpften gegen das Vergessen und verlängerten die Anwesenheit der in Osiris' Reich lebenden Weisen.

Als die feierliche Handlung beendet war, stiegen der Meister und sein Schüler zur Terrasse hinauf. Paser liebte diese Stunde, in der das Licht des Tages erstarb, um in dem der Nacht wiederzuerstehen.

»Deine Jugend schwindet wie eine verbrauchte Haut dahin. Sie war glücklich und friedlich. Nunmehr wirst du dein Leben zum Erfolg führen müssen.«

»Ihr wißt alles über mich.«

»Selbst das, was du dich weigerst, mir anzuvertrauen?«

»Mit Euch ist leeres Geplauder unnötig. Glaubt Ihr, sie wird mir das Jawort geben?«

»Neferet treibt nie ein falsches Spiel. Sie wird nach der Wahrhaftigkeit handeln.«

In manchen Augenblicken schnürten Anflüge von Bangigkeit Paser die Kehle zu.

»Vielleicht bin ich irre geworden.«

»Es gibt nur einen Irrsinn: Das zu begehren, was einem anderen gehört.«

»Ich vergesse, was Ihr mich gelehrt habt, nämlich die eigene Klugheit auf Rechtschaffenheit zu bauen und dabei gemessen und genau zu bleiben, sich nicht um das eigene Glück zu sorgen, darauf hinzuarbeiten, daß die Menschen in Frieden dahinwandeln, die Tempel errichtet werden und die Obstgärten erblühen für die Götter[1]. Meine Leidenschaft verbrennt mich; und ich nähre ihr Feuer noch.«

»Das ist gut so. Gehe bis zur äußersten Grenze deiner selbst, bis zu jenem Punkt, an dem du nicht mehr umkehren wirst. Gebe der Himmel, daß du nicht vom rechten Weg abrückst.«

»Meine Pflichten vernachlässige ich nicht.«

»Und die Angelegenheit um den Sphinx?«

»Ohne neue Aussichten.«

»Keine Hoffnung?«

»Nun, entweder Hand an den fünften Altgedienten zu legen, oder dank Sethi Enthüllungen über diesen Heerführer Ascher zu erhalten.«

»Das ist recht dünn.«

»Ich werde nicht aufgeben, auch wenn ich mich einige Jahre gedulden müßte, bevor ich einen neuerlichen Hinweis erhielte. Vergeßt nicht, ich verfüge über den Beweis, daß das Heer gelogen hat: Amtlicherseits sollen fünf Altgediente tot sein, während einer von ihnen doch Bäcker in Theben geworden war.«

»Der Fünfte ist am Leben«, verkündete Branir, als sähe er ihn unmittelbar vor sich. »Gib nicht auf, denn das Unheil geht um.«

Langes Schweigen entstand. Die ernste Feierlichkeit des Tons hatte den Richter überwältigt. Sein Lehrmeister verfügte über seherische Gaben; manchmal drängte sich ihm eine noch unsichtbare Wahrheit auf.

»Ich werde dieses Haus bald verlassen«, tat er endlich kund. »Die Stunde ist gekommen, im Tempel zu wohnen, um meine Tage dort zu beenden. Die Stille der Götter von

---

[1] Text auf den Stelen der Weisen, die im Innern der Tempel aufgestellt wurden.

Karnak wird meine Ohren erfüllen, und ich werde Zwiespra-
che mit den Steinen der Ewigkeit halten. Jeder Tag wird
heiterer als der vorangegangene sein, und ich werde dem
hohen Alter entgegengehen, das einen auf das Erscheinen
vor Osiris' Gericht vorbereitet.«

Paser begehrte auf.

»Aber ich brauche doch weiter Eure Lehren.«

»Welche Ratschläge könnte ich dir geben? Morgen werde ich
meinen Greisenstab ergreifen und zum Schönen Westen hin
schreiten[1], von wo niemand mehr zurückkehrt.«

»Wenn ich aber ein für Ägypten gefährliches Leiden entdeckt habe und falls es mir möglich ist, es zu bekämpfen,
wird Eure sittliche Stärke mir unerläßlich sein. Euer Einschreiten könnte sich als entscheidend erweisen. Harrt noch
aus, ich bitte Euch.«

»Wie dem auch sei, dieses Haus wird dir gehören, sobald ich
mich in den Tempel zurückgezogen haben werde.«

*

Scheschi zündete das Feuer mit Dattelkernen und Holzkohle
an, stellte über die Flamme einen hornförmigen Tiegel und
ließ die Glut mittels eines Blasebalgs auflodern. Ein weiteres
Mal versuchte er, ein neuartiges Schmelzverfahren für Metalle zu erproben und hierbei die Schmelze in besondere Formen zu gießen. Mit einem außergewöhnlichen Gedächtnis
beschenkt, machte er sich keinerlei Aufzeichnungen, um
nicht hintergangen zu werden. Seine beiden Gehilfen, stäm-
mige und unermüdliche Kerle, vermochten, in lange Hohl-
stäbe blasend, das Feuer über Stunden zu schüren.

Die unzerbrechliche Waffe würde bald bereit stehen; mit
Schwertern und Lanzen, deren Festigkeit allem widerstand,
würden PHARAOS Krieger die Helme zerschmettern und die
Rüstungen der Asiaten durchbohren.

---

[1] »Zum Schönen Westen gehen«: dem Totenreich entgegengehen;
Euphemismus für »sterben«. *(Anm. d. Ü.)*

Schreie und Kampflärm unterbrachen seine Überlegungen. Scheschi öffnete die Tür der Forschungsstätte und stieß auf zwei Wachen, die einen Mann reifen Alters mit weißem Haar und roten Händen bei den Armen festhielten; er schnaubte wie ein erschöpftes Pferd, seine Augen tränten, sein Schurz war zerrissen.

»Er hat sich ins Metallager geschlichen«, erklärte einer der Soldaten. »Wir haben ihn aufgehalten, und er hat versucht zu fliehen.«

Scheschi erkannte sogleich den Zahnheilkundigen Qadasch, bekundete jedoch nicht das leiseste Erstaunen.

»Laßt mich los, Ihr Rohlinge!« verlangte der Heiler.

»Ihr seid ein Dieb«, erwiderte der Anführer der Wachen.

Welcher Irrsinn war Qadasch durch den Kopf geschossen? Lange Zeit schon träumte er nur noch vom himmlischen Eisen, um daraus seine Behandlungsgerätschaften zu fertigen und durch diese zu einem Zahnheilkundler ohnegleichen zu werden. Seines eigenen Vorteils wegen hatte er den Kopf verloren und dabei das Vorhaben der Verschwörer ganz vergessen.

»Ich schicke einen meiner Männer zum Amtssitz des Ältesten der Vorhalle«, verkündete der Offizier. »Wir benötigen auf der Stelle einen Richter.«

Wenn er sich nicht verdächtig machen wollte, konnte Scheschi sich diesem Schritt nicht widersetzen.

*

Da es mitten in der Nacht war, befand es der Gerichtsschreiber des Ältesten der Vorhalle nicht für nötig, seinen Herrn zu wecken, der äußerst empfindlich auf die Achtung seiner Schlafzeiten bedacht war. Folglich zog er die Aufstellung der Gerichtsbeamten zu Rate und wählte den zuletzt berufenen, einen gewissen Paser. Da er am niedrigsten im Range stand, konnte er getrost noch einiges lernen.

Paser schlief nicht. Er träumte von Neferet, stellte sie sich zärtlich und beruhigend neben sich vor. Er hätte mit ihr

266

über seine Untersuchungen gesprochen, sie mit ihm über ihre Kranken. Zu zweit würden sie die Last ihrer jeweiligen Mühsal tragen, würden die Würze eines einfachen, mit jeder Sonne neu erstehenden Glücks genießen.

Wind des Nordens begann zu schreien, Brav bellte auf. Der Richter erhob sich, öffnete das Fenster. Ein bewaffneter Wachsoldat zeigte ihm die vom Gerichtsschreiber des Ältesten der Vorhalle ausgestellte Zwangsverpflichtung vor. Mit einem kurzen Überwurf über den Schultern folgte Paser der Wache sogleich bis zur Kaserne.

Vor der ins Untergeschoß führenden Treppe kreuzten zwei Krieger ihre Lanzen. Sie traten zur Seite, um den Richter durchzulassen, den Scheschi auf der Schwelle seiner Forschungsstätte empfing.

»Ich erwartete den Ältesten der Vorhalle.«

»Ich bin untröstlich, Euch zu enttäuschen, ich wurde von Amts wegen mit dem Fall betraut. Was ist Euch zugestoßen?«

»Versuchter Diebstahl.«

»Ein Verdächtiger?«

»Der Schuldige wurde festgenommen.«

»Demnach wird es genügen, den Tatbestand aufzunehmen, zur Anklage zu schreiten und ohne Verzug über ihn zu richten.«

Scheschi schien etwas betreten.

»Ich muß ihn verhören. Wo ist er?«

»Im Gang, zu Eurer Linken.«

Auf einem Amboß sitzend und von einem Soldaten bewacht, fuhr der Schuldige hoch, als er Paser erblickte.

»Qadasch! Was macht Ihr hier?«

»Ich schlenderte an dieser Kaserne vorbei und wurde plötzlich angegriffen und mit Gewalt an diesen Ort geschleppt.«

»Falsch«, setzte der Wachsoldat dagegen. »Dieser Mann ist in einen Lagerraum eingedrungen, und wir haben ihn abgefangen.«

»Lüge! Ich werde Anzeige wegen Tätlichkeit erheben.«

»Mehrere Zeugen beschuldigen Euch«, erinnerte Scheschi.

»Was enthält dieses Lager?« fragte Paser.

»Metalle, insbesondere Kupfer.«

Paser wandte sich an den Zahnheilkundler.

»Sollte es Euch an Rohstoffen für Eure Gerätschaften mangeln?«

»Ich bin Opfer eines Mißverständnisses.«

Scheschi näherte sich dem Richter und murmelte ihm etwas ins Ohr.

»Wie Ihr wünscht.«

Sie zogen sich in die Wirkstätte zurück.

»Die Forschungen, denen ich hier nachgehe, erfordern die allergrößte Verschwiegenheit. Könntet Ihr ein Verfahren unter Ausschluß der Öffentlichkeit einrichten?«

»Gewiß nicht.«

»In ganz besonderen Fällen ...«

»Beharrt nicht weiter.«

»Qadasch ist ein ehrenwerter und reicher Zahnheilkundiger. Ich kann mir seine Absichten nicht erklären.«

»Welcher Art sind Eure Forschungen?«

»Bewaffnung. Begreift Ihr nun?«

»Es gibt kein eigenes Gesetz für Eure Tätigkeit. Wenn Qadasch des Diebstahls angeklagt ist, wird er sich verteidigen, wie er sich darauf versteht, und Ihr werdet erscheinen müssen.«

»Demnach müßte ich auf die Fragen antworten.«

»Selbstverständlich.«

Scheschi strich über seinen Schnurrbart.

»In dem Fall ziehe ich es vor, keine Klage einzureichen.«

»Das ist Euer Recht.«

»Es ist vor allem zum Wohle Ägyptens. Neugierige Ohren, ob im Gericht oder anderswo, wären ein schreckliches Verhängnis. Ich überlasse Euch Qadasch; von meinem Standpunkt aus hat sich nichts zugetragen. Was Euch betrifft, Richter Paser, vergeßt nicht, daß Ihr zum Stillschweigen verpflichtet seid.«

Paser verließ die Kaserne in Gesellschaft des Heilers.

»Gegen Euch liegt nichts mehr vor.«

»Ich, für meinen Teil, werde jedoch Klage einreichen!«

»Abträgliche Zeugenaussagen, ungewöhnliche Anwesenheit an diesem Ort zu ungehöriger Stunde, Verdacht auf Diebstahl ... Euer Fall ist fürwahr betrüblich.«

Qadasch hustete, stieß auf und spie aus.

»Nun gut, ich verzichte.«

»Ich nicht.«

»Verzeihung?«

»Ich nehme es bereitwillig hin, mitten in der Nacht aufzustehen und unter welchen Bedingungen auch immer zu ermitteln, doch nicht, für einen Trottel gehalten zu werden. Erklärt Euch, oder ich klage Euch wegen Beleidigung eines Amtmannes an.«

Des Heilkundlers Rede wurde wirr.

»Kupfer von erster Güte und von vollkommener Reinheit! Davon träume ich seit Jahren.«

»Wie habt Ihr vom Vorhandensein dieses Lagers erfahren?«

»Der Offizier, der diese Kaserne überwacht, ist ein ... geschwätziger Kunde. Er hat sich gebrüstet, ich habe mein Glück gewagt. Ehedem waren die Kasernen nicht so gut bewacht.«

»So habt Ihr den Entschluß gefaßt, das Kupfer zu stehlen.«

»Nein, ich wollte es bezahlen! Ich hätte das Metall gegen mehrere Mastochsen getauscht. Die Krieger sind ganz versessen darauf. Und meine Bestecke wären besser, leichter, genauer gewesen! Doch dieser kleine Schnurrbärtige ist derart kalt ... Unmöglich, einen Handel mit ihm abzuschließen.«

»Nicht ganz Ägypten ist bestechlich.«

»Bestechung? Wo denkt Ihr hin? Wenn zwei Menschen ein Geschäft durchführen, sind sie doch nicht zwangsläufig Gesetzesbrecher. Ihr habt eine recht düstere Meinung von der menschlichen Gattung.«

Qadasch entfernte sich murrend.

Paser irrte durch die Nacht. Die Erklärungen des Zahnheilkundlers überzeugten ihn nicht. Ein Metallager, in einer Kaserne ... wieder einmal die Streitkräfte! Dieser Zwischenfall schien zwar mit dem Verschwinden der Altgedienten

nicht in Verbindung zu stehen, doch gewiß mit der Not eines
dem Verderben entgegengehenden Zahnheilkundlers, der
das Versagen seiner Hand nicht eingestehen wollte.
Der Mond war voll. Der Überlieferung nach bewohnte ihn
ein mit einem Messer bewaffneter Hase; als kriegerischer
Geist schnitt er immer wieder das Haupt der Finsternis ab.
Der Richter hätte ihn liebend gern als Gerichtsboten angeworben. Die Sonne der Nacht nahm zu und nahm ab, füllte
sich und leerte sich mit Licht; die Himmelsbarke würde
seine Gedanken zu Neferet bringen.

*

Das Wasser des Nils wurde gerühmt wegen seiner verdauungs-
fördernden Eigenschaften. Leicht bekömmlich, wie es war,
ließ es den Körper die schädlichen Säfte ausscheiden. Manch
Heilkundiger vermutete, seine Genesung bringenden Kräfte
rührten von den Arzneipflanzen, die an den Böschungen
wuchsen und ihre segensreichen Wirkungen den Fluten
übertrügen. Wenn die Nilschwelle sich einstellte, befrachtete
es sich mit pflanzlichen Teilchen und mineralischen Salzen.
Die Ägypter füllten Tausende von Krügen, in denen sich das
kostbare Naß ohne zu verderben aufbewahren ließ.
Gleichwohl überprüfte Neferet die Vorräte des vergangenen
Jahres; wenn sie den Inhalt eines Behälters für trübe befand,
warf sie eine Süßmandel hinein. Vierundzwanzig Stunden
später war das Wasser wieder klar und köstlich. Manche drei
Jahre alten Krüge waren nach wie vor untadelig.
Beruhigt beobachtete die junge Frau eine Zeitlang das Treiben des Weißwäschers. Im Palast wurde diese Stelle einem
Mann von Vertrauen zugeteilt, da die Sauberkeit der Bekleidung als wesentlich erachtet wurde; in jeder Gemeinde, ob
klein oder groß, verhielt es sich genauso. Nachdem er die
Wäsche gewaschen und ausgewrungen hatte, mußte der
Weißwäscher sie mit einem Holzbleuel plätten, sie am ausge-
streckten Arm ausschütteln, bevor er sie dann an einer
zwischen zwei Pfosten gespannten Leine aufhing.

»Solltet Ihr erkrankt sein?«

»Weshalb sagt Ihr das?«

»Weil es Euch an Kraft mangelt. Die Wäsche ist seit einigen Tagen grau.«

»Ja, nun! Die Arbeit ist schwer. Und die beschmutzte Wäsche der Frauen ist mir ein Greuel.«

»Wasser allein genügt nicht. Verwendet dieses Läutermittel und diesen Duftstoff.«

Mürrisch nahm der Weißwäscher die beiden Gefäße an, die ihm die junge Ärztin hinhielt. Ihr Lächeln hatte ihn entwaffnet.

Um den Angriffen von Ungeziefer zu begegnen, ließ Neferet Holzasche, ein wirksames und wohlfeiles Entseuchungsmittel, in die Kornhäuser schütten. Einige Wochen vor der Nilschwelle würde diese das Getreide schützen.

Während sie gerade den letzten Kornkasten begutachtete, erhielt sie eine neue Lieferung von Kani: Petersilie, Rosmarin, Salbei, Kümmel und Minze. Getrocknet und zu Pulver zerstoßen, dienten diese Heilpflanzen als Grundstoffe für die Arzneien, die Neferet verordnete. So hatten die Heiltränke etwa die Schmerzen des Greises gelindert, der dermaßen glücklich war, nahe den Seinen bleiben zu können, daß sich sein Gesundheitszustand stetig verbesserte.

Trotz aller Umsicht der Ärztin blieben ihre Erfolge nicht unbemerkt; von Mund zu Mund machte ihr Ruf schnell die Runde, und zahlreiche Bauern des Westufers suchten sie auf. Die junge Frau schickte niemanden fort und nahm sich für jeden die nötige Zeit; nach erschöpfenden Tagen verbrachte sie einen Teil der Nacht mit der Zubereitung von Kügelchen, Salben und Pflastern, wobei ihr zwei Witwen, die wegen ihrer Gewissenhaftigkeit auserwählt worden waren, zur Hand gingen. Einige Stunden Schlaf, und schon im Morgengrauen bildete sich erneut der Zug der Leidenden.

Ihre Laufbahn hatte sie sich zwar nicht in dieser Weise vorgestellt, doch zu heilen liebte sie über alles; auf einem besorgten Gesicht einen fröhlichen Ausdruck zurückkehren zu sehen, entschädigte sie für ihre Mühen. Neb-Amun hatte ihr einen Dienst erwiesen, als er sie nötigte, sich in Fühlung mit den einfachsten Menschen weiterzubilden. Hier wären die schönen Reden eines Arztes der besseren Gesellschaft fehlgeschlagen; der Landmann, der Fischer, die Mutter wünschten eine unverzügliche Genesung ohne hohe Kosten. Wenn Überdruß sie überkam, vertrieb Schelmin, das grüne Äffchen, das sie aus Memphis hatte herbringen lassen, diese mit ihren Augen. Sie erinnerte sie an ihre erste Begegnung mit Paser, diesem so eigensinnigen, so bedingungslos geradlinigen, diesem zugleich beunruhigenden und anziehenden Paser. Welche Frau könnte mit einem Richter leben, dessen Berufung Vorrang vor allem anderen hatte?

Eines Tages legten unversehens an die zehn Korbträger ihre Last vor Neferets neuer Wirkstätte nieder. Schelmin sprang von einem zum anderen. Sie enthielten Weidenrinde, Natron, Weißöl, Olibanum, Honig, Terebinthenharz und verschiedenste tierische Fette von erster Güte.

»Ist das für mich?«

»Ihr seid doch die Heilkundige Neferet?«

»Ja.«

»Dann gehört dies Euch.«

»Der Preis dieser Kostbarkeiten ...«

»Es ist alles beglichen.«

»Durch wen?«

»Wir begnügen uns damit, die Dinge zu liefern. Ihr müßt mir den Empfang bestätigen.«

Betäubt und gleichzeitig verzückt schrieb Neferet ihren Namen auf ein Holztäfelchen. Sie würde nun zusammengesetzte Heilmittel verordnen und ohne fremde Hilfe die ernsten Erkrankungen behandeln können.

*

Als Sababu bei Sonnenuntergang über die Schwelle ihrer Behausung trat, war Neferet nicht verwundert.

»Ich erwartete Euch.«

»Hattet Ihr es geahnt?«

»Die Salbe gegen Gelenkentzündung wird bald fertig sein. Es fehlt nicht eine Zutat.«

Sababu, deren Haar Duftbinse zierte und deren Hals eine Kette aus lotosförmigen Karneolen schmückte, hatte nichts mehr von einer Bettlerin. Ein leinenes Gewand, von den Lenden an durchsichtig, bot ihre langen Beine dem Blick dar.

»Ich will von Euch, und nur von Euch, gepflegt werden. Die anderen Ärzte sind Quacksalber und Diebe.«

»Ist das nicht etwas übertrieben?«

»Ich weiß, was ich sage. Nennt Euren Preis, ich werde ihn bezahlen.«

»Euer Geschenk ist überaus stattlich. Ich verfüge nun über eine ausreichende Menge an kostspieligen Stoffen, um Hunderte von Fällen zu behandeln.«

»Den meinen zuerst.«

»Solltet Ihr zu Reichtum gekommen sein?«

»Ich habe meine Tätigkeiten wieder aufgenommen. Theben ist zwar kleiner als Memphis, der hier herrschende Geist gottesfürchtiger und weniger weltoffen, doch die wohlhabenden Herren schätzen die Häuser des Bieres und deren hübsche Bewohnerinnen genauso sehr. Ich habe einige junge Frauen angeworben, ein hübsches Haus mitten in der Stadt gepachtet, dem örtlichen Vorsteher der Ordnungskräfte seinen Soll entrichtet und die Pforten einer Stätte geöffnet, deren Ruf rasch gefestigt war. Den Beweis dafür habt Ihr vor Augen!«

»Ihr seid sehr großzügig.«

»Täuscht Euch nicht. Ich wünsche, gut gepflegt zu werden.«

»Befolgt Ihr meine Ratschläge?«

»Wortgetreu. Ich führe, doch ich übe nicht mehr aus.«

»An Ansuchen dürfte es nicht mangeln.«

»Ich willige ein, einem Manne Lust zu geben, doch ohne Gegenleistung. So bin ich nun unnahbar.«

Neferet war errötet.

»Sollte ich bei Euch Anstoß erregt haben?«

»Nein, selbstverständlich nicht.«

»Ihr gebt viel Liebe, aber erhaltet Ihr auch welche?«

»Diese Frage ist ohne jeden Belang.«

»Ich weiß: Ihr seid Jungfrau. Glücklich der Mann, der Euch zu betören verstehen wird.«

»Dame Sababu, ich ...«

»Dame, ich? Ihr scherzt!«

»Schließt die Tür, legt Euer Kleid ab. Bis zur vollständigen Genesung werdet Ihr jeden Tag zu mir kommen, damit ich Euch einen Balsam auflege.«

Sababu streckte sich auf der Walkbank aus.

»Auch Ihr verdient es, wirklich glücklich zu werden.«

27. KAPITEL

Eine starke Strömung machte den Flußarm gefährlich. Sethi hob Panther hoch und trug sie auf seinen Schultern weiter.

»Hör auf, dich zu sträuben. Wenn du fällst, ertrinkst du.«

»Du möchtest mich nur demütigen.«

»Willst du dich davon überzeugen?«

Sie beruhigte sich. Das Wasser bis zur Leibesmitte, folgte Sethi einer krummen Furt, indem er sich auf große Steine stützte.

»Klettere auf meinen Rücken und halte dich an meinem Hals fest.«

»Ich kann fast schwimmen.«

»Du wirst dich später darin üben.«

Der junge Mann verlor den Boden unter den Füßen, Panther stieß einen Schrei aus. Während er geschmeidig und schnell vorankam, klammerte sie sich fester an ihn.

»Mach dich leicht und strampele mit den Füßen.«

Angst ließ sie erstarren. Eine tosende Welle überspülte Sethis Kopf, doch er behielt die Oberhand und erreichte das Ufer.

Er trieb einen Pflock in den Boden, verknotete einen Strick daran, warf ihn ans andere Ufer, wo ein Krieger ihn befestigte. Panther hätte währenddessen fliehen können.

Die Überlebenden des Sturmangriffs und die Abteilung Bogenschützen des Heerführers Ascher überwanden das Hindernis. Der letzte Fußsoldat, der sich auf seine Kräfte einiges einbildete, ließ zum Spaß den Strick los. Von der Last seiner Waffen behindert, stieß er gegen einen trügerisch herausragenden Fels, wurde ohnmächtig und versank.

Sethi sprang in die Flut.

275

Als freute sie sich darüber, zwei Opfer zu verschlingen, schwoll die Strömung an. Unter der Oberfläche schwimmend, machte Sethi den Unglücklichen aus. Mit beiden Händen packte er ihn unter den Achseln, konnte den sinkenden Körper halten und versuchte, ihn nach oben zu ziehen. Der Ertrinkende kam wieder zu Bewußtsein, stieß seinen Retter mit einem Schlag des Ellbogens auf die Brust zur Seite und verschwand schließlich in den Tiefen des Sturzbachs. Mit brennender Lunge war Sethi gezwungen aufzugeben.

*

»Du bist nicht schuld daran«, bekräftigte Panther.
»Ich mag den Tod nicht.«
»Das war nur ein törichter Ägypter!«
Er gab ihr eine Ohrfeige. Bestürzt warf sie ihm einen haßerfüllten Blick zu.
»Niemand hat mich je derart behandelt.«
»Schade.«
»Schlägt man Frauen in deinem Land?«
»Sie haben dieselben Rechte und dieselben Pflichten wie die Männer. Bei näherer Überlegung verdienst du mehr als eine Tracht Prügel.«
Er stand drohend auf.
»Geh zurück.«
»Bereust du deine Worte?«
Panthers Lippen blieben geschlossen.
Der Lärm eines wilden Rittes schreckte ihn auf. Die Krieger hasteten aus ihren Zelten. Er ergriff seinen Bogen und seinen Köcher.
»Wenn du gehen willst, verschwinde.«
»Du wirst mich wiederfinden und töten.«
Er zuckte mit den Schultern.
»Verflucht seien die Ägypter!«
Es handelte sich jedoch nicht um einen Überraschungsangriff, sondern um das Eintreffen Heerführer Aschers und

seiner Sondereinheit. Schon machten Neuigkeiten die Runde. Der ehemalige Freibeuter umarmte Sethi überschwenglich.

»Ich bin stolz, einen Helden zu kennen! Ascher wird dir mindestens fünf Esel, zwei Bogen, drei Bronzelanzen und einen Rundschild zuerkennen. Du wirst nicht lange einfacher Soldat bleiben. Du bist mutig, Bursche, und das ist recht selten, selbst bei den Streitkräften.«

Sethi frohlockte. Endlich erreichte er sein Ziel. Nun war es an ihm, Erkundigungen in des Heerführers Umgebung einzuziehen und den wunden Punkt herauszubekommen. Er würde nicht scheitern; Paser würde stolz auf ihn sein.

Ein behelmter Hüne rief ihn plötzlich an.

»Bist du Sethi?«

»Er ist es«, bestätigte der ehemalige Freibeuter. »Er hat uns ermöglicht, die feindliche Feste einzunehmen, und er hat sein Leben gewagt, um einen Ertrinkenden zu retten.«

»Heerführer Ascher ernennt dich zum Streitwagenoffizier. Schon morgen wirst du uns dabei helfen, diesen Lumpen von Adafi zu verfolgen.«

»Ist er auf der Flucht?«

»Er gleicht einem Aal. Doch der Aufstand ist niedergeschlagen, und wir werden diesen Feigling schon noch zu fassen bekommen. Dutzende von wackeren Männern sind bei den Hinterhalten gefallen, die er gelegt hat. Er mordet bei Nacht wie der räuberische Tod, besticht die Stammesoberhäupter und trachtet nur danach, Unruhe zu sähen. Komm mit mir, Sethi. Der Heerführer legt Wert darauf, dich höchstpersönlich auszuzeichnen.«

Wenngleich es ihm vor derartigen Feierlichkeiten graute, bei denen die Eitelkeit der einen bloß die Prahlerei der anderen anstachelte, willigte Sethi ein. Den Heerführer von Angesicht zu Angesicht zu sehen, entschädigte für die eingegangenen Gefahren.

Der Held schritt durch zwei Reihen begeisterter Soldaten, die mit ihren Helmen auf die Schilde klopften und den Namen des Siegreichen brüllten. Von fern besaß Heerführer

Ascher nichts von einem großen Krieger; klein und gedrungen, erinnerte er mehr an einen in den Ränken der Verwaltung bewanderten Schreiber.

Zehn Meter vor ihm hielt Sethi jäh inne.

Man stieß ihn sogleich in den Rücken.

»Los, geh, der Heerführer erwartet dich!«

»Hab keine Angst, mein Junge!«

Der junge Mann ging mit aschfahlem Gesicht weiter. Ascher tat einen Schritt auf ihn zu.

»Hocherfreut, den Bogenschützen kennenzulernen, dessen Tugenden jedermann rühmt. Streitwagenoffizier Sethi, ich zeichne dich mit der Goldenen Fliege[1] der Tapferen aus. Bewahre dieses Schmuckstück gut; es ist der Beweis deiner Kühnheit.«

*

Sethi öffnete die Hand. Seine Waffenbrüder beglückwünschten ihn; alle wollten die so sehr begehrte Auszeichnung sehen und berühren.

Der Held jedoch wirkte abwesend. Man schrieb sein Verhalten der Gemütsbewegung zu.

Als er dann nach einem vom Heerführer erlaubten Saufgelage sein Zelt aufsuchte, wurde Sethi das Ziel schlüpfrigster Anzüglichkeiten. Würde ihm die schöne Panther nicht Angriffe ganz anderer Art vorbehalten?

Sethi streckte sich mit offenen Augen auf dem Rücken aus. Er sah sie nicht, sie wagte nicht, ihn anzusprechen, und kauerte sich fern von ihm zusammen. Glich er nicht einem blutleeren bösen Geist, der nach dem Lebenssaft seiner Opfer gierte?

Der Heerführer Ascher ... Sethi vermochte sich nicht mehr zu lösen vom Gesicht des hochrangigen Offiziers, dieses

---

[1] Hochgeschätztes Ehrenzeichen, von dem einige Exemplare aufgefunden wurden. Die Fliege beschwor den aggressiven und beharrlichen Charakter des guten Soldaten.

selben Mannes, der wenige Meter vor ihm einen Ägypter gefoltert und ermordet hatte.

Heerführer Ascher, ein Feigling, ein Lügner und ein Verräter.

*

Durch die Gitterstäbe eines hohen Fensters beschien das Morgenlicht eine der einhundertvierunddreißig Säulen des ungeheuren überdachten Saales, der dreiundfünfzig Meter in der Tiefe und einhundertzwei in der Breite maß. Die Baumeister hatten den Tempel von Karnak mit dem ausgedehntesten Steinwald des Landes beschenkt, der mit rituellen Darstellungen verziert war, in denen PHARAO den Gottheiten opferte. Die lebhaften und schillernden Farben offenbarten sich nur zu gewissen Stunden; man mußte ein ganzes Jahr dort verleben, um den Lauf der Strahlen zu verfolgen, welche die den Gemeinen verborgenen Riten enthüllten, indem sie Säule um Säule, Darstellung um Darstellung erhellten.

Zwei Männer schritten plaudernd durch den Mittelgang, den steinerne Lotos mit geöffneten Kelchen säumten. Der erste war Branir, der zweite der Hohenpriester des Amun, ein Mann von siebzig Jahren, dem es oblag, die Heilige Stadt des Gottes zu verwalten, über deren Reichtümer zu wachen und die rechte Ordnung zu wahren.

»Ich habe von Eurem Ersuchen gehört, Branir. Ihr, der so viele junge Geschöpfe auf den Weg der Weisheit geleitet hat, Ihr wünscht, Euch aus der Welt zurückzuziehen und im Inneren Tempel zu wohnen?«

»So ist mein Wunsch. Meine Augen werden schwächer, und meine Beine wollen nicht mehr gehen.«

»Das Alter scheint Euch jedoch nicht in solchem Maße zu behindern.«

»Der Schein trügt.«

»Eure Laufbahn ist weit davon entfernt, beendet zu sein.«

»Ich habe all meine Wissenschaft Neferet weitergegeben

und empfange keine Kranken mehr. Was meine Behausung in Memphis anlangt, ist sie von nun an Richter Paser vermacht.«

»Neb-Amun hat Euren Schützling nicht gefördert.«

»Er unterzieht Neferet harter Prüfungen, kennt jedoch ihr wahres Wesen nicht. Ihr Herz ist so stark, wie ihr Gesicht lieblich ist.«

»Ist Paser nicht gebürtig aus Theben?«

»In der Tat.«

»Euer Vertrauen in ihn scheint vollkommen.«

»Ihn beseelt ein Feuer.«

»Die Flamme vermag zu zerstören.«

»Ist sie bezähmt, erleuchtet sie.«

»Welchen Rang möchtet Ihr ihn einnehmen sehen?«

»Das Schicksal wird darüber bestimmen.«

»Ihr habt ein sicheres Gespür für Menschen, Branir; ein verfrühter Ruhestand würde Ägypten Eurer Gabe berauben.«

»Ein Nachfolger wird sich einstellen.«

»Auch ich sinne darüber nach, mich zurückzuziehen.«

»Euer Amt ist eine schwere Bürde.«

»Jeden Tag mehr, das ist wahr. Zuviel Verwaltung, nicht mehr genügend Andacht. PHARAO und seine Räte haben mein Gesuch gebilligt; in einigen Wochen werde ich ein bescheidenes Haus am westlichen Ufer des Heiligen Sees bewohnen und mich der Erforschung der Alten Schriften widmen.«

»So werden wir Nachbarn sein.«

»Ich fürchte nein. Eure Wohnstatt wird weit prunkvoller sein.«

»Was wollt Ihr damit sagen?«

»Ihr seid mein auserkorener Nachfolger, Branir.«

*

Denes und seine Gemahlin, Dame Nenophar, hatten die Einladung Bel-ter-ans angenommen, obwohl dieser ein Neureicher von allzu sichtbarem Ehrgeiz zu sein schien. Die

Bezeichnung Emporkömmling, hatte Nenophar unterstrichen, stünde ihm bestens zu Gesicht. Gleichwohl war dieser Papyrushersteller keine zu vernachlässigende Größe; seine Gewandtheit, seine Arbeitskraft und seine Sachkenntnis machten ihn zu einem Mann mit Zukunft. Hatte er nicht das Wohlwollen des Palastes erwirkt, in dem er einflußreiche Freunde zählte? Denes konnte sich nicht erlauben, einen Kaufmann von solcher Bedeutung zu mißachten; daher auch hatte er seine äußerst verstimmte Gattin überredet, diesem Empfang beizuwohnen, den Bel-ter-an ausrichtete, um die Einweihung seines neuen Lagerhauses in Memphis zu begehen.

Die Nilschwelle kündigte sich annehmbar an; die Pflanzungen würden angemessen bewässert werden, jeder würde seinen Hunger stillen können, und Ägypten würde Korn in seine Besitzungen in Asien ausführen. Memphis, die Erhabene, strotzte vor Reichtum.

Denes und Nenophar legten den Weg in einer herrlichen Sänfte zurück, die mit hohen Rückenlehnen und einem Bänkchen ausgestattet war, auf das sie ihre Füße legten. Geschnitzte Armlehnen begünstigten das Wohlgefühl und die Anmut der Haltung. Ein Himmel schützte sie vor Wind und Staub, zwei Schirmträger vor der bisweilen gleißenden Helligkeit des Abendlichts. Vierzig Träger eilten unter den Blicken der Gaffer vorwärts. Die Tragstäbe waren derart lang und die Zahl der Beine derart hoch, daß man das Ganze den »Tausendfüßer« nannte; und zu alledem sangen die Diener: »Wir mögen die Sänfte lieber voll denn leer«, wobei sie wohl an die hohe Entlohnung dachten, die sie als Gegenleistung für diese außergewöhnliche Mühsal einstrichen.

*

Andere zu blenden rechtfertigte die Ausgabe. Denes und Nenophar stachelten die Begehrlichkeit der um Bel-ter-an und Silkis versammelten Runde an. Seit Menschengedenken hatte man in Memphis keine so schöne Sänfte gesehen. Denes wischte die Schmeicheleien mit dem Handrücken beiseite, und Nenophar beklagte das Fehlen von Vergoldungen.

Zwei Mundschenke boten den Geladenen Bier und Wein an; alles, was Rang und Namen in der Memphiter Welt des Handels besaß, feierte Bel-ter-ans Aufnahme in den engen Kreis der Männer von Macht. Nun war es an ihm, die halb geöffnete Tür aufzustoßen und seine Fähigkeiten dadurch zu beweisen, daß er endgültig Fuß faßte. Denes' und seiner Gemahlin Urteil würde dabei ein beachtliches Gewicht haben; niemand war zu den Besten der Kaufleute aufgestiegen ohne ihre Billigung.

Fahrig begrüßte Bel-ter-an sogleich die Neuankömmlinge und stellte ihnen Silkis vor, der befohlen worden war, den Mund nicht zu öffnen. Nenophar musterte sie verächtlich. Denes betrachtete sich die Räumlichkeiten.

»Lager oder Verkaufsstelle?«

»Beides«, antwortete Bel-ter-an. »Sofern alles gut verläuft, werde ich mich ausweiten und die beiden Geschäftszweige trennen.«

»Ehrgeiziges Vorhaben.«

»Sollte es Euch mißfallen?«

»Gefräßigkeit gehört nicht zu den händlerischen Tugenden. Fürchtet Ihr keine Verdauungsstörungen?«

»Ich erfreue mich einer ausgezeichneten Eßlust und verdaue mit Leichtigkeit.«

Nenophar fand die Unterhaltung belanglos und zog es vor, mit einigen alten Freunden zu plaudern. Ihr Gemahl begriff, daß sie ihr Urteil bereits gefällt hatte; Bel-ter-an schien ihr ein unangenehmer, streitbarer und haltloser Mensch. Seine ehrgeizigen Absichten zerbröckelten wie schlechter Kalk.

Denes maß seinen Gastgeber.

»Memphis ist eine weniger zugängliche Stadt, als es den Anschein hat; denkt daran. Auf Eurem Besitz im Delta herrschtet Ihr ungeteilt. Hier werdet Ihr die Unbilden einer großen Stadt erleiden, und Ihr werdet Euch in unnötigem rastlosem Treiben verschleißen.«

»Ihr seht recht schwarz.«

»Folgt meinem Rat, werter Freund. Jeder Mann hat seine Grenzen, überschreitet die Euren nicht.«

»Um aufrichtig zu sein, kenne ich sie noch nicht; deshalb auch erregt diese Erfahrung mich so leidenschaftlich.«

»Mehrere seit langem in Memphis niedergelassene Hersteller und Händler von Papyrus geben allen Anlaß zur Zufriedenheit.«

»Ich werde mich bemühen, sie dadurch zu erstaunen, daß ich Erzeugnisse von besserer Beschaffenheit anbiete.«

»Ist das nicht Großsprecherei?«

»Ich vertraue zuversichtlich auf meine Arbeit, und ich verstehe Eure ... Warnung nicht ganz.«

»Ich denke lediglich an Euer Wohl. Nehmt die Wirklichkeit an, und Ihr werdet Euch etliche Verdrießlichkeiten ersparen.«

»Solltet Ihr Euch nicht mit den Euren bescheiden?«

Denes' schmale Lippen wurden weiß.

»Werdet deutlicher.«

Bel-ter-an zog den Gurt seines langen Schurzes enger, der zu rutschen neigte.

»Ich habe von Rechtsverletzungen und Verfahren reden hören. Eure Unternehmungen besitzen kein so anziehendes Gesicht mehr wie ehedem.«

Der Ton wurde lauter. Die Geladenen horchten auf.

»Eure Anschuldigungen sind verletzend und unrichtig. Der Name Denes wird in ganz Ägypten geachtet, der Name Bel-ter-an ist jedoch unbekannt.«

»Die Zeiten ändern sich.«

»Euer Geschwätz und Eure Verleumdungen verdienen nicht einmal eine Antwort.«

»Was ich zu sagen habe, das verkünde ich in aller Öffentlichkeit. Die Anspielungen und den Schwarzhandel überlasse ich den anderen.«

»Bezichtigt Ihr mich etwa?«

»Fühlt Ihr Euch etwa schuldig?«

Dame Nenophar nahm ihren Gemahl am Arm.

»Wir haben uns lange genug aufgehalten.«

»Seid vorsichtig«, empfahl Denes. »Eine schlechte Ernte, und Ihr seid vernichtet.«

»Meine Vorsichtsmaßnahmen sind getroffen.«

»Eure Träume sind nichts als Hirngespinste.«

»Könntet Ihr nicht mein erster Kunde sein? Ich würde eine Auswahl von Erzeugnissen vorbereiten und Euch Preise nach Eurem Belieben machen.«

»Ich denke darüber nach.«

Die Versammlung war gespalten. Denes hatte zahlreiche Trugbilder weggewischt, doch Bel-ter-an schien sich seiner Stärke gewiß. Der Zweikampf versprach spannend zu werden.

28. KAPITEL

Über eine Woche jagte Heerführer Aschers Sondereinheit vergebens die letzten Aufrührer. Da er das Gebiet als befriedet erachtete, gab der hohe Krieger schließlich Befehl zum Rückzug.

Sethis Streitwagen fuhr auf einem schwierigen Weg an einer Felswand entlang. Einen Bogenschützen an seiner Seite, hüllte er sich mit düsterer Miene in Schweigen und richtete seine Aufmerksamkeit ganz auf das Lenken des Gefährts. Panther kam eine besondere Vergünstigung zugute; im Gegensatz zu den anderen Gefangenen, die zum Gewaltmarsch verdammt waren, saß sie auf dem Rücken eines Esels. Ascher hatte dieses Vorrecht dem Helden des nun endenden Feldzuges gewährt, und niemand fand dagegen etwas einzuwenden.

*

Die Libyerin, die in Sethis Zelt schlief, war von der Verwandlung des jungen Mannes verblüfft. Er, der für gewöhnlich so feurig und überströmend war, verschloß sich in einer sonderbaren Traurigkeit. Als sie es nicht länger ertrug, wollte sie den Grund hierfür wissen.

»Du bist ein Held, du wirst gefeiert und reich werden, und du gleichst einem Besiegten! Erkläre es mir.«

»Eine Gefangene hat nichts zu verlangen.«

»Ich werde dich mein ganzes Leben lang bekämpfen, sofern du überhaupt in der Lage bist, dich zu wehren. Solltest du den Geschmack am Leben verloren haben?«

»Schluck deine Fragen und schweig.«

Panther schlüpfte aus ihrem Kleid.

Nackt warf sie ihr goldenes Haar zurück und begann, träge

zu tanzen, sich so geschmeidig um sich selbst zu drehen, daß
sie alle Reize ihres Körpers zur Geltung brachte. Ihre Hände
beschrieben Kreise, streiften sacht ihre Brüste, ihre Hüften,
ihre Schenkel. Schlängelnd bewegte sie sich mit der angeborenen Geschmeidigkeit der Frauen ihres Volkes.
Als sie sich ihm katzenartig näherte, rührte er sich nicht. Sie
knotete seinen Schurz auf, küßte seinen Oberkörper und
legte sich auf ihn. Mit Freuden stellte sie fest, daß die Kraft
des Helden nicht verschwunden war. Obwohl er sich dagegen wehrte, spürte er Verlangen nach ihr. Sie glitt an ihm
hinab und erregte ihn mit ihren heißen Lippen.

*

»Welches wird mein Los sein?«
»In Ägypten bist du frei.«
»Wirst du mich nicht bei dir behalten?«
»Ein einziger Mann wird dir nicht genügen.«
»Werde reich, damit werde ich mich zufriedengeben.«
»Als ehrbare Frau würdest du dich langweilen. Vergiß nicht,
du hast geschworen, mich zu verraten.«
»Du hast mich bezwungen, ich werde dich bezwingen.«
Sie fuhr fort, ihn mit ihrer Stimme, deren dunklen und
schmeichelnden Modulationen, zu umgarnen. Mit gelöstem
Haar und gespreizten Beinen auf dem Bauch ausgestreckt,
rief sie nach ihm. Sethi drang ungestüm in sie, vollends
bewußt, daß diese Dämonin sich eines Zaubers bedienen
mußte, um seine Lust derart von neuem zu beleben.
»Du bist nicht mehr traurig.«
»Versuche nicht, in meinem Herzen zu lesen.«
»Rede mit mir.«
»Morgen, wenn ich den Wagen anhalten werde, steigst du von
deinem Esel, kommst zu mir und tust, was ich dir befehle.«

*

»Das rechte Rad quietscht«, sagte Sethi zu seinem Bogenschützen.

»Ich höre nichts.«

»Ich für meinen Teil habe ein scharfes Gehör. Dieses Geräusch kündigt einen Schaden an; besser wäre, es nachzuprüfen.«

Sethi führte die Spitze des Zuges an. Er fuhr vom Weg ab und ließ den Streitwagen gegenüber einem Pfad halten, der sich in einem Wald verlor.

»Laß uns nachsehen.«

Der Bogenschütze gehorchte. Sethi setzte ein Knie auf die Erde und untersuchte das fragliche Rad.

»Übel«, befand er. »Zwei Speichen stehen kurz davor zu brechen.«

»Kann man es beheben?«

»Warten wir auf den Trupp der Tischler.«

Letztere marschierten am Ende des Zuges, unmittelbar hinter den Gefangenen. Als Panther von ihrem Esel stieg und sich Sethi näherte, konnten die Soldaten sich loser Bemerkungen nicht enthalten.

»Steig ein.«

Sethi stieß den Bogenschützen zur Seite, packte die Zügel und trieb den Wagen in voller Fahrt auf den Wald zu. Niemand hatte Zeit gehabt, sich zu rühren. Versteinert fragten sich seine Waffenbrüder, weshalb der Held abtrünnig wurde. Selbst Panther zeigte ihre Verblüffung.

»Bist du irre geworden?«

»Ich muß ein Gelöbnis einhalten.«

Eine Stunde später hielt der Wagen an der Stätte, wo Sethi den von den Beduinen getöteten Offizier beigesetzt hatte. Von Grauen erfüllt, wohnte Panther der Ausbettung bei. Der Ägypter hüllte den Leichnam in ein großes Leintuch, das er an den Enden verschnürte.

»Wer ist das?«

»Ein wahrer Held, der in seinem Land und nahe den Seinen ruhen wird.«

Sethi ließ unerwähnt, daß Heerführer Ascher seinen Schritt

wahrscheinlich nicht gestattet hätte. Als er endlich im Begriff war, seinen Totendienst zu vollenden, brüllte die Libyerin plötzlich auf.

Sethi drehte sich jäh um, konnte jedoch der Pranke eines Bären nicht mehr ausweichen, die ihm die linke Schulter zerfetzte. Er stürzte, rollte sich zur Seite und versuchte, sich hinter einem Fels zu verbergen. Auf den Hinterpfoten maß der schwere und zugleich behende Sohlengänger drei Meter. Das ausgehungerte, blindwütige Tier geiferte, öffnete das Maul und stieß einen entsetzlichen Schrei aus, der die Vögel in der Umgebung auffliegen ließ.

»Meinen Bogen, schnell!«

Die Libyerin wagte sich nicht aus dem trügerischen Schutz des Streitwagens und warf Bogen und Köcher in Sethis Richtung. Als der junge Mann seine Waffen ergreifen wollte, fuhr die Kralle des Bären ein zweites Mal nieder und riß ihm den Rücken auf. Das Gesicht am Boden und blutüberströmt, blieb er reglos liegen.

Panther schrie erneut auf und zog die Aufmerksamkeit des Ungeheuers damit auf sich. Starr vor Entsetzen sah sie, wie es sich ihr plump zuwandte.

Sethi richtete sich auf den Knien auf. Ein roter Nebel legte sich über seine Augen. Seine allerletzten Kräfte aufbietend, spannte er den Bogen und schoß auf den braunen Körper. An der Weiche getroffen, drehte sich der Bär um und stürzte sich, auf allen vieren, mit weit geöffnetem Maul, auf seinen Angreifer. Der Ohnmacht nahe schoß Sethi ein zweites Mal.

*

Der Oberste Arzt des Siechenhauses der Streitkräfte von Memphis hatte keine Hoffnung mehr. Sethis Verletzungen waren derart tief und so zahlreich, daß er eigentlich nicht hätte überleben dürfen. Bald würde er den Schmerzen erliegen.

Dem Bericht der Libyerin zufolge hatte der Meisterschütze den Bären mit einem Pfeil ins Auge getötet, ohne einen letzten Prankenschlag verhindern zu können. Panther hatte den blut-

überströmten Leib bis zum Streitwagen geschleift und unter übermenschlicher Anstrengung ins Innere gehievt. Dann hatte sie sich um den Toten gekümmert. Eine Leiche anzufassen widerstrebte ihr zutiefst, aber hatte Sethi nicht sein Leben gewagt, um den Toten heim nach Ägypten zu überführen?
Zum Glück hatten sich die Pferde als fügsam erwiesen. Aus innerem Antrieb waren sie auf demselben Weg zurückgetrottet und hatten die Libyerin mehr geführt, als daß diese sie gelenkt hätte. Der Leichnam eines Offiziers der Streitwagentruppe, ein Abtrünniger im Todeskampf und eine Fremde auf der Flucht, dies war die sonderbare Wagenbesatzung, welche die Nachhut des Heerführers Ascher schließlich abgefangen hatte.
Dank Panthers Erklärungen war der Offizier rasch erkannt und somit alles für wahr befunden worden. Der auf dem Feld der Ehre gefallene Krieger wurde nachträglich ausgezeichnet und in Memphis einbalsamiert; Panther als Arbeiterin auf einem großen landwirtschaftlichen Anwesen untergebracht; Sethi für seine Tapferkeit belobigt und wegen Verstoßes gegen die Vorschriften gerügt.

*

Kem hatte sich bemüht, in dunklen Worten zu sprechen.
»Sethi in Memphis?« verwunderte sich Paser.
»Aschers Heer ist siegreich heimgekehrt, der Aufstand niedergeschlagen. Es fehlt nur deren Anführer Adafi.«
»Wann ist Sethi eingetroffen?«
»Gestern.«
»Weshalb ist er nicht hier?«
Der Nubier wand sich betreten.
»Er kann sich nicht fortbewegen.«
Der Richter erregte sich.
»Werdet deutlicher!«
»Er ist verletzt.«
»Ernst?«
»Sein Zustand . . .«

289

»Die Wahrheit!«

»Sein Zustand ist hoffnungslos.«

»Wo ist er?«

»Im Siechenhaus der Streitkräfte. Ich kann Euch nicht versprechen, daß er noch am Leben ist.«

*

»Er hat zuviel Blut verloren«, bekannte der Oberste Arzt des Siechenhauses der Streitkräfte. »Ein Eingriff wäre Irrsinn. Lassen wir ihn in Frieden sterben.«

»Ist das Eure ganze Wissenschaft?« empörte sich Paser.

»Ich kann nichts mehr für ihn tun. Dieser Bär hat ihn in Fetzen gerissen; seine Widerstandskraft verblüfft mich, doch sie wird nicht genügen, um zu überleben.«

»Kann man ihn befördern?«

»Selbstverständlich nicht.«

Der Richter hatte eine Entscheidung getroffen: Sethi würde nicht im Gemeinschaftssaal entschlafen.

»Beschafft mir eine Bahre.«

»Ihr werdet diesen Sterbenden nicht bewegen.«

»Ich bin sein Freund, und ich weiß um seinen Wunsch: nämlich die letzten Stunden in seinem Dorf zu verleben. Falls Ihr auf Eurer Weigerung beharrt, werdet Ihr Euch vor ihm und vor den Göttern verantworten müssen.«

Der Arzt nahm die Drohung nicht auf die leichte Schulter. Ein verdrossener Toter wurde zum Wiedergänger, und die Wiedergänger kannten ob ihres gehässigen Unwesens keine Gnade, selbst bei Obersten Ärzten nicht.

»Unterzeichnet mir eine Entlastung.«

*

Während der Nacht brachte der Richter ungefähr zwanzig minder wichtige Vorgänge in Ordnung, die dem Gerichtsschreiber für drei Wochen Arbeit bescheren würden. Falls Iarrot ihn erreichen müßte, könnte er seine Botschaft an das

Oberste Gericht von Theben schicken. Paser hätte liebend gerne noch Branirs Rat eingeholt, doch dieser weilte derzeit in Karnak, um seinen endgültigen Ruhestand vorzubereiten.

Im Morgengrauen holten Kem und zwei Krankenpfleger Sethi dem Siechenhaus und trugen ihn in die behagliche Hütte eines leichten Seglers.

Paser blieb an seiner Seite, nahm seine rechte Hand in die seine. Einige Augenblicke glaubte er, daß Sethi aufwachte und sich seine Finger schlössen. Doch die Sinnestäuschung zerstob.

*

»Ihr seid meine letzte Hoffnung, Neferet. Der Heilkundler des Heeres hat es abgelehnt, einen Eingriff bei Sethi vorzunehmen. Willigt Ihr ein, ihn zu untersuchen?«

Dem Dutzend Leidender, das zu Füßen der Palmen sitzend wartete, erklärte sie, daß ein dringender Fall sie zwänge, sich für eine Weile zu entfernen. Ihren Anweisungen gemäß nahm Kem mehrere Töpfe mit Arzneien mit.

»Was meint mein Standesbruder?«

»Die von dem Bär verursachten Verletzungen seien sehr tief.«

»Wie hat Euer Freund die Reise überstanden?«

»Er ist aus seiner Bewußtlosigkeit nicht erwacht. Lediglich ein einziges Mal, so schien es, habe ich noch Leben in ihm gespürt.«

»Ist er widerstandsfähig?«

»Kräftig wie eine Stele.«

»Hatte er je ernste Erkrankungen?«

»Keine.«

Neferets Untersuchung dauerte länger als eine Stunde. Als sie aus der Hütte trat, äußerte sie ihren Befund: »Ein Leiden, gegen das ich ankämpfen werde.«

»Die Gefahr ist groß«, fügte sie noch hinzu. »Falls ich nicht eingreife, wird er sterben. Falls mir mein Tun gelingt, wird er vielleicht überleben.«

Sie begann den Eingriff gegen Ende des Morgens. Paser

diente als Helfer und reichte ihr das Behandlungsbesteck, nach dem sie verlangte. Neferet hatte eine tiefe Betäubung mit Hilfe einer Mischung aus Kieselstein, Schlafmohn und Mandragorawurzel eingeleitet; das zu Pulver zerstoßene Mittel mußte in kleinen Mengen verabreicht werden. Wenn sie eine Wunde in Angriff nahm, löste sie die Arznei in Essig. Daraus entstand eine saure Flüssigkeit, die sie in einem hornförmigen Steingefäß auffing und örtlich auftrug, um den Schmerz auszuschalten. Die Wirkdauer der Mittel überwachte sie dank ihrer Uhr am Handgelenk.

Mit Messern und Skalpellen aus Obsidian, die schärfer als Metall waren, setzte sie ihre Schnitte. Ihre Bewegungen waren genau und sicher. Sie formte das Fleisch neu, vereinigte die klaffenden Lippen einer jeden Wunde, indem sie sie mit einem äußerst feinen, aus einem Rindsdarm gewonnenen Faden vernähte; die zahllosen Nahtstellen wurden mittels Heftbinden in Gestalt eines klebenden Gewebes gesichert.

Zum Ende des fünf Stunden dauernden Eingriffs war Neferet erschöpft, und Sethi lebte.

Auf die allerschlimmsten Wunden legte die Ärztin frisches Fleisch, Fett und Honig auf. Bereits am darauffolgenden Morgen würde sie die Verbände wechseln; sie bestanden aus weichem und schützendem Pflanzengewebe und würden Entzündungen vorbeugen und die Vernarbung beschleunigen.

Drei Tage verstrichen. Sethi erwachte aus seinem Todesschlaf, nahm Wasser und Honig zu sich. Paser hatte sein Lager nicht verlassen.

»Du bist gerettet, Sethi, gerettet!«

»Wo bin ich?«

»Auf einem Schiff, nahe deinem Dorf.«

»Du hast dich erinnert ... ich wollte hier sterben.«

»Neferet hat dich behandelt, du wirst gesund werden.«

»Deine Verlobte?«

»Eine außerordentliche Wundärztin und die beste aller Heilkundigen.«

Sethi versuchte, den Oberkörper aufzurichten; der Schmerz entriß ihm einen Schrei, und er fiel wieder zurück.

»Vor allem rühre dich nicht!«

»Ich, zur Bewegungslosigkeit verdammt ...«

»Sei etwas geduldig.«

»Dieser Bär hat mich zerfleischt.«

»Neferet hat dich wieder zusammengenäht, deine Kräfte werden zurückkehren.«

Unversehens brachen Sethis Augen. Voller Entsetzen glaubte Paser, er würde dahinschwinden; doch Sethi drückte seine Hand mit aller Macht.

»Ascher! Ich mußte unbedingt überleben, um dir von diesem Ungeheuer zu berichten!«

»Beruhige dich.«

»Du mußt die Wahrheit kennen, Richter, du, der du der Gerechtigkeit in diesem Land Achtung verschaffen mußt.«

»Ich höre dir zu, Sethi, aber ereifere dich nicht, ich bitte dich.«

Der Zorn des Versehrten legte sich.

»Ich habe Heerführer Ascher einen ägyptischen Krieger foltern und meucheln sehen. Er war in Gesellschaft von Asiaten, von jenen Aufrührern, die er zu bekämpfen vorgibt.«

Paser fragte sich, ob nicht das Fieber seinen Freund im Wahn reden ließ; Sethi hatte sich indes beherrscht geäußert, wenn er auch jedes Wort hämmernd betonte.

»Du tatest recht daran, ihn zu verdächtigen, und ich, ich erbringe dir den Beweis, der dir fehlte.«

»Eine Zeugenaussage«, berichtigte der Richter.

»Genügt das nicht?«

»Er wird es leugnen.«

»Mein Wort wiegt soviel wie seines!«

»Sobald du wieder auf den Beinen bist, werden wir über eine geeignete Vorgehensweise nachsinnen. Sprich mit niemandem darüber.«

»Ich werde leben. Ich werde leben, um diesen Elenden zum Tode verurteilt zu sehen.« Ein schmerzvolles Grinsen verzerrte Sethis Gesicht. »Bist du stolz auf mich, Paser?«

»Du und ich, wir stehen zu unserem Wort.«

*

Am Westufer wuchs Neferets Ansehen. Das Gelingen des Eingriffs erstaunte ihre Berufsgenossen; manche wandten sich gar zur Behandlung schwieriger Fälle an die junge Ärztin. Sie verweigerte sich dem nicht, setzte allerdings voraus, daß das Dorf, das sie beherbergt hatte, auch in Zukunft bevorzugt und Sethi in Der el-Bahri[1] aufgenommen werden möge. Die für die Gesundheitspflege zuständigen Obrigkeiten willigten ein; der wundersam gerettete Held der Schlachtfelder wurde zu einer Zierde der Heilkunde.

Der Tempel von Der el-Bahri verehrte Imhotep, den größten Heiler des Alten Reiches, dem man eine in den Fels gehauene Kapelle gewidmet hatte. Die Ärzte sammelten sich in ihr und erbaten die für die Ausübung ihrer Kunst unerläßliche Weisheit ihres Ahnherrn. Einige wenige Kranke wurden zugelassen, die Dauer ihrer Genesung an diesem herrlichen Ort zu verbringen; sie schritten unter Säulengängen dahin, erfreuten sich an den Steinbildnereien, die von den Großtaten der Pharaonenkönigin Hatschepsut berichteten, und lustwandelten in den Gärten, um dort den harzigen Duft der Weihrauchbäume zu atmen, die aus dem märchenumwobenen Lande Punt, nahe der Somaliküste, eingeführt worden waren. Kupferrohre speisten Becken aus unterirdischen Sikkerschächten und Kammern mit einem heilenden Wasser, das mit ebenfalls kupfernen Gefäßen geschöpft wurde; Sethi mußte an die zwanzig von ihnen jeden Tag leeren und damit Entzündungen sowie den anderen nach einem Eingriff auftretenden Unbilden vorbeugen. Dank seiner erstaunlichen Lebenskraft würde er rasch gesunden.

Paser und Neferet schritten die lange blumengeschmückte Rampe hinunter, die die Terrassen Der el-Bahris miteinander verband.

»Ihr habt ihn gerettet.«

»Ich habe Glück gehabt, und er auch.«

---

[1] An dieser Stätte am Westufer Thebens erbaute die berühmte Pharaonenkönigin Hatschepsut einen großen Tempel, den man noch heute besichtigen kann.

»Sind irgendwelche Nachwehen zu befürchten?«

»Einige Narben.«

»Sie werden ihn nur anziehender machen.«

Eine sengende Sonne erreichte den Scheitelpunkt. Sie ließen sich im Schatten einer Akazie am Fuße der Rampe nieder.

»Habt Ihr nachgedacht, Neferet?«

Sie blieb still. Ihre Antwort würde ihm Freude oder Leid bereiten. Unter der Mittagshitze hielt das Leben inne. Auf den Feldern aßen die Bauern im Schutze von Schilfhütten, in denen sie sich einen ausgiebigen Mittagsschlaf gönnen würden. Neferet schloß die Augen.

»Ich liebe Euch mit meinem ganzen Sein, Neferet. Ich möchte Euch heiraten.«

»Ein gemeinsames Leben ... sind wir dazu imstande?«

»Ich werde keine andere Frau lieben.«

»Wie könnt Ihr Euch dessen sicher sein? Liebeskummer ist schnell vergessen.«

»Wenn Ihr mich kennen würdet ...«

»Ich bin mir der Ernsthaftigkeit Eures Schritts durchaus bewußt.«

»Seid Ihr von einem anderen angetan?«

»Nein.«

»Ich könnte es nicht ertragen.«

»Eifersüchtig?«

»Über alle Maßen.«

»Ihr malt Euch mich als eine vollkommene Frau aus, ohne Makel, mit allen Tugenden geziert.«

»Ihr seid kein Traum.«

»Ihr erträumt mich. Eines Tages werdet Ihr aufwachen, und Ihr werdet enttäuscht sein.«

»Ich sehe Euch leben, ich atme Euren Duft, Ihr seid mir nahe ... ist das ein Trugbild?«

»Ich habe Angst. Falls Ihr Euch irrt, falls wir uns irren, wird der Schmerz grauenvoll sein.«

»Niemals werdet Ihr mich enttäuschen.«

»Ich bin keine Göttin. Wenn Euch dies zu Bewußtsein kommen wird, werdet Ihr mich nicht mehr lieben.«

»Mich entmutigen zu wollen, ist sinnlos. Von unserer ersten Begegnung an, von dem Augenblick an, da ich Euch das erste Mal sah, habe ich gewußt, daß Ihr die Sonne meines Lebens seid. Ihr strahlt, Neferet; niemand kann das Licht leugnen, das von Euch ausgeht. Mein Dasein gehört Euch, ob Ihr es nun wollt oder nicht.«

»Ihr versteigt Euch. Ihr müßt Euch an den Gedanken gewöhnen, weit entfernt von mir zu leben; Eure Laufbahn wird sich in Memphis abspielen, die meine in Theben.«

»Was schert schon meine Laufbahn?«

»Werdet Eurer Berufung nicht untreu. Würdet Ihr es dulden, wenn ich der meinen entsagte?«

»Verlangt, und ich gehorche.«

»Das liegt nicht in Eurer Wesensart.«

»Mein einziger Ehrgeiz ist, Euch jeden Tag mehr zu lieben.«

»Seid Ihr nicht unmäßig?«

»Wenn Ihr es ablehnt, meine Gemahlin zu werden, werde ich verschwinden.«

»Mich einer Erpressung zu unterziehen, ist Eurer nicht würdig.«

»Das ist nicht meine Absicht. Willigt Ihr ein, mich zu lieben, Neferet?«

Sie schlug die Augen auf und blickte ihn traurig an.

»Euch etwas vorzuspielen, wäre würdelos.«

Sie entfernte sich leicht und anmutig. Trotz der Hitze war Paser eisig kalt.

29. KAPITEL

Sethi war nicht der Mann, der den Frieden und die Stille der Tempelgärten lange genoß. Die Priesterinnen waren voller Anmut, aber sie kümmerten sich nicht um die Kranken und blieben unerreichbar, er selbst hatte nur Fühlung mit einem barschen Krankenpfleger, der täglich seine Verbände wechselte.

Weniger als einen Monat nach dem Eingriff kochte er vor Ungeduld. Als Neferet ihn wieder einmal untersuchte, konnte er nicht mehr stillhalten.

»Ich bin wiederhergestellt.«

»Noch nicht ganz, aber Euer Zustand ist bemerkenswert. Keine der Nahtstellen hat nachgegeben, die Wunden sind vernarbt, es ist keine Entzündung aufgetreten.«

»Dann kann ich also gehen!«

»Unter der Bedingung, Euch zu schonen.«

Einer unwiderstehlichen Anwandlung folgend, küßte er sie auf beide Wangen.

»Ich verdanke Euch das Leben, und ich bin kein undankbarer Mensch. Wenn Ihr mich ruft, eile ich herbei. Ehrenwort eines Helden!«

»Ihr werdet einen Krug heilenden Wassers mitnehmen und drei Schälchen am Tag davon trinken.«

»Bier ist nicht mehr verboten?«

»Nicht mehr als Wein, in kleinen Mengen.«

Sethi streckte die Arme aus und wölbte die Brust.

»Wie schön es doch ist, wieder aufzuleben! All diese Stunden des Leidens ... Allein die Frauen werden sie auslöschen.«

»Erwägt Ihr denn nicht, eine zu heiraten?«

»Möge die Göttin Hathor mich vor diesem Unheil behüten! Ich, mit einer treuen Gattin und einer Schar von Plärrhälsen, die mir am Schurz hingen? Eine Geliebte, dann eine andere, und eine weitere noch, das ist mein wunderbares Geschick. Keine gleicht der anderen, jede besitzt ihre Geheimnisse.«

»Ihr scheint sehr verschieden von Eurem Freund Paser«, bemerkte sie lächelnd.

»Vertraut nicht auf seine zurückhaltende Art: Er ist ein leidenschaftlicher Mensch, mehr als ich vielleicht. Falls er es gewagt hat, Euch anzusprechen ...«

»Er hat es gewagt.«

»Tut seine Worte nicht leichtfertig ab.«

»Sie haben mich erschreckt.«

»Paser wird nur ein einziges Mal lieben. Er gehört zu jenen Männern, die sich schier wahnsinnig verlieben und ihren Wahn ein ganzes Leben lang bewahren. Eine Frau versteht sie nur schlecht, da sie sich erst gewöhnen, sich Zeit lassen muß, bevor sie sich verpflichtet. Paser ist ein tosender Sturzbach, kein Strohfeuer; seine Leidenschaft wird nicht nachlassen. Er ist ungeschickt, zu schüchtern oder hastig, von einer unbedingten Aufrichtigkeit. Er hat die Liebschaften und Abenteuer ausgeschlagen, da er nur zu einer großen Liebe fähig ist.«

»Und wenn er sich irrt?«

»Er wird seinem Inbegriff der Vollkommenheit bis zum Ende nachstreben. Hofft nicht auf das geringste Zugeständnis.«

»Laßt Ihr meine Ängste gelten?«

»In der Liebe sind alle verstandesmäßigen Einwände vergeblich. Ich wünsche Euch, glücklich zu werden, welches auch immer Eure Entscheidung sein wird.«

Sethi konnte Paser verstehen. Neferets Schönheit war überwältigend.

*

Er aß nicht mehr. Den Kopf in trauernder Haltung auf den Knien, saß er am Fuße einer Palme und unterschied nicht mehr den Tag von der Nacht. Selbst die Kinder wollten ihn nicht necken, so sehr glich er einem steinernen Findling.

»Paser! Ich bin es, Sethi.«

Der Richter zeigte keinerlei Regung.

»Du bist davon überzeugt, daß sie dich nicht liebt.«

Sethi lehnte sich neben seinem Freund mit dem Rücken an den Stamm.

»Es wird keine andere Frau mehr geben, das weiß ich auch. Ich werde nicht versuchen, dich zu trösten, dein Unglück zu teilen ist unmöglich. Es bleibt nur noch deine Berufung.«

Paser verharrte in Schweigen.

»Weder du noch ich können Ascher sich voller Genugtuung an seinem Sieg erfreuen lassen. Falls wir aufgeben, wird das Gericht der Anderen Welt uns zum zweiten Tod verurteilen, und wir werden keine Rechtfertigung für unsere Feigheit haben.«

Der Richter blieb reglos.

»Ganz wie du willst, stirb an Erschöpfung, während du an sie denkst. Ich werde mich alleine gegen Ascher schlagen.«

Paser erwachte aus seiner Erstarrung und blickte Sethi an.

»Er wird dich vernichten.«

»Jedem seine Prüfung. Du, du kannst Neferets Gleichgültigkeit nicht ertragen; und ich nicht das Gesicht eines Mörders, das mich in meinem Schlaf heimsucht.«

»Ich werde dir helfen.«

Paser versuchte aufzustehen, doch ihm drehte sich alles; Sethi ergriff ihn an den Schultern.

»Verzeih mir, aber . . .«

»Du hast mir häufig empfohlen, keine Worte zu vergeuden. Das wichtigste ist jetzt, dir zu Kräften zu verhelfen.«

*

Die beiden Männer bestiegen den wie eh und je beladenen Fährkahn. Paser hatte widerwillig ein wenig Brot und Zwiebeln gegessen. Der Wind peitschte ihm ins Gesicht.

»Betrachte dir den Nil«, riet Sethi. »Er ist die Erhabenheit. Vor ihm sind wir armselig.«

Der Richter starrte auf das klare Wasser.

»Woran denkst du, Paser?«

»Als ob du das nicht wüßtest ...«

»Wie kannst du dir nur so sicher sein, daß Neferet dich nicht liebt? Ich habe mit ihr gesprochen, und ...«

»Unnötig, Sethi.«

»Die Ertrunkenen werden vielleicht zu Seligen, aber sie sind gleichwohl ertrunken. Du hast versprochen, Ascher unter Anklage zu stellen.«

»Ohne dich würde ich davon absehen.«

»Weil du nicht mehr du selbst bist.«

»Im Gegenteil. Ich bin nur noch ich selbst, auf die allerschlimmste Einsamkeit beschränkt.«

»Du wirst vergessen.«

»Du verstehst das nicht.«

»Die Zeit ist das einzige Heilmittel.«

»Sie wird nichts auslöschen.«

Kaum berührte der Kahn das Ufer, stieg die lärmende Menge, Esel, Schafe und Ochsen vor sich hertreibend, auch schon an Land. Die beiden Freunde ließen die Woge verebben, stiegen dann eine Treppe hinauf und gingen bis zum Amtsgebäude des Obersten Richters von Memphis. Der für den Briefverkehr zuständige Beamte hatte keinerlei an Paser gerichtete Nachrichten erhalten.

»Kehren wir nach Memphis zurück«, verlangte Sethi.

»Hast du es so eilig?«

»Ich brenne darauf, Ascher wiederzusehen. Du könntest vielleicht deine bisherigen Nachforschungen für mich zusammenfassen.«

Mit eintöniger Stimme gab Paser die Schritte seiner Ermittlung wieder. Sethi lauschte aufmerksam.

»Wer hat dir nachgestellt?«

»Keine Ahnung.«

»Handelt es sich um die Vorgehensweise des Vorstehers der Ordnungskräfte?«

»Könnte sein.«

»Bevor wir Theben verlassen, suchen wir noch Kani auf.«

Fügsam willigte Paser ein. Allem gegenüber gleichgültig,

300

löste er sich langsam von der Wirklichkeit. Neferets Verweigerung nagte an seiner Seele.

Kani arbeitete nicht mehr allein in seinem Garten, den er zur Bewässerung inzwischen mit mehreren Schöpfhebern ausgestattet hatte. Emsige Betriebsamkeit herrschte in jenen Beeten, die dem Gemüse vorbehalten waren. Der Gärtner hingegen umsorgte seine Arzneipflanzen. Vierschrötig, die Haut zusehends faltiger und die Bewegungen behäbiger, hielt er dem Gewicht der großen Stange stand, an deren Enden zwei schwere Töpfe voll Wasser hingen. Er gönnte niemandem das Vorrecht, seine Schützlinge zu nähren.

Paser stellte ihm Sethi vor. Kani musterte ihn vorsichtig.

»Euer Freund?«

»Ihr könnt völlig frei vor ihm sprechen.«

»Ich habe weiter planmäßig nach dem Altgedienten gesucht. Schreiner, Zimmerleute, Wasserträger, Weißwäscher, Bauern ... ich lasse keine Tätigkeit außer acht. Eine dürftige Spur: Unser Mann war für einige Tage Wagentischler, bevor er verschwand.«

»So dürftig nicht«, berichtigte Sethi. »Er ist demnach noch am Leben!«

»Hoffen wir es.«

»Sollte auch er beseitigt worden sein?«

»In jedem Fall ist er unauffindbar.«

»Fahrt fort«, empfahl Paser. »Der fünfte Altgediente ist noch immer von dieser Welt.«

*

Gab es eine lieblichere Süße als die der thebanischen Abende, wenn der Nordwind Kühle unter die Lauben und Rankenwerke trug, wo man Bier trinkend den Sonnenuntergang bewunderte? Die Müdigkeit der Leiber schwand, die Pein der Seelen besänftigte sich, die Schönheit der Göttin des Schweigens offenbarte sich im rotglühenden Westen. Ibisse durchzogen das Dämmerlicht.

»Morgen, Neferet, breche ich wieder nach Memphis auf.«

»Eurer Arbeit wegen?«

»Sethi ist Zeuge eines Amtsvergehens geworden. Ich ziehe es vor, Euch nicht mehr darüber zu sagen, zu Eurer eigenen Sicherheit.«

»Ist die Gefahr denn so erheblich?«

»Die Streitkräfte sind beteiligt.«

»Denkt an Euch selbst, Paser.«

»Solltet Ihr Euch etwa um mein Geschick sorgen?«

»Seid nicht bitter. Ich wünsche nichts anderes als Euer Glück.«

»Ihr allein könnt es mir gewähren.«

»Ihr seid so unbedingt, so ...«

»Kommt mit mir.«

»Das ist unmöglich. Ich bin nicht vom selben Feuer wie Ihr beseelt; nehmt hin, daß ich anders bin, daß die Hast mir fremd ist.«

»Alles ist so einfach: Ich liebe Euch, und Ihr liebt mich nicht.«

»Nein, so einfach ist es nicht. Der Tag folgt nicht jählings auf die Nacht, und eine Jahreszeit nicht auf die andere.«

»Solltet Ihr mir Hoffnung geben?«

»Mich zu binden, hieße lügen.«

»Da seht Ihr es.«

»Eure Gefühle sind derart heftig, derart ungeduldig ... Ihr könnt nicht verlangen, daß ich sie mit gleicher Glut beantworte.«

»Bemüht Euch nicht, Euch zu rechtfertigen.«

»Ich sehe in mir selbst nicht klar, wie könnte ich Euch da Gewißheit bieten?«

»Wenn ich fortgehe, werden wir uns nie wiedersehen.«

Paser entfernte sich mit langsamen Schritten, Worte ersehnend, die nicht ausgesprochen worden waren.

*

Gerichtsschreiber Iarrot hatte folgenschwere Fehler vermieden, indem er keinerlei Verantwortung übernommen hatte. Das Viertel war ruhig, keine ernsten Missetaten waren begangen worden. Paser erledigte die anstehenden Dinge und begab sich dann zum Vorsteher der Ordnungskräfte, der ihn einbestellt hatte.

Monthmose war freundlicher als gewöhnlich.

»Werter Richter! Entzückt, Euch wiederzusehen. Ihr wart auf Reisen?« erkundigte er sich beflissen, mit seiner näselnden Stimme.

»Es ging nicht anders.«

»Euer Gerichtsbezirk war einer der friedlichsten; Euer Ruf zeitigt seine Früchte. Man weiß, daß Ihr in den Dingen des Rechts keine Vergleiche kennt. Ohne Euch zu nahe treten zu wollen, Ihr erscheint mir müde.«

»Völlig belanglos.«

»Fein, fein . . .«

»Und der Grund Eurer Einbestellung?«

»Eine heikle und . . . bedauerliche Sache. Ich habe Euren Vorschlag, was den verdächtigen Kornspeicher angeht, wortgetreu befolgt. Entsinnt Euch: Ich zweifelte an seiner Wirksamkeit. Unter uns, ich hatte nicht unrecht.«

»Ist der Verwalter geflohen?«

»Nein, nein . . . Ich habe ihm nichts vorzuhalten. Er befand sich an Ort und Stelle, als sich der Zwischenfall zugetragen hat.«

»Welcher Zwischenfall?«

»Die Hälfte des Vorrates ist während der Nacht gestohlen worden.«

»Ihr scherzt?«

»Leider nein! Das ist die traurige Wahrheit.«

»Eure Männer haben ihn doch bewacht!«

»Ja und nein. Eine Rauferei, unweit der Kornhäuser, hat sie gezwungen, unverzüglich einzuschreiten. Wer könnte es ihnen verargen? Als sie ihren Wachdienst wieder aufnahmen, haben sie den Diebstahl festgestellt. Verwunderlich ist, daß der Zustand des Speichers nun dem Bericht des Verwalters entspricht.«

»Und die Schuldigen?«

»Keine ernsthafte Spur.«

»Keine Zeugen?«

»Das Viertel war menschenleer, und das Unternehmen wurde flink durchgeführt. Es wird nicht leicht sein, die Namen der Diebe ausfindig zu machen.«

»Ich nehme an, Eure besten Kräfte sind auf die Angelegenheit angesetzt.«

»Da könnt Ihr Euch auf mich verlassen.«

»Unter uns, Monthmose, welche Meinung habt Ihr von mir?«

»Nun ... Ich betrachte Euch als einen sehr pflichtbewußten Richter.«

»Räumt Ihr mir ein wenig Klugheit ein?«

»Mein teurer Paser, Ihr unterschätzt Euch.«

»In dem Fall wißt Ihr sicher, daß ich Eurer Geschichte nicht den geringsten Glauben schenke.«

*

Zum wiederholten Male einem ihrer häufigen Angstzustände ausgesetzt, hatte Dame Silkis sich der aufmerksamen Pflege eines eigens für seelische Störungen geschulten Heilers und Traumdeuters anheimgegeben. Sein ganz in Schwarz gestrichenes Behandlungszimmer war in Dunkelheit getaucht. Jede Woche streckte sie sich dort auf einer Matte aus, erzählte ihm ihre Alpträume und erbat seinen Rat.

Der Traumdeuter war ein seit vielen Jahren in Memphis niedergelassener Syrer; er bediente sich zahlloser Zauberbücher und Traumbücher[1] und verstand seiner Kundschaft aus vornehmen Damen und wohlhabenden Gemeinen zu schmeicheln. Daher auch war sein Entgelt entsprechend hoch; brachte er diesen armen Geschöpfen mit zartem Gemüt denn nicht regelmäßig Trost und Stärkung?

Der Deuter legte Nachdruck auf die unbegrenzte Dauer der Behandlung; hörte man denn je auf zu träumen? Zudem war er allein imstande, den Sinn der Bilder und Hirngespinste auszulegen, die ein schlummerndes Hirn peinigten. Sehr

---

[1] Manche dieser Traumbücher sind wiedergefunden worden; sie benennen die Art der Träume und liefern jeweils eine Deutung dazu.

behutsam wies er die meisten Annäherungsversuche seiner an mangelnder Zuneigung leidenden Kundinnen zurück und gab nur den noch anziehenden Witwen nach.

Silkis kaute an ihren Nägeln.

»Habt Ihr Euch mit Eurem Gemahl gestritten?«

»Wegen der Kinder.«

»Was haben sie angestellt?«

»Sie lügen. Aber das ist doch wahrhaftig nicht so schlimm! Mein Gemahl erregt sich, ich verteidige sie, der Ton wird lauter.«

»Schlägt er Euch?«

»Ein wenig, aber ich wehre mich.«

»Ist er mit Eurer körperlichen Verwandlung zufrieden?«

»Oh ja! Er frißt mir regelrecht aus der Hand ... manchmal kann ich mit ihm machen, was ich will, sofern ich mich nicht um seine Geschäfte kümmere.«

»Hättet Ihr denn Gefallen daran?«

»Ganz und gar nicht. Wir sind reich, das ist die Hauptsache.«

»Wie habt Ihr Euch nach Eurem letzten Zwist verhalten?«

»Wie gewöhnlich. Ich habe mich in meinem Zimmer eingeschlossen und habe geweint. Danach bin ich eingeschlafen.«

»Hattet Ihr lange Träume?«

»Stets dieselben Bilder. Zuerst habe ich Nebel gesehen, der vom Fluß aufstieg. Irgend etwas, zweifelsohne ein Schiff, versuchte, ihn zu durchdringen. Dank der Sonne hat sich der Nebel aufgelöst. Das Ding aber war ein gewaltiges Glied, das sich immer weiter vorwärtsschob! Ich habe mich abgewandt und wollte mich in ein Haus am Ufer des Nils flüchten. Doch es war kein Gemäuer, sondern ein weibliches Geschlecht, das mich anzog und gleichzeitig erschreckte.«

Silkis atmete keuchend.

»Hütet Euch«, empfahl ihr der Deuter. »Den Traumbüchern zufolge kündigt ein Glied zu sehen einen Diebstahl an.«

»Und ein weibliches Geschlecht?«

»Arge Not.«

*

Mit zerzaustem Haar begab Silkis sich unverzüglich zum Lagerhaus. Ihr Gatte schalt gerade zwei Männer, die mit hängenden Armen und untröstlichen Gesichtern dastanden.

»Verzeih mir, dich zu belästigen, mein Liebling. Du mußt dich in acht nehmen, man wird dich bestehlen, und uns droht arge Not.«

»Deine Warnung kommt zu spät. Diese Schiffsführer erklären mir, wie ihre anderen Berufsgenossen, daß kein Schiff zur Verfügung steht, um meinen Papyrus vom Delta nach Memphis zu befördern. Unser Lager wird leer bleiben.«

30. KAPITEL

Richter Paser ließ Bel-ter-ans Zorn über sich ergehen.

»Was erwartet Ihr von mir?«

»Daß Ihr wegen Behinderung des freien Warenverkehrs einschreitet. Die Bestellungen strömen herbei, und ich kann keine einzige ausliefern!«

»Sobald ein Schiff verfügbar ist ...«

»Nicht eines wird es sein!«

»Böswilligkeit?«

»Ermittelt, und Ihr werdet den Beweis erbringen. Jede Stunde, die verstreicht, bringt mich der Vernichtung näher.«

»Kommt morgen wieder. Bis dahin hoffe ich, genauere Kenntnisse zu erhalten.«

»Ich werde nicht vergessen, was Ihr für mich tut.«

»Für die Gerechtigkeit, Bel-ter-an, nicht für Euch.«

*

Der Auftrag belustigte Kem, und seinen Babuin noch mehr. Mit der von Bel-ter-an beigebrachten Aufstellung der Schiffseigner versehen, fragten sie diese nach dem Grund ihrer Weigerung. Verworrene Erklärungen, Bedauern und offenkundige Lügen verschafften ihnen die Gewißheit, daß der Papyrushersteller nicht im Irrtum war. Am äußersten Ende der Hafenanlagen, zur Stunde der Mittagsruhe, traf Kem endlich auf einen für gewöhnlich gut unterrichteten Bootsmann.

»Kennst du Bel-ter-an?«

»Hab' von ihm gehört.«

»Kein Schiff verfügbar für seinen Papyrus?«

»So scheint es.«

»Dennoch liegt deines an der Hafenmauer und ist leer.«

Der Pavian öffnete das Maul, ohne einen Ton von sich zu geben.

»Halt dein Raubtier zurück!«

»Die Wahrheit, und wir lassen dich in Frieden.«

»Denes hat alle Boote für eine Woche gepachtet.«

Gegen Ende des Nachmittags befolgte Richter Paser den ordentlichen Rechtsgang, indem er höchstselbst die Eigner verhörte und sie zwang, ihm ihre Pachtverträge zu zeigen. Alle lauteten auf Denes' Namen.

*

Aus einem Segellastkahn löschten Seeleute Lebensmittel, Krüge und Hausrat. Ein anderes Lastschiff schickte sich an, gen Süden abzulegen. Nur wenige Ruderer fanden sich darauf; fast das gesamte Deck des Wasserfahrzeugs mit wuchtigem Rumpf war von aufgebauten Hütten eingenommen, in denen man die Waren unterstellte. Der Bootsmann, der das Steuerruder handhabte, stand bereits zur Stelle; es fehlte bloß noch der Bugmann. Mit einer langen Stange würde er in regelmäßigen Abständen den Grund ausloten. Auf dem Hafendamm unterhielten sich Denes und der Schiffsführer in all dem Lärm und Stimmengewirr. Die Seeleute sangen und fuhren sich derb an, Zimmerleute besserten einen Segler aus, Steinmetze verstärkten eine Anlegestelle.

»Dürfte ich Euch kurz sprechen?« fragte Paser, den Kem und der Pavian begleiteten.

»Mit Freuden, aber etwas später.«

»Verzeiht mir, daß ich beharre, aber ich habe es eilig.«

»Doch nicht in dem Maße, die Abfahrt eines Schiffes zu verzögern!«

»Eben doch.«

»Weshalb?«

Paser entrollte einen Papyrus von gut einem Meter.

»Dies hier ist die Aufstellung der Verstöße, die Ihr begangen habt: erzwungene Pacht, Einschüchterung der Schiffseigner, versuchte Beherrschung des Handels, Behinderung des Warenverkehrs.«

Denes prüfte das Schriftstück. Die Anschuldigungen des Richters waren mit großer Genauigkeit und vorschriftsgemäß aufgeführt.

»Ich weise Eure Deutung der Dinge als aufgebauscht und hochtrabend zurück! Ich habe all diese Schiffe nur deshalb gepachtet, weil außerordentliche Beförderungen in Aussicht stehen.«

»Welche?«

»Verschiedenste Waren.«

»Das ist mir zu ungenau.«

»In meinem Beruf ist es gut, das Unvorhergesehene vorauszusehen.«

»Bel-ter-an ist Opfer Eurer Machenschaft.«

»Da haben wir es! Ich hatte es ja vorausgesagt: Sein Ehrgeiz wird ihn ins Verderben führen.«

»Um dem Tatbestand der Handelsbeherrschung, die unbestreitbar ist, auszuräumen, übe ich das Recht auf Beschlagnahme aus.«

»Wie es Euch beliebt. Nehmt irgendeine der Barken am Westbecken.«

»Euer Schiff hier kommt mir sehr gelegen.«

Denes stellte sich vor den Laufsteg.

»Ich verbiete Euch, es anzurühren!«

»Ich ziehe es vor, dies nicht gehört zu haben. Das Gesetz in Abrede zu stellen, ist ein ernstes Vergehen.«

Der Beförderer mäßigte sich.

»Seid vernünftig ... Theben wartet auf diese Fracht.«

»Bel-ter-an erleidet einen Nachteil, dessen Urheber Ihr seid; die Rechtsprechung erfordert, daß Ihr ihn entschädigt. Gleichwohl ist er gewillt, keine Klage zu erheben, um die zukünftigen Beziehungen mit Euch nicht zu belasten. Wegen der Verzögerung ist sein angestauter Vorrat ungeheuer; dieses Frachtschiff wird gerade genügen.«

Paser, Kem und der Pavian stiegen an Bord. Dem Richter ging es jedoch nicht mehr allein darum, Bel-ter-an zu seinem

309

Recht zu verhelfen; er folgte dabei auch einer inneren
Eingebung.

Mehrere Hütten aus verfugten Brettern, die mit Löchern
versehen waren, um eine ausreichende Belüftung zu gewährleisten, beherbergten Pferde, Ochsen, Ziegenböcke
und Kälber. Manche von ihnen waren völlig frei, andere an
Ringe festgebunden, die ins Deck eingelassen waren. Die
seefesten unter ihnen bewegten sich ungehindert am Bug.
Andere Hütten, einfache Gestelle aus Leichtholz mit einem
Dach darüber, enthielten Hocker, Stühle und kleine Beistell-
tische.

Am Heck verbarg eine große Plane an die dreißig tragbare
Kornkästen.

Paser rief Denes herbei.

»Woher stammt dieses Getreide?«

»Aus den Speichern.«

»Wer hat es Euch geliefert?«

»Wendet Euch an den Bootsmann.«

Hierzu befragt, zog der Mann nur ein amtliches Schriftstück
hervor, das ein unentzifferbares Siegel trug. Weshalb hätte er
dem besondere Aufmerksamkeit schenken sollen, entgegne-
te er, als der Richter sich angesichts solcher Sorglosigkeit
wunderte, da derartige Ware doch überaus gewöhnlich war?
Je nach den Bedürfnissen dieses oder jenes Gaus, verfrachte-
te Denes das ganze Jahr über Korn. Die Getreidespeicher des
Königs ließen keine Hungersnot zu.

»Wer hat dir die Beförderung aufgetragen?«

Der Bootsmann wußte es nicht. Der Richter kehrte wieder zu
dessen Herrn zurück, der ihn ohne Zögern zum Amtszimmer der Hafenverwaltung führte.

»Ich habe nichts zu verbergen«, versicherte Denes aufgeregt.
»Gewiß, ich habe danach getrachtet, Bel-ter-an eine Lehre zu
erteilen, doch es handelte sich dabei um einen Scherz.
Weshalb weckt meine Fracht Eure Neugierde?«

»Darüber darf ich Euch keine Auskunft geben.«

Die Schriftenverwahrung war gut geführt. Fügsam sputete
sich Denes, die betreffende Tontafel zutage zu fördern.

310

Der Beförderungsauftrag stammte von Hattusa, der hethitischen Prinzessin, Vorsteherin des Harems von Memphis, Ramses des Großen Gemahlin zum Wohle des Landes.

*

Dank Heerführer Ascher war wieder Ruhe in die Fürstenreiche Asiens eingekehrt. Einmal mehr hatte er seine vollendete Geländekenntnis unter Beweis gestellt. Inmitten des Sommers, zwei Monate nach seiner Rückkehr, während eine segensreiche Nilschwelle den fruchtbaren Schlamm auf beiden Ufern ausbrachte, wurde zu seinen Ehren ein überwältigendes Fest ausgerichtet, hatte er doch einen beachtlichen Tribut mitgebracht, der aus tausend Pferden, fünfhundert Gefangenen, zweitausend Schafen, achthundert Ziegen, vierhundert Rindern, vierzig feindlichen Streitwagen, Hunderten von Schwertern, Lanzen, Panzerhemden, Schilden und zweihunderttausend Sack Getreide bestand.

Vor dem königlichen Palast waren die besten Sonderverbände, PHARAOS Leibwache und die Ordnungskräfte der Wüste versammelt sowie Vertreter der vier Heerscharen des Amun, des Re, des Ptah und des Seth, welche Streitwagentruppen, Fußvolk und Bogenschützen umfaßten. Nicht ein Offizier blieb dem Aufruf fern. Die gewaltige ägyptische Streitmacht entfaltete ihre ganze Pracht und huldigte ihrem Heerführer mit den meisten Auszeichnungen. Ramses würde ihm fünf goldene Halsketten aushändigen und drei Festtage für das gesamte Land ausrufen. Ascher wurde zu einem der bedeutendsten Männer im Reiche, zum rechten Waffenarm des Königs und Bollwerk wider feindliche Einfälle.

Auch Sethi fehlte nicht bei dem Fest. Der Heerführer hatte ihm einen neuen Streitwagen für die prunkvolle Heerschau zuerkannt, ohne ihm, wie den meisten Offizieren, die Kosten für die Deichsel und den Kasten aufzubürden; drei Soldaten würden sich um die zwei Pferde kümmern.

Vor dem Aufmarsch erhielt der Held des zurückliegenden Feldzuges die Belobigungen seines Anführers.

311

»Dient Eurem Lande weiter so, Sethi; und ich verspreche Euch eine blendende Zukunft.«

»Meine Seele ist gemartert, Heerführer.«

»Ihr erstaunt mich.«

»Solange wir Adafi nicht festgesetzt haben, werde ich nicht mehr schlafen.«

»Daran erkenne ich einen strahlenden und edelmütigen Helden.«

»Ich frage mich immerzu ... wie ist er nur durch unser dichtes Netz entwischt?«

»Der Schuft ist gewitzt.«

»Könnte man nicht schwören, daß er unsere Pläne erahnt?« Eine Falte grub sich in Aschers Stirn.

»Ihr bringt mich auf einen anderen Gedanken ... vielleicht befindet sich ein Spitzel in unseren Reihen.«

»Unwahrscheinlich.«

»So etwas hat sich schon ereignet. Aber seid unbesorgt: Mein Stab und ich selbst werden diese Frage ins Auge fassen. Seid gewiß, daß dieser niederträchtige Aufrührer nicht mehr lange in Freiheit bleiben wird.«

Ascher tätschelte noch Sethis Wange und wandte sich dann einem anderen Wackeren zu. Auch wenn sie mit Nachdruck vorgebracht worden waren, hatten ihn die Andeutungen nicht verwirrt.

Einen Augenblick fragte sich Sethi, ob er sich nicht getäuscht hatte; doch das grauenvolle Schauspiel war noch immer in seinem Gedächtnis lebendig. Voller Einfalt hatte er gehofft, der Verräter verlöre seine Kaltblütigkeit.

*

PHARAO hielt eine lange Rede, deren wesentliche Punkte von seinen Boten und Ausrufern in jeder Stadt und in jedem Dorf wiederholt wurden. Als Oberster Befehlshaber der Streitkräfte gewährleiste er den Frieden und wache über die Grenzen. Die vier großen Heerscharen, die zwanzigtausend Krieger zählten, würden Ägypten vor jedem Einfallversuch beschützen. Streitwagentruppe und Fußvolk, bei denen sich etliche Nubier, Syrer und Libyer verpflichtet hatten, seien dem Glück der Beiden Länder treu verbunden und würden sie gegen jeden Angreifer, und seien es selbst ehemalige Landsleute, verteidigen. Der König dulde keine Verletzung von Vorschriften und Gehorsamspflicht, der Wesir würde seine Weisungen wortgetreu ausführen.

Als Belohnung für seine guten und treuen Dienste wurde Heerführer Ascher zum Vorsteher der Ausbildung jener Offiziere ernannt, welche die zur Beobachtung nach Asien entsandten Truppen anführen würden. Seine Erfahrung würde ihnen wertvoll sein; der Heerführer, der bereits Bannerträger zur Rechten des Königs war, würde von nun an ständig zu Entscheidungen der Gefechts- und Kriegsführung zu Rate gezogen werden.

*

Paser nahm Einsicht in eine Unterlage, räumte sie wieder fort, ordnete bereits abgelegte Schriftstücke, gab seinem Gerichtsschreiber widersprüchliche Anweisungen und vergaß, seinen Hund auszuführen. Iarrot wagte nicht, ihm Fragen zu stellen, da der Richter ihm doch nur verworrene Antworten gab.

Paser mußte tagtäglich Sethis Bestürmen erdulden, der zunehmend ungeduldiger wurde; Ascher in Freiheit zu sehen, war ihm unerträglich. Der Richter schloß jegliche Überstürzung aus, ohne irgend etwas Greifbares vorzuschlagen, und entrang seinem Freund das Versprechen, nicht ohne Sinn und Verstand einzuschreiten. Den Heerführer leichtfertig anzugreifen würde in einem Mißerfolg münden.

Sethi bemerkte, daß Paser kaum geistigen Anteil an seinen Worten nahm; in schmerzlichen Gedanken verloren, erlosch er gleichsam nach und nach.

Der Richter hatte geglaubt, die Arbeit würde ihn zerstreuen und ihn Neferet vergessen lassen. Doch das Gegenteil war der Fall; die Entfernung steigerte seine Verzweiflung noch.

Im Bewußtsein, daß die Zeit sie noch verschlimmern würde, beschloß er, zu einem Schatten zu werden. Nachdem er seinem Hund und seinem Esel Lebewohl gesagt hatte, verließ er Memphis in Richtung Westen, zur libyschen Wüste hin. Aus Feigheit hatte er sich Sethi nicht anvertraut, konnte er sich doch im voraus dessen Einwände denken. Der Liebe zu begegnen und sie nicht leben zu können, hatte sein Dasein in eine einzige Qual verwandelt.

Paser schritt unter einer glühenden Sonne über sengenden Sand vorwärts. Er erklomm eine Anhöhe und setzte sich auf einen Stein, die Augen der Unendlichkeit zugewandt. Der Himmel und die Erde würden sich über ihm schließen, die Hitze ihn ausdörren, die Hyänen und die Geier seinen Balg vernichten. Indem er seine Grabstätte absichtlich vernachlässigte, würde er die Götter beleidigen und sich dazu verdammen, den zweiten Tod zu erleiden, der die Auferstehung ausschloß; doch wäre eine Ewigkeit ohne Neferet nicht die schlimmste aller Strafen?

Sich selbst fern, dem Wind und dem Biß der Sandkörner gegenüber gleichgültig, versank Paser im Nichts. Leere Sonne, unbewegliches Licht ... Es war nicht so einfach zu verschwinden. Der Richter bewegte sich nicht mehr, in der festen Überzeugung, nun endlich in den letzten Schlaf zu gleiten.

Als Branirs Hand sich auf seine Schulter legte, rührte er sich nicht.

»Ein ermüdender Gang in meinem Alter. Als ich aus Theben zurückkehrte, gedachte ich, mich auszuruhen; und du zwingst mich, dich in dieser Wüste wiederzufinden. Selbst mit der Wünschelrute war dies kein leichtes Unterfangen. Trink etwas.«

Branir hielt seinem Schüler einen kühlen Wasserschlauch hin. Mit zögernder Hand ergriff Paser diesen, steckte die Tülle zwischen die blutleeren Lippen und trank einen tüchtigen Schluck.

»Abzulehnen wäre kränkend gewesen, doch ich werde Euch kein weiteres Zugeständnis machen.«

»Du bist widerstandsfähig, deine Haut ist nicht verbrannt, und deine Stimme bebt kaum.«

»Die Wüste wird mein Leben nehmen.«

»Sie wird dir den Tod verweigern.«

Paser schauderte.

»Ich werde geduldig sein.«

»Deine Geduld wird sinnlos sein, da du ein Eidbrüchiger bist.«

Der Richter fuhr auf.

»Ihr, mein Meister, Ihr ...«

»Die Wahrheit ist hart.«

»Ich habe mein Wort nicht gebrochen!«

»Dein Gedächtnis läßt dich im Stich. Als du dein erstes Amt in Memphis annahmst, hast du einen Schwur abgelegt, dessen Zeuge ein Stein war. Schau dir die Wüste um uns herum an; aus diesem Stein sind Tausende geworden, er gemahnt dich an die heilige Verpflichtung, die du vor Gott, vor den Menschen und vor dir selbst eingegangen bist. Du wußtest es, Paser; ein Richter ist kein gewöhnlicher Mensch. Dein Dasein gehört dir nicht mehr. Vergeude es, verheere es, das ist ohne Bedeutung; der Eidbrüchige ist dazu verdammt, unter den haßerfüllten Schatten zu irren, die sich gegenseitig zerfleischen.«

Paser bot seinem Meister die Stirn.

»Ich kann nicht ohne sie leben.«

»Du mußt dein Amt als Richter erfüllen.«

»Ohne Freude und ohne Hoffnung?«

»Die Gerechtigkeit nährt sich nicht von Gemütszuständen, sondern von Rechtschaffenheit.«

»Neferet zu vergessen, ist unmöglich.«

»Erzähle mir von deinen Ermittlungen.«

Das Rätsel des Sphinx, der fünfte Altgediente, Heerführer Ascher, das geraubte Korn ... Paser faßte die Tatsachen zusammen, verhehlte weder seine Unsicherheiten noch seine Zweifel.

»Du, ein schlichter Amtmann, der sich tief unten auf der hierarchischen Leiter befindet, bist mit außergewöhnlichen

Angelegenheiten befaßt, die das Schicksal dir anvertraut hat. Sie reichen weit über deine Person hinaus und betreffen vielleicht die Zukunft ganz Ägyptens. Wirst du gewöhnlich genug sein, sie zu vernachlässigen?«

»Ich werde handeln, da Ihr es so wünscht.«

»Deine Stellung verlangt es. Glaubst du denn, die meine sei leichter?«

»Ihr werdet bald in den Genuß der Ruhe des Inneren Tempels kommen.«

»Nicht seiner Ruhe, Paser, sondern seines ganzen Lebens. Gegen meinen Wunsch hat man mich zum Hohenpriester von Karnak benannt.«

Des Richters Gesicht hellte sich auf.

»Wann werdet Ihr den Goldenen Ring erhalten?«

»In einigen Monaten.«

*

Zwei Tage lang hatte Sethi in ganz Memphis nach Paser gesucht. Er wußte, daß der Richter verzweifelt genug war, um seinem Leben ein Ende zu bereiten.

Dann endlich erschien Paser in der Amtsstube mit von der Sonne gerötetem Gesicht. Sethi zog ihn sogleich in ein gewaltiges, von Kindheitserinnerungen beseeltes Saufgelage. Am Morgen danach badeten sie im Nil, ohne indes den dumpfen Kopfschmerz vertreiben zu können, der ihnen in den Schläfen pochte.

»Wo hast du dich versteckt?«

»Ich habe mich zum Nachsinnen in die Wüste begeben. Branir hat mich zurückgebracht.«

»Was hast du nun tatsächlich entschieden?«

»Selbst wenn der Weg glanzlos und grau ist, werde ich meinen Richterschwur achten.«

»Das Glück wird sich einstellen.«

»Du weißt, daß das nicht stimmt.«

»Wir werden gemeinsam kämpfen. Womit fängst du an?«

»Theben.«

316

»Wegen ihr?«

»Ich werde sie nicht wiedersehen. Ich muß mir Klarheit über diesen Getreideschwarzhandel verschaffen und den fünften Altgedienten aufspüren. Seine Zeugenaussage wird wesentlich sein.«

»Und falls er tot ist?«

»Dank Branir bin ich sicher, daß er sich versteckt hält. Sein Zauberstab irrt sich nicht.«

»Es könnte langwierig werden.«

»Überwache Ascher, erforsche sein Tun und Handeln, versuche, einen Schwachpunkt zu entdecken.«

*

Sethis Streitwagen wirbelte eine Sandwolke auf. Der neuernannte Offizier stimmte ein wüstes Lied an, das die Untreue der Frauen rühmte. Sethi war zuversichtlich; selbst wenn Paser ein Nervenbündel blieb, würde er sein Wort nicht brechen. Bei der ersten Gelegenheit würde er ihn mit einem fröhlichen Weibsstück bekannt machen, das seinen Trübsinn zu vertreiben wüßte.

Ascher würde der Gerechtigkeit nicht entgehen, so mußte auch Sethi nun Gerechtigkeit widerfahren lassen.

Der Streitwagen fuhr zwischen den beiden Wegsteinen durch, welche den Eingang des Anwesens anzeigten. Die Hitze war derart drückend, daß die meisten Bauern sich im Schatten ausruhten. Vor dem Gutsgebäude bahnte sich ein Unheil an; ein Esel hatte soeben seine Last abgeworfen.

Sethi hielt an, sprang ab und stieß den Eseltreiber zur Seite, der bereits seinen Stock hochreckte, um das Tier zu bestrafen. Der Offizier brachte den verschreckten Vierhufer zum Stehen, indem er ihn an den Ohren festhielt, und beruhigte ihn unter Streicheln.

»Man schlägt einen Esel nicht.«

»Und mein Kornsack! Siehst du denn nicht, daß er ihn abgeworfen hat?«

»Das war nicht seine Schuld«, berichtigte ein Heranwachsender.

317

»Wessen dann?«

»Die der Libyerin. Sie hat Spaß daran, ihm den Hintern mit Dornen zu pieken.«

»Oh, die! Die verdient zehnmal den Stock.«

»Wo ist sie?«

»Am Teich. Wenn man sie fangen will, klettert sie auf eine Weide.«

»Ich werde mich um sie kümmern.«

Als er näher kam, erklomm Panther sofort den Baum und streckte sich auf einem starken Ast aus.

»Komm herunter!«

»Geh weg! Wegen dir bin ich zur Sklaverei verdammt!«

»Ich müßte tot sein, erinnere dich, und jetzt komme ich, um dich zu befreien. Laß dich in meine Arme fallen.«

Sie zögerte nicht. Sethi wurde dabei umgeworfen, stieß hart auf dem Boden auf und verzog das Gesicht. Panther berührte seine Narben sacht mit dem Finger.

»Stoßen dich die anderen Frauen zurück?«

»Ich benötige eine ergebene Krankenpflegerin für einige Zeit. Du wirst mich walken und salben.«

»Du bist voller Staub.«

»Ich bin in voller Fahrt hergefahren, so ungeduldig war ich, dich wiederzusehen.«

»Lügner!«

»Ich hätte mich waschen sollen, du hast recht.«

Während er sie weiter in den Armen hielt, stand er auf und lief zum Teich, in den sie, sich küssend, eintauchten.

*

Neb-Amun probierte einige Prunkperücken an, die ihm sein Leibdiener hergerichtet hatte. Keine gefiel ihm. Jede war zu schwer, zu überladen. Es wurde zusehends schwieriger, dem Geschmack der Zeit zu folgen. Von den Gesuchen reicher Damen überhäuft, die ihre Reize zu bewahren wünschten und ihre Körper neu formen lassen wollten, außerdem dazu genötigt, den Verwaltungsräten vorzusitzen und die Anwerber auf seine Nachfolge zu verdrängen, bedauerte er zunehmend die Abwesenheit einer Frau wie Neferet an seiner Seite. Diese Schlappe verdroß ihn ungemein.

Sein persönlicher Schreiber kam herein und verneigte sich.

»Ich habe die Auskünfte erhalten, die Ihr wünschtet.«

»Not und Verzweiflung?«

»Nicht ganz.«

»Hat sie der Heilkunst entsagt?«

»Im Gegenteil.«

»Machst du dich etwa über mich lustig?«

»Neferet hat eine Behandlungsstätte und eine Arzneiwirkstätte gegründet, Eingriffe vorgenommen und das Wohlwollen der Obrigkeiten der Gesundheitsfürsorge von Theben erworben. Ihr Ansehen wächst stetig.«

»Das ist völlig widersinnig! Sie besitzt keinerlei Vermögen. Wie beschafft sie sich die seltenen und kostspieligen Arzneistoffe?«

Der persönliche Schreiber lächelte.

»Ihr dürftet mit mir zufrieden sein.«

»Rede.«

»Ich habe eine eigenartige Spur zurückverfolgt. Ist der Ruf der Dame Sababu bis an Euer Ohr gelangt?«

»Führte sie nicht ein Haus des Bieres in Memphis?«

»Das berühmteste. Ganz plötzlich hat sie ihr gleichwohl sehr einträgliches Geschäft aufgegeben.«

»Wo ist der Zusammenhang mit Neferet?«

»Sababu ist nicht allein einer ihrer Pflegefälle, sondern auch noch ihre Gönnerin. Sie bietet der thebanischen Kundschaft junge und hübsche Frauen an, zieht Gewinn aus diesem Handel und läßt ihren Schützling daran teilhaben. Wird der Sittlichkeit nicht schmählich Hohn gesprochen?«

»Eine Heilkundige, die von einer Dirne gefördert wird ... jetzt habe ich sie!«

31. KAPITEL

Ihr steht in schmeichelhaftem Ruf«, sagte Neb-Amun zu Paser.

»Reichtum beeindruckt Euch nicht, Ihr kennt keine Furcht, Euch an Sonderrechte heranzuwagen; kurzum, die Gerechtigkeit ist Euer täglich Brot und die Rechtschaffenheit Euer zweites Ich.«

»Ist das nicht das mindeste für einen Richter?«

»Gewiß, gewiß ... und gerade deshalb habe ich Euch gewählt.«

»Soll ich mich geehrt fühlen?«

»Ich baue auf Eure Redlichkeit.«

Seit frühester Kindheit hatte Paser Mühe, Schmeichler mit gezwungenem Lächeln und wohlberechnetem Gebaren zu ertragen. Der Oberste Arzt reizte ihn über alle Maßen.

»Ein furchtbares Ärgernis steht kurz davor, an den Tag zu kommen«, murmelte Neb-Amun so leise, daß ihn der Gerichtsschreiber nicht verstand. »Ein unerhörtes Ärgernis, das meinen Berufsstand verderben und Schande über alle Heilkundigen bringen könnte.«

»Werdet deutlicher.«

Neb-Amun wandte den Kopf zu Iarrot.

Mit des Richters Einvernehmen zog dieser sich zurück.

»Die Anklagen, die Gerichte, die Schwerfälligkeit der Verwaltung ... Könnten wir diese unerquicklichen Förmlichkeiten nicht vermeiden?«

Paser blieb still.

»Ihr wünscht, mehr darüber zu erfahren, das ist nur verständlich. Kann ich mit Eurer Verschwiegenheit rechnen?«

Der Richter beherrschte sich.

»Eine meine Schülerinnen, Neferet, hat Fehler begangen,

die ich gebührlich bestraft habe. In Theben hätte sie sich in umsichtiger Zurückhaltung üben und sich fachkundigeren Standesbrüdern anheimstellen sollen. Sie hat mich sehr enttäuscht.«

»Neuerliche Verfehlungen?«

»Zusehends bedauerlichere falsche Schritte. Unbeaufsichtigte Tätigkeit, ungeziemliche Verordnungen, eine eigene Arzneiwirkstätte.«

»Ist das ungesetzlich?«

»Nein, doch Neferet verfügte nicht über die Mittel, sich niederzulassen.«

»Die Götter waren ihr gewogen.«

»Nicht die Götter, Richter Paser, sondern eine Frau liederlichen Lebenswandels namens Sababu, die aus Memphis stammende Wirtin eines Hauses des Bieres.«

Angespannt und ernst hoffte Neb-Amun auf ein Zeichen der Entrüstung.

Paser wirkte gleichgültig.

»Die Lage ist sehr besorgniserregend«, bekräftigte der Oberste Arzt. »Eines nahen oder fernen Tages wird irgend jemand die Wahrheit entdecken und ehrbare Heiler beschmutzen.«

»Euch selbst, beispielsweise?«

»Ganz sicher, da ich doch Neferets Lehrer war! Ich kann eine solch drohende Gefahr nicht länger hinnehmen.«

»Dafür habe ich Verständnis, jedoch erfasse ich nur schwer meine Rolle hierbei.«

»Ein unauffälliges, doch entschiedenes Einschreiten würde diese Verdrießlichkeit beseitigen. Da Sababus Haus des Bieres unter Eure Zuständigkeit fällt, da sie in Theben unter falschem Namen arbeitet, wird es Euch nicht an Anklagepunkten mangeln. Droht Neferet mit äußerst schweren Ahndungen, falls sie an ihren unüberlegten Unternehmungen festhält. Die Warnung wird sie zu einer bäuerlichen Heilkunde nach ihrem Maß zurückbringen. Selbstverständlich erbitte ich keine unentgeltliche Hilfe. Eine Laufbahn ist im Werden; ich verschaffe Euch eine gute Gelegenheit, in der Hierarchie emporzukommen.«

»Dafür bin ich empfänglich.«

»Ich wußte, daß wir uns verstehen würden. Ihr seid jung, klug und ehrgeizig, im Unterschied zu so vielen Eurer Berufsgenossen, die derart kleinlich auf dem Buchstaben des Gesetzes bestehen, daß sie darüber den gesunden Menschenverstand vergessen.«

»Und wenn ich scheitere?«

»Dann werde ich Anzeige gegen Neferet einreichen, Ihr werdet dem Gericht vorsitzen, und wir werden die Geschworenen auswählen. So weit möchte ich allerdings nicht gehen müssen; zeigt Euch überzeugend.«

»Ich werde es nicht an Mühe fehlen lassen.«

Entspannt beglückwünschte sich Neb-Amun zu seinem Schritt. Er hatte den Richter doch richtig eingeschätzt.

»Ich bin hocherfreut, an die rechte Tür geklopft zu haben. Unter Leuten von Rang ist es leicht, Schwierigkeiten aus dem Weg zu räumen.«

*

Theben, die Göttliche, in der ihm das Glück und das Unglück begegnet war. Theben, die Betörende, in der sich die Pracht der Morgenröten mit dem Zauber der Abende verbündete. Theben, die Unerbittliche, zu der ihn das Schicksal auf der Suche nach einer Wahrheit zurückführte, die wie eine verschreckte Eidechse entfloh.

Und dann, auf dem Fährkahn, erblickte er sie.

Sie kehrte vom Ostufer heim, er setzte über, um sich in das Dorf zu begeben, in dem sie ihre Heilkunst ausübte. Entgegen seinen Befürchtungen stieß sie ihn nicht zurück.

»Meine Worte waren nicht leichtfertig. Niemals hätte dieses Wiedersehen stattfinden sollen.«

»Habt Ihr mich ein wenig vergessen?«

»Nicht einen Augenblick.«

»Ihr peinigt Euch.«

»Welche Wichtigkeit hat das für Euch?«

»Euer Leid betrübt mich. Haltet Ihr es für nötig, es noch zu steigern, indem Ihr mir erneut begegnet?«

»Es ist der Richter, der sich an Euch wendet, einzig und allein der Richter.«

»Wessen werde ich beschuldigt?«

»Die Großzügigkeiten einer Dirne anzunehmen. Neb-Amun verlangt, daß sich Eure Tätigkeiten auf das Dorf beschränken und Ihr die ernsten Fälle Euren Berufsgenossen überweist.«

»Ansonsten?«

»Ansonsten wird er danach streben, Euch wegen Unsittlichkeit bestrafen zu lassen, Euch also die Ausübung der Heilkunde zu verbieten.«

»Ist die Drohung ernst zu nehmen?«

»Neb-Amun ist ein Mann mit Einfluß.«

»Ich bin ihm entwischt, und er duldet es nicht, daß ich ihm widerstehe.«

»Zieht Ihr es vor, die Waffen zu strecken?«

»Was würdet Ihr von meinem Verhalten denken?«

»Neb-Amun baut auf mich, Euch zu überreden.«

»Er kennt Euch schlecht.«

»Das ist unser Glück. Habt Ihr Vertrauen zu mir?«

»Uneingeschränkt.«

Die Lieblichkeit ihrer Stimme verzückte ihn. Gab sie nicht ihre Gleichgültigkeit auf, gewährte sie ihm nicht einen anderen, weniger zurückhaltenden Blick?

»Seid nicht besorgt, Neferet. Ich werde Euch helfen.«

Er begleitete sie bis zum Dorf und hoffte dabei, der Feldweg würde niemals enden.

*

Der Schattenfresser war beruhigt.

Richter Pasers Reise schien ganz und gar persönliche Gründe zu haben. Weit davon entfernt, nach dem fünften Altgedienten zu suchen, machte er der schönen Neferet den Hof.

Wegen der Gegenwart des Nubiers und seines Affen zu tausenderlei Vorsichten gezwungen, gelangte der Schattenfresser letztlich doch zu der Überzeugung, der fünfte Altgediente wäre eines natürlichen Todes gestorben oder hätte sich so weit in den Süden geflüchtet, daß man nie wieder von ihm hören würde. Allein sein Schweigen zählte.

Dennoch setzte er die Beobachtung des Richters umsichtig fort.

*

Der Babuin schien äußerst aufgeregt.

Kem erforschte die Umgegend, stellte jedoch nichts Außergewöhnliches fest. Bauern und deren Esel, Handwerker, die Dämme ausbesserten, Wasserträger. Dennoch spürte der Affe des Ordnungshüters irgendeine Gefahr.

Die Wachsamkeit noch steigernd, näherte sich der Nubier dem Richter und Neferet. Zum ersten Male lernte er seinen Herrn schätzen. Der junge Gerichtsbeamte war ganz vom Streben nach Vollkommenheit und Wunschbildern erfüllt, stark und zerbrechlich, wirklichkeitsnah und träumerisch zugleich; doch ihn leitete die Rechtschaffenheit. Er allein würde die Bösartigkeit des menschlichen Wesens zwar nicht beseitigen, doch deren Herrschaft anfechten. In dieser Eigenschaft würde er jenen Hoffnung geben, die unter dem Unrecht litten.

Kem hätte es vorgezogen, daß er sich nicht in ein derart gefährliches Abenteuer wagte, bei dem er früher oder später zermalmt werden würde; aber wie sollte man es ihm verdenken, waren doch bedauernswerte Menschen ermordet worden. Solange das Andenken einfacher Leute nicht verhöhnt würde, solange ein Richter den Hohen aufgrund ihres Reichtums keine Bevorzugung einräumte, würde Ägypten weiter strahlen.

*

Neferet und Paser sprachen nicht miteinander. Er träumte von einem Gang wie diesem, bei dem sie sich Hand in Hand damit begnügten, zusammenzusein. Ihrer beider Schritt

stimmte sich aufeinander ab, wie der eines eng verbunde-
nen Paares. Er stahl sich Augenblicke unmöglich geglaub-
ten Glücks, erschacherte ein Trugbild, das kostbarer war als
die Wirklichkeit. Neferet ging schnell, luftig leicht; ihre
Füße schienen den Boden nur flüchtig zu berühren, sie
bewegte sich ohne Anstrengung. Er kam in den Genuß des
unschätzbaren Vorrechts, sie zu begleiten, und hätte ihr
vorgeschlagen, ihr heimlicher und beflissener Diener zu
werden, wäre er nicht gezwungen gewesen, Richter zu bleiben, um sie gegen die heranziehenden Gewitter zu beschützen. War er Opfer seiner Einbildung, oder zeigte sie sich
ihm gegenüber tatsächlich weniger ablehnend? Vielleicht
brauchte sie diese Stille zu zweit, vielleicht würde sie sich an
seine Leidenschaft gewöhnen, sofern es ihm gelang, sie zu
verschweigen.

Sie betraten die Wirkstätte, wo Kani Heilpflanzen auslas.

»Die Ernte war ausgezeichnet.«

»Sie könnte nutzlos sein«, beklagte Neferet. »Neb-Amun will
mich daran hindern fortzufahren.«

»Wenn es nicht verboten wäre, Leute zu vergiften . . .«

»Der Oberste Arzt wird scheitern«, bekräftigte Paser. »Ich
werde mich dazwischenstellen.«

»Er ist gefährlicher als eine Natter. Auch Euch wird er beißen.«

»Habt Ihr Neuigkeiten?«

»Der Tempel hat mir ein großes Stück Land zur Bewirtschaftung anvertraut. Ich werde zu dessen amtlichem Lieferanten.«

»Ihr verdient es, Kani.«

»Eure Ermittlung habe ich nicht vergessen. Ich konnte mich
mit dem Schreiber der Erfassung unterhalten; kein Memphiter Altgedienter ist in den letzten sechs Monaten in den
Werkstätten oder auf den Höfen eingestellt worden. Jeder
Krieger im Ruhestand ist nämlich angehalten, seine Anwesenheit zu melden, da er sonst seine Rechte verliert. Was
hieße, daß er sich selbst zum Elend verurteilte.«

»Unser Mann hat solche Angst, daß er dies einem Leben in
aller Öffentlichkeit vorzieht.«

»Und wenn er das Land verlassen hätte?«

»Ich bin davon überzeugt, daß er sich auf dem Westufer verborgen hält.«

*

Paser fand sich widersprüchlichen Empfindungen ausgesetzt. Einerseits fühlte er sich leicht, beinahe fröhlich; andererseits verdrossen und niedergeschlagen. Neferet wiedergesehen zu haben, zu spüren, daß sie ihm näher, freundschaftlicher gesonnen war, ließ ihn aufleben; hinnehmen zu müssen, daß sie niemals seine Gemahlin sein würde, stürzte ihn in Verzweiflung.

Der Kampf, den er für sie, für Sethi und für Bel-ter-an focht, hinderte ihn, seine Gedanken stetig wiederzukäuen. Branirs Worte hatten ihn an seinen rechten Platz zurückgeholt; ein Richter Ägyptens mußte sich in den Dienst der anderen Menschen stellen.

Im Harem von Westtheben war Festtag; man beging die ruhmreiche Rückkehr vom Feldzug gegen Asien, die Größe Ramses', den nunmehr gesicherten Frieden und Heerführer Aschers Ansehen; Weberinnen, Musikantinnen, Tänzerinnen, Schmelzglashandwerkerinnen, Erzieherinnen, Perückendienerinnen, Blumenbinderinnen wandelten in den Gärten und schwatzten, während sie sich an feinem Backwerk labten. Unter dem Sonnendach des Lusthäuschens wurden Fruchtsäfte gereicht. Schmuck und Gewänder wurden bewundert, geneidet und bekrittelt.

Paser kam ungelegen; gleichwohl gelang es ihm, sich der Herrin der Stätte zu nähern, deren Schönheit die ihrer Hofdamen verblassen ließ. Da sie selbst die Kunst des Schminkens in höchster Vollendung beherrschte, trug Hattusa offen ihre Verachtung für die feinen Damen mit unvollkommener Bemalung zur Schau. Stark umringt, warf sie den Schmeichlern Spitzen zu.

»Seid Ihr nicht der kleine Richter aus Memphis?«

»Wenn Hoheit mir erlaubte, Euch zu einem solchen Zeitpunkt zu behelligen, würde eine persönliche Unterredung mich überglücklich machen.«

»Welch trefflicher Gedanke! Dieses geckenhafte Getue langweilt mich. Gehen wir zum Becken.«

Wer war dieser Amtmann von bescheidenem Auftreten, daß er die unnahbarste aller Prinzessinnen derart eroberte? Hattusa hatte zweifelsohne beschlossen, ihr Spiel mit ihm zu treiben und ihn danach wie eine zergliederte Puppe wegzuwerfen. Die Überspanntheiten der Fremden ließen sich wahrlich nicht mehr zählen.

Blaue und weiße, von einem zarten Lüftchen bewegte Lotos verquickten sich an der Oberfläche des Teiches. Hattusa und Paser ließen sich auf Faltstühlen unter einem Sonnenschirm nieder.

»Man wird sich den Mund zerreißen, Richter Paser. Wir verstoßen leidlich gegen die Gepflogenheit des Hofes.«

»Ich weiß Euch darum Dank.«

»Findet Ihr etwa Gefallen an den Herrlichkeiten meines Harems?«

»Der Name Bel-ter-an ist Euch nicht vertraut?«

»Nein.«

»Und der eines gewissen Denes?«

»Nicht mehr. Sollte es sich um ein Verhör handeln?«

»Eure Aussage ist unbedingt erforderlich.«

»Diese Leute gehören nicht zu meiner Dienerschaft, soweit ich weiß.«

»Ein von Euch erteilter Auftrag ist an Denes gegangen, den wichtigsten Warenbeförderer von Memphis.«

»Was kümmert es mich! Glaubt Ihr, ich nähme Anteil an diesen Kleinigkeiten?«

»Auf dem Schiff, das hier löschen sollte, war gestohlenes Korn gelagert.«

»Ich fürchte, nicht recht zu verstehen.«

»Das Schiff, das Korn und der Lieferauftrag, der Euer Petschaft trug, sind beschlagnahmt.«

»Bezichtigt Ihr mich etwa des Diebstahls?«

»Ich hätte gerne eine Erklärung.«

»Wer schickt Euch?«

»Niemand.«

»Ihr solltet aus eigenem Antrieb handeln ... Ich glaube Euch nicht!«

»Da tut Ihr unrecht.«

»Man trachtet erneut danach, mir zu schaden, und diesmal bedient man sich dafür eines kleinen, ahnungslosen und leicht zu lenkenden Richters.«

»Die Beleidigung eines Gerichtsbeamten, gepaart mit Verleumdung, wird mit Stockschlägen bestraft.«

»Ihr seid verrückt! Wißt Ihr eigentlich, mit wem Ihr sprecht?«

»Mit einer Dame hohen Ranges, die dem Gesetz wie die demütigste Bäuerin untersteht. Nun seid Ihr aber in eine betrügerische Unterschlagung von Getreide, das dem Land gehört, verwickelt.«

»Das ist mir völlig einerlei.«

»Verwickelt will nicht schuldig heißen. Und eben deshalb erwarte ich Eure Rechtfertigungen.«

»Dazu werde ich mich nicht herablassen.«

»Wovor habt Ihr Angst, wenn Ihr unschuldig seid?«

»Ihr wagt es, meine Ehrlichkeit in Zweifel zu ziehen!«

»Die Tatsachen zwingen mich dazu.«

»Ihr seid zu weit gegangen, Richter Paser, viel zu weit.«

Zutiefst erzürnt erhob sie sich und ging geradewegs von dannen. Einen Zorn fürchtend, dessen Folgen sie erdulden müßten, wichen die Höflinge zur Seite.

*

Der Oberste Richter von Theben, ein gemessener Mann im besten Alter, der dem Hohenpriester von Karnak nahestand, empfing Paser drei Tage später. Er nahm sich die Zeit, die Schriftstücke des Vorgangs genau zu prüfen.

»Eure Arbeit ist ganz und gar bemerkenswert, sowohl vom Kern als auch von der Form her.«

»Da dieser Fall außerhalb meiner Gerichtsbarkeit steht,

überlasse ich es Eurer Sorge, die Sache weiterzuverfolgen. Sofern Ihr mein Einschreiten für nötig befindet, bin ich bereit, eine Verhandlung einzuberufen.«

»Wie lautet Eure innerste Überzeugung?«

»Der Tatbestand eines Kornschwarzhandels ist bewiesen. Denes scheint keinen Anteil daran zu haben.«

»Und der Vorsteher der Ordnungskräfte?«

»Zweifelsohne ist er davon unterrichtet, doch in welchem Ausmaß?«

»Die Prinzessin Hattusa?«

»Sie hat sich geweigert, mir die geringste Erklärung zu liefern.«

»Das ist äußerst mißlich.«

»Man kann ihr Siegel nicht außer acht lassen.«

»Gewiß, aber hat sie es auch aufgedrückt?«

»Sie selbst. Es handelt sich dabei um ihr persönliches Petschaft, das sie als Ring trägt. Wie alle Großen des Reiches trennt sie sich niemals davon.«

»Wir wagen uns auf gefährlichem Gebiet vor. Hattusa ist in Theben nicht sehr beliebt; sie ist zu hochmütig, zu spöttisch, zu herrisch. Selbst wenn er die allgemeine Ansicht teilt, ist PHARAO indes genötigt, sie zu verteidigen.«

»Für das Volk bestimmte Nahrung zu stehlen ist ein ernstes Vergehen.«

»Das gestehe ich zu, doch ich möchte ein öffentliches Gerichtsverfahren vermeiden, das Ramses schaden könnte. Euren eigenen Bemerkungen zufolge ist die Voruntersuchung noch nicht abgeschlossen.«

Pasers Gesicht verschloß sich.

»Seid nicht besorgt, werter Standesbruder; in meiner Eigenschaft als Oberster Richter von Theben habe ich nicht die Absicht, Euren Vorgang inmitten eines Stapels verwahrter Schriften zu vergessen. Ich lege einzig und allein Wert darauf, die Anklage zu untermauern, da der Kläger das Land selbst sein wird.«

»Habt Dank für diese Klarstellung. Was die öffentliche Verhandlung angeht ...«

»Wäre sie vorzuziehen, ich weiß; doch wollt Ihr zuvörderst die Wahrheit oder den Kopf der Prinzessin Hattusa?«

»Ich hege keine besondere Feindseligkeit gegen sie.«

»Ich werde versuchen, sie zu einer Aussprache zu überreden, und ihr, falls nötig, eine amtliche Vorladung zustellen. Lassen wir sie doch Herrin ihres Geschicks sein, nicht wahr? Falls sie schuldig ist, wird sie sühnen.«

Der hohe Gerichtsbeamte wirkte aufrichtig.

»Ist Euch meine Beihilfe unerläßlich?«

»Im Augenblick nicht, zumal Ihr dringend nach Memphis zurückgerufen wurdet.«

»Mein Gerichtsschreiber?«

»Der Älteste der Vorhalle.«

32. KAPITEL

Nenophars Zorn wollte nicht verrauchen. Wie hatte ihr Gatte sich nur auf solch törichte Weise betragen können? Wie gewöhnlich schätzte er die Leute falsch ein und hatte geglaubt, Bel-ter-an würde sich ohne Gegenwehr beugen. Das Ergebnis war fürchterlich: eine Gerichtsverhandlung in Aussicht, ein Frachtschiff beschlagnahmt, der Verdacht auf Diebstahl und der hämische Sieg dieses jungen Krokodils.

»Deine Leistung ist beachtlich.«

Denes bewahrte die Fassung.

»Nimm noch etwas gebratene Gans, sie ist köstlich.«

»Du bringst uns in Schande und Not.«

»Beruhige dich, das Schicksal wird sich wenden.«

»Das Schicksal sicher, aber deine Beschränktheit nicht!«

»Ein Schiff für ein paar Tage lang festzuhalten, was soll das schon! Die Fracht ist umgeladen worden und wird bald in Theben eintreffen.«

»Und Bel-ter-an?«

»Er wird keine Klage erheben. Wir haben eine Verständigungsgrundlage gefunden. Kein Krieg mehr gegeneinander, sondern eine Zusammenarbeit zum Besten unserer jeweiligen Belange. Er ist nicht Manns genug, unseren Platz einzunehmen; die Lehre war ihm nützlich. Wir werden sogar einen Teil seines Vorrats befördern, zu angemessenem Preis.«

»Und die Anzeige wegen Diebstahls?«

»Nicht zulässig. Schriftstücke und Zeugen werden meine Unschuld beweisen. Obendrein habe ich meine Hand tatsächlich nicht im Spiel. Hattusa hat mich überlistet.«

»Wie steht es um Pasers Klagegründe?«

»Unangenehm, das gestehe ich dir zu.«

»Folglich eine verlorene Verhandlung, unser Ruf beschmutzt und Bußzahlungen!«

»So weit sind wir noch nicht.«

»Glaubst du etwa an Wunder?«

»Wenn man sie einfädelt, warum nicht?«

*

Silkis hüpfte vor Freude ein paar Schritte. Sie hatte soeben eine Aloe von stattlichen zehn Metern erhalten, die gelbe, gelbrote und rote Blüten krönten. Ihr Saft enthielt ein Öl, mit dem sie ihre Scham einreiben würde, um jeder Entzündung vorzubeugen. Auch würde sie dazu dienen, die Hauterkrankung zu behandeln, welche die Beine ihres Gemahls mit rotem Nesselausschlag übersäte. Darüber hinaus würde Silkis ihm ein Pflaster aus Eiweiß und Akazienblüten auflegen.

Als Bel-ter-an über seine Einbestellung in den Palast in Kenntnis gesetzt worden war, hatte sich sogleich ein Anfall heftigen Juckreizes eingestellt. Dem Leiden trotzend, hatte der Papyrushersteller sich dennoch mit Bangigkeit in die Amtsräume der Verwaltung begeben.

Während sie auf ihn wartete, bereitete Silkis den lindernden Balsam zu.

Bel-ter-an kehrte zu Beginn des Nachmittags zurück.

»Wir werden nicht so bald wieder ins Delta kommen. ich werde einen Stellvertreter benennen.«

»Hat man uns das amtliche Wohlwollen entzogen?«

»Im Gegenteil. Ich habe die lebhaftesten Beglückwünschungen für meine Bewirtschaftung und die Geschäftsausweitung nach Memphis erhalten. In Wahrheit hat der Palast sein Augenmerk seit zwei Jahren auf meine Tätigkeiten gerichtet.«

»Wer will dir schaden?«

»Aber ... niemand! Der Oberste Verwalter der Kornhäuser hat meinen Aufstieg verfolgt und sich gefragt, wie ich mich auf meinen Erfolg hin verhalten würde. Da er mich immer härter hat arbeiten sehen, ruft er mich nun an seine Seite.«

Silkis war hellauf entzückt. Der Oberste Verwalter der Kornhäuser legte die Abgaben fest, zog diese in Naturalien ein,
wachte über deren Wiederverteilung in den Gauen, führte
einen Stab eigener Schreiber an, beaufsichtigte die Sammel-
stellen in den Gauen, erhielt die Aufstellungen über Grund-
und landwirtschaftliche Erträge und leitete diese den Beiden
Weißen Häusern weiter, wo die Schätze des Landes verwaltet
wurden.
»An seine Seite ... willst du damit sagen ...«
»Ich bin zum Schatzaufseher der Kornhäuser ernannt worden.«
»Das ist wunderbar!«
Sie flog ihm an den Hals.
»Dann werden wir noch reicher werden?«
»Das ist wahrscheinlich, doch meine Obliegenheiten werden
mich mehr in Anspruch nehmen. Ich werde kurze Reisen in
die Gaue machen müssen und gezwungen sein, die Vorga-
ben meines Dienstherrn zu erfüllen. Du wirst dich um die
Kinder kümmern.«
»Ich bin so stolz ... du kannst auf mich zählen.«

*

Der Gerichtsschreiber Iarrot saß neben dem Esel vor der Tür
von Pasers Amtsstube, auf der mehrere gerichtliche Siegel
angebracht worden waren.
»Wer hat sich das erlaubt?«
»Der Vorsteher der Ordnungskräfte in eigener Person, auf
Anordnung des Ältesten der Vorhalle.«
»Aus welchem Grund?«
»Er hat sich geweigert, ihn mir zu nennen.«
»Das ist ungesetzlich.«
»Wie hätte ich ihm Widerstand leisten sollen? Ich konnte
mich doch nicht prügeln!«
Paser begab sich sogleich zu dem hohen Gerichtsbeamten,
der ihn eine lange Stunde warten ließ, bevor er ihn emp-
fing.

»Da seid Ihr ja endlich, Richter Paser! Ihr reist viel umher.«

»Aus beruflichen Gründen.«

»Nun denn, so werdet Ihr Euch ausruhen können! Wie Ihr festgestellt habt, seid Ihr Eurer Ämter einstweilen enthoben.«

»Auf welche Veranlassung hin?«

»Die Sorglosigkeit der Jugend! Richter zu sein stellt Euch nicht über die Vorschriften.«

»Welche habe ich verletzt?«

Des Ältesten Stimme wurde grimmig.

»Die des Schatzhauses. Ihr habt verabsäumt, Eure Steuern zu entrichten.«

»Ich habe keine Veranlagung erhalten!«

»Ich habe sie Euch selbst vor drei Tagen zugestellt, doch Ihr wart abwesend.«

»Ich habe eine Frist von drei Monaten, um sie zu begleichen.«

»In den Gauen, doch nicht in Memphis. Hier verfügt Ihr nur über drei Tage. Und die sind verstrichen.«

Paser war wie vor den Kopf geschlagen.

»Weshalb handelt Ihr so?«

»Einzig aus Achtung vor dem Gesetz. Ein Richter muß ein Beispiel geben, was bei Euch nicht der Fall ist.«

Paser unterdrückte den Jähzorn, der in ihm aufstieg. Den Ältesten anzugreifen, würde seine Sache nur verschlimmern.

»Ihr setzt mir hart zu.«

»Keine großen Worte! Um wen es sich auch handeln mag, ich muß die säumigen Zahler zwingen, ihren Verpflichtungen nachzukommen.«

»Ich bin bereit, mich meiner Schuld zu entledigen.«

»Sehen wir einmal ... zwei Sack Korn.«

Der Richter war erleichtert.

»Mit der Höhe der Buße verhält es sich anders ... Sagen wir ... einen Mastochsen.«

Paser empörte sich.

»Das ist unverhältnismäßig!«

»Euer Amt nötigt mir diese Strenge auf.«

»Wer steht hinter Euch?«
Der Älteste der Vorhalle wies auf die Tür seines Amtsraumes.
»Hinaus!«

*

Sethi schwor sich, im Hetzritt bis nach Theben zu preschen, in den Harem einzudringen und der Hethiterin an die Gurgel zu gehen. Wer sonst, Pasers eingehender Betrachtung zufolge, hätte Anstifter dieser unglaublichen Strafmaßnahme sein können? Die Steuerpflicht wurde für gewöhnlich nicht angefochten. Die Anklagen waren so selten wie die Betrugsfälle. Indem sie Paser auf diesem Umwege angriff und sich hierfür der Bestimmungen der großen Städte bediente, brachte sie den niederen Richter zum Schweigen.
»Ich rate dir dringend von einer aufsehenerregenden Tat ab. Du würdest deinen Rang als Offizier und jegliche Glaubwürdigkeit bei der Verhandlung einbüßen.«
»Bei welcher Verhandlung? Du bist nicht mehr in der Lage, eine einzuberufen!«
»Sethi ... habe ich je aufgegeben?«
»Beinahe.«
»Beinahe, du hast recht. Doch der Angriff ist allzu ungerecht.«
»Wie kannst du nur so ruhig bleiben?«
»Das Mißgeschick hilft mir nachzudenken, und deine Gastlichkeit ebenfalls.«
In seiner Eigenschaft als Offizier der Streitwagentruppe verfügte Sethi über ein Haus mit vier Räumen, dem sich ein Garten anschloß, wo der Esel und der Hund von Paser sich ausschliefen. Ohne jede Begeisterung versorgte Panther die Küche und den Haushalt. Zum Glück unterbrach Sethi des öfteren die häuslichen Tätigkeiten, um sie zu unterhaltsameren Spielen zu entführen.
Paser blieb in seinem Zimmer eingeschlossen. Er rief sich die verschiedenen Gesichtspunkte seiner wichtigsten Vorgänge

ins Gedächtnis zurück und blieb den Liebestollereien seines Freundes und dessen schöner Geliebten gegenüber gleichgültig.

»Nachdenken, nachdenken ... und was ziehst du aus all deinem Grübeln?«

»Dank dir können wir vielleicht weiter vorankommen. Qadasch, der Zahnheilkundler, hat versucht, Kupfer in der Kaserne zu entwenden, wo der Metallforscher Scheschi eine geheime Wirkstätte betreibt.«

»Bewaffnung?«

»Ohne jeden Zweifel.«

»Ein Schützling von Heerführer Ascher?«

»Das weiß ich nicht. Qadaschs Erklärungen haben mich nicht überzeugt. Weshalb schlich er um diesen Ort herum? Wie er behauptete, war es der Verantwortliche der Kaserne, der ihn unterrichtet hat. Dies nachzuprüfen, wird dir ein leichtes sein.«

»Ich kümmere mich darum.«

Paser fütterte seinen Esel, führte den Hund aus und aß mit Panther zu Mittag.

»Ihr macht mir angst«, gestand sie ein.

»Bin ich denn so erschreckend?«

»Zu ernst. Seid Ihr nie verliebt?«

»Mehr, als Ihr Euch vorstellt.«

»Um so besser. Ihr seid so verschieden von Sethi, doch er schwört nur auf Euch. Er hat mir von Euren Schwierigkeiten erzählt; wie werdet Ihr die Buße bezahlen?«

»Ganz offen gestanden, frage ich mich das auch. Wenn es sein muß, werde ich für einige Monate auf den Feldern arbeiten.«

»Ein Richter als Bauer!«

»Ich bin in einem Dorf groß geworden. Säen, ackern, ernten, das alles schreckt mich nicht.«

»Ich, für meinen Teil, würde stehlen. Ist das Schatzhaus nicht der allergrößte Dieb?«

»Die Versuchung ist stets gegenwärtig; und eben deshalb gibt es Richter.«

»Und Ihr, Ihr seid redlich?«

»Das ist mein Bestreben.«

»Weshalb setzt man Euch dann zu?«

»Man ringt um Macht und Einflußnahme.«

»Sollte denn irgend etwas faul sein im Reiche Ägypten?«

»Wir sind nicht besser als die anderen Menschen, doch wir sind uns dessen bewußt. Falls es diese Fäulnis gibt, werden wir sie ausmerzen.«

»Ihr allein?«

»Sethi und ich. Wenn wir scheitern, werden andere uns nachfolgen.«

Panther stützte ihr Kinn schmollend auf ihre Faust.

»An Eurer Stelle würde ich mich bestechen lassen.«

»Wenn ein Richter Verrat begeht, dann ist das ein Schritt zum Krieg.«

»Mein Volk liebt den Kampf, Eures nicht.«

»Ist das eine Schwäche?«

Die schwarzen Augen flammten auf.

»Das Leben ist ein Kampf, den ich gewinnen will, auf welche Weise und um welchen Preis auch immer.«

*

Begeistert leerte Sethi einen halben Krug Bier.

Rittlings auf dem Mäuerchen seines Gartens sitzend, kostete er die Strahlen der untergehenden Sonne aus. Neben ihm, im Schreibersitz, streichelte Paser seinen Hund Brav.

»Auftrag ausgeführt! Der Verantwortliche der Kaserne war geschmeichelt, einen Helden des letzten Feldzuges zu empfangen. Außerdem ist er geschwätzig.«

»Und sein Gebiß?«

»In ausgezeichnetem Zustand. Er ist noch nie von Qadasch behandelt worden.«

Sethi und Paser stießen darauf an. Sie hatten soeben eine prächtige Lüge aufgedeckt.

»Das ist noch nicht alles.«

»Spann mich nicht auf die Folter.«

Sethi plusterte sich auf.

»Muß ich dich anflehen?«

»Ein Held muß mitunter bescheidene Siege auskosten. Das Lager enthielt Kupfer allererster Güte.«

»Das wußte ich.«

»Was du aber nicht wußtest, ist, daß Scheschi gleich nach deinem Verhör eine Kiste ohne Aufschrift hat fortschaffen lassen. Sie enthielt wohl einen sehr schweren Werkstoff, da vier Mann sie kaum tragen konnten.«

»Soldaten?«

»Die dem Forscher zugestellte Leibwache.«

»Wohin ging die Kiste?«

»Ist nicht bekannt. Ich werde es herausfinden.«

»Was würde Scheschi benötigen, um unzerbrechliche Waffen herzustellen?«

»Der seltenste und unerschwinglichste Werkstoff ist Eisen.«

»Das ist auch meine Auffassung. Falls wir recht haben, dann ist das der Schatz, den Qadasch begehrte! Bestecke zur Zahnbehandlung aus Eisen ... Er glaubte, seine Geschicklichkeit dank ihrer wiedererlangen zu können. Jetzt müssen wir nur noch in Erfahrung bringen, wer ihm das Versteck genannt hat.«

»Wie hat sich Scheschi bei eurer Unterredung verhalten?«

»Er bestand vor allem auf Verschwiegenheit. Er hat keine Anzeige erstattet.«

»Eher eigenartig. Er hätte sich über die Verhaftung eines Diebes freuen müssen.«

»Was bedeutet ...«

»... daß sie insgeheim Verbündete sind.«

»Dafür haben wir keinen Beweis!«

»Scheschi hat Qadasch das Vorhandensein dieses Eisens enthüllt, der einen Teil davon für seinen eigenen Bedarf zu stehlen versucht hat. Da Qadasch scheiterte, hatte er keine Lust, seinen Mitwisser vor ein Gericht zu bringen, wo er hätte aussagen müssen.«

»Die Wirkstätte, das Eisen, die Waffen ... alles lenkt unseren Blick auf das Heer. Aber weshalb hätte der so wortkarge

Scheschi ausgerechnet Denes ins Vertrauen gezogen? Und was hat ein Zahnheilkundiger bei einer Verschwörung der Streitkräfte zu schaffen? Aberwitzig!«

»Unsere Darstellung ist vielleicht nicht vollkommen, aber sie birgt einiges an Wahrheit.«

»Wir geraten auf Abwege.«

»Sei nicht so verzagt! Die entscheidende Person, das ist Scheschi. Ich werde ihn Tag und Nacht beobachten, ich werde seine Umgebung befragen, ich werde die Mauer durchdringen, die dieser so geheimnistuerische und zurückgezogene Gelehrte um sich errichtet hat.«

»Wenn ich doch nur etwas tun könnte . . .«

»Gedulde dich etwas . . .«

Paser hob hoffnungsvoll den Blick.

»Welche Lösung bietet sich an?«

»Meinen Streitwagen zu verkaufen.«

»Du würdest aus dem Heer gejagt.«

Sethi hieb mit der Faust auf das Mäuerchen.

»Wir müssen dir aus dieser Verlegenheit helfen, und zwar rasch! Sababu?«

»Daran ist nicht zu denken. Die Schuld eines Richters von einer Dirne beglichen! Der Älteste würde mich auslöschen.«

Brav streckte die Pfoten aus und rollte vertrauensvoll mit den Augen.

33. KAPITEL

Brav graute es vor Wasser. Daher blieb er der Böschung in klugem Abstand fern; er rannte, bis er japste, kehrte auf seinen Spuren um, schnupperte, stieß wieder zu seinem Herrn und lief erneut los. Die Umgebung des Bewässerungskanals war menschenleer und still. Paser dachte an Neferet und versuchte, das winzigste Zeichen zu seinen Gunsten zu deuten; hatte sie ihn nicht eine ganz neue Zuneigung spüren lassen oder zumindest eingewilligt, ihn anzuhören?

Hinter einer Tamariske bewegte sich ein Schatten. Brav hatte nichts bemerkt. Beruhigt setzte Paser seinen Gang fort. Dank Sethis Hilfe war die Untersuchung vorangekommen; doch würde er imstande sein, noch weiter vorzudringen? Ein niederer Richter ohne Erfahrung war seiner Obrigkeit auf Gedeih und Verderb ausgeliefert. Der Älteste der Vorhalle hatte ihm dies auf die unbarmherzigste Art und Weise ins Gedächtnis gerufen.

Branir hatte seinem Schüler neue Kraft gegeben. Falls nötig, würde er sein Haus verschachern, um dem Amtmann zu ermöglichen, sich seiner Schuld zu entledigen. Gewiß, das Einschreiten des Ältesten durfte nicht auf die leichte Schulter genommen werden; hartnäckig und erbittert ging er mit Vorliebe gegen junge Richter vor, um ihr Wesen zu festigen.

Brav hielt jäh an, die Nase im Wind.

Der Schatten trat aus seiner Deckung und ging auf Paser zu. Der Hund knurrte, sein Herr hielt ihn am Halsband zurück.

»Hab keine Angst, wir sind zu zweit.«

Mit seiner schwarz glänzenden Nase berührte er des Richters Hand.

Eine Frau.

Eine schlanke, hochaufgeschossene Frau, deren Gesicht ein

340

dunkler Stoff verbarg. Sie kam mit sicherem Schritt näher und blieb einen Meter vor Paser stehen.

Brav versteinerte.

»Ihr habt nichts zu fürchten«, behauptete sie.

Sie hob ihren Schleier.

»Die Nacht ist mild, Prinzessin Hattusa, und der Versenkung förderlich.«

»Ich legte Wert darauf, Euch allein zu sehen, fernab jedes Zeugen.«

»Für alle Welt haltet Ihr Euch in Theben auf.«

»Feiner Scharfsinn.«

»Eure Rache war wirkungsvoll.«

»Meine Rache?«

»Ich bin vorläufig enthoben, wie Ihr es wünschtet.«

»Ich verstehe nicht.«

»Verspottet mich nicht noch mehr.«

»Beim Namen PHARAOS, ich habe nichts gegen Euch unternommen.«

»Bin ich nicht zu weit gegangen, wie Ihr euch selbst ausdrücktet?«

»Ihr habt mich schier rasend gemacht, das ist wahr, doch ich schätze Euren Mut.«

»Solltet Ihr etwa zugestehen, daß mein Schritt wohlbegründet war?«

»Ein Beweis wird Euch genügen: Ich habe mich mit dem Obersten Richter von Theben besprochen.«

»Mit welchem Ergebnis?«

»Er kennt die Wahrheit, der Vorfall ist beigelegt.«

»Nicht für mich.«

»Genügt Euch die Ansicht Eures Oberen etwa nicht?«

»In dem vorliegenden Fall nein.«

»Und deshalb bin ich hergekommen. Der Oberste Richter vermutete zu Recht, daß dieser Besuch unerläßlich sein würde. Ich werde Euch die Wahrheit anvertrauen, doch ich bestehe auf Stillschweigen.«

»Ich beuge mich keiner Erpressung.«

»Ihr seid halsstarrig.«

»Erhofftet Ihr irgendeine Übereinkunft?«

»Ihr mögt mich nicht sonderlich, wie die meisten Eurer Landsleute.«

»Ihr müßtet unserer Landsleute sagen. Ihr seid doch jetzt Ägypterin.«

»Wer könnte seine Abstammung vergessen? Ich sorge mich um das Los der als Kriegsgefangene nach Ägypten gebrachten Hethiter. Manche fügen sich ein, andere überleben nur unter Mühen. Ich habe die Pflicht, Ihnen zu helfen; daher habe ich ihnen Korn beschafft, das aus den Getreidespeichern meines Harems stammte. Mein Verwalter hat mich darauf hingewiesen, daß unsere Vorräte vor der nächsten Ernte erschöpft sein würden. Er hat mir eine Vereinbarung mit einem seiner Amtsgenossen in Memphis vorgeschlagen, und ich habe mein Einverständnis dazu gegeben. Demnach trage ich die alleinige Verantwortung an dieser Verschieberei.«

»War der Vorsteher der Ordnungskräfte darüber unterrichtet?«

»Selbstverständlich. Die Ärmsten zu nähren erschien ihm nicht verbrecherisch.«

Welches Gericht würde sie verurteilen? Es würde sie lediglich einer Verfehlung bezichtigen, welche die beiden Verwalter im übrigen zurückweisen würden. Monthmose würde alles abstreiten, er bliebe verschont, Hattusa würde nicht einmal erscheinen.

»Der Oberste Richter von Theben und sein Amtsbruder in Memphis haben die Schriftstücke in Ordnung gebracht«, fügte sie hinzu. »Wenn Ihr dieses Vorgehen als ungesetzlich betrachtet, steht es Euch frei, dagegen vorzugehen. Der Buchstabe des Gesetzes ist nicht befolgt worden, das räume ich Euch ein, doch ist nicht dessen Geist das wesentliche?«

Sie schlug ihn auf seinem eigenen Gebiet.

»Meinen äußerst benachteiligten Landsleuten ist die Herkunft des Getreides, das sie erhalten, unbekannt, und ich wünsche nicht, daß sie es erfahren. Werdet Ihr mir diese Gunst zugestehen?«

»Der Vorgang wird in Theben bearbeitet, so scheint mir.«
Sie lächelte.
»Sollte Euer Herz doch nicht aus Stein sein?«
»Zumindest hoffe ich das.«
Brav begann beruhigt umherzustreifen und den Boden abzuschnuppern.
»Eine letzte Frage, Prinzessin; seid Ihr dem Heerführer Ascher einmal begegnet?«
Sie erstarrte, ihre Stimme wurde brüchig.
»An dem Tag seines Hinscheidens werde ich frohlocken. Daß die Ungeheuer der Unterwelt diesen Schlächter meines Volkes verschlingen!«

*

Sethi führte ein herrliches Leben. Aufgrund seiner Heldentaten und wegen seiner Verletzungen genoß er mehrere Monate Erholung, bevor er seinen Dienst wieder aufnehmen mußte.
Panther mimte die ergebene Gattin, doch ihre Ausbrüche entfesselter Liebesgier bewiesen wohl, daß sich ihr feuriges Wesen kaum besänftigte. Jeden Abend begann der Zweikampf von neuem; manchmal siegte sie strahlend und beklagte sich über die Schlaffheit ihres Liebhabers. Anderntags ließ Sethi sie um Gnade schreien. Das Spiel verzückte sie, da sie gemeinsame Wollust dabei erlebten, und sie verstanden sich aufs beste darauf, einander zu reizen und ihre Körper zu entflammen. Sie wiederholte unaufhörlich, sie würde sich niemals in einen Ägypter verlieben; er behauptete aus voller Brust, die Barbaren zu hassen.
Als sich schließlich eine Abwesenheit unbestimmter Dauer ankündigte, stürzte sie sich auf ihn und schlug ihn. Er preßte sie gegen die Wand, drückte ihr die Arme auseinander und gab ihr den längsten Kuß ihres gemeinsamen Lebens. Katzenhaft wand sie sich, rieb sich an ihm und weckte ein derart heftiges Verlangen, daß er sie stehend, ohne sie freizugeben, nahm.

»Du wirst nicht gehen.«

»Ich muß. Ein Geheimauftrag.«

»Wenn du gehst, töte ich dich.«

»Ich komme wieder,«

»Wann?«

»Das weiß ich nicht.«

»Du lügst! Wie lautet dein Auftrag?«

»Ist geheim.«

»Du hast keine Geheimnisse vor mir zu haben.«

»Sei nicht anmaßend.«

»Nimm mich mit, ich werde dir helfen.«

Sethi hatte diese Möglichkeit nicht erwogen. Scheschi auszu-
spähen, würde zweifelsohne langwierig und öde werden;
außerdem war man unter gewissen Umständen besser zu
zweit.

»Wenn du mich verrätst, haue ich dir einen Fuß ab.«

»Das wagst du nicht.«

»Du täuschst dich wieder einmal.«

*

Scheschis Spur zu finden hatte nur einige Tage benötigt. Am
Morgen arbeitete er in der Wirkstätte des Palastes im Beisein
der besten Forscher des Reiches. Am Nachmittag begab er
sich in eine ausgegliederte Kaserne, die er vor der Morgendämmerung nicht wieder verließ. Über ihn selbst hatte Sethi
nur Lobreden gesammelt: arbeitsam, sachkundig, unaufdringlich, bescheiden. Man hielt ihm bloß seine Schweig-
samkeit und Zurückgezogenheit vor.

Panther langweilte sich bald. Weder Bewegung noch Gefahr,
sich mit Warten und Beobachten begnügen. Der Auftrag war
völlig belanglos. Selbst Sethi verließ der Mut. Scheschi sah
niemanden und verschloß sich in seiner Arbeit.

Der Vollmond erhellte den Himmel über Memphis. Panther
schlief, an Sethi geschmiegt. Es sollte ihre letzte Spähernacht
sein.

»Da ist er, Panther.«

»Ich bin müde.«

»Er wirkt aufgeregt.«

Schmollend schaute Panther hin.

Scheschi durchschritt das Tor der Kaserne, schwang sich auf das Hinterteil eines Esels und ließ seine Beine schlaff hängen. Der Vierhufer setzte sich in Bewegung.

»Bald wird es dämmern, er kehrt in seine Wirkstätte zurück.«

Panther schien verdutzt.

»Für uns ist die Sache beendet. Scheschi ist eine Sackgasse.«

»Wo ist er geboren?« fragte sie.

»In Memphis, glaube ich.«

»Scheschi ist kein Ägypter.«

»Woher weißt du das?«

»Nur ein Beduine reitet seinen Esel auf diese Weise.«

*

Sethis Streitwagen hielt im Hof der Grenzfeste, die nahe den Sümpfen der Stadt Pithom gelegen war. Er vertraute seine Pferde einem Stallknecht an und befragte eilends den Schreiber der Einwanderung.

Hier nämlich mußten sich die Beduinen, die sich in Ägypten niederzulassen wünschten, einem strengen Verhör unterziehen. Zu gewissen Zeiten wurde keinerlei Einreise gestattet. In zahlreichen Fällen wurde das von dem Schreiber bei den Obrigkeiten in Memphis eingereichte Gesuch abschlägig beschieden.

»Offizier der Streitwagentruppe Sethi.«

»Ich habe von Euren Großtaten gehört.«

»Könntet Ihr mir über einen Beduinen Auskunft geben, der zweifellos vor langer Zeit schon Ägypter wurde?«

»Das ist nicht sehr vorschriftsgemäß. Aus welchem Grund?«

Sethi senkte verlegen die Augen.

»Eine Herzenssache. Wenn ich meine Verlobte davon überzeugen könnte, daß er kein gebürtiger Ägypter ist, so glaube ich, wird sie zurückkehren.«

»Gut ... wie heißt er?«

345

»Scheschi.«

Der Schreiber nahm Einsicht in seine Schriftenkammer.

»Ich habe hier einen Scheschi. Er ist tatsächlich Beduine, von syrischer Herkunft. Er hat sich vor nunmehr fünfzehn Jahren in der Grenzfeste vorgestellt. Da die Lage damals eher ruhig war, haben wir ihn einwandern lassen.«

»Nichts Verdächtiges?«

»Keine Unklarheiten beim Vorleben, keine Teilnahme an irgendeiner kriegerischen Handlung gegen Ägypten. Der zuständige Rat hat nach dreimonatiger Untersuchung ein günstiges Urteil abgegeben. Der Beduine hat den Namen Scheschi angenommen und Arbeit in Memphis als Gießer gefunden. Die während der ersten fünf Jahre vorgenommenen Überprüfungen seines neuen Daseins förderten nichts Unregelmäßiges zutage. Ich fürchte, Euer Scheschi hat seine Herkunft völlig vergessen.«

*

Brav schlief zu Pasers Füßen.

Mit letzter Kraft hatte der Richter Branirs Vorschlag abgelehnt, obwohl dieser sehr darauf beharrte. Seine Behausung zu verschleudern, wäre zu traurig.

»Seid Ihr Euch sicher, daß der fünfte Altgediente noch immer am Leben ist?«

»Wenn er gestorben wäre, hätte ich es mit meiner Wünschelrute gespürt.«

»Da er heimlich untergetaucht ist und somit auf seinen Ruhesold verzichtet hat, ist er genötigt, für sein Überleben zu arbeiten. Kanis Nachforschungen waren planvoll und gründlich, jedoch ergebnislos.«

Von der Terrasse aus schaute Paser auf Memphis. Mit einem Mal schien ihm der lautere Frieden der großen Stadt bedroht, als legte sich eine heimtückische Gefahr über sie. Falls Memphis betroffen war, würde Theben bald erliegen, und schließlich das ganze Land. Von einem Unwohlsein übermannt, setzte er sich.

»Auch du nimmst es wahr.«

»Welch grauenhaftes Gefühl!«

»Es verstärkt sich.«

»Sind wir nicht Opfer einer Täuschung?«

»Du hast das Übel tief in deinem Innern gespürt. Zu Anfang, es ist schon einige Monate her, glaubte ich an einen Wahntraum. Es ist zurückgekehrt, immer häufiger und immer bedrückender.«

»Worum handelt es sich?«

»Eine Geißel, deren Wesen uns noch unbekannt ist.«

Der Richter schauderte. Sein Unwohlsein ließ nach, doch sein Körper bewahrte die Erinnerung daran.

Ein Wagen hielt vor dem Haus. Sethi sprang heraus und stieg zum ersten Stock hinauf.

»Scheschi ist als gebürtiger Beduine vor Jahren Ägypter geworden! Ich verdiene doch wohl ein Bier? Vergebt mir, Branir, ich habe es versäumt, Euch zu begrüßen.«

Paser bediente seinen Freund, der sich ausgiebig erfrischte.

»Während ich von der Grenzfeste zurückfuhr, habe ich nachgedacht. Qadasch ist Libyer; Scheschi ein Beduine syrischer Herkunft; Hattusa eine Hethiterin! Alle drei sind Fremde. Qadasch ist ein ehrbarer Zahnheilkundler geworden, gibt sich jedoch wollüstigen Tänzen mit seinen Landesgenossen hin; Hattusa mag ihr neues Dasein nicht und bewahrt ihre ganze Zuneigung für ihr Volk; Scheschi, der Einzelgänger, betreibt befremdliche Forschungen. Da haben wir die Verschwörung! Hinter ihnen steht Ascher und lenkt sie.«

Branir hüllte sich in Schweigen. Paser fragte sich, ob Sethi nicht soeben die Lösung des Rätsels geliefert hatte, das sie so ängstigte.

»Du gehst zu schnell zu Werke. Wie könnte man sich irgendeine Verbindung zwischen Hattusa und Scheschi, zwischen ihr und Qadasch vorstellen?«

»Haß auf Ägypten.«

»Sie verabscheut Ascher.«

»Was weißt du schon?«

»Sie hat es mir versichert, und ich habe ihr geglaubt.«

»Leg deine Arglosigkeit ab, Paser, deine Einwände sind kindisch! Sei unvoreingenommen, und du wirst ohne Zögern deine Schlüsse ziehen. Hattusa und Ascher sind die denkenden Köpfe, Qadasch und Scheschi die Ausführenden. Die Waffen, die der Metallkundler fertigt, sind nicht für unser Heer bestimmt.«

»Eine Empörung?«

»Hattusa wünscht einen feindlichen Einfall, Ascher setzt ihn ins Werk.«

Gespannt, sein Urteil zu vernehmen, wandten Sethi und Paser sich Branir zu.

»Ramses' Macht ist nicht geschwächt. Ein Versuch dieses Ausmaßes wäre zum Scheitern verurteilt.«

»Und dennoch bahnt er sich an!« meinte Sethi. »Wir müssen handeln, diesen Aufruhr im Keim ersticken. Wenn wir auf dem Rechtswege ein Verfahren gegen sie einleiten, werden sie Angst bekommen, da sie sich enttarnt wüßten.«

»Falls unsere Beschuldigungen als unbegründet und verleumderisch bewertet werden, würden wir schwer bestraft, und sie hätten freies Feld. Wir müssen zielgenau und hart zuschlagen. Wenn wir den fünften Altgedienten zur Hand hätten, wäre Heerführer Aschers Glaubwürdigkeit zutiefst erschüttert.«

»Willst du erst das Unheil abwarten?«

»Gib mir eine Nacht zum Überlegen, Sethi.«

»Nimm dir ein Jahr Zeit, wenn du es wünschst! Du bist nicht mehr in der Lage, ein Gericht zusammenzurufen.«

»Diesmal«, sagte Branir, »kann Paser meine Behausung nicht mehr zurückweisen. Er muß seine Schulden tilgen und sein Amt schnellstmöglich wieder ausüben.«

*

Paser ging allein durch die Nacht. Das Leben packte ihn an der Kehle, nötigte ihn, seine Aufmerksamkeit ganz auf die Windungen und Schlingen einer Verschwörung zu richten, deren Tragweite sich ihm Stunde um Stunde deutlicher erschloß, während er doch an die geliebte und unerreichbare Frau denken wollte.

Er entsagte seinem Glück, der Gerechtigkeit jedoch nicht.

Sein Schmerz machte ihn reifer; eine Kraft im tiefsten Innern seiner selbst weigerte sich zu erlöschen. Eine Kraft, welche er in den Dienst all der Wesen stellen wollte, die er innig liebte.

Der Mond, »der Kämpfer«, war ein Messer, das das Gewölk durchschnitt, oder aber ein Spiegel, der die Schönheit der Gottheiten zurückwarf. Er bat ihn um seine Macht, flehte, daß sein Blick so durchdringend werden möge wie der der Sonne der Nacht.

Seine Gedanken kehrten zum fünften Altgedienten zurück. Welchen Beruf übte ein Mann aus, der unbemerkt bleiben wollte? Paser zählte die Betätigungen der Einwohner von Westtheben auf und verwarf sie eine nach der anderen. Vom Abdecker bis zum Sämann standen alle in Beziehung mit den Leuten aus dem Volk; Kani hätte irgendwann eine Auskunft über ihn erhalten müssen.

Außer in einem Fall.

Ja, es gab einen Beruf, der so einsiedlerisch und so auffallend war, daß er die vollkommenste aller Tarnungen bot.

Paser hob den Blick zum Himmel, zu diesem Gewölbe aus Lapislazuli, das von Toren in Form von Sternen durchbrochen war, durch die das Licht fiel. Wenn ihm geglückt war, dieses in sich aufzunehmen, dann wußte er jetzt, wo er den fünften Altgedienten finden würde.

34. KAPITEL

Das Amtszimmer, das man dem neuen Schatzaufseher der Kornhäuser zugeteilt hatte, war weit und hell; vier eigens geschulte Schreiber würden fortwährend unter seinem Befehl stehen. Bel-ter-an, mit einem neuen Schurz bekleidet, darüber ein leinenes Hemd mit kurzen Ärmeln, das ihm schlecht stand, strahlte vor Freude. Sein Erfolg als Kaufmann hatte ihn tief beglückt; und die Ausübung von Amtsgewalt hatte ihn schon angezogen, seit er lesen und schreiben konnte. Aufgrund seiner bescheidenen Herkunft und seiner mittelmäßigen Erziehung war sie ihm stets unerreichbar erschienen. Doch seine verbissene Arbeit hatte der Verwaltung seinen wahren Wert vor Augen geführt, und er war fest entschlossen, jetzt seine ganze Schaffenskraft zu entfalten.

Nachdem er seine Gefolgsleute begrüßt und seine Vorliebe für Ordnung und Pünktlichkeit unterstrichen hatte, nahm er den ersten Vorgang, den ihm sein Vorgesetzter anvertraut hatte, in Augenschein: eine Aufstellung der säumigen Steuerpflichtigen. Er, der seine Abgaben stets fristgerecht entrichtete, überflog die Namen mit gewisser Belustigung. Ein Großgrundbesitzer, ein Schreiber des Heeres, der Vorsteher einer Schreinerwerkstatt und ... der Richter Paser! Der Prüfer, der den Umfang der Überschreitung sowie die Höhe der Buße vermerkt hatte, und der Vorsteher der Ordnungskräfte höchstselbst hatten die gerichtlichen Siegel an des Amtsmannes Tür angebracht!

Zur Stunde des Mittagsmahls begab Bel-ter-an sich zum Gerichtsschreiber Iarrot und fragte ihn, wo der Richter weilte. Bei Sethi traf der Beamte lediglich auf den Offizier der Streitwagentruppe und dessen Geliebte; Paser war soeben zum Hafen der leichten Segler aufgebrochen, welche die Verbindung zwischen Memphis und Theben sicherten.

Bel-ter-an konnte den Reisenden gerade noch rechtzeitig erreichen.

»Ich bin von dem Verhängnis unterrichtet, das Euch zugestoßen ist.«

»Eine Unachtsamkeit meinerseits.«

»Eine himmelschreiende Ungerechtigkeit! Die Buße ist aberwitzig im Vergleich zum Vergehen. Geht gerichtlich dagegen vor.«

»Ich bin im Unrecht. Die Verhandlung wird lange dauern, und was würde ich dabei gewinnen? Eine Verringerung der Strafe und einen Haufen Feinde.«

»Der Älteste der Vorhalle scheint Euch nicht sonderlich zu schätzen.«

»Es ist so seine Gewohnheit, junge Richter zu prüfen.«

»Ihr habt mir in einem schwierigen Augenblick geholfen; ich würde es Euch gerne vergelten. Laßt mich Eure Schuld begleichen.«

»Das lehne ich ab.«

»Wäre es Euch genehm, wenn ich Euch das Soll borgte? Ohne Zins, selbstverständlich. Erlaubt mir doch wenigstens, keinen Vorteil bei einem Freund herauszuschlagen!«

»Wie könnte ich es Euch zurückzahlen?«

»Durch Eure Arbeit. Bei meinen neuen Obliegenheiten als Schatzaufseher der Kornhäuser werde ich häufig auf Eure Sachkenntnis zurückgreifen müssen. Ihr selbst werdet berechnen, wie viele Beratungen dem Wert von zwei Sack Korn und einem Mastochsen entsprechen.«

»Wir werden uns oft wiedersehen.«

»Hier ist Eure Eigentumsbescheinigung der verlangten Güter.«

Bel-ter-an und Paser umarmten sich herzlich.

*

Der Älteste der Vorhalle bereitete gerade die Sitzung des folgenden Tages vor. Ein Sandalendieb, eine angefochtene

Erbschaft, eine Entschädigungsforderung nach einem Unfall. Einfache und rasch beizulegende Fälle. Unvermutet kündigte man ihm einen vergnüglichen Besuch an.

»Paser! Habt Ihr den Beruf gewechselt, oder kommt Ihr, um Euer Soll zu entrichten?«

Der Gerichtsbeamte lachte über seinen eigenen Scherz.

»Der zweite Vorschlag trifft zu.«

Heiter gestimmt, blickte der Älteste Paser sehr ruhig an.

»Das ist gut, Euch mangelt es nicht an Witz. Die Gerichtslaufbahn ist nichts für Euch; später werdet Ihr mir für meine Strenge danken. Kehrt in Euer Dorf zurück, vermählt Euch mit einer guten Bäuerin, macht Ihr zwei Kinder und vergeßt die Richter und die Rechtspflege. Das ist eine allzu verwickelte Welt. Ich kenne die Menschen, Paser.«

»Dazu beglückwünsche ich Euch.«

»Ah, Ihr beugt Euch der Vernunft!«

»Hier ist meine Entlastung.«

Der Älteste prüfte fassungslos die Besitzurkunde.

»Die beiden Säcke Korn sind vor Eurer Tür abgelegt worden, der Mastochse stärkt sich in den Stallungen des Schatzhauses. Seid Ihr zufrieden?«

*

Monthmose hatte seine Leichenbittermiene aufgesetzt. Mit rosenrotem Schädel, verkniffenen Zügen und näselnder Stimme tat er seine Ungeduld offen kund.

»Ich empfange Euch aus reiner Förmlichkeit, Paser. Heute seid Ihr nur noch ein gesetzloser Untertan.«

»Wenn dem so wäre, hätte ich mir nicht erlaubt, Euch zu behelligen.«

Der Vorsteher der Ordnungskräfte hob den Kopf.

»Was bedeutet?«

»Hier ist ein vom Ältesten der Vorhalle unterzeichnetes Schriftstück. Ich bin mit dem Schatzhaus im reinen. Er hat sogar befunden, der Mastochse übersteige das übliche Maß, und mir eine Anrechnung auf die Steuer des nächsten Jahres gewährt.«

»Wie habt Ihr . . .?«

»Ich wüßte Euch Dank, die gerichtlichen Siegel schnellstmöglich von meiner Tür entfernen zu lassen.«

»Selbstverständlich, werter Richter, selbstverständlich! Wißt, daß ich in dieser unseligen Angelegenheit Eure Verteidigung ergriffen habe.«

»Daran zweifele ich nicht einen Augenblick.«

»Eure zukünftige Mitwirkung . . .«

»Die kündigt sich unter den besten Vorzeichen an. Eine Kleinigkeit noch: Was das unterschlagene Korn angeht, ist alles geregelt. Ich weiß nun Bescheid, aber Ihr wußtet es ja vor mir.«

*

Wieder heiter gestimmt und erneut im Amt, bestieg Paser ein schnelles Schiff in Richtung Theben. Kem begleitete ihn. Vom Schaukeln gewiegt, schlief der Pavian gegen einen Ballen gelehnt.

»Ihr erstaunt mich wirklich«, sagte der Nubier. »Ihr seid dem Stößel und dem Mühlstein entronnen; für gewöhnlich werden selbst die Widerstandsfähigsten zermalmt.«

»Bloßes Glück.«

»Eher ein hoher Anspruch. Ein derart mächtiger Anspruch, daß die Menschen und die Ereignisse Euch nachgeben.«

»Ihr meßt mir Kräfte bei, die ich nicht besitze.«

Den Lauf des Stroms hinaufeilend, näherte er sich Neferet. Der Oberste Arzt Neb-Amun würde bald Rechenschaft verlangen. Die junge Ärztin würde ihre Tätigkeiten nicht einschränken. Der Zusammenstoß war unvermeidlich.

Das Boot legte in Theben gegen Ende des Nachmittags an. Der Richter setzte sich auf die Böschung, abseits der Fahrgäste. Die Sonne neigte sich, der Berg des Westens färbte sich rosenrot; mit den schwermütigen Weisen von Flöten kehrten die Herden von den Feldern zurück.

Der letzte Fährkahn beförderte nur eine kleine Anzahl von Fahrgästen. Kem und der Babuin blieben am Heck stehen.

353

Paser trat auf den Fährmann zu. Er trug eine Perücke nach alter Sitte, die sein halbes Gesicht verbarg.

»Verringert die Fahrt«, befahl der Richter.

Der Fährmann behielt das Gesicht über dem Steuerruder gesenkt.

»Wir haben miteinander zu reden; hier seid Ihr in Sicherheit. Antwortet mir, ohne aufzuschauen.«

Wer schenkte einem Fährmann Aufmerksamkeit? Jeder hatte es eilig, das andere Ufer zu erreichen, man plauderte, träumte, warf jedoch keinen Blick auf den Mann, der den Kahn steuerte. Dieser begnügte sich mit wenig, lebte abseits von allem, mischte sich nicht unter das Volk.

»Ihr seid der fünfte Altgediente, der einzige Überlebende der Ehrenwache des Sphinx.«

Der Fährmann widersprach nicht.

»Ich bin Richter Paser, und ich wünsche die Wahrheit zu erfahren. Eure vier Genossen sind tot, wahrscheinlich ermordet. Und deshalb versteckt Ihr Euch. Allein Beweggründe von äußerster Schwere können eine solche Metzelei erklären.«

»Was beweist mir Eure Rechtschaffenheit?«

»Wenn ich Euch beseitigen wollte, wärt Ihr bereits verschwunden. Habt Vertrauen.«

»Für Euch, da ist das einfach ...«

»Glaubt das nicht. Von welcher Ungeheuerlichkeit wurdet Ihr Zeuge?«

»Wir waren fünf ... fünf alte Krieger. Wir bewachten den Sphinx während der Nacht. Ein gefahrloser Auftrag, ein ausgesprochenes Ehrenamt vor unserem Ruhestand. Ich und ein Waffenbruder saßen außerhalb der Umfriedungsmauer, die den Löwen aus Stein umringt. Wie gewöhnlich sind wir eingeschlummert. Er hat ein Geräusch gehört und ist aufgewacht. Ich war sehr müde und habe ihn beschwichtigt. Er war jedoch besorgt und gab kein Ruhe. Wir haben nachgesehen, die Umfriedung überwunden und die Leiche eines unserer Gefährten neben der rechten Flanke entdeckt, dann eine zweite auf der anderen Seite.«

Er brach ab, mit zugeschnürter Kehle.

»Und dann dieses Wimmern ... es verfolgt mich noch heute! Der Oberaufseher lag zwischen den Pranken des Sphinx im Todeskampf. Blut floß aus seinem Mund, er konnte nur mit Mühe sprechen.«

»Was hat er gesagt?«

»Man habe ihn angegriffen, und er habe sich verteidigt.«

»Wer?«

»Eine nackte Frau und mehrere Männer. ›Fremde Worte in der Nacht‹: Das waren seine letzten Worte. Mein Gefährte und ich hatten heillose Angst. Weshalb so viel Gewalt ... Sollten wir die zur Bewachung der Großen Pyramide abgestellten Soldaten warnen? Mein Waffenbruder hat sich dem widersetzt, da er überzeugt war, wir würden Unannehmlichkeiten bekommen. Vielleicht würden wir sogar angeklagt. Die drei anderen Altgedienten waren tot ... Besser war es zu schweigen und vorzugeben, nichts gehört und nichts gesehen zu haben. Wir haben unsere Runde wieder aufgenommen. Als die Tageswache uns in der Frühe ablöste, hat sie das Gemetzel entdeckt. Wir haben Bestürzung vorgetäuscht.«

»Strafmaßnahmen?«

»Keine. Man hat uns in den Ruhestand entlassen und in unsere Heimatdörfer geschickt. Mein Genosse ist Bäcker geworden, ich hatte vor, Wagentischler zu werden. Seine Ermordung hat mich genötigt, mich zu verbergen.«

»Ermordung?«

»Er war ein äußerst vorsichtiger Mensch, vor allem mit Feuer. Ich bin zu der Gewißheit gelangt, daß man ihn hineingestoßen hat. Das Verhängnis des Sphinx verfolgt uns. Man hat uns nicht geglaubt. Man ist überzeugt, wir wüßten zuviel.«

»Wer hat Euch in Gizeh verhört?«

»Ein hoher Offizier.«

»Ist Heerführer Ascher mit Euch in Verbindung getreten?«

»Nein.«

»Eure Aussage wird entscheidend sein während der Verhandlung.«

»Welche Verhandlung?«

»Der Heerführer hat sich für ein Schriftstück verbürgt, das beurkundet, daß Ihr und Eure vier Gefährten bei einem Unfall ums Leben gekommen wärt.«

»Um so besser, dann gibt es mich nicht mehr.«

»Wenn ich Euch wiedergefunden habe, werden andere das auch schaffen. Sagt aus, und Ihr werdet wieder frei sein.«

Der Kahn legte an.

»Ich ... ich weiß nicht. Laßt mich in Frieden.«

»Das ist die einzige Lösung, um des Andenkens Eurer Gefährten willen und für Euch selbst.«

»Morgen früh, bei der ersten Überfahrt, werde ich Euch meine Antwort geben.«

Der Fährmann sprang auf die Böschung und wickelte das Tau um einen Pflock.

Paser, Kem und der Pavian entfernten sich.

»Bewacht diesen Mann die ganze Nacht.«

»Und Ihr?«

»Ich werde im nächstgelegenen Dorf schlafen. Ich komme im Morgengrauen zurück.«

Kem zögerte. Der erhaltene Befehl gefiel ihm nicht. Wenn der Fährmann Paser Enthüllungen gemacht hatte, war der Richter in Gefahr. Er konnte nicht die Sicherheit des einen wie des anderen gewährleisten.

Kem entschied sich für Paser.

*

Der Schattenfresser hatte die von den Strahlen des Abendrots überflutete Fahrt des Kahns beobachtet. Der Nubier hatte am Heck, der Richter nahe bei dem Fährmann gestanden.

Eigenartig.

Seite an Seite hatten sie auf das andere Ufer geschaut. Indes waren die Fahrgäste wenig zahlreich gewesen, jeder hatte über behaglich viel Platz verfügt. Weshalb diese Nähe, wenn nicht für ein Gespräch?

Fährmann ... Der auffallendste und am wenigsten beachtete aller Berufe.

Der Schattenfresser warf sich ins Wasser und durchquerte den Nil, indem er sich von der Strömung treiben ließ. Am anderen Ufer angelangt, blieb er eine ganze Weile im Schilf hocken und kundschaftete die Umgebung aus. Der Fährmann schlief in einer Bretterhütte.

Weder Kem noch der Pavian trieben sich in der Nähe herum. Er geduldete sich noch etwas, versicherte sich, daß niemand die Hütte überwachte.

Flink glitt er hinein und legte dem Schlafenden, der sogleich hochschreckte, einen Lederriemen um den Hals.

»Wenn du dich rührst, bist du tot.«

Der Fährmann war ihm nicht gewachsen. Er hob den rechten Arm zum Zeichen der Unterwerfung. Der Schattenfresser lockerte die Schlinge ein wenig.

»Wer bist du?«

»Der ... der Fährmann.«

»Eine weitere Lüge, und ich erdrossele dich. Bist du Altgedienter?«

»Ja.«

»Zugehörigkeit?«

»Asien-Heer.«

»Deine letzte Stellung?«

»Die Ehrenwache des Sphinx.«

»Weshalb versteckst du dich?«

»Ich habe Angst.«

»Vor wem?«

»Das ... das weiß ich nicht.«

»Was ist dein Geheimnis?«

»Ich habe keines!«

Die Schlinge grub sich ins Fleisch.

»Ein Überfall in Gizeh. Ein Gemetzel. Man hat den Sphinx angegriffen, meine Gefährten sind tot.«

»Und der Angreifer?«

»Ich habe nichts gesehen.«

»Hat der Richter dich verhört?«

»Ja.«

»Was hat er dich gefragt?«

»Dasselbe wie Ihr.«

»Was hast du geantwortet?«

»Er hat mir mit dem Gericht gedroht, aber ich habe nichts gesagt. Ich möchte keine Schwierigkeiten mit der Gerechtigkeit.«

»Was hast du ihm mitgeteilt?«

»Daß ich ein Fährmann sei, kein Altgedienter.«

»Ausgezeichnet.«

Die Schlinge löste sich. In dem Augenblick aber, als der Altgediente erleichtert seinen schmerzenden Hals betastete, schlug der Schattenfresser ihn mit einem Hieb gegen die Schläfe nieder. Daraufhin schleifte er den Körper aus der Hütte, ließ ihn in den Fluß hinunterrutschen und hielt den Kopf des Fährmanns einige lange Minuten unter Wasser. Dann ließ er die Leiche nahe dem Kahn treiben.

Ein gewöhnlicher Ertrunkener, nichts weiter ...

*

Neferet stellte gerade eine Verordnung für Sababu zusammen. Da die Dirne sich ernsthaft pflegte, ging das Übel zurück. Und weil sie sich wieder bei Kräften und von den beißenden Schmerzanfällen ihrer Gelenkentzündung befreit fühlte, hatte sie die junge Ärztin um die Erlaubnis gebeten, mit dem Türhüter ihres Hauses des Bieres, einem kerngesunden jungen Nubier, zu schlafen.

»Dürfte ich Euch stören?« fragte Paser.

»Ich beende soeben mein Tagwerk.«

Neferet hatte abgespannte Gesichtszüge.

»Ihr arbeitet zu viel.«

»Nur eine vorübergehende Erschöpfung. Neuigkeiten von Neb-Amun?«

»Er hat sich nicht bemerkbar gemacht.«

»Lediglich eine kurze Gefechtsruhe.«

»Ich fürchte, ja.«

»Und Eure Ermittlung?«

»Sie kommt mit großen Schritten voran, auch wenn ich vom Ältesten den Vorhalle kurzfristig abgesetzt worden war.«

»Erzählt mir davon.«

Er berichtete von seinen Mißgeschicken, während sie sich die Hände wusch.

»Ihr seid von Freunden umgeben. Unser Meister Branir, Sethi, Bel-ter-an ... Ein großes Glück.«

»Fühlt Ihr Euch etwa allein?«

»Die Dorfbewohner erleichtern mir meine Mühsal, doch ich kann niemanden um Rat fragen. Manchmal ist das recht bedrückend.«

Sie setzten sich auf eine Matte, mit Blick auf den Palmenhain.

»Ihr wirkt bewegt.«

»Ich habe gerade einen Zeugen von entscheidender Wichtigkeit aufgespürt. Ihr seid die erste, die davon erfährt.«

Neferets Blick entzog sich nicht. Er las Aufmerksamkeit, wenn nicht gar Zuneigung darin.

»Man kann Euch daran hindern, weiter voranzukommen, nicht wahr?«

»Das schert mich nicht. Ich glaube an das Recht wie Ihr an die Heilkunde.«

Ihre Schultern berührten sich. Erstarrt hielt Paser den Atem an. Als ob sie sich dieser flüchtigen Fühlung nicht bewußt geworden wäre, rückte Neferet nicht von ihm ab.

»Würdet Ihr so weit gehen und Euer Leben opfern, um die Wahrheit zu erfahren?«

»Wenn es sein müßte, ohne Zögern.«

»Denkt Ihr noch an mich?«

»In jedem Augenblick.«

Seine Hand streifte die Neferets, legte sich auf sie ... leicht, unmerklich.

»Wenn ich aller Dinge überdrüssig bin, denke ich an Euch. Was auch geschieht, Ihr wirkt unzerstörbar und zieht unbeirrt Euren Weg.«

»Das ist bloßer Schein, der Zweifel befällt mich häufig. Sethi bezichtigt mich der Arglosigkeit. Für ihn zählt allein das Abenteuer. Sobald ihm die Gewohnheit droht, ist er bereit, irgendeine Tollheit anzustellen.«

»Fürchtet Ihr die Gewohnheit denn auch?«

»Sie ist eine Verbündete.«

»Kann ein Gefühl lange Jahre währen?«

»Ein ganzes Leben, sofern es mehr als ein Gefühl ist, eine Verpfändung des ganzen Seins, die Gewißheit einer Glückseligkeit, eines Seelenbündnisses, welche die Morgenröten und die Sonnenuntergänge nähren. Eine Liebe, die nachläßt, war nur eine Eroberung.«

Sie beugte ihr Haupt zu seiner Schulter hin, ihr Haar streichelte seine Wange.

»Ihr besitzt eine befremdliche Kraft, Paser.«

Dies war nur ein Traum, so flüchtig wie ein Glühwürmchen in der thebanischen Nacht, doch er hellte sein Leben auf.

*

Auf dem Rücken liegend, die Augen starr auf die Sterne gerichtet, hatte er eine schlaflose Nacht im Palmenhain verbracht. Er versuchte, diesen kurzen Augenblick zu bewahren, da Neferet sich hatte gehenlassen, bevor sie ihn dann verabschiedet und ihre Tür geschlossen hatte. Bedeutete dies, daß sie eine gewisse Zärtlichkeit ihm gegenüber empfand, oder hatte sich einfach nur Müdigkeit darin geäußert? Bei dem Gedanken, sie könnte seine Gegenwart und seine Liebe annehmen, selbst ohne seine Leidenschaft zu teilen, fühlte er sich leicht wie eine Frühlingswolke und voll Ungestüm wie eine anschwellende Flut.

Ein paar Schritte entfernt aß der Babuin des Ordnungshüters Datteln und spie die Kerne aus.

»Du hier? Aber ...«

Kems Stimme erhob sich hinter ihm.

»Ich habe mich entschieden, Eure Sicherheit zu gewährleisten.«

»Zum Fluß, schnell!«

Der Tag brach gerade an.

Auf der Böschung hatte sich eine Menschenansammlung gebildet.

»Tretet zur Seite«, befahl Paser.

Ein Fischer hatte den Leichnam des Fährmanns zurückgeschafft, der von der Strömung fortgetrieben worden war.

»Er konnte vielleicht nicht schwimmen.«

»Er wird ausgerutscht sein.«

Ohne auf die Bemerkungen zu achten, untersuchte der Richter den Körper.

»Das war ein Verbrechen«, verkündete er. »An seinem Hals findet sich der Abdruck einer Schlinge; an seiner rechten Schläfe der eines heftigen Faustschlags. Er ist gewürgt und niedergeschlagen worden, bevor man ihn ertränkt hat.«

35. KAPITEL

Mit Papyri, Pinseln und Paletten beladen, führte der Esel Paser durch die Vorstädte von Memphis. Falls Wind des Nordens die falsche Richtung einschlug, würde Sethi ihn auf den rechten Weg bringen; doch der Vierhufer blieb seinem Ruf treu. Kem und der Pavian vervollständigten den Zug, der sich zu jener Kaserne wendete, wo Scheschi wirkte. Früh am Morgen arbeitete der Metallkundler im Palast; sie würden freie Bahn haben.

Paser kochte vor Wut. Der Leichnam des Fährmanns, den man zur nächstgelegenen Amtsstube der Ordnungskräfte gebracht hatte, war zum Gegenstand eines haarsträubenden Berichts seitens eines kleinen örtlichen Tyrannen geworden. Letzterer mochte keine Verbrechen in seinem Bezirk, da er zurückgestuft zu werden fürchtete; statt den Schlußfolgerungen des Richters beizupflichten, hatte er bestimmt, der Fährmann wäre durch Ertrinken gestorben. Seiner Ansicht nach waren die Verletzungen an Kehle und Schläfe rein zufällig entstanden. Paser hatte ausführliche Vorbehalte erhoben.

Vor seiner Abreise gen Norden hatte er Neferet noch einmal für einige Augenblicke gesehen. Zahlreiche Kranke beanspruchten sie bereits von den ersten Morgenstunden an. Beide hatten sich mit alltäglichen Worten und einem rasch gewechselten Blick begnügt, aus dem er Ermutigung und Verschworenheit gelesen hatte.

Sethi frohlockte. Endlich entschloß sich sein Freund zu handeln.

In der im Vergleich zu den wichtigsten Einrichtungen der Memphiter Streitkräfte sehr abgelegenen Kaserne herrschte nicht die geringste Betriebsamkeit. Nicht ein Soldat bei einer Übung, nicht ein Pferd wurde geschult.

Kämpferisch suchte Sethi nach dem mit der Bewachung des Eingangs betrauten Soldaten. Niemand verwehrte den Zugang zu dem recht heruntergekommenen Gebäude. Auf einem steinernen Brunnenrand saßen zwei Greise und plauderten.

»Welche Einheit weilt hier?«

Der Älteste lachte schallend auf.

»Eine Heerschar von Altgedienten und Fußkranken, mein Bürschchen! Man pfercht uns hier ein, bevor man uns in die Heimat entläßt. Lebt wohl, ihr Straßen Asiens, ihr Gewaltmärsche und dürftigen Verpflegungen. Bald werden wir uns an einem kleinem Garten, einer Magd, frischer Milch und gutem Gemüse erfreuen können.«

»Und wo ist der Verantwortliche der Kaserne?«

»Dort, in dem Gemäuer da, hinter dem Brunnen.«

Der Richter stellte sich einem müden Hauptmann vor.

»Besuche sind eher selten.«

»Ich bin Richter Paser und wünsche, Eure Lager zu durchsuchen.«

»Lager? Versteh' ich nicht.«

»Ein Mann namens Scheschi betreibt eine Wirkstätte in dieser Kaserne.«

»Scheschi? Kenn' ich nicht.«

Paser beschrieb den Metallforscher.

»Ach, der! Der kommt nachmittags und verbringt die Nacht hier, das ist wahr. Befehl von oben. Ich, ich führe nur Anweisungen aus.«

»Öffnet mir die Räumlichkeiten.«

»Ich habe den Schlüssel nicht.«

»Führt mich hin.«

Eine massive Holztür versperrte den Eingang von Scheschis unterirdischer Wirkstätte. Auf einer Tontafel vermerkte Paser das Jahr, den Monat, den Tag und die Stunde seines Einschreitens sowie eine Ortsbeschreibung.

»Öffnet.«

»Das darf ich nicht.«

»Ich schütze Euch.«

Sethi half dem Hauptmann. Mit einer Lanze brachen sie den hölzernen Riegel auf.

Paser und Sethi traten hinein. Kem und der Pavian bezogen Wache.

Esse, Schmelzöfen, eine Vorratskammer für Holzkohle und Palmrinde, Schmelztiegel, Werkzeug aus Kupfer: Scheschis Forschungsstätte schien gut ausgestattet. Überall herrschte Ordnung und Sauberkeit. Schon nach kurzer Durchsuchung konnte Sethi die rätselhafte Kiste ausfindig machen, die von einer Kaserne zur anderen geschafft worden war.

»Ich bin aufgeregter als ein unschuldiger Jüngling vor seinem ersten Mädchen.«

»Einen Augenblick.«

»Man hält nicht so kurz vor dem Ziel inne!«

»Ich fasse zuerst meinen Bericht ab: Zustand der Örtlichkeit und Standort der verdächtigen Gegenstände.«

Kaum hatte Paser zu schreiben aufgehört, nahm Sethi auch schon den Deckel der Kiste ab.

»Eisen ... eherne Barren! Und nicht irgendeines!«

Sethi wog einen Barren mit der Hand ab, betastete ihn, benetzte ihn mit seinem Speichel, kratzte mit dem Fingernagel daran.

»Es stammt nicht aus den vulkanischen Felsen der Wüste des Ostens! Das ist das Eisen aus der Überlieferung, von der man sich im Dorf erzählte, das Eisen des Himmels!«

»Fallende Sterne[1]«, stellte Paser fest.

»Ein wahrhaftiges Vermögen.«

»Mit diesem besonderen Eisen schmieden die Priester des Hauses des Lebens die Ehernen Stricke, die PHARAO zum Himmelsaufstieg benutzt. Wie kann es nur im Besitz eines einfachen Metallforschers sein?«

Sethi war wie gebannt.

---

[1] Ägyptischer Ausdruck für Meteoriten; zunächst wurde in Ä. nur *Meteoreisen* verwendet, die Verhüttung ist erst vom 6. Jh. v. Chr. an belegt. *(Anm. d. Ü.)*

»Ich kannte dessen Eigenschaften, doch ich hätte nie gewagt, es mir in meinen Händen vorzustellen.«

»Es gehört uns nicht«, erinnerte Paser. »Dies sind Beweisstücke; Scheschi wird sich über deren Herkunft auslassen müssen.«

Auf dem Grund der Kiste lag ein eherner Dächsel. Das Schreinerwerkzeug diente dazu, den Mund und die Augen der Mumie zu öffnen, wenn der sterbliche Leib, durch die Rituale wiedererweckt, sich in ein Wesen aus Licht verwandelte.

Weder Paser noch Sethi wagten, es zu berühren. War das Werkzeug geweiht worden, dann war es mit überirdischen Kräften behaftet.

»Wir sind lächerlich«, meinte der Offizier der Streitwagentruppe. »Es ist doch bloß Metall.«

»Du hast vielleicht recht, doch ich werde mich nicht daran wagen.«

»Was schlägst du vor?«

»Die Ankunft des Verdächtigen abzuwarten.«

*

Scheschi kam allein.

Als er die Tür seiner Wirkstätte offen stehen sah, machte er sofort auf dem Absatz kehrt und versuchte zu fliehen. Er stieß jedoch auf den Nubier, der ihn in die Räumlichkeit zurücktrieb. Der Babuin knabberte währenddessen teilnahmslos Rosinen. Sein Verhalten zeigte an, daß sich kein Verbündeter des Forschers in der Nähe herumtrieb.

»Es mißfällt mir nicht, Euch wiederzusehen«, sagte Paser. »Ihr habt eine gewisse Neigung zum Ortswechsel.«

Scheschis Blick wandte sich der Kiste zu.

»Wer hat Euch erlaubt . . .?«

»Richterliche Durchsuchung.«

Der Mann mit dem kleinen Schnurrbart hatte seine Regungen gut in der Gewalt. Er blieb ruhig, eisig kalt.

»Die richterliche Durchsuchung ist eine außergewöhnliche Maßnahme«, bemerkte er gezwungen.

»Wie Eure Tätigkeit.«

»Dies ist nur ein Nebenraum zu meiner amtlichen Wirkstätte.«

»Ihr habt eine Vorliebe für Kasernen.«

»Ich schaffe die Waffen der Zukunft; deshalb auch habe ich die dementsprechenden Genehmigungen der Streitkräfte erhalten. Prüft es nach, und Ihr werdet feststellen, daß diese Räumlichkeiten genau vermerkt sind und meine Versuche gefördert werden.«

»Das bezweifele ich nicht, doch Ihr werdet nicht zum Erfolg gelangen, indem Ihr das Eisen des Himmels verwendet. Dieser Stoff ist dem Tempel vorbehalten, das gleiche gilt für den auf dem Boden dieser Kiste versteckten Dächsel.«

»Der gehört mir nicht.«

»War Euch dessen Vorhandensein nicht bekannt?«

»Man hat ihn hier ohne mein Wissen hinterlegt.«

»Falsch«, griff Sethi ein. »Ihr selbst habt dessen Verlegung angeordnet. In diesem abgelegen Winkel glaubtet Ihr ihn sicher.«

»Bespitzelt Ihr mich?«

»Woher stammt dieses Eisen?« fragte Paser.

»Ich weigere mich, auf Eure Fragen zu antworten.«

»In dem Fall seid Ihr wegen Diebstahls, Hehlerei und Behinderung des ordnungsgemäßen Gangs einer Ermittlung verhaftet.«

»Ich werde alles abstreiten, und Eure Anklage wird verworfen.«

»Entweder Ihr folgt mir, oder ich bitte meinen nubischen Ordnungshüter, Euch die Hände zu binden.«

»Ich werde nicht fliehen.«

*

Das Verhör zwang den Gerichtsschreiber Iarrot, Mehrarbeit zu leisten, während seine Tochter doch, als beste ihres Tanzunterrichts, eine Vorstellung auf dem großen Platz des Viertels geben sollte. Mißmutig beugte er sich und mußte sich

366

dennoch nicht ans Werk machen, da Scheschi auf keine einzige Frage antwortete und sich hinter beharrlichem Schweigen verschanzte.

Geduldig drang Paser weiter auf ihn ein.

»Wer sind Eure Helfershelfer? Eisen von solcher Güte zu hinterziehen ist nicht das Werk eines einzelnen Menschen.« Scheschi blickte Paser durch seine halbgeschlossenen Lider an. Er wirkte wie eine der Mauern der Festung des Herrschers.

»Irgend jemand hat Euch dieses kostbare Metall anvertraut. In welcher Absicht? Als Eure Forschungen greifbare Ergebnisse gezeitigt haben, habt Ihr Eure Gefolgsleute fortgeschickt und dabei Qadaschs versuchten Diebstahl zum Vorwand genommen, um sie der Unfähigkeit zu bezichtigen. Somit unterlagen Eure Tätigkeiten niemandes Aufsicht mehr. Habt Ihr dieses Dächselbeil hergestellt, oder habt Ihr es gestohlen?«

Sethi hätte den Stummen mit dem schwarzen Schnurrbart liebend gern geschlagen, doch Paser wäre dazwischengetreten.

»Qadasch und Ihr seid Freunde seit langem, ist es nicht so? Er wußte um das Vorhandensein Eures Schatzes und hat danach getrachtet, ihn zu entwenden. Es sei denn, Ihr hättet allen etwas vorgespielt, um als Opfer dazustehen und jeden hinderlichen Zeugen aus Eurer Wirkstätte zu vertreiben.«

Auf einer Matte sitzend, die Beine unter sich angezogen, blieb Scheschi bei seinem Verhalten. Er wußte, daß der Richter nicht das Recht besaß, irgendeine Form von Gewalt anzuwenden.

»Trotz Eurer Stummheit, Scheschi, werde ich die Wahrheit aufdecken.«

Der Metallkundler schien nicht im geringsten erschüttert. Paser bat Sethi, ihm die Hände zu fesseln und ihn an einen Ring an der Wand zu binden.

»Tut mir leid, Iarrot, doch ich muß Euch auffordern, auf diesen Verdächtigen achtzugeben.«

»Wird es lange dauern?«

»Wir werden vor Einbruch der Nacht zurück sein.«

*

367

Der Palast von Memphis war ein Verwaltungssitz, der aus Dutzenden von Ämtern bestand, in denen eine Vielzahl an Schreibern arbeitete. Die Forscher unterstanden dem Aufseher der Königlichen Wirkstätten, einem großen und hageren Mann von ungefähr fünfzig Jahren, den des Richters Besuch erstaunte.

»Ich werde vom Offizier der Streitwagentruppe, Sethi, einem Zeugen für meine Beschuldigungen, begleitet.«

»Beschuldigungen?«

»Einer Eurer untergeordneten Beamten, ein gewisser Scheschi, befindet sich in Haft.«

»Scheschi? Unmöglich! Es muß sich um eine Verwechslung handeln.«

»Benutzen Eure Metallforscher himmlisches Eisen?«

»Selbstverständlich nicht. Seine äußerste Seltenheit bestimmt es für den Tempel und einzig zu rituellen Zwecken.«

»Wie erklärt Ihr Euch dann, daß Scheschi eine bedeutende Menge davon besitzt?«

»Das muß ein Irrtum sein.«

»Ist er irgendeiner besonderen Aufgabe zugeteilt?«

»Er steht in unmittelbarer Verbindung mit den Verantwortlichen der Bewaffnung und muß die Güte des Kupfers prüfen. Erlaubt mir, mich für Scheschis Redlichkeit, seine strenge Sorgfalt als Forscher und seine menschlichen Werte zu verbürgen.«

»Wußtet Ihr, daß er in einer geheimen Wirkstätte arbeitet, die in einer Kaserne untergebracht ist?«

»Das beruht auf einem Befehl des Heeres.«

»Von wem unterzeichnet?«

»Von einer Schar höherer Offiziere, die solche besonders befähigten Fachleute mit der Herstellung neuer Waffen beauftragen. Scheschi gehört dazu.«

»Die Verwendung himmlischen Eisens war indes nicht vorgesehen.«

»Dafür muß es eine einfache Erklärung geben.«

»Der Verdächtigte weigert sich zu reden.«

»Scheschi ist niemals gesprächig gewesen; er ist von eher verschlossener Wesensart.«

»Wißt Ihr um seine Herkunft?«

»Er ist in der Memphiter Gegend geboren, soweit ich weiß.«

»Könntet Ihr es überprüfen?«

»Ist das denn so wichtig?«

»Es könnte sein.«

»Dazu muß ich in der Schriftenverwahrung nachsehen.«

Die Suche dauerte länger als eine Stunde.

»Wie ich gesagt habe: Scheschi stammt aus einem kleinen Dorf nördlich von Memphis.«

»In Anbetracht seiner Stellung habt Ihr Euch dessen doch vergewissert?«

»Die Streitkräfte haben dies übernommen und nichts Ungewöhnliches entdeckt. Der Prüfer hat sein Siegel den Vorschriften entsprechend aufgedrückt, und Scheschi ist ohne jede Einwände in Dienst genommen worden. Ich baue auf Euch, ihn umgehend wieder freizulassen.«

»Die gegen ihn erhobenen Beschuldigungen häufen sich. Zum Diebstahl kommt noch die Lüge.«

»Richter Paser! Übertreibt Ihr jetzt nicht maßlos? Wenn Ihr Scheschi besser kennen würdet, wüßtet Ihr, daß er nicht fähig ist, eine Unehrenhaftigkeit zu begehen.«

»Wenn er unschuldig ist, wird das Gerichtsverfahren dies beweisen.«

*

Iarrot saß schluchzend auf der Türschwelle. Der Esel betrachtete ihn ungerührt.

Sethi schüttelte den Gerichtsschreiber, während Paser Scheschis Verschwinden feststellte.

»Was ist geschehen?«

»Er ist hergekommen, hat meine Niederschrift der Anzeige verlangt, hat zwei verstümmelte Abschnitte darin gefunden, die sie ungesetzlich machen, hat mich mit Strafmaßnahmen bedroht, hat den Beklagten freigelassen ... Da er, was die Form anlangt, recht hatte, habe ich mich ihm beugen müssen.«

»Von wem redet Ihr?«

»Vom Vorsteher der Ordnungskräfte, Monthmose.«

Paser las die Anzeige durch. In der Tat hatte Iarrot weder die Titel und Ämter von Scheschi vermerkt noch hervorgehoben, daß der Richter höchstpersönlich die Voruntersuchung führte, ohne von einem Dritten dazu aufgefordert worden zu sein. Das Verfahren war demnach nichtig.

*

Ein Sonnenstrahl drang durch die Verstrebung eines steinernen Fensters und beschien Monthmoses glänzenden, mit einem duftenden Salböl bedeckten Schädel. Ein Lächeln auf den Lippen, empfing er Paser geradezu überschwenglich.

»Leben wir nicht in einem wunderbaren Land, werter Richter? Niemand kann darin der Strenge eines maßlosen Gesetzes unterworfen werden, da wir selbst über das Wohl der Untertanen wachen.«

»Das Wort ›maßlos‹ scheint mir derzeit in aller Munde zu sein. Auch der Aufseher der Forschungsstätten hat sich seiner bedient.«

»Er verdient nicht den geringsten Tadel. Während er Einsicht in der Schriftenverwahrung nahm, hat er mich von Scheschis Festsetzung unterrichten lassen. Ich habe mich unverzüglich in Eure Amtsstube begeben, da ich fest überzeugt war, daß ein bedauerlicher Irrtum begangen worden war. Dem war auch tatsächlich so; und deshalb erfolgte Scheschis Freilassung augenblicklich.«

»Der Fehler meines Gerichtsschreibers ist offenkundig«, erkannte Paser an, »doch weshalb seid Ihr derart um diesen Metallkundler besorgt?«

»Er ist ein Fachmann der Streitkräfte. Wie seine Berufsgenossen steht er unter meiner unmittelbaren Obhut; ohne meine Zustimmung dürfen keine gerichtlichen Schritte gegen sie unternommen werden. Ich will gerne hinnehmen, daß Euch dies fremd war.«

»Die Anschuldigung eines Diebstahls hebt diesen bedingten Schutz vor Strafverfolgung auf.«

»Die Anschuldigung ist nicht begründet.«

»Ein Formfehler entkräftet die Gültigkeit des Klagegrunds nicht.«

Monthmose wurde feierlich.

»Scheschi ist einer unserer besten Fachleute für Waffenkunde. Glaubt Ihr, er brächte seine Laufbahn auf solch törichte Weise in Gefahr?«

»Kennt Ihr den gestohlenen Gegenstand?«

»Was schert es! Ich glaube es nicht. Haltet ein, solchen Übereifer an den Tag zu legen, um Euch den Ruf eines Weltverbesserers zu erwerben.«

»Wo habt Ihr Scheschi versteckt?«

»Außerhalb der Reichweite eines Gerichtsbeamten, der seine Befugnisse überschreitet.«

*

Sethi pflichtete Paser bei: Es gab keinen anderen Ausweg mehr als die Einberufung einer Gerichtsverhandlung, in der sie alles aufs Spiel setzen müßten. Beweise und Sachgründe würden entscheidend sein, sofern die Geschworenen nicht in Diensten ihrer Widersacher stünden; Geschworene, die Paser nicht allesamt ablehnen konnte, um die Gerichtsbarkeit nicht entzogen zu bekommen. Die beiden Freunde überzeugten sich gegenseitig, daß die – während einer öffentlichen Verhandlung ausgesprochene – Wahrheit selbst die unzugänglichsten Geister erhellen würde.

Der Richter entwickelte seine beabsichtigte Vorgehensweise vor Branir.

»Du gehst viel zu viele Gefahren ein.«

»Gibt es denn einen besseren Weg?«

»Folge dem, den dein Herz dir offenbart.«

»Ich halte es für notwendig, den Schlag so hoch als möglich anzusetzen, um mich nicht in nebensächlichen Kleinigkeiten zu verlieren. Indem ich mich auf das Wesentliche beschränke, werde ich leichter gegen die Lügen und Feigheiten ankämpfen können.«

»Du wirst dich niemals mit Halbheiten begnügen; du verlangst nach dem Licht in seiner ganzen Helligkeit!«

»Habe ich denn unrecht?«

»Die sich nun ankündigende Verhandlung würde einen reifen und erfahrenen Richter verlangen, doch die Götter haben dir diese Sache anvertraut, und du hast sie angenommen.«

»Kem bewacht die Kiste, die das himmlische Eisen enthält; er hat ein Brett darübergelegt, auf dem der Pavian sitzt. Niemand wird sich ihr nähern.«

»Wann rufst du das Gericht zusammen?«

»In spätestens einer Woche; angesichts der Außergewöhnlichkeit des Verfahrens werde ich den Rechtsgang beschleunigen. Glaubt Ihr, ich habe das Übel, das uns umschleicht, eingegrenzt?«

»Du kommst ihm näher.«

»Erlaubt Ihr mir, um eine Gunst zu ersuchen?«

»Wer könnte dich daran hindern?«

»Würdet Ihr Eurer baldigen Ernennung zum Trotz einwilligen, Geschworener zu werden?«

Der alte Meister heftete den Blick auf seinen Schutzstern Saturn, der mit ungewöhnlichem Glanz funkelte.

»Solltest du daran gezweifelt haben?«

36. KAPITEL

Brav konnte sich an die Gegenwart des Babuins unter seinem Dach nicht gewöhnen; da sein Herr ihn jedoch duldete, bekundete er keinerlei Feindseligkeit. Kem begnügte sich damit, stillschweigend festzustellen, daß diese Verhandlung schierer Irrsinn war. Welche Kühnheit Paser auch beweisen mochte, er stand noch nicht lange genug in seinem Beruf, um hier die Oberhand zu behalten. Obwohl der Richter die Mißbilligung des Nubiers spürte, fuhr er dennoch fort, seine Waffen zu schärfen, während der Gerichtsschreiber ihm nunmehr gewissenhaft überprüfte Niederschriften und Aufstellungen lieferte. Der Älteste der Vorhalle würde aus jeder formalen Unvollkommenheit Nutzen schlagen.

Die Ankunft des Obersten Arztes Neb-Amun war alles andere als unauffällig. Erlesen gekleidet und mit einer wohlduftenden Perücke auf dem Haupt, trat er offensichtlich recht verärgert in die Amtsstube.

»Ich würde gerne unter vier Augen mit Euch sprechen.«

»Ich bin stark beschäftigt.«

»Es ist dringend.«

Paser ließ von einem Papyrus ab, der über die Gerichtsverhandlung gegen einen Vornehmen berichtete, welcher angeklagt worden war, im Namen des Königs Ländereien bewirtschaftet zu haben, die ihm nicht gehörten; trotz seiner Stellung bei Hofe, oder gerade wegen dieser, waren seine Güter beschlagnahmt und er selbst zur Verbannung verurteilt worden. Die eingelegte Berufung hatte nichts daran geändert.

Die beiden Männer schlenderten durch eine ruhige, vor der Sonne geschützte Straße. Kleine Mädchen spielten mit ihren

Puppen; ein mit Körben voller Gemüse beladener Esel trottete vorüber; ein Greis schlummerte auf der Schwelle seines Hauses.

»Wir haben uns nicht richtig verstanden, mein teurer Paser.«

»Ich beklage wie Ihr, daß Dame Sababu damit fortfährt, ihr verwerfliches Gewerbe auszuüben, doch es gibt kein Gesetz, das mir erlaubte, sie deswegen anzuklagen. Sie bezahlt Steuern und stört die öffentliche Ordnung nicht. Ich habe mir sogar sagen lassen, daß einige Heilkundige von Rang und Namen in ihrem Haus des Bieres verkehrten.«

»Und Neferet? Ich hatte Euch gebeten, ihr zu drohen!«

»Ich hatte Euch versprochen, mein Bestes zu tun.«

»Mit glänzendem Erfolg! Einer meiner thebanischen Standesbrüder stand im Begriff, ihr ein Amt im Siechenhaus von Der el-Bahri zu geben. Zum Glück bin ich rechtzeitig eingeschritten. Wißt Ihr, daß sie den Argwohn bewährter Heilkundler erregt?«

»Demnach anerkennt Ihr also ihre Fähigkeiten?«

»So begabt Neferet sein mag, sie ist und bleibt eine Außenseiterin.«

»Ich habe nicht den Eindruck.«

»Eure Gefühle sind mir einerlei. Wenn man sich beruflich aufzuschwingen wünscht, beugt man sich den Weisungen einflußreicher Männer.«

»Ihr habt recht.«

»Ich will Euch gerne eine letzte Möglichkeit einräumen, aber enttäuscht mich nicht noch einmal.«

»Ich verdiene sie nicht.«

»Vergeßt diesen Mißerfolg, und handelt.«

»Ich bin allerdings unschlüssig.«

»Worüber?«

»Über meine Laufbahn.«

»Folgt meinen Ratschlägen, und Ihr werdet keine Sorgen mehr haben.«

»Ich werde mich damit begnügen, Richter zu sein.«

»Ich sehe nicht recht...«

»Behelligt Neferet nicht weiter.«

»Verliert Ihr Euren Verstand?«

»Nehmt meine Mahnung nicht auf die leichte Schulter!«

»Euer Betragen ist töricht, Paser! Ihr tut unrecht daran, eine zum bittersten Scheitern verdammte Frau zu unterstützen. Neferet hat keinerlei Zukunft; wer sein Geschick an das ihre bindet, wird hinweggefegt.«

»Der Groll verwirrt Euch Euren Geist.«

»Niemand hat je in diesem Ton mit mir gesprochen! Ich verlange eine Entschuldigung!«

»Ich versuche nur, Euch zu helfen.«

»Mir helfen?«

»Ich merke, wie Ihr dem Verfall entgegengleitet!«

»Ihr werdet Eure Worte noch bereuen!«

*

Denes überwachte das Löschen eines seiner Frachtschiffe. Seine Seeleute sputeten sich, da sie bereits am nächsten Morgen wieder gen Süden ablegen mußten, um eine günstige Strömung auszunutzen. Die Ladung Hausrat und Spezereien wurde zu einem neuen Speicher geschafft, den der Warenbeförderer vor kurzem erworben hatte. Schon bald würde er einen seiner grimmigsten Nebenbuhler schlucken und so das Reich vergrößern, das er seinen beiden Söhnen vermachen wollte. Dank der Beziehungen seiner Gemahlin festigte er Tag um Tag seine Bande zur hohen Verwaltung und würde bei seiner Ausweitung keinerlei Hindernissen begegnen.

Es lag nicht in der Gewohnheit des Ältesten der Vorhalle, durch die Hafenanlagen zu schlendern. Sich wegen eines Gichtanfalls beim Gehen auf einen Stock stützend, trat der Gerichtsbeamte auf Denes zu.

»Ihr solltet hier nicht stehen bleiben, sie werden Euch noch umstoßen.«

Denes nahm den Ältesten beim Arm und führte ihn in jenen Teil des Stapelhauses, in dem die Einlagerung bereits beendet war.

»Weshalb besucht Ihr mich?«

»Ein verhängnisvolles Geschehen steht bevor.«

»Bin ich darin verwickelt?«

»Nein, doch Ihr müßt mir helfen, ein Unglück zu verhindern. Morgen sitzt Paser dem Gericht vor. Ich kann ihm die Durchführung eines Verfahrens, das er den Vorschriften entsprechend beantragt hat, nicht verwehren.«

»Wer ist der Beschuldigte?«

»Er wahrt Stillschweigen über den Beklagten wie über den Kläger. Den Gerüchten zufolge ist angeblich die Sicherheit des Reiches betroffen.«

»Welch irres Gerede. Wie könnte ein niederer Richter einen Vorgang von solcher Tragweite bearbeiten?«

»Hinter seinem zurückhaltenden Gehabe ist Paser ein Widder. Er stürmt geradewegs auf sein Ziel zu, und kein Hindernis hält ihn auf.«

»Solltet Ihr etwa besorgt sein?«

»Dieser Richter ist gefährlich. Er erfüllt sein Amt wie einen heiligen Auftrag.«

»Ihr habt doch fürwahr andere dieses Schlages erlebt! Allesamt haben sie sich rasch die Hörner abgestoßen.«

»Dieser hier ist härter als Granit. Ich habe bereits Gelegenheit gehabt, dies zu prüfen; er widersteht allem auf seltsame Weise. An seiner Stelle wäre ein junger, um seine Laufbahn bekümmerter Richter zurückgeschreckt. Glaubt mir, er ist ein Quell an Verdrießlichkeiten.«

»Ihr seht zu düster.«

»Diesmal nicht.«

»Und womit kann ich Euch dienlich sein?«

»Da ich meine Einwilligung gebe, daß Paser unter der Vorhalle Gericht hält, steht mir das Recht zu, zwei Geschworene zu benennen. Ich habe bereits Monthmose ausgewählt, dessen gesunder Menschenverstand uns unerläßlich sein wird. Mit Euch würde ich mich beruhigter fühlen.«

»Morgen ist das unmöglich: eine Ladung kostbarer Gefäße, die ich Stück für Stück nachsehen muß; aber meine Gemahlin wird wahre Wunder vollbringen.«

*

Paser stellte Monthmose die Vorladung selbst zu.

»Ich hätte meinen Gerichtsschreiber schicken können, aber unsere freundschaftlichen Beziehungen verpflichteten mich zu mehr Herzlichkeit.«

Der Vorsteher der Ordnungskräfte bat den Richter nicht, sich zu setzen.

»Scheschi wird als Zeuge erscheinen«, fuhr Paser fort. »Da nur Ihr wißt, wo er sich aufhält, werdet Ihr ihn zum Gericht bringen. Ansonsten werden wir uns genötigt sehen, durch die Ordnungskräfte nach ihm fahnden zu lassen.«

»Scheschi ist ein verständiger Mann. Wenn Ihr dies auch wärt, würdet Ihr auf eine Verhandlung verzichten.«

»Der Älteste der Vorhalle hat befunden, daß diese durchaus rechtens ist.«

»Ihr zerstört Eure Laufbahn.«

»In letzter Zeit zeigen sich auffallend viele darum besorgt; sollte ich mir Gedanken machen?«

»Wenn Euer Scheitern besiegelt ist, wird Memphis über Euch lachen, und Ihr werdet zum Rücktritt gezwungen sein.«

»Wenn Ihr zum Geschworenen bestimmt seid, solltet Ihr Euch nicht dagegen wehren, die Wahrheit zu hören.«

*

»Ich, Geschworener?« verwunderte sich Bel-ter-an. »Niemals hätte ich daran gedacht ...«

»Es handelt sich um eine sehr wichtige Verhandlung, mit unabsehbaren Folgen.«

»Ist das eine Verpflichtung?«

»In keinster Weise; der Älteste der Vorhalle hat zwei Geschworene bestimmt, ich ebenfalls zwei, und die vier anderen werden unter jenen angesehenen Personen ausgewählt, die bereits Beisitzer gewesen sind.«

»Ich gestehe Euch meine Besorgnis. An einer Gerichtsentscheidung teilzuhaben, erscheint mir weit schwieriger, als Papyrus zu verkaufen.«

377

»Ihr werdet über das Schicksal eines Mannes bestimmen müssen.«

Bel-ter-an nahm sich lange Zeit, um seine Entscheidung zu fällen.

»Euer Vertrauen berührt mich sehr. Ich willige ein.«

*

Sethi liebte Panther mit solchem Ungestüm, daß sie, obwohl sie an das Feuer ihres Liebhabers gewöhnt war, nur staunen konnte. Geradezu unersättlich, vermochte er sich nicht von ihr zu lösen, bestürmte sie mit Küssen und eilte hartnäckig immer wieder über die Wege ihres Körpers. Ihre Zärtlichkeit nach dem Gewitter war von träger Sinnlichkeit.

»Deine Heftigkeit ist die eines Reisenden vor dem Aufbruch. Was verbirgst du vor mir?«

»Morgen ist die Verhandlung.«

»Ist dir bange?«

»Ich würde einen Kampf mit bloßen Fäusten vorziehen.«

»Dein Freund macht mir angst.«

»Was hast du von Paser zu fürchten?«

»Er verschont niemanden, wenn das Gesetz es erfordert.«

»Solltest du ihn etwa verraten haben, ohne es mir zu gestehen?«

Sie drehte ihn auf den Rücken und legte sich auf ihn.

»Wann wirst du aufhören, mich zu verdächtigen?«

»Niemals. Du bist ein weibliches Raubtier, das gefährlichste aller Gattungen, und du hast mir tausend Tode versprochen.«

»Dein Richter ist furchterregender als ich.«

»Du verheimlichst mir doch etwas.«

Sie rollte sich auf die Seite und rückte von ihrem Geliebten weg.

»Vielleicht.«

»Ich habe das Verhör mit dir schlecht geführt.«

»Du verstehst gleichwohl, meinen Körper sprechen zu lassen.«

»Aber du wahrst dein Gehcimnis.«

»Hätte ich sonst einen Wert in deinen Augen?«

Er warf sich auf sie, so daß sie sich nicht mehr rühren konnte.

»Hast du etwa vergessen, daß du meine Gefangene bist?«

»Glaubst du, mir gefällt das?«

»Wann wirst du entfliehen?«

»Sobald ich eine freie Frau sein werde.«

»Die Entscheidung liegt bei mir. Ich muß dich beim Amt der Einwanderung für frei erklären.«

»Worauf wartest du?«

»Ich eile sofort hin.«

Sethi kleidete sich hastig mit seinem schönsten Schurz und legte die mit der Goldenen Fliege gezierte Kette um den Hals.

*

Er betrat das Amtszimmer in dem Augenblick, da der Beamte sich anschickte, es längst vor dem Zeitpunkt der Schließung zu verlassen.

»Kommt morgen wieder.«

»Daran ist überhaupt nicht zu denken!«

Sethis Ton war drohend. Die Goldene Fliege zeigte an, daß der junge Mann mit den mächtigen Schultern ein Held war, und Helden griffen leicht zur Gewalt.

»Euer Anliegen?«.

»Beendigung der bedingten Freiheit der Libyerin Panther, die mir während des letzten Asienfeldzugs zugesprochen worden war.«

»Verbürgt Ihr Euch für ihre Sittlichkeit?«

»Sie ist tadelsfrei.«

»Welche Art von Anstellung hat sie erwogen?«

»Sie hat bereits auf einem Hof gearbeitet.«

Sethi füllte den Antrag aus, wobei er es bedauerte, Panther nicht ein letztes Mal geliebt zu haben; seine zukünftigen Geliebten würden vielleicht nicht an sie heranreichen. Früher oder später jedoch wäre es sowieso dazu gekommen; besser war es, die Bande zu zerschneiden, bevor sie allzu fest waren.

Als er in sein Heim zurückkam, rief er sich einige der Liebeszweikämpfe ins Gedächtnis zurück, die wahrlich den Heldentaten der größten Eroberer gleichkamen. Panther hatte ihn gelehrt, daß der Körper einer Frau glückselige, aus ständig sich wandelnden Landschaften bestehende Gefilde waren und daß die Lust der Entdeckung sich aus sich selbst heraus erneuerte. Das Haus war leer.

Sethi bereute seinen übereilten Schritt. Er hätte gerne diese Nacht vor der Verhandlung mit ihr verbracht, die Kämpfe des nächsten Tages vergessen, sich an ihrem Duft gelabt. Er konnte sich nur mit altem Wein trösten.

»Schenk einen zweiten Kelch ein«, sagte da Panther und umschlang ihn von hinten.

*

Qadasch zerbrach die kupfernen Bestecke und schleuderte sie an die Wand seines Behandlungszimmers, das er bereits mit Fußtritten verwüstet hatte. Als er die Gerichtsvorladung erhalten hatte, hatte ein zerstörerischer Wahn sich seiner bemächtigt.

Ohne das himmlische Eisen würde er keine Eingriffe mehr vornehmen können. Seine Hand zitterte zu sehr. Mit dem wundersamen Metall hätte er wie ein Gott gewirkt, seine Jugend und seine Geschicklichkeit in Vollendung wiedererlangt. Wer würde ihn noch achten, wer würde seine Verdienste rühmen? Man würde über ihn in der Vergangenheit sprechen.

Konnte er den Sturz noch hinauszögern? Er mußte kämpfen, sich dem Verfall verweigern. Vor allem aber die Verdächtigungen des Richters Paser zunichte machen. Weshalb besaß er nicht dessen Stärke, dessen Unternehmungsgeist, dessen Entschlossenheit! Aber sich ihn zu einem Verbündeten zu machen, war ein sinnloses Unterfangen. Der junge Amtmann würde untergehen, und mit ihm seine Gerechtigkeit.

*

In einigen Stunden sollte die Verhandlung beginnen.

Paser schlenderte mit Brav und Wind des Nordens an der Böschung entlang. Nach einem reichlichen Abendessen und einem langen Rundgang durch die Dämmerung tollten Hund und Esel ausgelassen umher, ohne ihren Herrn aus den Augen zu verlieren. Wind des Nordens trottete voran und bestimmte den Weg.

Müde und angespannt erforschte der Richter sein Gewissen. Hatte er sich nicht geirrt, war er nicht Hals über Kopf vorgeprescht, beschritt er nicht einen Pfad, der in den Abgrund führte? Armselige Fragen, in Wahrheit. Die Gerechtigkeit würde ihren Lauf nehmen, der so erhaben war wie der des Gottesflusses. Paser war nicht Herr darüber, sondern Diener. Welches auch immer das Ergebnis des Verfahrens sein würde, die Segel waren gehißt.

Was würde aus Neferet werden, wenn man ihn absetzte? Der Oberste Arzt würde sie weiterhin verbissen verfolgen, um sie an der Ausübung ihres Berufs zu hindern. Zum Glück wachte Branir weiter über sie. Der zukünftige Hohepriester des Amun würde die junge Frau in den Stab der Heilkundler des Tempels, außerhalb von Neb-Amuns Einfluß, aufnehmen.

Sie vor einem widrigen Geschick beschützt zu wissen, verlieh Paser den nötigen Mut, um ganz Ägypten die Stirn zu bieten.

37. KAPITEL

Die Gerichtsverhandlung wurde eröffnet gemäß der rituellen Formel, »vor der Pforte der Gerechtigkeit, an dem Ort, an dem die Klagen aller Kläger gehört werden, um Wahrheit von Lüge zu scheiden, an der großen Stätte, an der die Schwachen geschützt werden, um sie vor den Mächtigen zu erretten«[1]. Der Gerichtssaal, der sich an den Pylon des Tempels des Ptah anlehnte, war erweitert worden, um der großen Anzahl an Würdenträgern und Leuten aus dem Volke, die voller Neugier auf das Ereignis warteten, die Teilnahme an der Verhandlung zu gestatten.

Von seinem Gerichtsschreiber unterstützt, befand sich Richter Paser am hinteren Ende des Saales. Zu seiner Rechten die Geschworenen. Sie setzten sich aus Monthmose, dem Vorsteher der Ordnungskräfte, Dame Nenophar, Branir, Bel-ter-an, einem Tempelpriester des Ptah, einer Tempelpriesterin der Hathor, einem Großgrundbesitzer und einem Tischler zusammen. Die Anwesenheit Branirs, den manch einer als Weisen erachtete, bewies den Ernst der Lage zur Genüge. Der Älteste der Vorhalle saß zu Pasers Linken. Als Vertreter der hierarchischen Führung gewährleistete er die Vorschriftsmäßigkeit der Sitzung. Die beiden Gerichtsbeamten, die mit langen Gewändern aus weißem Leinen bekleidet waren und schlichte Perücken nach alter Sitte trugen, hatten vor sich einen Papyrus entrollt, der die Herrlichkeit der Goldenen Zeit lobpries, da die Maat, das Gleichmaß der Welt, uneingeschränkt herrschte.

»Ich, Richter Paser, erkläre diese Verhandlung für eröffnet, die den Kläger, den Offizier der Streitwagentruppe Sethi,

---

[1] So lautete der Text, der auf der Tür des Gerichts selbst stand.

382

dem Beklagten, dem Heerführer Ascher, Bannerträger zur
Rechten des Königs und Ausbilder der Offiziere des Asien-
Heeres, gegenübergestellt.«
Geraune erhob sich. Wenn die Stätte nicht von solcher Erha-
benheit gewesen wäre, hätten viele an einen Scherz geglaubt.
»Ich rufe den Offizier Sethi auf.«
Der Held beeindruckte die Menge. Schön und selbstsicher,
hatte er nichts gemein mit einem Schwarmgeist oder einem
geistig zerrütteten Krieger, der mit seinem Anführer gebro-
chen hatte.
»Verpflichtet Ihr Euch, unter Eid vor diesem Gericht die
Wahrheit zu sagen?«
Sethi las die Formel, die ihm der Gerichtsschreiber hinhielt.
»Wie Amun von Dauer ist, und wie PHARAO von Dauer ist – er
möge leben, gedeihen und gerecht sein, er, dessen Macht
furchterregender ist als der Tod –, schwöre ich, die Wahrheit
zu sagen.«
»Tragt Eure Klage vor.«
»Ich beschuldige Heerführer Ascher der Verletzung der
Amtspflicht, des Hochverrats und des Mordes.«
Die Zuhörerschaft konnte ihre Verwunderung nicht bezäh-
men, Widerspruch wurde laut.
Der Älteste der Vorhalle schritt ein.
»Aus Ehrfurcht vor der Göttin Maat fordere ich Ruhe wäh-
rend der Ausführungen. Wer immer sie auch bricht, wird
augenblicklich ausgeschlossen und zu einer schweren Buße
verurteilt.«
Die Mahnung zeitigte Erfolg.
»Offizier Sethi«, fügte Paser an, »besitzt Ihr Beweise?«
»Es gibt sie.«
»Gemäß dem Gesetz«, wies der Richter hin, »habe ich eine
Ermittlung durchgeführt. Sie hat mir erlaubt, eine gewisse
Anzahl an sonderbaren Tatsachen aufzudecken, die meines
Erachtens nach mit der wichtigsten Beschuldigung in Ver-
bindung stehen. Ich äußere somit den Verdacht einer Ver-
schwörung wider das Reich und einer Bedrohung der Sicher-
heit unseres Landes.«

Die Spannung nahm zu. Die angesehenen Persönlichkeiten, die Paser zum ersten Male zu Gesicht bekamen, wunderten sich über den Ernst eines derart jungen Mannes, die Entschiedenheit seines Verhaltens und das Gewicht seiner Rede.

»Ich rufe den Heerführer Ascher auf.«

So berühmt er auch war, mußte Ascher gleichwohl erscheinen. Das Gesetz erlaubte weder Vertretung noch Fürsprecher bei Gericht. Der kleine Mann mit dem Gesicht eines Nagers trat vor und leistete den Eid. Er hatte Gefechtsbekleidung gewählt: kurzen Schurz, Beinschienen, Kettenhemd.

»Heerführer Ascher, was antwortet Ihr Eurem Ankläger?«

»Der Offizier Sethi, den ich höchstselbst in seinen jetzigen Rang erhoben habe, ist ein wackerer Mann. Ich habe ihn mit der Goldenen Fliege ausgezeichnet. Während des letzten Asienfeldzugs hat er mehrere Glanztaten vollbracht und verdient es, als Held angesehen zu werden. Ich erachte ihn als einen ausgezeichneten Bogenschützen, als einen der besten unseres Heeres. Seine Anschuldigungen sind nicht begründet. Ich weise sie zurück. Ohne Zweifel handelt es sich hierbei um eine vorübergehende Verwirrung des Geistes.«

»Ihr betrachtet Euch demnach als unschuldig?«

»Ich bin es.«

Sethi ließ sich zu Füßen einer Säule, im Angesicht des Richters und einige Meter von ihm entfernt, nieder; Ascher nahm in der gleichen Haltung Platz, jedoch auf der anderen Seite, nahe den Geschworenen, die so sein Verhalten und sein Mienenspiel leicht beobachten konnten.

»Die Aufgabe dieses Gerichts«, hob Paser hervor, »ist es, den wahren Sachverhalt festzustellen. Sollte sich das Verbrechen bestätigen, wird die Sache dem Gericht des Wesirs überantwortet. Ich rufe den Zahnheilkundler Qadasch auf.«

Fahrig leistete Qadasch den Eid.

»Bekennt Ihr Euch für schuldig des versuchten Diebstahls in der Wirkstätte der Streitkräfte, die von dem Metallkundler Scheschi geführt wird?«

»Nein.«

»Wie erklärt Ihr dann Eure damalige Anwesenheit an jenem Ort?«

»Ich kam, um Kupfer von erster Güte zu kaufen. Der Handel ist nicht gut verlaufen.«

»Wer hat Euch auf das Vorhandensein dieses Metalls hingewiesen?«

»Der Verantwortliche der Kaserne.«

»Das ist falsch.«

»Ich versichere, ich . . .«

»Das Gericht verfügt über eine schriftliche Aussage. Zu diesem Punkt habt Ihr gelogen. Überdies habt Ihr diese Lüge soeben wiederholt, nachdem Ihr Euren Eid geleistet habt; folglich habt Ihr Euch des Verstoßes der Falschaussage schuldig gemacht.«

Qadasch schauderte. Eine strenge Geschworenenversammlung würde ihn zu Zwangsarbeit in den Bergwerken verurteilen; eine nachsichtige zu einer Jahreszeit Feldarbeit.

»Ich ziehe Eure vorherigen Antworten in Zweifel«, fuhr Paser fort, »und ich stelle meine Frage nochmals: Wer hat Euch das Vorhandensein und den Verwahrungsort des kostbaren Metalls genannt?«

Wie erstarrt stand Qadasch mit offenem Mund da.

»War es der Forscher Scheschi?«

Der Zahnheilkundler brach unter Tränen zusammen. Auf einen Wink des Richters führte der Gerichtsschreiber ihn zurück zu seinem Platz.

»Ich rufe den Metallkundler Scheschi auf.«

Einen kurzen Augenblick glaubte Paser, der Gelehrte mit der traurigen Gestalt und dem schwarzen Schnurrbart würde nicht erscheinen. Doch er hatte sich verständig gezeigt, wie sich der Vorsteher der Ordnungskräfte ausgedrückt hatte.

Der Heerführer bat ums Wort.

»Erlaubt mir, mein Erstaunen auszudrücken. Handelt es sich hier nicht um eine andere Verhandlung?«

»Diese Personen sind, meiner Meinung nach, nicht unbeteiligt an der Angelegenheit, die uns beschäftigt.«

385

»Weder Qadasch noch Scheschi haben unter meinem Befehl gedient.«

»Etwas Geduld, Heerführer.«

Verdrossen beobachtete Ascher den Metallkundler aus den Augenwinkeln. Er wirkte entspannt.

»Ihr arbeitet doch für das Heer in einer Forschungsstätte zur Vervollkommnung der Bewaffnung?«

»Ja.«

»Ihr bekleidet in Wahrheit zwei Stellungen: eine amtliche, im Licht der Öffentlichkeit, in einer Wirkstätte des Palastes, und eine andere, weit unauffälligere, in einer geheimen Gießerei in einer Kaserne.«

Scheschi begnügte sich mit einem Kopfnicken.

»In der Folge eines Diebstahlversuchs, dessen Urheber der Zahnheilkundige Qadasch ist, habt Ihr Eure Gerätschaften dort ausgeräumt, jedoch keine Anzeige erhoben.«

»Aus Gründen der Geheimhaltung.«

»Als Fachmann für Metallegierungen und Gußverfahren erhaltet Ihr die Grundstoffe vom Heer, verwahrt sie und führt darüber ein Bestandsverzeichnis.«

»Selbstverständlich.«

»Weshalb verbergt Ihr Barren von Himmelseisen, das kultischen Zwecken vorbehalten ist, und einen Dächsel aus demselben Metall?«

Die Frage verblüffte die Anwesenden. Weder dieses Metall noch ein derartiger Gegenstand verließen gemeinhin den heiligen Bezirk des Tempels; sie zu entwenden wurde mit Todesstrafe geahndet.

»Mir ist das Vorhandensein dieses Schatzes nicht bekannt.«

»Wie rechtfertigt Ihr dann dessen Gegenwart in Euren Räumlichkeiten.«

»Eine böswillige Unterschiebung.«

»Habt Ihr Feinde?«

»Wenn man mich verurteilte, würde man meine Forschungen unterbrechen und Ägypten schaden.«

»Ihr seid nicht ägyptischer, sondern beduinischer Herkunft.«

»Ich hatte es vergessen.«

»Ihr habt den Aufseher der Wirkstätten belogen, als Ihr behauptetet, Ihr wärt in Memphis geboren.«

»Wir haben uns nicht richtig verstanden. Ich wollte sagen, daß ich mich ganz und gar als Memphiter fühle.«

»Das Heer hat dies nachgeprüft, wie es sich ziemt, und Eure Behauptung bestätigt. Unterstand die Prüfungsstelle nicht Eurer Verantwortung, Heerführer Ascher?«

»Das ist möglich«, brummelte der Angesprochene.

»Ihr habt Euch also für eine Lüge verbürgt.«

»Nicht ich, sondern ein unter meinem Befehl stehender Beamter.«

»Das Gesetz macht Euch für die Fehler Eurer Untergebenen verantwortlich.«

»Das gestehe ich ein, doch wer würde eine solche Kleinigkeit bestrafen? Die Schreiber irren sich alle Tage, wenn sie ihre Berichte abfassen. Überdies ist Scheschi ein ehrbarer Ägypter geworden. Sein Beruf ist Beweis für das Vertrauen, das ihm gewährt wurde, und dessen er sich würdig gezeigt hat.«

»Es gibt noch eine andere Auslegung der Dinge. Ihr kanntet Scheschi seit langem; Eure Begegnung geht auf Eure ersten Feldzüge gen Asien zurück. Seine Begabungen als Forscher haben Eure Aufmerksamkeit geweckt; Ihr habt ihm die Einreise auf ägyptisches Gebiet erleichtert, seine Vergangenheit ausgetilgt und ihm eine Laufbahn in den Streitkräften ermöglicht.«

»Unbewiesene Mutmaßungen.«

»Das himmlische Eisen ist keine. Wozu habt Ihr es bestimmt, und weshalb habt Ihr es Scheschi beschafft?«

»Hirngespinste.«

Paser wandte sich den Geschworenen zu.

»Ich bitte Euch zu vermerken, daß Qadasch Libyer ist, und Scheschi Beduine, syrischer Abstammung. Ich bin von der Helfershelferschaft der beiden Männer und ihrer engen Bande zu Heerführer Ascher überzeugt. Sie schmieden seit langem Ränke miteinander und gedachten, mit der Verwendung himmlischen Eisens einen entscheidenden Schritt zu vollbringen.«

»Das sind lediglich Eure Ansichten«, wandte der Heerführer ein. »Ihr verfügt über keinen einzigen Beweis.«

»Ich räume ein, bloß drei strafwürdige Sachverhalte bewiesen zu haben: die Falschaussage Qadaschs, die falschen Angaben von Scheschi und die Leichtfertigkeit Eurer Verwaltungsstellen.«

Der Offizier verschränkte hochmütig die Arme. Bisher machte sich der Richter seiner Meinung nach nur lächerlich.

»Kommen wir zum zweiten Gesichtspunkt meiner Untersuchung«, fuhr Paser fort, »die Angelegenheit um den Großen Sphinx von Gizeh. Den amtlichen, von Heerführer Ascher unterzeichneten Schriftstücken zufolge sollen fünf altgediente Krieger, welche die Ehrenwache des Bauwerks bildeten, bei einem Unfall zu Tode gekommen sein. Bestätigt Ihr dies?«

»Ich habe mein Petschaft tatsächlich daruntergesetzt.«

»Diese Fassung des Sachverhalts entspricht nicht der Wirklichkeit.«

Verstört löste Ascher die Arme.

»Das Heer hat die Bestattungsfeiern dieser Unglücklichen beglichen.«

»Bei drei von ihnen, dem Oberaufseher und seinen beiden Waffenbrüdern, die im Delta lebten, habe ich die genaue Todesursache nicht ermitteln können; die beiden anderen sind in den Ruhestand in ihrer thebanischen Heimat entlassen worden. Sie waren folglich nach dem angeblichen Unfall wahrhaftig noch am Leben.«

»Das ist sonderbar«, erkannte Ascher an. »Können wir sie dazu hören?«

»Sie sind alle beide tot. Der vierte Altgediente wurde Opfer eines Unfalls; doch hat man ihn nicht vielleicht in seinen Brotofen gestoßen? Der fünfte verbarg sich in heilloser Angst unter dem Gewand des Fährmanns. Er ist durch Ertrinken gestorben oder, besser gesagt, ertränkt worden.«

»Einspruch«, erklärte der Älteste der Vorhalle. »Den in mein

Amt gelangten Berichten zufolge spricht sich der örtliche Ordnungshüter zugunsten des Unfalls aus.«

»Wie dem auch sei, sind mindestens zwei der fünf Altgedienten keineswegs bei einem Sturz vom Sphinx gestorben, wie es der Heerführer Ascher glauben machen wollte. Darüber hinaus hat der Fährmann vor seinem Tod noch Zeit gehabt, mit mir zu sprechen. Seine Genossen waren von einer bewaffneten, aus mehreren Männern und einer Frau bestehenden Rotte angegriffen und getötet worden. Jene äußerten sich in einer fremden Sprache. Dies ist die Wahrheit, die des Heerführers Bericht verdunkelte.«

Der Älteste der Vorhalle runzelte die Stirn. Wenngleich er Paser verabscheute, zog er die Rede eines Richters, die, inmitten einer Sitzung vorgetragen, einen neuen Sachverhalt von entsetzlicher Schwere eröffnete, nicht in Zweifel. Selbst Monthmose war erschüttert; die wahre Verhandlung begann.

Der Krieger verteidigte sich mit Heftigkeit.

»Ich unterzeichne jeden Tag etliche Berichte, ohne deren Gehalt selbst nachzuprüfen, und ich befasse mich reichlich wenig mit Altgedienten.«

»Die Geschworenen werden mit gewisser Anteilnahme erfahren, daß die Wirkstätte Scheschis, in der die Kiste mit dem Eisen abgestellt war, sich in einer Kaserne für Altgediente befand.«

»Das ist unerheblich«, befand Ascher gereizt. »Der Unfall ist von den Ordnungshütern der Streitkräfte aufgenommen worden, und ich habe lediglich den Verwaltungsvorgang unterzeichnet, damit die Beisetzungsfeiern ausgerichtet werden konnten.«

»Ihr verneint unter Eid, über den Angriff gegen die Ehrenwache des Sphinx unterrichtet worden zu sein?«

»Das verneine ich. Und ich streite desgleichen jede unmittelbare oder mittelbare Verantwortung am Ableben dieser fünf Unglücklichen ab. Mir waren dieses verhängnisvolle Ereignis und dessen Folgen gänzlich unbekannt.«

Der Heerführer verwahrte sich mit einer Überzeugung,

welche die meisten Geschworenen günstig für ihn stimmen würde. Gewiß, der Richter brachte ein großes Unheil ans Licht des Tages; doch man würde Ascher lediglich eine weitere Amtsverfehlung und nicht ein – oder gar mehrere – Verbrechen zur Last legen.

»Ohne die Absonderlichkeiten dieser Angelegenheit in Abrede zu stellen«, griff der Älteste der Vorhalle ein, »denke ich, daß eine zusätzliche Untersuchung unerläßlich sein wird. Doch müßte man nicht auch die Auslassungen des fünften Altgedienten in Frage stellen? Könnte er, um den Richter zu beeindrucken, diese Mär nicht erfunden haben?«

»Einige Stunden danach war er tot«, erinnerte Paser.

»Ein trauriges Zusammentreffen von Umständen.«

»Falls er tatsächlich ermordet wurde, wollte ihn jemand daran hindern, weiter auszusagen und vor diesem Gericht zu erscheinen.«

»Selbst wenn man Eurer Vermutung zustimmt«, wandte der Heerführer ein, »inwiefern wäre ich davon betroffen? Wenn ich es nachgeprüft hätte, hätte ich wie Ihr festgestellt, daß die Ehrenwache nicht durch einen Unfall zu Tode gekommen ist. Zu diesem Zeitpunkt befaßte ich mich mit der Vorbereitung des Asienfeldzugs; diese vordringliche Aufgabe nahm mich völlig in Anspruch.«

Ohne darauf zu vertrauen, hatte Paser gehofft, der Krieger würde weniger Selbstbeherrschung zeigen, doch es gelang ihm jedesmal, die Angriffe zurückzuschlagen und die stichhaltigsten Beweisführungen zu umgehen.

»Ich rufe Sethi auf.«

Der Offizier erhob sich mit feierlichem Ernst.

»Haltet Ihr Eure Anschuldigungen aufrecht?«

»Ich halte sie aufrecht.«

»Erklärt Euch.«

»Während meiner ersten Entsendung nach Asien bin ich nach dem Tode meines Offiziers, der bei einem Hinterhalt getötet worden war, durch ein recht unsicheres Gebiet geirrt, um zum Verband von Heerführer Ascher zu stoßen. Ich glaubte, mich verirrt zu haben, als ich unversehens Zeuge eines grauenvollen Schauspiels wurde. Ein ägyptischer Soldat wurde wenige Meter vor meinen Augen gefoltert und getötet; ich war zu erschöpft, um ihm zu Hilfe zu eilen, und seine Peiniger waren zu zahlreich. Ein Mann hat das Verhör geführt und ihm dann grausam die Kehle durchschnitten. Dieser Verbrecher, dieser Verräter an seinem Heimatland, das war hier der Heerführer Ascher.«

Der Beschuldigte blieb unerschüttert.

Fassungslos hielt die Versammlung den Atem an. Die Gesichter der Geschworenen hatten sich jäh verschlossen.

»Diese unerhörten Äußerungen entbehren jeglicher Grundlage«, verkündete Ascher mit beinahe heiterer Stimme.

»Es abzustreiten, genügt nicht. Ich habe Euch gesehen, Mörder!«

»Bewahrt Eure Ruhe«, befahl der Richter. »Diese Aussage beweist, daß der Heerführer Ascher mit dem Feind zusammenwirkt. Und eben deshalb bleibt der libysche Aufständische Adafi unauffindbar. Sein Spießgeselle warnt ihn im voraus vor einer Bewegung unserer Truppen und bereitet mit ihm einen Einfall in Ägypten vor. Die Schuld des Heerführers läßt vermuten, daß er in der Angelegenheit um den Sphinx nicht unschuldig ist; hat er die fünf Altgedienten töten lassen, um die von Scheschi hergestellten Waffen zu erproben? Eine zusätzliche Untersuchung wird dies zweifelsohne beweisen, indem sie die verschiedenen Punkte, die ich dargelegt habe, miteinander verbinden wird.«

»Meine Schuld ist keinesfalls bewiesen«, fand Ascher.

»Zieht Ihr das Wort des Offiziers Sethi in Zweifel?«

»Ich halte ihn für aufrichtig, doch er irrt sich. Seiner eigenen Aussage zufolge war er am Ende seiner Kräfte. Wahrscheinlich haben seine Augen ihn getrogen.«

»Die Züge des Mörders haben sich unauslöschlich meinem Gedächtnis eingeprägt«, bekräftigte Sethi, »und ich habe mir geschworen, ihn wiederzufinden. Zu diesem Zeitpunkt war mir noch unbekannt, daß es sich dabei um den Heerführer Ascher handelte. Ich habe ihn bei unserer ersten Begeg-

nung erkannt, als er mich nämlich zu meinen Heldentaten
beglückwünscht hat.«

»Habt Ihr Späher in feindliches Gebiet entsandt?« fragte
Paser.

»Gewiß«, antwortete Ascher.

»Wie viele?«

»Drei.«

»Wurden ihre Namen im Amt für fremde Länder aufgenommen?«

»So ist die Vorschrift.«

»Sind sie lebend vom letzten Feldzug zurückgekehrt?«

Zum ersten Male geriet der Krieger ins Wanken.

»Nein ... einer von ihnen ist verschollen.«

»Derjenige, den Ihr mit Euren eigenen Händen getötet
habt, da er Euer Spiel durchschaut hatte.«

»Das ist falsch. Ich bin nicht schuldig.«

Die Geschworenen vermerkten, daß seine Stimme zitterte.

»Ihr, der mit Ehren überhäuft ist, der Offiziere ausbildet, Ihr
habt Euer Land auf schändlichste Art und Weise verraten. Es
ist Zeit zu gestehen, Heerführer.«

Aschers Blick verlor sich im ungewissen. Diesmal schien er
kurz davor, aufzugeben.

»Sethi hat sich geirrt.«

»Man möge mich im Beisein von Offizieren und Schreibern
zum besagten Ort schicken«, schlug der Streitwagenführer
vor. »Ich werde die Stelle wiedererkennen, wo ich den Unglücklichen notdürftig bestattet habe. Wir werden seine
sterbliche Hülle heimführen, seinen Namen herausfinden
und ihm eine würdige Grabstätte geben.«

»Ich ordne eine augenblickliche Erkundung an«, tat Paser
kund. »Heerführer Ascher wird unter Bewachung der Ordnungskräfte in der Hauptkaserne von Memphis festgesetzt.
Jede Verbindung nach draußen wird ihm bis zu Sethis Rückkehr untersagt. Wir werden sodann die Verhandlung wieder
aufnehmen, und die Geschworenen werden ihren Spruch
fällen.«

38. KAPITEL

Memphis erscholl noch vom Widerhall der Gerichtsverhandlung.

Manche erachteten den Heerführer Ascher bereits als den abscheulichsten aller Verräter, rühmten Sethis Mut und die Sachkunde des Richters Paser.

Letzterer hätte liebend gerne Branirs Rat eingeholt, doch das Gesetz verbot es ihm, sich vor dem Ende des Rechtsgangs mit den Geschworenen zu bereden. Er schlug mehrere Einladungen angesehener Persönlichkeiten aus und verschloß sich in seinem Haus. In weniger als einer Woche würde der Erkundungszug mit dem Leichnam des von Ascher ermordeten Spähers zurückkehren, der hochrangige Krieger überführt und zum Tode verurteilt werden. Sethi würde im Rang aufsteigen. Und vor allem würde die Verschwörung zerschlagen und Ägypten vor einer Gefahr gerettet werden, die sowohl von außen als auch von innen her bestand. Wenngleich Scheschi durch die Maschen des Netzes schlüpfen mochte, würde das Ziel erreicht werden.

Paser hatte Neferet nicht belogen. Nicht einen Augenblick hatte er aufgehört, an sie zu denken. Selbst während der Verhandlung hatte ihr Gesicht sich ihm aufgedrängt. Er hatte geflissentlich auf jedes Wort achtgeben müssen, um nicht in einem Traum zu versinken, in dem sie die alleinige Heldin war.

Der Richter hatte das Eisen des Himmels und den Dächsel dem Ältesten der Vorhalle anvertraut, welcher sie sogleich dem Hohenpriester des Ptah ausgehändigt hatte. In Abstimmung mit den geistlichen Obrigkeiten mußte der Gerichtsbeamte deren Herkunft feststellen. Ein einziger Punkt machte Paser stutzig: Weshalb hatten jene nicht Anzeige wegen

Diebstahls eingereicht? Die außerordentliche Beschaffenheit des rituellen Gegenstands sowie des Werkstoffs richteten die Nachforschungen von vornherein auf ein reiches und mächtiges Heiligtum, das allein diese zu bergen imstande gewesen wäre.

Paser hatte Iarrot und Kem drei Tage Arbeitsruhe gewährt. Der Gerichtsschreiber hatte eilends seine Wohnstatt aufgesucht, wo erneut häusliches Ungemach ausgebrochen war, da seine Tochter sich standhaft weigerte, Gemüse zu essen, und nur noch feines Backwerk zu sich nahm. Iarrot duldete die Grille, seine Gattin stellte sich dagegen.

Der Nubier wollte sich nicht von der Amtsstube entfernen; er hatte kein Bedürfnis nach Erholung und betrachtete sich als verantwortlich für des Richters Sicherheit. Obgleich dieser als unantastbar galt, war Vorsicht geboten.

Als ein Priester mit kahlem Schädel dann bei dem Amtmann eintreten wollte, stellte Kem sich in den Weg.

»Ich muß dem Richter Paser eine Botschaft überbringen.«

»Vertraut sie mir an.«

»Ihm, und nur ihm allein.«

»Wartet.«

Auch wenn der Mann unbewaffnet und schmächtig war, verspürte der Nubier ein Gefühl des Unbehagens.

»Ein Priester will sich mit Euch besprechen. Seid vorsichtig.«

»Ihr seht überall Gefahr!«

»Behaltet zumindestens den Pavian bei Euch.«

»Wie Ihr wollt.«

Der Priester trat ein, Kem blieb hinter der Tür. Der Pavian schälte teilnahmslos die Nuß einer Dumpalme aus ihrem Gehäuse.

»Richter Paser, Ihr werdet morgen früh in der Dämmerung an der Großen Pforte des Volkes des Ptah erwartet.«

»Wer wünscht mich zu sehen?«

»Ich habe keine andere Botschaft.«

»Und der Anlaß?«

»Ich wiederhole Euch: Ich habe keine andere Botschaft. Ihr möchtet Euch bitte alle Körperhaare scheren, Euch jedweden geschlechtlichen Verkehrs enthalten und Euch durch Verehrung der Ahnen sammeln.«

»Ich bin Richter, und ich habe nicht die Absicht, Priester zu werden.«

»Seid pünktlich. Mögen die Götter Euch behüten.«

*

Unter Kems Aufsicht beendete der Bader Pasers Schur.

»Nun seid Ihr vollkommen glatt und würdig, der Tempelgemeinschaft beizutreten! Sollten wir einen Richter verlieren und einen Priester gewinnen?«

»Eine schlichte Maßnahme der Reinlichkeit. Unterziehen sich ihr die angesehenen Persönlichkeiten nicht regelmäßig?«

»Ihr seid eine geworden, das ist wahr! Das ist mir lieber so. In den Gassen von Memphis spricht man nur von Euch. Wer hätte es gewagt, sich an den allmächtigen Ascher heranzuwagen? Jetzt, in diesen Tagen, lösen sich die Zungen. Niemand mochte ihn. Man munkelt, er habe Anwärter gefoltert.«

Gestern kriecherisch umschmeichelt, nunmehr mit Füßen getreten, hatte sich Aschers Schicksal in wenigen Stunden völlig gewendet. Die schäbigsten Gerüchte über ihn machten die Runde. Paser ließ es sich eine Lehre sein: Niemand war gegen menschliche Niedrigkeit gefeit.

»Wenn Ihr kein Priester werdet«, brachte der Bader vor, »dann werdet Ihr wahrscheinlich eine Dame besuchen. Viele schätzen glatt geschorene Männer, die einem Priester gleichen ... oder einer sind! Die Liebe ist ihnen zwar nicht verboten, doch mit Männern zu verkehren, die die Götter von Angesicht schauen, ist doch wohl erregend, nicht wahr? Ich habe hier eine Salbe auf der Grundlage von Jasmin und Lotos, die ich beim besten Hersteller von Memphis erworben habe. Sie wird Eure Haut für mehrere Tage duften lassen.«

Paser willigte ein. Somit würde der Bader eine ungemein wichtige Kunde verbreiten: Der unbeugsamste Richter von

Memphis war auch ein eitler Liebhaber. Blieb nur noch, den Namen der Erwählten aufzudecken.

Nachdem der Geschwätzige gegangen war, las Paser einen der Maat gewidmeten Text. Sie war die ehrwürdige Ahnin, die Quelle der Freude und des Friedens. Tochter des Lichts, und selbst Licht, wirkte sie zu Gunsten desjenigen, der für sie wirkte.

Paser bat sie, sein Leben dem rechten Weg folgen zu lassen.

*

Kurz vor der Morgenröte, als Memphis gerade erwachte, fand Paser sich an der großen Bronzepforte des Ptah-Tempels ein. Ein Priester führte ihn auf jene Seite des Bauwerks, die noch in Dunkelheit getaucht war. Kem hatte dem Richter nachdrücklichst abgeraten, der befremdlichen Einbestellung Folge zu leisten. Wegen seines Ranges war er zwar nicht befugt, in einem Tempel zu ermitteln. Doch konnte es nicht sein, daß ein Priester ihm Enthüllungen über den Diebstahl des himmlischen Eisens und des Dächsels zu offenbaren wünschte?

Paser war bewegt. Er drang zum ersten Male in das Innere des Tempels. Hohe Mauern trennten die Gemeinen von der Welt der Auserwählten, denen es oblag, die göttliche Kraft zu unterhalten und sie ausströmen zu lassen, auf daß das Band zwischen dem Menschengeschlecht und den Schöpfermächten nicht unterbrochen werde. Gewiß, der Tempel war auch ein Mittelpunkt des Handels angesichts seiner Werkstätten, Bäckereien, Schlachtereien und Lager, in denen die besten Handwerker des Reiches arbeiteten; gewiß, der erste Große Hof unter freiem Himmel war den angesehenen Persönlichkeiten zum Anlaß der großen Feste zugänglich. Jenseits indes begann der Bereich des Geheimnisvollen, des steinernen Gartens, in dem der Mensch die Stimme nicht mehr erheben durfte, um die der Götter zu vernehmen.

Pasers Führer folgte der Umfriedungsmauer bis zu einer kleinen Tür, die mit einem kupfernen Rad versehen war, welches einen Schieber bediente; indem sie daran drehten, lösten die beiden Männer einen Schwall Wassers aus, mit dem sie sich das Gesicht, die Hände und die Füße reinigten. Der Priester bat Paser, im Dämmerlicht an der Schwelle eines Säulengangs zu warten.

*

Einsiedler, in weißes Leinen gekleidet, traten aus ihren am Rande des Heiligen Sees erbauten Behausungen; aus dem See schöpften sie das Wasser für ihre morgendlichen Waschungen. Sich zu einem feierlichen Zug zusammenfindend, legten sie Feldfrüchte und Brot auf den Altären nieder, während der Hohepriester, der im Namen PHARAOS[1] wirkte, eine Lampe entfachte, das Siegel des Naos erbrach, in dem die Statue des Gottes ruhte, Weihrauch streute und gleichzeitig mit allen anderen Hohenpriestern, die zur gleichen Stunde dasselbe Ritual in allen Tempeln Ägyptens vollzogen, die Formel »Wache auf in Frieden« sprach.
In einem der Säle des Inneren Tempels waren neun Männer versammelt. Der Wesir, der Hüter der Maat, der Oberste Verwalter der Beiden Weißen Häuser[2], der Zuständige der Kanäle und Vorsteher der Wasserbauten, der Oberste Verwalter der Schriften, der Oberste Verwalter der Felder, der Vorsteher der Geheimen Sendungen, der Schreiber der Liegenschaften und der Kammerherr des Königs bildeten den Rat der Neun[3] Freunde von Ramses dem Großen. Jeden Monat besprachen sie sich an diesem geheimen Ort, fernab ihrer Amtshäuser und ihrer Bediensteten. Der Friede und

---

[1] PHARAO ist der einzige »Priester« Ägyptens; er allein kann die Verbindung der Gesellschaft mit dem Göttlichen aufrechterhalten. In den verschiedenen Tempeln Ägyptens wirkten die Auserwählten, wenn sie die Riten zelebrierten, im Auftrage des Königs.
[2] Unserem heutigen Wirtschaftsminister entsprechend.
[3] Die Zahl 9, *Plural des Plurals*, steht im Ägyptischen symbolisch für »Vollständigkeit«, »Vollkommenheit« (vgl. »Götterneunheit«). Es gab auch Zehner- und Dreizehnerräte. *(Anm. d. Ü.)*

die lautere Stille des Heiligtums kam ihren Überlegungen zugute. Ihre Mühsal erschien ihnen nämlich zunehmend beschwerlicher, seitdem PHARAO ungewöhnliche Weisungen erteilt hatte, als ob das Reich in höchster Gefahr wäre. Ein jeder mußte in seiner Verwaltung eine gezielte Überprüfung vornehmen, um sich der Redlichkeit seiner hochrangigsten Gefolgsleute zu versichern. Ramses hatte rasche Ergebnisse verlangt. Unregelmäßigkeiten und Nachlässigkeit sollten mit letzter Kraft verfolgt, die unfähigen Beamten davongejagt werden. Jeder der Neun Freunde hatte bei Unterredungen mit PHARAO den Herrscher gedankenverloren, ja gar besorgt vorgefunden.

Nach einer Nacht fruchtbarer Gespräche gingen die neun Männer auseinander. Ein Priester kam hinzu und flüsterte Bagi einige Worte ins Ohr, worauf dieser sich zur Schwelle des Säulensaals wandte.

»Habt Dank, daß Ihr gekommen seid, Richter Paser. Ich bin der Wesir.«

Durch die Erhabenheit der Stätte bereits beeindruckt, war Paser es noch um so mehr durch diese Begegnung. Ihm, dem niederen Richter von Memphis, kam die ungeheure Bevorzugung zuteil, von Angesicht zu Angesicht mit dem Wesir Bagi zu sprechen, dessen sagenumwobene Unerbittlichkeit die gesamte Hierarchie erschreckte.

Bagi war größer als Paser, hatte ein längliches, strenges Gesicht und eine verschleierte, etwas rauhe Stimme. Sein Tonfall war kalt, beinahe schroff.

»Ich legte Wert darauf, Euch hier zu sehen, auf daß unsere Zusammenkunft geheim bleiben möge. Falls Ihr sie als gesetzeswidrig betrachtet, könnt Ihr Euch zurückziehen.«

»Ich höre Euch zu.«

»Seid Ihr Euch der Gewichtigkeit der Verhandlung bewußt, die Ihr führt?«

»Heerführer Ascher ist eine hohe Persönlichkeit, doch ich glaube, sein Amtsvergehen bewiesen zu haben.«

»Seid Ihr davon überzeugt?«

»Sethis Zeugenaussage ist unbestreitbar.«

»Ist er nicht Euer bester Freund?«

»Das trifft zu, jedoch beeinflußt diese Freundschaft mein Urteil in keinster Weise.«

»Der Fehler wäre unverzeihlich.«

»Die Sachverhalte scheinen mir belegt.«

»Ist es nicht an den Geschworenen, darüber zu entscheiden?«

»Ich werde mich ihrem Beschluß beugen.«

»Indem Ihr gegen Heerführer Ascher vorgeht, zieht Ihr unsere Verteidigungsmaßnahmen in Asien mit hinein. Selbstvertrauen und Zucht unserer Truppen werden dabei Schaden nehmen.«

»Wenn die Wahrheit nicht aufgedeckt worden wäre, wäre das Land einer weit schlimmeren Gefahr ausgesetzt worden.«

»Hat man versucht, Eure Untersuchung zu behindern?«

»Die Streitkräfte haben Fallschlingen auf meinem Weg ausgelegt, und ich bin mir sicher, daß Morde begangen worden sind.«

»Der fünfte Altgediente.«

»Die fünf Altgedienten wurden gewaltsam beseitigt, drei davon in Gizeh, die beiden Überlebenden in ihren Dörfern. Das ist meine Überzeugung. Es obliegt dem Ältesten der Vorhalle, die Ermittlung fortzusetzen, aber ...«

»Aber?«

Paser zögerte. Der Wesir stand vor ihm. Sich leichtfertig auszusprechen, würde ihm zum Verhängnis werden, seinen Gedanken zu verhehlen, käme der Lüge gleich. All jene, die Bagi zu täuschen versucht hatten, gehörten seiner Verwaltung nicht mehr an.

»Aber ich habe nicht den Eindruck, daß er sie mit der nötigen Zähigkeit durchführen wird.«

»Solltet Ihr den höchsten Gerichtsbeamten von Memphis der Unfähigkeit bezichtigen?«

»Ich habe das Gefühl, der Kampf gegen die Finsternis verlockt ihn kaum noch. Seine Erfahrung läßt ihn derart viele besorgniserregende Folgen voraussahnen, daß er es vorzieht, sich abseits zu halten, statt sich auf gefahrvolles Gebiet vorzuwagen.«

»Der Tadel ist streng. Glaubt Ihr ihn verstrickt?«

»Lediglich mit wichtigen Persönlichkeiten verbunden, die er nicht zu verdrießen wünscht.«

»Das entfernt uns weit von der Gerechtigkeit.«

»In der Tat verstehe ich sie so nicht.«

»Falls Heerführer Ascher verurteilt würde, wird er Berufung einlegen.«

»Das ist sein Recht.«

»Wie auch immer der Spruch des Gerichts lauten mag, wird der Älteste der Vorhalle Euch die Gerichtsbarkeit dieses Vorgangs nicht entziehen, und er wird Euch auffordern, die richterliche Untersuchung bezüglich der dunklen Punkte fortzusetzen.«

»Erlaubt mir, daran zu zweifeln.«

»Dann tut Ihr unrecht, da ich ihm den Befehl dazu erteilen werde. Ich will Licht in seiner ganzen Klarheit, Richter Paser.«

*

»Sethi ist seit gestern abend zurück«, enthüllte Kem Paser. Der Richter war verblüfft.

»Weshalb ist er nicht hier?«

»Er wird in der Kaserne festgehalten.«

»Das ist ungesetzlich!«

Paser eilte zur Hauptkaserne, in der er von jenem Schreiber empfangen wurde, der die Abordnung befehligt hatte.

»Ich verlange Erklärungen.«

»Wir haben uns zum Ort des Vergehens begeben. Der Offizier Sethi hat die Stätte wiedererkannt, doch wir haben vergebens nach dem Leichnam des Kundschafters gesucht. Ich hielt es für angebracht, den Offizier Sethi in Gewahrsam zu nehmen.«

»Diese Entscheidung ist unannehmbar, solange die laufende Verhandlung nicht abgeschlossen ist.«

Der Schreiber erkannte die Stichhaltigkeit des Einwands an.
Sethi wurde sofort freigelassen.

Die beiden Freunde umarmten sich herzlich.

»Hast du Mißhandlungen erlitten?«

»Keine. Meine Weggefährten waren von Aschers Schuld
überzeugt; dieser Mißerfolg entmutigt sie zutiefst. Selbst die
Höhle war verwüstet worden, um jegliche Spur zu verwi-
schen.«

»Wir hatten doch Geheimhaltung gewahrt.«

»Ascher und seine Bundesgenossen hatten ihre Vorsichtsmaßnahmen getroffen. Ich bin so arglos wie du, Paser; wir
beide, wir werden sie allein nicht bezwingen.«

»Zum einen ist die Verhandlung noch nicht verloren; und
dann verfüge ich über erhebliche Vollmachten.«

*

Die Sitzung wurde bereits am nächsten Tag wieder aufgenommen.

Paser rief Sethi auf.

»Berichtet bitte von Eurem Erkundungszug zum Ort des
Verbrechens.«

»Im Beisein von vereidigten Zeugen habe ich das Verschwinden des Leichnams feststellen müssen. Männer der Schanz-
truppen haben alles umgewühlt.«

»Hanebüchen«, meinte Ascher. »Der Offizier hat eine Mär
erfunden und versucht nun, sie zu stützen.«

»Bleibt Ihr bei Euren Anschuldigungen, Offizier Sethi?«

»Ich habe den Heerführer Ascher wahrhaftig einen Ägypter
foltern und ermorden sehen.«

»Wo ist der Körper?« höhnte der Beklagte.

»Ihr habt ihn verschwinden lassen.«

»Ich, Heerführer der Asien-Streitmacht, ich soll wie der
gemeinste aller Missetäter handeln? Wer wird das glauben?
Es gibt noch eine andere Deutung der Begebenheiten:
Könntet Ihr Euch nicht Eures Streitwagenführers entledigt
haben, weil Ihr der Spießgeselle der Beduinen gewesen wärt?

Und wenn Ihr der Verbrecher wäret, der nun Sorge trüge, andere zu belasten, um sich selbst reinzuwaschen? In Ermanglung von Beweisen wendet sich die Machenschaft nun gegen ihren Urheber. Deshalb verlange ich, daß Ihr bestraft werdet.«

Sethi ballte die Fäuste.

»Ihr seid schuldig, und Ihr wißt das. Wie könnt Ihr es wagen, den Besten unserer Truppen eine Ausbildung zu erteilen, wo Ihr doch einen Eurer Männer abgeschlachtet habt und Eure eigenen Krieger in Hinterhalte fallen ließet?«

Ascher erwiderte mit gedämpfter Stimme.

»Die Geschworenen werden diese zunehmend wahnwitzigeren Hirngespinste einzuschätzen wissen; bald wird man mich als Ausrotter der ägyptischen Streitkräfte bezichtigen!«

Des Heerführers spöttisches Lächeln brachte die Versammlung auf seine Seite.

»Sethi äußert sich unter Eid«, erinnerte Paser, »und Ihr habt seine Fähigkeiten als Soldat anerkannt.«

»Sein Heldentum hat ihm den Kopf verdreht.«

»Das Verschwinden des Leichnams hebt die Aussage des Offiziers nicht auf.«

»Ihr werdet eingestehen, Richter Paser, daß es deren Tragweite erheblich abschwächt! Auch ich sage hier unter Eid aus. Sollte mein Wort denn nicht soviel wie das von Sethi wiegen? Wenn er tatsächlich einem Mord beigewohnt hat, täuscht er sich in der Person des Mörders. Wenn er einwilligt, sich auf der Stelle und in aller Öffentlichkeit bei mir zu entschuldigen, bin ich geneigt, seinen vorübergehenden Wahn zu vergessen.«

Der Richter wandte sich an den Kläger.

»Offizier Sethi, leistet Ihr diesem Angebot Folge?«

»Als ich mich aus dem Wespennest rettete, in dem ich fast gestorben wäre, habe ich mir geschworen, den verächtlichsten aller Männer bestrafen zu lassen. Ascher ist gewandt, er nährt den Zweifel und den Verdacht. Nun schlägt er mir vor, mich selbst zu verleugnen! Bis zu meinem letzten Atemzug werde ich die Wahrheit verkünden.«

»Der blinden Unbeugsamkeit eines Soldaten gegenüber, der den Verstand verloren hat, bekräftige ich, Heerführer und Bannerträger zur Rechten des Königs, meine Unschuld.«

Sethi verspürte durchaus Lust, sich auf den Krieger zu stürzen und die Wahrheit aus ihm herauszuprügeln. Ein nachdrücklicher Blick von Paser hielt ihn davon ab.

»Wünscht eine der hier anwesenden Personen, sich einzulassen?«

Die Versammlung blieb stumm.

»Wenn dem nicht so ist, entlasse ich die Geschworenen zur Beratung.«

*

Die Geschworenen tagten in einem Saal des Palastes, der Richter führte den Vorsitz über die Aussprache; in dem einen oder anderen Sinne einzugreifen, hatte er nicht das Recht. Seine Aufgabe bestand darin, das Wort zu erteilen, Streitigkeiten zu vermeiden und die Würde des Gerichts zu bewahren.

Monthmose sprach sich als erster aus, mit Unvoreingenommenheit und Maß. Einige Verdeutlichungen wurden seiner Rede hinzugefügt, deren Schlußfolgerungen dann ohne große Änderungen angenommen wurden. Weniger als zwei Stunden später verlas Paser den Spruch, den Iarrot aufzeichnete.

»Der Zahnheilkundler Qadasch ist der Falschaussage für schuldig befunden worden. In Anbetracht der geringen Schwere der vorgebrachten Lüge, seiner glänzenden Vergangenheit als Praktiker und seines Alters wird Qadasch dazu verurteilt, dem Tempel einen Mastochsen und der Kaserne der Altgedienten, die er mit seiner unangebrachten Anwesenheit in Unruhe versetzt hat, einhundert Sack Korn zu entrichten.«

Qadasch schlug sich erleichtert auf die Knie.

»Wünscht der Zahnheilkundler Qadasch Berufung einzulegen und weist er dieses Urteil zurück?«

Der Angesprochene erhob sich.

»Ich nehme es an, Richter Paser.«

»Gegen den Metallkundler ist kein Anklagepunkt aufrechterhalten worden.«

Der Mann mit dem kleinen schwarzen Schnurrbart zeigte nicht die geringste Regung. Sein Gesicht schmückte sich nicht einmal mit einem Lächeln.

»Der Heerführer Ascher ist zweier amtlicher Verfehlungen für schuldig befunden worden, die ohne Folgen für die geordnete Tätigkeit der Asien-Streitmacht blieben. Zudem sind die geltend gemachten Entschuldigungsgründe als triftig angesehen worden. Eine einfache Verwarnung wird daher gegen ihn ausgesprochen, auf daß sich derartige Unzulänglichkeiten nicht wiederholen mögen. Die Geschworenen haben befunden, daß der Mord nicht in ausdrücklicher und entscheidender Weise bewiesen werden konnte. An diesem Tage also wird der Heerführer nicht als Verräter und Missetäter angesehen, wenngleich die Aussage des Offiziers Sethi nicht einfach als verleumderisch bezeichnet werden kann. Da die Geschworenen wegen der Unklarheiten, die mehrere wesentliche Sachverhalte umgeben, sich nicht entschieden haben aussprechen können, ersucht das Gericht um eine Verlängerung der Untersuchung, damit die Wahrheit schnellstmöglich gefunden werde.«

39. KAPITEL

Der Älteste der Vorhalle goß ein Beet Schwertlilien, die zwischen den Hibisken wuchsen. Seit fünf Jahren war er Witwer und lebte allein in dem Herrenhaus im Südviertel.

»Seid Ihr stolz auf Euch, Richter Paser? Ihr habt das Ansehen eines von allen geschätzten Heerführers beschmutzt, Verwirrung in den Gemütern gestiftet, ohne auch nur den Sieg Eures Freundes Sethi zu erwirken.«

»Dieser war nicht mein Ziel.«

»Wonach trachtetet Ihr?«

»Nach der Wahrheit.«

»Ach, die Wahrheit! Wißt Ihr denn nicht, daß sie flüchtiger als ein Aal ist?«

»Habe ich denn nicht die Umstände einer Verschwörung wider das Reich ans Licht gebracht?«

»Hört auf, Albernheiten daherzureden. Helft mir lieber, mich wieder zu erheben, und gießt behutsam etwas Wasser an die Füßchen der Narzissen. Das wird Euch eine Abwechslung zu Eurer gewohnten Forschheit sein.«

Paser gehorchte.

»Habt Ihr unseren Helden besänftigt?«

Sethis Zorn wollte nicht verrauchen.

»Was hat er denn gehofft? Heerführer Ascher mit einem kopflosen Streich zu Fall zu bringen?«

»Ihr glaubt wie ich, daß dieser schuldig ist.«

»Ihr seid recht aufdringlich. Ein Fehler mehr.«

»Haben meine Beweisgründe Euch verwirrt?«

»In meinem Alter bewegt mich nichts mehr.«

»Ich bin vom Gegenteil überzeugt.«

»Ich bin müde, diese langwierigen Ermittlungen sind nichts

mehr für mich. Da Ihr das Ganze begonnen habt, verfolgt es weiter.«

»Darf ich das so verstehen, daß ...«

»Ihr habt mich bestens verstanden. Meine Entscheidung ist getroffen, ich werde meine Meinung nicht mehr ändern.«

*

Die Nachricht machte rasch die Runde im Palast und in den Amtsgebäuden: Zur allgemeinen Verwunderung entzog die Obrigkeit Richter Paser die Angelegenheit Ascher nicht. Wenngleich er zu keinem Erfolg gelangt war, hatte der junge Gerichtsbeamte etliche Würdenträger durch seine Zielstrebigkeit beeindruckt. Er hatte weder den Kläger noch den Beklagten bevorzugt und auch die Lücken der Untersuchung nicht verschleiert. Manche hatten gar, seine Jugendlichkeit völlig außer acht lassend, hervorgehoben, welch eine Zukunft ihm bevorstünde, auch wenn diese wegen der Persönlichkeit des Beschuldigten gefährdet sein konnte. Zweifelsohne hatte Paser unrecht daran getan, der Zeugenaussage von Sethi, diesem Helden eines Tages und wunderlichen Schwärmer, allzu großen Glauben zu schenken; obwohl die meisten nämlich, nach reiflicher Überlegung, von der Unschuld des Heerführers überzeugt waren, kamen alle darin überein, daß der Richter beunruhigende Sachverhalte an den Tag gebracht hatte. Das Verschwinden der fünf Altgedienten und der Diebstahl des himmlischen Eisens erschienen – sofern die Verschwörung, mit der dies alles in Verbindung stehen sollte, nicht bloße Einbildung war – als empörende Vorkommnisse, die nicht in Vergessenheit geraten durften. Das Reich, die Gerichtsobrigkeit, die Würdenträger, das Volk, alle erwarteten von Richter Paser die Enthüllung der Wahrheit.

Pasers Benennung dämpfte Sethis Wut, der seine Enttäuschung in Panthers Armen zu vergessen suchte; er versprach dem Richter, nichts zu unternehmen, bevor sie nicht eine gcmcinsame Vorgehensweise ausgearbeitet hätten. Er war zwar in der Würde eines Offiziers der Streitwagentruppe belassen worden, würde jedoch bis zum endgültigen Urteilsspruch an keinem Unternehmen mitwirken.

*

Die sterbende Sonne vergoldete den Sand der Wüste und den Fels der Steinbrüche; die Werkzeuge der Arbeiter waren verstummt, die Bauern kehrten zu den Höfen heim, von ihrer Last befreit, ruhten die Esel sich aus. Auf den flachen Dächern der Häuser von Memphis genoß man die Kühle, während man Käse aß und Bier trank. Brav hatte sich in ganzer Länge auf Branirs Terrasse ausgestreckt und träumte von dem Stück gebratenen Ochsenfleisch, das er soeben verspeist hatte. In der Ferne bildeten die Pyramiden der Ebene von Gizeh Dreiecke von vollendeter Reinheit, Grenzsteine der Ewigkeit im Dämmerlicht. Wie an jedem Abend der Herrschaft Ramses' des Großen schlummerte das Land in Frieden und mit der Überzeugung ein, daß die Sonne die Schlange der Tiefen bezwingen[1] und im Morgengrauen wiedererstehen würde.

»Du hast das Hindernis überwunden«, meinte Branir.

»Ein magerer Erfolg«, wandte Paser ein.

»Du bist als rechtschaffener und sachkundiger Richter anerkannt, und du hast die Möglichkeit erhalten, die Ermittlung ohne jedes Hemmnis fortzuführen. Was will man mehr?«

»Ascher hat gelogen, dabei stand er doch unter Eid. Ein Mörder, und gleichzeitig ein Meineidiger.«

»Deine Geschworenen haben dich nicht gerügt. Weder der Vorsteher der Ordnungskräfte noch Nenophar haben danach getrachtet, den Heerführer als unschuldig hinzustellen. Sie haben dich deinem Schicksal anheimgestellt.«

---

[1] Jede Nacht muß die Sonne sich in der Unterwelt Apophis, einer ungeheuren Schlange, die zum Drachen der mittelalterlichen Mythologie werden wird, stellen und diese bezwingen.

»Der Älteste der Vorhalle hätte mir die Angelegenheit liebend gerne entzogen.«

»Er hat Vertrauen in deine Fähigkeiten, und der Wesir möchte einen hieb- und stichfesten Vorgang, um mit Bedacht einzuschreiten.«

»Ascher ist so umsichtig gewesen, die Beweise zu vernichten; ich fürchte, meine Nachforschungen könnten unergiebig bleiben.«

»Dein Weg wird lang und schwierig sein, doch du kannst zum Ziel gelangen. Bald wird dir die Unterstützung des Hohenpriesters von Karnak zugute kommen, und du wirst Zugang zur Schriftenverwahrung des Tempels erhalten.«

Sobald Branirs Berufung amtlich sein würde, wollte Paser über den Diebstahl des himmlischen Eisens und des Dächsels ermitteln.

»Du bist dein eigener Herr geworden, Paser. Unterscheide das Recht von der Unbilligkeit, ohne den Ratschlägen jener zu erliegen, die sie verquicken und vertauschen, um die Geister in die Irre zu führen. Diese Gerichtsverhandlung war lediglich ein Geplänkel; der wahre Kampf bleibt noch zu fechten. Auch Neferet wird stolz auf dich sein.«

Im Licht der Sterne erstrahlten die Seelen der Weisen. Paser dankte den Göttern, die ihm erlaubt hatten, einem von ihnen in der Welt der Menschen zu begegnen.

*

Wind des Nordens war ein stiller und versonnener Esel. Er stieß nur selten den für seine Art bezeichnenden Schrei aus, der so rauh und markerschütternd war, daß er ein ganzes Gäßchen aufweckte.

Paser fuhr aus dem Schlaf hoch.

Dies war tatsächlich der Ruf seines Esels, der an jenem frühen Tagesanbruch erscholl, da Brav und er sich einen faulen Morgen zuzubilligen gedachten. Der Richter öffnete das Fenster.

Zu Füßen des Hauses hatten sich an die zwanzig Menschen

zusammengeschart. Der Oberste Arzt Neb-Amun schwang die Faust.

»Hier stehen die besten Heilkundigen von Memphis, Richter Paser! Wir erstatten Anzeige gegen unsere Standesschwester Neferet wegen Zubereitung gefährlicher Arzneien und fordern Ihren Ausschluß aus der Körperschaft der Heilkunde.«

*

Paser ging zur heißesten Stunde am Westufer von Theben an Land. Er beschlagnahmte einen Wagen der Ordnungskräfte, dessen Lenker im Schatten eines Vordaches schlief, und befahl diesem, ihn in voller Fahrt zu Neferets Dorf zu bringen. Als unumschränkte Herrscherin hielt die Sonne die Zeit an, verlieh den Palmen ein ewigliches Grün und verdammte die Menschen zur Stille und zur Trägheit.

Neferet war weder in ihrem Heim noch in ihrer Wirkstätte.

»Am Kanal«, erklärte ein Greis, für einen kurzen Augenblick seinem Schlaf entrissen.

Paser ließ den Wagen stehen, ging ein Kornfeld entlang, durchquerte einen schattigen Garten, schlug einen kleinen Pfad ein und gelangte zum Kanal, in dem sich zu baden die Dörfler die Gewohnheit hatten. Er kletterte die steile Böschung hinunter, teilte einen Vorhang aus Schilf ... und sah sie.

Er hätte rufen, die Augen schließen, sich umdrehen müssen, doch kein Wort drang aus seinem Mund, und er verharrte regungslos, derart bezauberte ihn die Schönheit der jungen Frau.

Nackt schwamm sie mit der Anmut derer, die nicht gegen das Wasser ankämpfen und sich tragen lassen. Das Haar unter einer Haube aus Binsen, tauchte sie mühelos unter und wieder auf. An ihrem Hals hing eine mit türkisfarbenen Perlen gezierte Kette.

Als sie ihn erblickte, schwamm sie unbekümmert weiter.

»Das Wasser ist herrlich, kommt Euch baden.«

Paser schlüpfte aus seinem Schurz und näherte sich ihr,

ohne die Frische wahrzunehmen. Sie reichte ihm die Hand,
er ergriff sie fiebrig. Eine Welle trug sie zueinander. Als ihre
Brüste seinen Oberkörper berührten, wich sie nicht zurück.
Er wagte, seine Lippen auf die ihren zu legen und sie an sich
zu drücken.

»Ich liebe Euch, Neferet.«

»Ich werde lernen, Euch zu lieben.«

»Ihr seid die erste, und es wird keine andere geben.«

Er küßte sie ungeschickt. Umschlungen kehrten sie zur
Böschung zurück und strecken sich auf einem zwischen dem
Schilf versteckten Streifen Sand aus.

»Auch ich bin noch Jungfrau.«

»Ich möchte Euch mein Leben schenken. Schon morgen
halte ich um Eure Hand an.«

Sie lächelte, erobert und hingegeben.

»Liebe mich, liebe mich, so sehr du kannst.«

Er legte sich auf sie, den Blick in ihren blauen Augen
verloren. Ihre Seelen und ihre Körper vereinigten sich unter
der Mittagssonne.

*

Neferet lauschte der Rede ihres Vaters, eines Riegel-
schmieds, und der ihrer Mutter, die Weberin in einer Werkstatt mitten in Theben war. Weder er noch sie widersetzten
sich der Vermählung, wünschten jedoch, ihren zukünftigen
Eidam zu sehen, bevor sie sich entscheiden wollten. Gewiß,
die junge Frau bedurfte keineswegs ihrer Einwilligung, aber
die Hochachtung, die sie ihnen gegenüber empfand, erlaubte ihr nicht, diese zu übergehen. Ihre Mutter erhob einige
Vorbehalte: War Paser nicht zu jung? Was seine Zukunft
anlangte, blieben noch gewisse Zweifel bestehen. Und dazu
diese Verspätung, am Tage seines Heiratsantrages!

Ihre Aufgeregtheit übertrug sich auf Neferet. Ein schreckli-
cher Gedanke fuhr ihr jäh durch den Sinn: Und wenn er sie
schon nicht mehr liebte? Wenn er, im Widerspruch zu seinen
Bekundungen, nur nach einer Liebelei gesucht hätte? Nein,

das war unmöglich. Seine Leidenschaft würde Bestand haben wie das Thebanische Gebirge.

Endlich schritt er über die Schwelle der bescheidenen Behausung. Neferet blieb zurückhaltend, wie es die Feierlichkeit des Augenblicks verlangte.

»Ich bitte Euch, mir zu vergeben; ich habe mich in den Gäßchen verirrt. Ich muß gestehen, nicht den geringsten Ortssinn zu haben; für gewöhnlich ist es mein Esel, der mich führt.«

»Ihr besitzt einen?« wunderte sich Neferets Mutter.

»Er heißt Wind des Nordens.«

»Jung und bei guter Gesundheit?«

»Krankheit ist ihm fremd.«

»Welche anderen Güter besitzt Ihr?«

»Nächsten Monat werde ich über ein Haus in Memphis verfügen.«

»Richter, das ist ein guter Beruf«, bemerkte der Vater.

»Unsere Tochter ist jung«, hob die Mutter hervor. »Könntet Ihr nicht etwas warten?«

»Ich liebe sie und hege den Wunsch, sie zu heiraten, ohne einen Augenblick zu verlieren.«

Paser wirkte ernst und entschlossen. Neferet betrachtete ihn mit den Augen einer verliebten Frau. Die Eltern gaben nach.

*

Sethis Streitwagen durchquerte in schneller Fahrt das Portal der Hauptkaserne von Memphis. Die Wachen ließen ihre Lanzen fallen und warfen sich auf die Erde, um nicht zerquetscht zu werden. Sethi sprang ab, während die Pferde ihre Hatz im großen Hof fortsetzten. Er erklomm, vier Stufen auf einmal nehmend, die Treppe, die zur Unterkunft der höheren Offiziere führte, wo auch der Heerführer Ascher weilte. Mit einem Schlag des Ellbogens in den Nacken räumte er den ersten Ordnungshüter aus dem Wege, mit einem Fausthieb in den Bauch den zweiten und mit einem Fußtritt in die Hoden den dritten. Der vierte hatte noch Zeit, sein

411

Schwert aus der Scheide zu ziehen und ihn an der linken Schulter zu verletzen; der Schmerz vervielfachte die Raserei des Offiziers der Streitwagentruppe; er schlug seinen Gegner, beide Fäuste zu einem Amboß vereint, ohnmächtig.

Auf einer Matte sitzend, eine Karte Asiens vor sich entrollt, drehte Heerführer Ascher den Kopf Sethi zu.

»Was willst du hier?«

»Euch vernichten.«

»Beruhige dich.«

»Ihr entwischt der Gerechtigkeit, aber nicht mir.«

»Falls du mich angreifst, wirst du diese Kaserne nicht lebend verlassen.«

»Wie viele Ägypter habt Ihr mit Euren Händen getötet?«

»Du warst erschöpft, deine Sicht war getrübt. Du hast dich getäuscht.«

»Ihr wißt genau, daß das nicht stimmt.«

»Dann laß uns einen Vergleich schließen.«

»Einen Vergleich schließen?«

»Eine öffentliche Aussöhnung täte die beste Wirkung. Ich wäre in meiner Stellung bestärkt, dir käme eine Beförderung zugute.«

Sethi stürzte sich auf Ascher und drückte ihm die Kehle zu.

»Verrecke, du dreckiger Schuft.«

Soldaten umfaßten den Wahnsinnigen, hinderten ihn daran, ihren Anführer zu erwürgen und bleuten ihn durch.

*

Großmütig reichte Heerführer Ascher keine Klage gegen Sethi ein. Er verstehe, so bekundete er, die Regung seines Angreifers, wenngleich dieser sich in der Person des Schuldigen irre. An seiner Stelle hätte er auf dieselbe Art und Weise gehandelt. Dieses Verhalten spreche zu seinen Gunsten.

Sogleich nach seiner Rückkehr von Theben setzte Paser alles ins Werk, um seinen in der Hauptkaserne festgesetzten Freund Sethi zu befreien. Ascher war sogar bereit, die Strafmaßnahmen wegen Ungehorsams und Beleidigung eines

Vorgesetzten aufzuheben, falls der Held seinen Austritt aus den Streitkräften erklärte.

»Nimm an«, riet Paser.

»Vergib mir, ich habe mein Versprechen vergessen.«

»Mit dir bin ich stets zu nachsichtig.«

»Du wirst Ascher nicht besiegen.«

»Ich bin beharrlich.«

»Er ist gerissen.«

»Vergiß das Heer.«

»Die strenge Zucht mißfällt mir. Ich habe andere Pläne.«

Paser fürchtete, sie zu kennen.

»Wirst du mir helfen, einen Festtag auszurichten?«

»Zu welchem Anlaß?«

»Meiner Vermählung.«

*

Die Verschwörer fanden sich in einem verlassenen Hof zusammen. Jeder hatte sich versichert, daß niemand ihm gefolgt war.

Seitdem sie die Große Pyramide geplündert und PHARAOS Herrschaftszeichen gestohlen hatten, hatten sie sich damit begnügt, die Dinge zu beobachten. Die inzwischen eingetretenen Ereignisse zwangen sie nun, eine Entscheidung zu treffen.

Allein Ramses der Große wußte, daß sein Thron auf wanderndem Sand ruhte. Sobald seine Macht nachließe, müßte er sein Verjüngungsfest begehen, folglich dem Hof und dem Lande eingestehen, daß er das Testament der Götter nicht mehr besaß.

»Der König ist widerstandsfähiger, als wir vermutet hatten.«

»Geduld ist unsere beste Waffe.«

»Die Monate verstreichen.«

»Welches Wagnis gehen wir ein? PHARAO sind Hände und Füße gebunden. Er ergreift Maßnahmen, verhärtet seine Haltung gegenüber seiner eigenen Verwaltung, kann sich jedoch niemandem anvertrauen. Die ihm eigene Standhaf-

413

tigkeit zerbröckelt; der Mann ist dem Untergang geweiht, und er ist sich dessen bewußt.«

»Wir haben das himmlische Eisen und den Dächsel verloren.«

»Ein Gefechtsfehler.«

»Ich, für meinen Teil, habe Angst. Wir sollten der Sache entsagen, die gestohlenen Gegenstände zurückerstatten.«

»Töricht!«

»Laßt uns nicht so nahe am Ziel aufgeben.«

»Ägypten ist in unseren Händen; morgen werden das Reich und seine Schätze uns gehören. Solltet Ihr unser großes Vorhaben aus dem Blick verlieren?«

»Jede Eroberung bringt Opfer mit sich, diese hier noch mehr als irgendeine andere! Kein Gewissensbiß darf uns aufhalten. Ein paar Leichen am Wegesrand haben keinerlei Bedeutung im Hinblick auf das, was wir vollbringen wollen.«

»Dieser Richter Paser ist eine wahrhaftige Gefahr. Allein seine Vorgehensweise ist der Grund, daß wir uns heute versammelt haben.«

»Ihm wird der Atem ausgehen.«

»Gebt Euch keiner Täuschung hin! Er ist der verbissenste aller Ermittler.«

»Er weiß nichts.«

»Er hat sogar seine erste große Gerichtsverhandlung meisterlich durchgeführt. Manche seiner Eingebungen und Erkenntnisse sind furchteinflößend; er hat bedeutsame Punkte zusammengetragen und könnte unser Werk in Gefahr bringen.«

»Bei seinem Eintreffen in Memphis stand er allein; mittlerweile verfügt er über nicht unbeachtlichen Rückhalt. Falls er einen Schritt in die richtige Richtung macht, wer wird ihn dann noch aufhalten? Wir hätten seinen Aufstieg unterbinden müssen.«

»Es ist noch nicht zu spät.«

40. KAPITEL

Bei der Ankunft des aus Theben kommenden Schiffes wartete Sethi auf Neferet.

»Ihr seid die Schönste!«

»Muß ich vor einem Helden erröten?«

»Wenn ich Euch sehe, wäre ich lieber Richter. Gebt mir Euren Reisebeutel; ich glaube, der Esel wird ihn mit Freuden tragen.«

Sie wirkte plötzlich besorgt.

»Wo ist Paser?«

»Er reinigt das Haus und ist noch nicht fertig damit; deshalb empfange ich Euch. Ich bin so glücklich für Euch beide!«

»Und wie steht es mit Eurer Gesundheit?«

»Ihr seid die beste aller Heilerinnen. Ich habe meine Kräfte wiedererlangt und gedenke, sie wohl zu gebrauchen.«

»Ohne Unbesonnenheiten zu begehen, hoffe ich?«

»Seid beruhigt. Lassen wir Paser nicht warten; seit gestern spricht er nur von widrigen Winden, wahrscheinlicher Verspätung und ich weiß nicht von welchen Unbilden noch, die Eure Reise behindern könnten. In einem solchen Maße verliebt zu sein, verblüfft mich.«

Wind des Nordens legte einen guten Schritt vor.

Der Richter hatte seinem Gerichtsschreiber einen Tag freigegeben, die Vorderwand seiner Behausung mit Blumen geschmückt und das Innere ausgeräuchert. Ein feiner Duft von Olibanum und Jasmin schwebte in der Luft.

Neferets grüner Affe und Pasers Hund blickten sich mit Argwohn an, während der Richter die junge Ärztin in seine Arme nahm. Die Bewohner des Viertels, die stets auf ungewöhnliche Ereignisse lauerten, wurden rasch aufmerksam.

»Ich sorge mich wegen der Kranken, die ich im Dorf im Stich gelassen habe.«

»Sie werden sich an einen anderen Heiler gewöhnen müssen; in drei Tagen werden wir in Branirs Haus ziehen.«

»Wünschst du noch immer, mich zu heiraten?«

An Stelle einer Antwort hob er sie hoch und trug sie über die Schwelle des Häuschens, in dem er so viele Nächte nur von ihr geträumt hatte.

Draußen stieß man Freudenschreie aus. Von Amts wegen wurden Paser und Neferet somit ohne jede andere Förmlichkeit Mann und Frau, da sie nun gemeinsam unter einem Dach lebten.

*

Nach einer festlichen Nacht, an der das gesamte Viertel teilnahm, schliefen sie eng umschlungen bis gegen Mittag. Als er erwachte, streichelte Paser sie mit den Augen. Er hatte nicht geglaubt, daß das Glück ihn so selig machen würde. Mit geschlossenen Augen nahm sie seine Hand und legte sie auf ihr Herz.

»Schwöre mir, daß wir niemals getrennt werden.«

»Mögen die Götter uns zu einem einzigen Wesen machen und unsere Liebe in die Ewigkeit einschreiben.«

Ihre Körper stimmten derart miteinander überein, daß ihrer beider Wollust in völligem Einklang schwang. Über alle Sinnesfreuden hinaus, die sie mit dem Ungestüm und der Gier von Heranwachsenden genossen, verlebten sie bereits eine Art Jenseitigkeit, aus der ihre Ehe ihre Dauer schöpfen würde.

*

»Nun, Richter Paser, wann werden wir unsere Verhandlung eröffnen? Ich habe erfahren, daß Neferet nach Memphis zurückgekehrt ist. Demnach ist sie also bereit zu erscheinen.«

»Neferet ist meine Gemahlin geworden.«

Der Oberste Arzt verzog das Gesicht.

»Ärgerlich. Ihre Verurteilung wird Euer Ansehen trüben; wenn Ihr auf Eure Laufbahn Wert legt, drängt sich eine rasche Scheidung auf.«

»Besteht Ihr auf Eurer Anklage?«

Neb-Amun brach in Lachen aus.

»Verwirrt die Liebe Euch etwa den Verstand?«

»Hier ist die Aufstellung der Arzneien, die Neferet in ihrer Wirkstätte hergestellt hat. Die Pflanzen dazu sind von Kani, dem Gärtner des Tempels von Karnak, geliefert worden. Wie Ihr bemerken werdet, entsprechen die Zubereitungen der Arzneimittellehre.«

»Ihr seid kein Heilkundiger, Paser, und die Aussage dieses Kani wird nicht genügen, um die Geschworenen zu überzeugen.«

»Meint Ihr, die von Branir wird entscheidender sein?«

Das Lächeln des Obersten Arztes verwandelte sich in ein krampfhaftes Lachen.

»Branir übt nicht mehr aus, er ...«

»Er ist der zukünftige Hohepriester des Tempels von Karnak und wird zu Neferets Gunsten aussagen. Mit der Strenge und der Rechtschaffenheit, die man von ihm kennt, hat Branir die Heilmittel, die Ihr als gefährlich bezeichnet, untersucht. Er konnte nichts Ungewöhnliches feststellen.«

Neb-Amun schäumte vor Wut. Das hohe Ansehen des alten Arztes würde Neferet zu beachtlicher Bekanntheit verhelfen.

»Ich habe Euch unterschätzt, Paser. Ihr seid ein gewiefter Fuchs.«

»Ich gebe mich damit zufrieden, die Wahrheit Eurem Verlangen zu schaden gegenüberzustellen.«

»Heute scheint Ihr Sieger zu sein; morgen werdet Ihr klein beigeben müssen.«

*

Neferet schlief im ersten Stock, Paser bearbeitete einen Vorgang im Erdgeschoß. Als der Esel plötzlich aufschrie, erkannte er, daß sich jemand näherte.

Er trat vor die Tür. Es war niemand da.

Auf dem Boden ein Stück Papyrus. Mit rascher, fehlerloser Schrift:

Branir ist in Gefahr. Kommt schnell.

Der Richter lief in die Nacht.

Die Umgebung von Branirs Haus wirkte friedlich, doch die Tür stand trotz der späten Stunde offen. Paser durchquerte den ersten Raum und fand seinen Meister auf dem Boden sitzend, den Rücken gegen die Wand gelehnt, der Kopf war auf die Brust gesunken. In seinem Hals steckte eine perlmuttene, mit Blut verschmierte Nadel. Sein Herz setzte aus. Erschüttert mußte Paser sich in das Offensichtliche fügen. Man hatte Branir ermordet.

Sogleich darauf traten Ordnungshüter ein und umringten den Richter. Monthmose voran.

»Was tut Ihr hier?«

»Eine Botschaft hat mich darüber unterrichtet, daß Branir in Gefahr schwebe.«

»Zeigt sie mir.«

»Ich habe sie auf der Straße vor meinem Haus fallen lassen.«

»Wir werden es nachprüfen.«

»Weshalb dieses Mißtrauen?«

»Weil ich Euch des Mordes beschuldige.«

*

Monthmose weckte den Ältesten der Vorhalle noch mitten in der Nacht. Der mürrische Gerichtsbeamte war verwundert, Paser von zwei Ordnungshütern eingerahmt zu sehen.

»Bevor ich den Sachverhalt öffentlich mache«, verkündete Monthmose, »möchte ich Eure Meinung dazu hören.«

»Habt Ihr Paser verhaftet?«

»Wegen einer Bluttat.«

»Wen hat er getötet?«

»Branir.«

»Das ist wirklich unglaublich«, griff Paser ein. »Er war mein Meister, und ich verehrte ihn.«

»Weshalb seid Ihr so entschieden, Monthmose?«

»Er ist auf frischer Tat ertappt worden. Paser hat eine perlmuttene Nadel in Branirs Hals gestoßen; das Opfer hat nur wenig geblutet. Als meine Männer und ich in das Haus gedrungen sind, hatte er seine Tat gerade vollendet.«

»Das ist falsch«, begehrte Paser auf. »Ich hatte den Leichnam gerade entdeckt.«

»Habt Ihr nach einem Arzt gerufen, um den Körper zu untersuchen?«

»Ja, Neb-Amun.«

Trotz der großen Traurigkeit, die ihm das Herz zusammenschnürte, versuchte Paser, sich zu wehren.

»Eure Anwesenheit zu dieser Stunde an diesem Ort, zudem noch mit einem Trupp, ist eher verwunderlich. Wie rechtfertigt Ihr diese, Monthmose?«

»Eine Nachtrunde. Von Zeit zu Zeit mische ich mich unter meine Gefolgsleute. Es gibt keine bessere Möglichkeit, deren Schwierigkeiten zu erkennen und diesen abzuhelfen. Wir hatten das Glück gehabt, einen Verbrecher am Ort der Tat zu erwischen.«

»Wer hat Euch geschickt, Monthmose, wer hat diese Falle ausgeheckt?«

Die beiden Ordnungshüter packten Paser am Arm. Der Älteste zog den Vorsteher der Ordnungskräfte beiseite.

»Antwortet mir, Monthmose: Wart Ihr zufällig dort?«

»Nicht ganz. Eine nicht unterzeichnete Botschaft ist am Nachmittag in meiner Amtsstube eingegangen. Bei Einbruch der Nacht habe ich mich vor Branirs Wohnstatt auf die Lauer gelegt. Ich habe Paser eintreten sehen und bin sogleich eingeschritten, aber es war bereits zu spät.«

»Ist seine Schuld gewiß?«

»Ich habe nicht gesehen, wie er die Nadel in den Körper des Opfers gestoßen hat, aber wie könnte man daran zweifeln?«

»Der feine Unterschied ist gewichtig. Nach dem Ärgernis um

419

Ascher ein solch unseliges Vorkommnis ... Das dazu noch einen unter meiner Verantwortung stehenden Richter einbezieht.«

»Möge die Rechtsprechung ihre Pflicht tun, ich habe die meine erfüllt.«

»Ein Punkt bleibt dunkel: der Beweggrund.«

»Der ist nebensächlich.«

»Gewiß nicht!«

Der Älteste der Vorhalle schien verstört.

»Setzt Paser in geheime Haft. Amtlicherseits wird er Memphis wegen eines Sonderauftrags in Asien verlassen haben, der mit der Angelegenheit Ascher in Verbindung steht. Der Landstrich ist gefährlich; er könnte leicht Opfer eines Unglücks werden oder den Hieben eines Strauchdiebs zum Opfer fallen.«

»Monthmose, Ihr werdet doch nicht wagen ...«

»Wir kennen uns seit langem, Ältester. Allein die Belange des Landes leiten uns. Ihr wollt doch nicht, daß ich weiter ermittle, um den Namen des Verfassers der heimlichen Botschaft herauszufinden. Dieser niedere Richter ist eine allzu hinderliche Person; Memphis liebt den Frieden.«

Paser unterbrach das Zwiegespräch.

»Ihr tut unrecht daran, Euch an einem Richter zu vergreifen. Ich werde zurückkehren und die Wahrheit herausfinden. Beim Namen PHARAOS schwöre ich, daß ich zurückkehren werde!«

Der Älteste der Vorhalle schloß die Augen und hielt sich die Ohren zu.

*

Schier wahnsinnig vor Sorge hatte Neferet die Bewohner des Viertels aufgescheucht. Einige hatten den Schrei des Esels gehört, doch niemand hatte ihr den kleinsten Hinweis über den Verbleib des Richters geben können. Auch Sethi, der in Kenntnis gesetzt worden war, konnte nichts Beachtenswertes in Erfahrung bringen. Branirs Behausung war verschlossen.

So blieb der völlig aufgelösten Neferet nur noch, sich an den Ältesten der Vorhalle zu wenden.

»Paser ist verschwunden.«

Der Hohe Gerichtsbeamte wirkte verdutzt.

»Wo denkt Ihr hin! Seid unbesorgt: Er erfüllt einen Geheimauftrag im Rahmen seiner Ermittlung.«

»Wo ist er?«

»Wenn ich es wüßte, hätte ich nicht das Recht, es Euch zu enthüllen. Doch er hat mir nichts Genaueres genannt, und ich kenne seinen Reiseweg nicht.«

»Er hat mir nichts davon gesagt!«

»Ich beglückwünsche ihn dazu. Im gegenteiligen Fall hätte er eine Rüge verdient.«

»Er ist mitten in der Nacht ohne ein Wort aufgebrochen!«

»Zweifelsohne wünschte er, Euch einen beschwerlichen Augenblick zu ersparen.«

»Wir sollten übermorgen in Branirs Heim ziehen. Ich wollte ihn sprechen, doch er ist bereits unterwegs nach Karnak.«

Des Ältesten Stimme wurde düsterer.

»Mein armes Kind ... Seid Ihr denn nicht unterrichtet? Branir ist heute nacht verschieden. Seine ehemaligen Standesbrüder werden ihm eine prächtige Totenfeier ausrichten.«

41. KAPITEL

Das grüne Äffchen spielte nicht mehr, der Hund verweigerte die Nahrung, die großen Augen des Esels weinten. Vom Tode Branirs und dem Verschwinden ihres Gemahls niedergeschmettert, fehlte es Neferet an Kraft zum Handeln.

Sethi und Kem kamen ihr zu Hilfe. Der eine wie der andere liefen von Kaserne zu Kaserne, von Verwaltung zu Verwaltung, von einem Beamten zum anderen, um irgendeine, wenn auch noch so winzige Kunde über die Paser anvertraute Sendung zu erhalten. Doch die Türen fielen zu, und die Lippen blieben verschlossen.

Fassungslos wurde Neferet sich bewußt, wie sehr sie Paser liebte. Aus Angst, sich leichtfertig zu binden, hatte sie ihre Gefühle lange Zeit unterdrückt; das Beharren des jungen Mannes hatte sie Tag um Tag anwachsen lassen. Sie hatte ihr Ich mit dem Pasers vereint; von ihm getrennt, würde sie verkümmern. Fern von ihm verlor ihr Leben seinen Sinn.

*

In Sethis Begleitung legte Neferet Lotos in Branirs Grabkapelle nieder. Der Meister würde nicht verlöschen als Gast der Weisen, die mit der wiedererstanden Sonne verschmolzen. Seine Seele würde in ihr die nötige Kraft schöpfen, um unaufhörliche Reisen zwischen dem Jenseits und der Finsternis des Grabes zu vollbringen, von wo sie weiter strahlen würde.

In seiner Aufgeregtheit war Sethi nicht imstande zu beten. Er verließ die Kapelle, hob einen Stein auf und schleuderte ihn weit fort.

Neferet legte ihm die Hand auf die Schulter.

»Er wird zurückkommen, dessen bin ich mir sicher.«

»Zehnmal habe ich nun bereits versucht, diesen verfluchten Ältesten der Vorhalle in die Enge zu treiben! Er ist glatter als eine Schlange. ›Geheimauftrag‹ – er kennt nur noch dieses Wort. Mittlerweile lehnt er es sogar ab, mich zu empfangen.«

»Welches Vorhaben hast du erwogen?«

»Nach Asien aufzubrechen und Paser wiederzufinden.«

»Ohne irgendeine ernsthafte Fährte?«

»Ich habe Freunde beim Heer behalten.«

»Haben sie dir geholfen?«

Sethi schlug die Augen nieder.

»Niemand weiß irgend etwas, als ob Paser sich in Rauch aufgelöst hätte! Kannst du dir seine Verzweiflung ausmalen, wenn er vom Ableben seines Meisters erfährt?«

Neferet fröstelte.

Sie verließen die Totenstadt mit beklommenem Herzen.

*

Der Babuin des Ordnungshüters verschlang mit grimmiger Gier einen Hühnchenschenkel. Erschöpft wusch Kem sich in einem Zuber lauwarmen und mit Düften angereicherten Wassers und kleidete sich mit einem sauberen Schurz.

Neferet brachte ihm Fleisch und Gemüse.

»Ich habe keinen Hunger.«

»Seit wann habt Ihr schon nicht mehr geschlafen?«

»Seit drei Tagen, vielleicht mehr.«

»Und keine Ergebnisse?«

»Keine. Ich habe es nicht an Anstrengungen mangeln lassen, aber meine Gewährsleute sind stumm. Ich besitze nur eine Gewißheit: Paser hat Memphis verlassen.«

»Demnach sollte er tatsächlich nach Asien aufgebrochen sein ...«

»Ohne sich Euch anzuvertrauen?«

*

Vom Dach des Tempels des Ptah schaute Ramses über die bisweilen fiebrige, jedoch stets fröhliche Stadt. Jenseits der weißen Gemäuer standen grün schillernde Felder, von der Wüste umsäumt, in der die Toten lebten. Nachdem er beinahe zehn Stunden lang rituelle Feiern geleitet hatte, hatte sich der Herrscher abgesondert, um die belebende Luft des Abends zu kosten.

Im Palast, bei Hofe und in den Gauen hatte sich nichts verändert. Die Bedrohung schien sich, von der Strömung des Flusses fortgespült, entfernt zu haben. Doch Ramses entsann sich der Mahnworte des alten Weisen Ipu-wer, welche verkündeten, daß das Verbrechen sich ausbreiten, die Große Pyramide geschändet werden würde und daß die Geheimnisse der Macht in die Hände einer kleinen Zahl von Toren fallen würden, die bereit wären, eine jahrtausendealte Zivilisation zu vernichten, um ihre Gier und ihren Wahn zu stillen.

Da er als Kind diesen berühmten Text unter der Zuchtrute eines Erziehers gelesen hatte, hatte er sich gegen diese schwarzmalerische Sicht empört; er hatte sich geschworen, ihr auf immer zu begegnen, wenn er dereinst herrschte! In seiner eitlen Hoffart hatte er vergessen, daß kein einziges Wesen, und wäre es auch PHARAO, das Böse aus den Herzen der Menschen ausmerzen konnte.

An diesem Tage nun einsamer als ein in der Wüste verlorener Reisender, während ihn doch Hunderte von Höflingen mit Weihrauch umgaben, mußte er gegen eine Finsternis ankämpfen, die so dicht war, daß sie bald die Sonne verfinstern würde. Ramses war zu hellsichtig, um sich mit Selbsttäuschungen zu nähren; dieser Kampf war von vornherein verloren, da ihm das Gesicht des Feindes nicht bekannt war und er nicht den kleinsten Schritt unternehmen konnte.

Als Gefangener in seinem eigenen Land und dem grauenvollsten Verfall geweihtes Opfer, dessen Geist ein unheilbares Übel zerfraß, tauchte der vergöttertste aller Könige Ägyptens in die Endzeit seiner Herrschaft wie in das grünlich trübe Wasser eines Sumpfes ein. Allein das Schicksal anzunehmen, ohne die Klagen eines Feiglings von sich zu geben, diese letztmögliche Würde konnte niemand ihm nehmen.

*

Als die Verschwörer sich zusammenfanden, eilte ein deutliches Lächeln über ihre Lippen. Sie beglückwünschten sich zu der angewandten List, welche von einem günstigen Geschick gekrönt wurde. War das Glück nicht mit den Eroberern? Wenn auch hier und da tadelnde Worte laut geworden waren, um dieses oder jenes Verhalten zu geißeln oder eine Unvorsichtigkeit zu brandmarken, so war Tadel in dieser Zeit des Sieges, dem Auftakt zur Geburt eines neuen Reiches, nicht mehr am Platze. Vergessen das vergossene Blut, verflogen die letzten Gewissensbisse.

Jeder hatte seinen Teil zum Werk beigetragen, niemand war den Streichen dieses Richters Paser erlegen; als sie sich der heillosen Angst erwehrt hatten, hatte die kleine Verschwörerschar ihren Zusammenhalt bewiesen, ein kostbarer Schatz, den sie sich bei der in naher Zukunft anstehenden Verteilung der Macht würden bewahren müssen.

Es blieb lediglich noch eine Kleinigkeit zu vollenden, um das Gespenst dieses Richters Paser endgültig aus dem Wege zu schaffen.

*

Das Schreien des Esels warnte Neferet vor einer feindseligen Anwesenheit. In tiefer Nacht zündete sie eine Lampe an, stieß den Fensterladen auf und schaute auf die Straße. Zwei Krieger klopften an ihre Tür. Sie hoben den Blick.

»Ihr seid doch Neferet?«

»Ja, aber ...«

»Folgt uns bitte.«

»Aus welchem Grund?«

»Höherer Befehl.«

»Wenn ich mich weigere?«

»Dann werden wir Euch dazu zwingen müssen.«

Brav knurrte. Neferet hätte rufen, das Viertel aufwecken können, doch sie beruhigte den Hund, warf sich ein Tuch über die Schultern und stieg hinunter. Die Gegenwart dieser beiden Soldaten mußte mit Pasers Auftrag zusammenhängen. Was kümmerte sie ihre Sicherheit, wenn sie vielleicht endlich eine ernsthafte Kunde erhielt.

Die drei durchquerten die schlafende Stadt mit schnellem Schritt in Richtung der Hauptkaserne. Dort angelangt, übergaben die Krieger Neferet einem Offizier, der sie ohne ein Wort zu Heerführer Aschers Amtszimmer führte.

Von entrollten Papyri umgeben auf einer Matte sitzend, behielt er die Aufmerksamkeit auf seine Arbeit gerichtet.

»Setzt Euch, Neferet.«

»Ich ziehe es vor, stehen zu bleiben.«

»Wünscht Ihr etwas warme Milch?«

»Weshalb diese Einbestellung zu einer so ungebührlichen Stunde?«

Die Stimme des Heerführers wurde herausfordernd.

»Kennt Ihr den Grund von Pasers Abreise?«

»Er hatte keine Zeit gehabt, mit mir darüber zu reden.«

»Welch eine Halsstarrigkeit! Er hat seine Niederlage nicht hingenommen und einen Leichnam, den es nicht gibt, zurückbringen wollen! Weshalb verfolgte er mich mit solchem Haß?«

»Paser ist Richter, er sucht nach der Wahrheit.«

»Sie wurde in der Verhandlung aufgedeckt, doch sie gefiel ihm nicht! Es zählte allein meine Absetzung und meine Schande.«

»Eure Gemütszustände sind mir einerlei, Heerführer; habt Ihr mir nichts anderes zu sagen?«

»Doch, Neferet.«

Ascher entrollte einen Papyrus.

»Dieser Bericht ist mit dem Petschaft des Ältesten der Vorhalle gesiegelt; er ist überprüft worden. Ich habe ihn vor weniger als einer Stunde erhalten.«

»Was . . . was besagt er?«

»Paser ist tot.«

Neferet schloß die Augen. Sie hätte wie ein welker Lotos vergehen, in einem Hauch verschwinden wollen.

»Ein Unfall auf einem Gebirgspfad«, erläuterte der hohe Offizier. »Paser kannte das Gebiet nicht; mit seiner gewohnten Unvorsichtigkeit hat er sich in ein irres Abenteuer gestürzt.«

Die Worte brannten ihr in der Kehle, doch Neferet mußte die Frage stellen.

»Wann wird man den Körper in die Heimat geleiten?«

»Wir führen unsere Nachforschungen noch weiter, aber es gibt keine Hoffnung mehr; in diesem Landstrich sind die Sturzbäche ungestüm und die Klammen unbegehbar. Ich verneige mich vor Eurem Kummer, Neferet; Paser war ein Mann von Rang.«

*

»Es gibt keine Gerechtigkeit mehr«, sagte Kem, die Waffen niederlegend.

»Habt Ihr Sethi wiedergesehen?« fragte Neferet besorgt.

»Er wird seine Füße auf den Wegen zerschinden, doch er wird nicht aufgeben, bevor er Paser wiedergefunden hat; er bleibt überzeugt, daß sein Freund nicht tot ist.«

»Und falls . . .«

Der Nubier schüttelte den Kopf.

»Ich werde die Untersuchung fortsetzen«, bekräftigte sie.

»Sinnlos.«

»Das Böse darf nicht siegen.«

»Es siegt immer.«

»Nein, Kem; wenn dem so wäre, bestünde Ägypten nicht mehr. Es ist die Gerechtigkeit, die dieses Land gegründet hat, sie ist es, der Paser zu strahlendem Glanz verhelfen wollte. Wir haben nicht das Recht, uns vor der Lüge zu beugen.«

»Ich werde an Eurer Seite sein, Neferet.«

*

Neferet ließ sich am Rand des Kanals nieder, an eben jener Stelle, wo sie Paser zum ersten Male begegnet war. Der Winter nahte; der stürmische Wind ließ den Türkis, der an ihrem Hals hing, schaukeln. Weshalb hatte der kostbare Talisman sie nicht beschützt? Zögernd rieb die junge Frau den erlesenen Stein zwischen Daumen und Zeigefinger, indem sie an die Göttin Hathor, die Mutter der Türkise und Herrscherin der Liebe, dachte.

Die ersten Sterne erschienen, gingen strahlend aus dem Jenseits auf; mit Macht spürte sie die Gegenwart des geliebten Wesens, als ob die Grenze des Todes sich verwischte. Ein aberwitziger Gedanke wurde Hoffnung: Hatte die Seele Branirs, des ermordeten Meisters, nicht über seinen Schüler gewacht?

Ja, Paser würde zurückkehren. Ja, der Richter von Ägypten würde die Finsternis vertreiben, damit das Licht wiedererstünde.

Historische Romane

(63023)

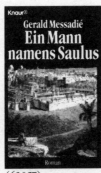

(63057)

(63025)

(63011)

(63015)

(63037)